Beck'sche Reihe

BsR 1256

BSR

Dieses Buch gehört ins Reisegepäck jedes Sizilienurlaubers. Seine Autoren erzählen die Geschichte Siziliens und seiner Bevölkerung von den Anfängen bis ins 20. Jahrhundert. Nur wenige Inseln erlangten jemals eine solche, durch die Zeiten fortdauernde Bedeutung. Immer wieder weckte ihr natürlicher Reichtum Begehrlichkeiten in fremden Ländern. Phönizier, Griechen, Römer, Araber, Normannen, Staufer, Aragonesen, Spanier und Neapolitaner kamen als Eroberer. Die Hinterlassenschaften dieser so unterschiedlichen Kulturen sind in vielen Fällen bis auf den heutigen Tag erhalten geblieben und faszinieren in ihrer einzigartigen Schönheit die Besucher.

Die vorliegende Paperbackausgabe des 1989 erstmals auf Deutsch erschienenen Buches enthält eine aktualisierte Bibliographie mit vielen wertvollen Empfehlungen fürs Weiterlesen.

Moses I. Finley lehrte bis zu seinem Tod 1986 als Professor für Alte Geschichte an der Universität Cambridge. Von seinen zahlreichen Veröffentlichungen sind derzeit bei C.H. Beck lieferbar: Das antike Sizilien. Von der Vorgeschichte bis zur arabischen Eroberung, 1979.

Denis Mack Smith arbeitete als Mediaevist an der Universität Oxford, wo er heute als Emeritus lebt. Er gilt als einer der besten Kenner der Geschichte Italiens zur Zeit des Risorgimento; große Beachtung fanden seine Biographien von Cavour, Vittorio Emmanuele II., Garibaldi und Mussolini.

Christopher Duggan ist Dozent für italienische Geschichte an der Universität Reading.

Der Übersetzer, *Kai Brodersen,* ist Professor für Alte Geschichte und lehrt an der Universität Mannheim.

MOSES I. FINLEY
DENIS MACK SMITH
CHRISTOPHER DUGGAN

Geschichte Siziliens und der Sizilianer

Aus dem Englischen übersetzt von
Kai Brodersen

VERLAG C. H. BECK

Der Übersetzung, die erstmalig 1989 im Verlag C.H. Beck erschienen ist, liegt folgende Ausgabe zugrunde:
Moses I. Finley, Denis Mack Smith, Christopher Duggan:
A History of Sicily
Chatto & Windus, London

Die Deutsche Bibliothek – CIP-Einheitsaufnahme

Finley, Moses I.:
Geschichte Siziliens und der Sizilianer / Moses I. Finley ; Denis Mack Smith ; Christopher Duggan. Aus d. Engl. übers. von Kai Brodersen. – 2., durchges. und bibliograph. überarb. Aufl. – München : Beck, 1998
(Beck'sche Reihe ; 1256)
Einheitssacht.: A history of Sicily <dt.>
ISBN 3 406 42056 7

ISBN 3 406 42056 7

Zweite, durchgesehene und bibliographisch überarbeitete Auflage. 1998
Umschlagentwurf: Uwe Göbel, München
Umschlagabbildung: Katania mit dem Ätna aus Sir William Hamiltons *Campi Phlegraei* (1776), eine Radierung nach einer Zeichnung von Peter Fabris.
Für die deutsche Ausgabe:

Gesamtherstellung: C.H. Beck'sche Buchdruckerei, Nördlingen
Gedruckt auf säurefreiem, alterungsbeständigem Papier
(hergestellt aus chlorfrei gebleichtem Zellstoff)
Printed in Germany

Inhaltsverzeichnis

Vorwort

Eine deutschsprachige kurze Geschichte Siziliens für historisch Interessierte wie für Reisende möchte dieses Buch vorlegen. Es beruht auf dem dreibändigen Werk *A History of Sicily* von Moses I. Finley (Bd. I) und Denis Mack Smith (Bd. II–III), das 1968 in London und New York erschienen ist (der erste Band 1979 in deutscher Übersetzung unter dem Titel „Das antike Sizilien", im selben Jahr auch eine englische Neubearbeitung im Originalverlag); dabei wurde der Text um etwa zwei Drittel gekürzt. Daß manchem Leser Lücken auffallen oder Gewichte ungünstig verteilt erscheinen werden, ist wohl unvermeidlich; insbesondere mag er die Betonung des 19. und 20. Jahrhunderts für übertrieben halten. Mir jedoch scheint die Besonderheit der Insel zu großen Teilen in ihrer einzigartigen und nicht ganz glücklichen Anwort auf die Herausforderung des neuzeitlichen Liberalismus zu liegen.

Die Überarbeitung der Kapitel zur antiken Geschichte (S. 13–88) hatte Moses I. Finley kurz vor seinem Tode 1986 fertiggestellt, in der vorliegenden Ausgabe sind sie von Kai Brodersen, dem Übersetzer, nochmals überprüft worden. Die übrigen Kapitel hat Denis Mack Smith aufgrund nicht weniger Vorschläge des Übersetzers 1988 erneut durchgesehen. Auch der Anhang sowie die Auswahl und die Legenden der Abbildungen und das weitere Angaben bietende Register stammen vom Übersetzer.

Mein eigenes Zutun bestand zum einen in einem neuen Schlußkapitel, das die Geschichte von der Gewährung einer regionalen Teilautonomie bis zur Gegenwart führt – notwendig kurz und, wie alle moderne Geschichtsschreibung, sehr subjektiv. Wenn ich dabei die zwei miteinander verknüpften Übel Klientelismus und Mafia betone, so deshalb, weil sie mir als die beiden drückendsten Probleme der Insel erscheinen. In

Sizilien ist derzeit vieles im Fluß, und noch läßt sich nicht absehen, welches Ergebnis die großen Unternehmungen gegen die Mafia zeitigen werden; meine pessimistische Sicht beruht auf dem Eindruck des *déjà vue*, den meine in den Literaturhinweisen genannte Arbeit über die 20er Jahre vermittelt. Viele Leser mögen diese Haltung für verfehlt erachten und in den Enthüllungen des Mafioso Tommaso Buscetta (oder gar in den Plänen für eine Brücke über die Meerenge von Messina) Anlaß zur Hoffnung sehen. Ich hoffe, sie behalten recht.

Zum anderen verantworte ich die vorgelegte Interpretation der Mafia. Neuere Studien betonen immer mehr die Tatsache, daß es an Beweisen für eine kriminelle Organisation fehlt – eine Sicht, die meine genannte Arbeit weitgehend stützt. Seit dem Zweiten Weltkrieg mag es zu einem gewissen Wandel gekommen sein, wenngleich überzeugende Belege dafür fehlen. Ja, weder die Erscheinungsform noch die offizielle Diagnose des Übels unterscheiden sich wesentlich von dem vor einem Jahrhundert Beobachteten. So erscheinen mir die Vorstellungen über die Mafia weitgehend subjektiv, sie beruhen m.E. auf Verworrenheit, politischem Kalkül und Vorurteilen. Unter diesem Blickwinkel habe ich die entsprechenden Passagen des Werkes von Mack Smith eigenverantwortlich bearbeitet.

Zum dritten geht die Kürzung und stilistische Überarbeitung auf mich zurück, die besonders in den ersten Kapiteln teilweise eine Neufassung des Gebotenen erforderte. Die vom Übersetzer für den deutschen Leser bearbeitete Bibliographie strebt keinerlei Vollständigkeit an, sondern will auf weiterführende Lektüre hinweisen.

Moses I. Finley und Denis Mack Smith danke ich für ihre außergewöhnlich großzügige Bereitschaft, ja ihren Mut, ihr Werk einem jungen Kollegen zur Kürzung zu überlassen; ihre Freundlichkeit sucht ihresgleichen. Hilfe bei der Bearbeitung fand ich bei Jeremy Johns/Universität Newcastle (arabische und normannische Zeit), Piero Corrao/Universität Palermo (14.–15. Jahrhundert), Timothy Davies, Peter Fraser, Ben Isaac und insbesondere Roger Wilson für spezielle Fragen, Humaira Ahmed für die Manuskripterstellung und Gaia Servatio sowie weiteren Amtsträgern der Bank von Sizilien und der Regionalversammlung für nützliches Material. Kai Brodersen vom Institut für Alte Geschichte der Universität München hat die vorliegende Ausgabe nicht nur übersetzt, sondern auch mit großer Detailkenntnis in Absprache mit Denis Mack Smith und mir für den deutschen Leserkreis überarbeitet. Dafür danke ich ihm sehr.

Christopher Duggan

Kapitel 1

Das Auftreten der Griechen

Einleitung

Sizilien ist eine Insel. In der Geschichte haben wohl nur wenige Inseln, und sicherlich keine so kleine, eine wichtigere, ja auch nur ähnlich bedeutende Rolle über lange Zeiträume hinweg gespielt wie Sizilien. Sizilien ist von allen Seiten zur See leicht zu erreichen, das Land ist abwechslungsreich und hat vielfältige, fruchtbare Böden, vor allem aber ist es durch seine einzigartige Lage ausgezeichnet. Im Nordosten trennt die Straße von Messina die Insel vom italienischen Festland, das an einer Stelle bloße drei Kilometer entfernt ist; im Westen beträgt die kürzeste Distanz nach Afrika etwa 160 Kilometer. Sizilien war deshalb stets Kreuzweg und Tor zugleich, einerseits teilt es das Mittelmeer in eine östliche und eine westliche Hälfte, andererseits verbindet es als Trittstein Europa und Afrika.

Diese Lage zwischen den Welten, im räumlichen Sinne wie in der Größenordnung, macht die Leitmotive der sizilianischen Geschichte aus. Sizilien vermochte nie lange ungestört zu bleiben, außer wenn es im sicheren Besitz einer starken auswärtigen Macht war. Die Liste der Zu- und Abwanderer im Laufe der alten, mittelalterlichen und neuen Geschichte ist lang: Sie umfaßt namenlose prähistorische Völker, die Sikaner, Phoiniker, Elymer, Sikeler, Griechen, Karthager, Römer und andere Völker aus Italien, Söldner und Sklaven aus der ganzen Mittelmeerwelt, Juden, Wandalen, Sarazenen, Normannen, Spanier und andere mehr. Einige wenige, darunter die Wandalen, fegten nur über die Insel hinweg, ohne viele Spuren zu hinterlassen. Die meisten anderen aber blieben für lange Zeit oder für immer auf Sizilien und trugen so in unterschiedlicher Weise zu einem kontinuierlichen Prozeß der biologischen und kulturellen Fusion bei.

Außer einigen recht kurzen Zeiträumen, in denen Sizilien im Mittelalter unabhängig war, unterstand die Insel in der Regel fremder Herrschaft. Dies bedeutete stets auch Herrschaft zugunsten der materiellen Vorteile der fremden Macht auf Kosten der Sizilianer, sei es durch Zins, Steuern oder reine Ausbeutung. Dieses parasitäre Interesse verursachte dem Land und seiner Bevölkerung viel Schaden, doch muß festgehalten werden, daß nicht jedermann darunter litt. Üblicherweise bedienten sich nämlich die fremden Herrscher der Vermittlung ansässiger Magnaten, sowohl „Eingeborener“ als auch Zugewanderter, die für ihre Dienste bei der Ausübung von administrativer und polizeilicher Gewalt am Gewinn beteiligt wurden.

Betrachtet man Sizilien heute, so kann man sich kaum mehr vorstellen, was die Insel für so viele verschiedene Völker attraktiv gemacht hat. Tatsächlich aber war Sizilien für die meiste Zeit seiner Geschichte eine außerordentlich fruchtbare Region, was sowohl im vorherrschenden Klima als auch in ihrem geologischen Aufbau begründet lag (fruchtbare Lavaböden überlagern eine Kalksteinbasis). Weizen, Oliven, Wein und Obst gab es in Hülle und Fülle, dazu vor allem in den Bergregionen Wälder, die sich vom Ätna nach Westen und Süden in Richtung Agrigent erstreckten. Die drastische Entwaldung der Insel in der jüngeren Vergangenheit hat nicht nur das Antlitz Siziliens verändert, sondern auch seine Umweltbedingungen: Die Niederschlagsmenge ging zurück, Quellen trockneten aus, kein Fluß ist mehr schiffbar. Menschliche Selbstsucht und Mißwirtschaft haben Sizilien zu einem bleichen Schatten seiner einstigen Größe gemacht.

Die Anfänge

Nach Ansicht der Geologen war Sizilien schon immer eine Insel; die ersten Einwanderer, die vor 20000 v. Chr. eintrafen, müssen zu Schiff gekommen sein. Ihre Steinwerkzeuge und ihre Kunst, insbesondere die Ritzzeichnungen an den Höhlenwänden von Levanzo und Monte Pellegrino, weisen auf eine Verbindung zu den Kulturen des zentralen und westlichen Europa. Über Jahrtausende hinweg scheint sich nur wenig geändert zu haben, bis plötzlich, wohl bald nach 5000 v. Chr., ein revolutionärer Bruch eintrat. Dieser war Teil einer größeren Umwandlung der Mittelmeerwelt, bei der bäuerliche Gemeinschaften entstanden, die zwar noch immer auf Steinwerkzeuge angewiesen waren, aber über die neuen Fertigkeiten des Akkerbaus, der Viehzucht und der Keramikherstellung verfügten.

Rohkupfer trat zwar bereits um 3000 v. Chr. in Sizilien zutage, doch setzte die Metallzeit tatsächlich erst über 1000 Jahre später mit der Bronzezeit ein. Zuvor hatte sich ein anderer Einfluß bemerkbar gemacht, der mit den von der Iberischen Halbinsel ausgehenden Wanderungsbewegungen verbunden war. Die daran beteiligten Völker hatten in Kupfer- und Goldarbeiten große Fertigkeiten und lassen sich anhand einer charakteristischen Keramikform, „Glockenbechern", identifizieren. Ihr Einfluß auf Sizilien läßt sich schwer fassen, doch von den genannten Werkstücken abgesehen, scheinen sie kaum Neues hergestellt zu haben. Die großen Wanderungsbewegungen dieser Zeit mögen jedoch die Ursache für die Einführung der indo-europäischen Dialekte in Westeuropa gewesen sein. Für Sizilien bedeutete dies wahrscheinlich drei Sprachgruppen, das Sikanische im Westen der Insel, das Elymische im Nordwesten und das Sikelische im Osten.

Die Geschichte der Bronzezeit ist durch die späteren griechischen Legenden bis zur Unkenntlichkeit überwuchert, etwa durch die besonders fesselnde Geschichte von Daidalos (Dädalus), dem Handwerksmeister und Erfinder, der (anders als sein unglücklicher Sohn Ikaros) mit selbstgefertigten wächsernen Flügeln aus Kreta zu fliehen vermochte und nach Westsizilien gelangte, wo er vom sikanischen König Kokalos geehrt wurde. Für Kokalos errichtete er, so die Legende weiter, viele wundervolle Bauwerke; der kretische König jedoch war entschlossen, Daidalos für sich zurückzugewinnen und landete daher mit einer Streitmacht an der südwestlichen Küste Siziliens an. Das Unternehmen verlief aber nicht nach Plan, vielmehr wurde er von Kokalos überlistet, der ihn zu einem Gelage einlud und beim Baden ertränken ließ. Die kretische Streitmacht, so will es die Legende schließlich, bestattete ihren König in einem großen Mausoleum und ließ sich, da ihr jeder Rückweg abgeschnitten war, für immer in Sizilien nieder.

Wiederholt haben die Gelehrten versucht, in dieser Legende einen Funken Wahrheit, einen historisch plausiblen Kern zu finden, etwa indem sie in ihr eine Erinnerung an einen erfolglosen Versuch von Knossos sahen, eine Siedlung auf Sizilien zu etablieren. Doch stehen einer solchen Interpretation die archäologischen Tatsachen entgegen. Was man jedenfalls bislang in Sizilien an Bronzeobjekten gefunden hat, sind entweder Importe vom griechischen Festland und den ägäischen Inseln oder aber lokale Ware, die sich an Vorbildern aus jenen Regionen ausrichtet. Eindeutig kretische („minoische") Objekte sind kaum bekannt. Daher sollte man der Geschichte von Daidalos auch nicht mehr Glauben schenken als etwa der von Herakles, der die Meerenge von Messina durchschwommen haben und auf ganz Sizilien umhergewandert sein soll, und zwar in völlig falschen Orten. Man sollte die Fähigkeit der antiken Menschen, solche Geschichten zu erfinden, nicht unterschätzen.

Wie groß der Beitrag der langen Periode der Vorgeschichte für das historische Sizilien war, läßt sich nicht leicht beurteilen. Fest steht jedenfalls, daß am Ende jener Zeit ein großer Teil des Landes gerodet und landwirtschaftlich genutzt war. Die nunmehr eintreffenden griechischen Siedler fanden unter den Ansässigen auch Frauen und Arbeitskräfte; sonst aber scheint der Einfluß der vorgriechischen Bevölkerung kaum von Bedeutung gewesen zu sein. Selbst im religiösen Bereich wirkten vor allem die topographischen Festlegungen fort, indem die Griechen ihren Vorgängern darin folgten, dunkle unterirdische Mächte in Naturphänomenen wie Berggrotten und heißen Quellen zu verehren. Doch ist dies vielleicht nicht so überraschend, wenn man bedenkt, daß die Insel vom höchsten Vulkan Europas überragt wird, dem Ätna, der nie ganz erloschen ist.

Die griechische Kolonisation

Die griechische Besiedlung Siziliens war ein eindrucksvoller, aber auch recht mysteriöser Vorgang. Das Wort „Kolonisation", das die Historiker üblicherweise zur Beschreibung dieses Prozesses verwenden, führt eigentlich in die Irre, da es an die Etablierung abhängiger Gemeinden in Übersee denken läßt. Die nach Westen gerichtete Auswanderung von Griechenland aus war zwar zweifellos eine organisierte Bewegung, die von verschiedenen „Mutterstädten" ausgerüstet, bewaffnet und geplant wurde, doch war von vornherein die Auswirkung, ja – nach allem, was wir sagen können – auch die Absicht dieser Bewegung nicht die Kolonisierung des Landes; vielmehr sollten Männer der Mutterstädte dazu aufgefordert, ja mitunter gezwungen werden, in neue, eigenständige und unabhängige Gemeinden zu ziehen.

Die griechische Überlieferung über die Erschließung Siziliens und des Westens ist völlig unbefriedigend. Wir wissen, daß bereits sehr früh Griechen recht regelmäßig in der Ägäis zur See fuhren und daß gelegentlich auch einmal ein Schiff in die westliche Mittelmeerhälfte gelangte. Doch fehlt es Sizilien weitgehend an metallischen Bodenschätzen, weshalb es keinen Grund dafür gab, hier aus rein kommerziellen Gründen häufig anzulegen. Der Kolonisierung der Insel scheinen also andere Motive zugrunde zu liegen, insbesondere wohl der Wunsch der Siedler, ein neues Leben auf dem Land zu beginnen. Nicht einmal Syrakus mit seinen großartigen Häfen bildet hierin eine Ausnahme.

In der zweiten Hälfte des 8. Jahrhunderts v. Chr. gab es drei Gründungen in der Ebene von Catania und ihrer nördlichen Fortsetzung östlich des Ätna: Naxos, Leontinoi und Catania (Katane) selbst. Etwa um dieselbe Zeit wurden Syrakus, Messina (Zankle) und Megara Hyblaia angelegt, und die erste Kolonisationswelle in Sizilien endete der Überlieferung zufolge mit der Gründung von Gela. Alle diese Siedlungen waren zweifellos zunächst recht klein, die Zahl ihrer Haushalte allenfalls dreistellig. Jede erkannte eine „Mutterstadt" an, die den Anführer der Expedition stellte und die Planung übernahm. Als Gründer der vier am weitesten im Norden gelegenen Kolonien werden Männer aus Chalkis auf Euböa genannt, während Megara Hyblaia eine megarische, Syrakus eine korinthische Siedlung war und Gela seine Existenz einer kombinierten Gruppe aus Rhodos und Kreta verdankte.

Intensive archäologische Untersuchungen in unserem Jahrhundert haben gezeigt, daß diese Kolonien sehr rasch anwuchsen. Diese Belege weisen darauf, daß mancherorts die ersten griechischen Zuwanderer und die Sikeler nebeneinander lebten und letztere nur allmählich verdrängt wurden; und bevor Syrakus zu Beginn des 5. Jahrhunderts v. Chr. zur dominierenden Macht in Ostsizilien wurde, unterhielten die chalkidischen Kolonien offenbar gute Geschäftsbeziehungen zu den Eingeborenen im Binnenland. Dieser Austausch führte zu einer weitgehenden Hellenisierung, die aber nicht unmittelbar das Selbstbewußtsein der Sikeler oder auch nur ihren Wunsch nach Unabhängigkeit von einer Oberherrschaft durch die ersten griechischen Kolonien vernichtete. Sonst nämlich wäre der Anspruch eines Duketios, der in der Mitte des 5. Jahrhunderts v. Chr. einen Aufstand „der Sikeler" führte (s. S. 35), unverständlich.

In Syrakus waren die Beziehungen zur Vorbevölkerung anders als in den chalkidischen Städten, denn hier unterwarfen sich die Siedler, die in jener Gegend ansässigen Sikeler, gleich von Anfang an. Ähnlich gingen auch die Siedler von Gela vor; sie siedelten sich in der Küstenebene an, die sie fast unbewohnt vorfanden, und machten sich daran, die Sikeler aus dem Hügelring im Norden der Ebene zu vertreiben und einige Orte als Festungen zu besetzen. Für diese unterschiedlichen Einstellungen hat man keine befriedigende Erklärung gefunden, doch da die Kolonisten im Norden ionisch sprachen, die anderen hingegen dorisch, haben manche Gelehrte vermutet, daß ein grundlegender Temperamentsunterschied zwischen diesen beiden griechischen Gruppen die Ursache war. Wie wenig aber solch ein angeblich „rassischer" Faktor bedeutete, erweist sich an der Gründung von Himera, bei der ionische Chalkider aus Zankle (Messina) mit dorischen Syrakusanern zusammenarbeiteten.

Die Gründung von Himera, später die von Selinunt (Selinus) und Agrigent (Akragas), brachte die Griechen in die sikanischen und elymischen Regionen. Zusammen mit Thermai (Thermae, dem heutigen Termini Imerese) und Mazara markieren diese Kolonien das weiteste westliche Ausgreifen der Griechen. Die Sikaner waren offenbar nicht so zahlreich wie die Sikeler und scheinen – wie die Elymer – der Hellenisierung besser widerstanden zu haben. Und so kam die Entwicklung des Binnenlandes westlich von Enna weder im Umfang noch in der Geschwindigkeit der Hellenisierung der östlichen Regionen gleich. Viele sikanische Orte wurden zwar im 6. Jahrhundert v. Chr. umgewandelt, befestigt und deutlich griechisch geprägt, doch scheinen dies eher Garnisonsstationen als eigentliche Städte gewesen zu sein. Selbst in der römischen Zeit blieben sie im Unterschied zum östlichen Teil des Binnenlands ohne große Bedeutung.

Die erstaunliche Ausnahme zur sonst üblichen Nichtabsorption war Segesta im Gebiet der Elymer. Zwar blieb die alte Sprache in Gebrauch, doch wurde die griechische Schrift übernommen, ja im späten 5. Jahrhundert v. Chr. ein dorischer Tempel im Rohbau errichtet, der bis heute als eine der größten griechischen Tempelruinen erhalten ist. Die vielleicht bedeutsamste Entwicklung aber war, daß die Segestaner so sehr Griechen, jedenfalls aber Nicht-Barbaren wurden, daß man schließlich eine formelle Vereinbarung mit Selinunt treffen konnte, durch welche Ehen zwischen den jeweiligen Bürgern dieser Städte für rechtsgültig erklärt wurden – was selbst zwischen rein griechischen Städten durchaus nicht allgemein üblich war!

Bisher ist nichts über die Phoiniker gesagt worden, die als die ewigen Aggressoren zu den bevorzugten Sündenböcken seit der Antike zählen; und es kam auch der Tag, an dem eine phoinikische Siedlung in Tunesien, Karthago, mit den Griechen in Sizilien in einen langen, gewaltsamen Konflikt eintreten sollte. Doch hat die Archäologie inzwischen bewiesen, daß man aus den späteren Streitigkeiten keine Rückschlüsse auf die Vergangenheit ziehen darf. Die phoinikischen Siedlungen auf der Insel konzentrierten sich im Nordwesten, waren weder zahlreich noch expansiv, und wenn dieser geringe Umfang des phoinikischen Engagements nicht ausreicht, das Desinteresse der Phoiniker an einem Wettbewerb mit den Griechen in Sizilien aufzuzeigen, so mag als Beleg dienen, daß man in zwei phoinikischen Siedlungen griechische Produkte gefunden hat, in Motya und in Panormos (Palermo). Erst um 580 v. Chr. gibt es einen – freilich nur kleinen – Hinweis auf einen Konflikt, der jedoch auf die Griechen, nicht die Phoiniker zurückzuführen ist.

Gesellschaft und Politik in der archaischen Zeit

Für die 250 Jahre, die auf die ersten Gründungen folgen, ist die erhaltene literarische Überlieferung über Sizilien hoffnungslos mager. Auch die Archäologie vermag nicht viel beizutragen, erlaubt aber doch zumindest, manche Dinge etwas klarer zu sehen. So wissen wir, daß die Kolonisten ihren Dialekt und ihre Schrift mit sich brachten, ebenso ihre Technologie, ihre Lieblingsgötter und -mythen, ihren Kult und ihre Bestattungsweisen, ihren Kalender und ihre politische und gesellschaftliche Terminologie; auch ihre Sprache blieb grundsätzlich „rein“ griechisch. Im Bereich der Religion verschoben sich einige Betonungen: Die Göttin Demeter und ihre Tochter Persephone erfreuten sich besonderer Beliebtheit, was auf die Fruchtbarkeit der Region zu jener Zeit hinweisen mag, ja Sizilien erhob sogar gegenüber Eleusis (bei Athen) den Anspruch, der Ort zu sein, an dem Demeter dem Menschen das Korn gegeben habe, und Enna wurde als die Stelle vorgestellt, an der Hades die Persephone ergriffen und in sein Haus gebracht haben soll.

Sizilien war nicht nur ein Vorposten, sondern betrachtete sich als – und war auch in fast jeder Hinsicht tatsächlich – ein völlig griechisches Land. Ein Besucher aus Athen oder Korinth hätte sich in vertrauter Umgebung gefühlt: Jede Stadt hatte einen typisch griechischen zentralen Platz, die Agora, mit den gemeindlichen Gebäuden, und jede hatte Friedhöfe außerhalb des eigentlichen Stadtgebiets. Die Tempel waren im dorischen Stil gebaut und in großen Dimensionen geplant; der älteste – heute eine armselige Ruine – stand beherrschend am Zugang zur syrakusanischen Halbinsel Ortygia und war Apollon geweiht; aus stilistischen Gründen datiert man diesen Sandsteinbau auf etwa 575 v.Chr., was ihn zu einem frühen Vertreter dieses Typus griechischer Architektur macht.

Die Initiative von Syrakus, solche Bauten zu errichten, fand im Laufe der folgenden anderthalb Jahrhunderte Nachfolger in anderen Städten. So entstanden eine ganze Reihe großartiger Monumentalbauten, die zwar in stilistischer Hinsicht ganz offenbar griechisch waren, doch für einen aufmerksamen Betrachter auch einige Unterschiede aufwiesen, etwa einen relativen Mangel an Steinreliefs auf den Friesen und Giebelfeldern oder die Löwengestalt der Wasserspeier an den Tempeln von Agrigent und Himera. Was die Plastik betrifft, scheint außer Selinunt im 6. Jahrhundert v.Chr. keine sizilianische Stadt eine eigene Schule entwickelt zu haben; dasselbe trifft aber auch auf viele Städte im griechischen Mutterland zu, und den sizilianischen Künstlern stand überdies vor Ort kein Marmor zur Verfügung.

Der kontinuierliche Verkehr zwischen Sizilien und der alten griechischen Welt machte es für die sizilianischen Griechen leicht, mit dem Mutterland Schritt zu halten. Die ersten Kolonisten zogen weitere Siedler nach, und unter den Neuankömmlingen waren erfahrene Handwerker, politische Verbannte (darunter um 600 v.Chr. die Dichterin Sappho), größere Gruppen, die aus denselben Gründen wie die Erstsiedler nach Westen gezogen waren, und schließlich Dichter, Architekten und Philosophen, die von ihren Auftraggebern nach Sizilien geholt wurden. Auch gab es fortwährende Handelsbeziehungen und nicht zuletzt richtiggehende Pilgerreisen, freilich ohne die heute damit verbundenen christlichen Konnotationen: Griechen aus Sizilien teilten das gesamtgriechische Gefühl, das sich auf bestimmte Heiligtümer konzentrierte, und so wissen wir etwa, daß sizilianische Griechen das Orakel von Delphi befragten und an den festlichen Wettbewerben in Olympia teilnahmen.

Regelmäßiger Verkehr aus solchen „zeremoniellen“ Gründen war vielleicht besonders zwischen den einzelnen Siedlungen auf Sizilien und ihren jeweiligen Mutterstädten üblich. Mangels politischer Kontrollen oder auch nur politischer Bindungen im eigentlichen Wortsinne blieb der Weg für andere Formen von Beziehungen frei. So war es allgemein üblich, sich an die Mutterstadt zu wenden, wann immer man zu einem wichtigen Anlaß eine Persönlichkeit brauchte. Ebenso erwartete man, daß die neuen Siedlungen regelmäßig Vertreter zu den religiösen Festen ihrer Mutterstadt entsandten, die angemessene Gaben für deren Schutzgottheit mit sich zu bringen hatten.

Einer der merkwürdigsten Aspekte dieses Bereichs der gegenseitigen Beziehungen ist der Handel. Dies liegt teils daran, daß unser Wissen über den sizilianischen Handel in der ganzen archaischen Zeit fast ausschließlich auf einer einzigen Warengruppe beruht, der bemalten Keramik. Während des ersten Jahrhunderts der Kolonisation stammte fast alle nach Sizilien importierte Keramik aus Korinth, und die korinthische Überlegenheit blieb bestehen, bis sie im 6. Jahrhundert v. Chr. von der athenischen abgelöst wurde. Das aber geschah überall, weshalb es gefährlich ist, mit Begriffen wie „Handelsrivalität“ oder gar „Handelsimperialismus“ zu operieren, wie das manche Gelehrte tun. Darüber, wer jeweils den Transport übernahm, wissen wir wenig, doch waren die sizilianischen Griechen jedenfalls nicht selbst aktiv daran beteiligt. Allein Syrakus hatte eine nennenswerte Flotte, und auch das erst im 5. Jahrhundert v. Chr. Der Binnenhandel war, wie es scheint, auf den Verkehr zwischen den griechischen Gemeinden und den Bewohnern des Binnenlands beschränkt, nicht so sehr auf den Handel zwischen den griechischen Städten selbst.

Exporte nach Sizilien kamen offenbar von Euböa, Korinth, Rhodos und anderen ägäischen Inseln. So bleibt zu fragen, womit Sizilien bezahlte: Hier gab es Weizen, Oliven, Wein, Holz, Nüsse, Obst und Gemüse, dazu die Produkte aus Viehzucht und Jagd in Hülle und Fülle, weshalb zu vermuten ist, daß hierin die Antwort auf die genannte Frage zu suchen ist. (Für das 5. Jahrhundert v. Chr. geben die antiken Historiker Timaios und Diodor jedenfalls an, daß sich der Wohlstand von Agrigent auf die Oliven- und Weinexporte nach Karthago gründete.) Erst als sich Vernichtungskriege in großem Stil entwickelt hatten, kamen als weiteres Tauschgut versklavte Gefangene hinzu. Die Ausbeutung der Schwefelminen hingegen, die einzige andere Möglichkeit, ist nicht vor der römischen Zeit bezeugt.

Der Wohlstand und Luxus von Agrigent wurde von den antiken Historikern zweifellos übertrieben dargestellt, und doch muß an ihren Berichten etwas Wahres sein, denn zwischen 480 v. Chr. und dem Ende des 5. Jahrhunderts wurden hier acht oder neun Tempel errichtet – zu jener Zeit hatte nur Athen eine größere Zahl aufzuweisen. Auch Selinunt erlebte eine außergewöhnliche Bautätigkeit, für die wiederum die Mittel weitgehend aus Exporten nach Nordafrika gestammt haben müssen. Selbst wenn ein solch großer Tempel nur aus Sandstein und nicht aus Marmor errichtet wurde, bedeutete sein Bau eine gewaltige Belastung der einer antiken Gemeinde zur Verfügung stehenden Mittel und der fachlichen Arbeitskräfte. Die Fähigkeit, ein solches Projekt durchzuführen – und das nicht nur einmal, sondern wiederholt –, muß als Indikator für den Reichtum der jeweiligen Gemeinde gewertet werden, zumal wenn es auf der Insel keine Heiligtümer wie Delphi oder Olympia gab, die stets auch von außerhalb reiche Zuweisungen empfingen.

Da der Überseehandel weitgehend in fremden Händen lag und der Binnenhandel zu vernachlässigen war, gab es kaum Möglichkeiten für die Entwicklung einer Schicht von Produzenten und Händlern. Die landbesitzende Aristokratie war wohl ohnehin nicht abgeneigt, selbst direkt mit den Fremden zu verhandeln, die an ihrem Weizen oder den anderen Feldfrüchten interessiert waren. Die herstellenden Betriebe waren zweifellos in Sizilien wie in der ganzen griechischen Welt jener Zeit kleine Einheiten, und wahrscheinlich dauerte es bis zum 5. Jahrhundert v. Chr., bevor einmal der eine oder andere Unternehmer einen größeren Betrieb mit Sklaven als Arbeitskräften einrichtete. Von der Keramik im griechischen Stil, die in den sikelischen Stätten so häufig ist, hat man in den griechischen Siedlungen selbst nichts gefunden, was die Vermutung nahelegt, daß diese Keramik nicht dort, sondern von wandernden griechischen Handwerkern oder aber von den Sikelern selbst hergestellt wurde.

Ein Grundproblem war der Landbesitz, und auch hier sehen wir uns einem Rätsel gegenüber. In der Antike war es die Regel, daß die Kolonisten ohne Rücksicht auf ihren Status das neugewonnene Land unter sich aufteilten; dies geschah sicher auch in Sizilien und Unteritalien (dem sogenannten Großgriechenland). Wir wissen nicht genau, welche Kriterien bei der Verteilung angewendet wurden, doch meint die Mehrzahl der Gelehrten, daß die Aufteilung die Ungleichheit in Eigentum und Macht widerspiegelte, wie sie eben die Welt kennzeichnete, aus der die Kolonisten kamen. Dies ist zwar durchaus möglich, doch könnte man mit derselben Berechtigung vermuten, daß Menschen, die gerade wegen der Ungleichheit ausgewandert waren, sich nicht freiwillig denselben Bedingungen wieder unterwarfen, wenn sie nun einmal freie Hand bei der Verteilung hatten. Für diese letztgenannte Auffassung spricht übrigens auch der neue archäologische Befund, daß in den Friedhöfen der griechischen Kolonie Megara Hyblaia vor der Mitte des 6. Jahrhunderts v. Chr. keine deutlichen Klassenunterschiede nachzuweisen sind.

Wie dem auch sei, bald jedenfalls wiesen die sizilianischen Gemeinden das übliche griechische Muster auf: Die Macht lag in der Hand einer Gruppe von aristokratischen Familien, die auch den überwiegenden Teil des Landes ihr eigen nannte und sowohl im Kult als auch in der Rechtsprechung eine entscheidende Stellung innehatte. Ebenso üblich war die endemische Krankheit der Griechen namens *stasis*, womit ein ganzes Bedeutungsspektrum vom Parteienzwist über Unruhen bis zum

Bürgerkrieg erfaßt wird. Das erste aus Sizilien bekannte Beispiel für eine *stasis* zwischen gesellschaftlichen Gruppen begegnet uns in Leontinoi um 600 v.Chr., als nämlich ein gewisser Panaitios, von den ärmeren Bürgern erfolgreich gegen die traditionelle aristokratische Reiterei unterstützt, die Macht ergriff. Panaitios warf sich zum Tyrannen auf und führte somit eine Institution ein, die für die Geschichte Siziliens in den kommenden drei Jahrhunderten von zentraler Bedeutung werden sollte.

Wir könnten weit mehr darüber sagen, was in jener Zeit vor sich ging, wenn wir mehr über den „Gesetzgeber" Charondas von Catania wüßten. Die spätere Tradition erklärte ihn zu einem pythagoreischen Philosophen und zum Urheber einer erstaunlichen Vielzahl unterschiedlichster (und unwahrscheinlicher) Gesetze und Verordnungen. Es könnte freilich sein, daß Charondas von den gesellschaftlichen Streitigkeiten im 7. oder frühen 6. Jahrhundert v.Chr. emporgespült wurde und einen regelrechten Bürgerkrieg durch einen Kompromiß, der in einem schriftlichen Gesetzeswerk festgelegt war, zu verhindern wußte. Solche Kodifikationen bedeuteten in Griechenland und im frühen Rom für die einfachen Leute einen großen Gewinn. Solange nämlich die Aristokratie die Verwaltung allein in ihrer Hand hielt und das Gesetz nur Tradition war und nicht festgeschrieben wurde, blieben die Möglichkeiten für ein „schiefes" Urteil unbegrenzt. Eine schriftliche Gesetzeszusammenfassung hatte gegen einen solchen Mißbrauch eine nützliche Bremswirkung.

Tyrannen und Gesetzgeber sind Anzeichen dafür, daß Sizilien in die schwierige Übergangsphase von der archaischen zur klassischen Zeit der griechischen Kultur eingetreten war, für die die *polis*, der „Stadtstaat", kennzeichnend ist. Im Idealtypus ist dies eine selbstverwaltete Gemeinde mit ländlichem Hinterland und einem städtischen Zentrum, in dem die wichtigsten Aktivitäten der Regierung ausgeführt werden konnten. Wie eine *polis* dabei regiert wurde, war in gewisser Hinsicht ohne Bedeutung: Solange sie von auswärtiger Autorität frei war, konnte sie oligarchisch oder demokratisch verwaltet sein.

Außerdem mußte sie eine Vielzahl von politischen und Eigentumsrechten wahrnehmen. Doch nirgends war die Kluft zwischen diesem Idealtypus einer *polis* und der Wirklichkeit größer als in Sizilien. Weshalb dies so war, ist vielleicht die interessanteste Frage für die klassische Zeit der griechischen Geschichte Siziliens.

Kapitel 2

Tyrannis und Demokratie

Die ersten Tyrannen

Mit dem Anwachsen der Bevolkerung und des Wohlstands im Sizilien des 6. Jahrhunderts ging eine Zunahme der Unruhen und Konflikte einher. Die einfachen Leute entzweiten sich mit den herrschenden Oligarchien, oligarchische Parteiungen zerstritten sich untereinander, ebenso ganze Städte, und in manchen Gegenden kam es zu Kämpfen zwischen der Vorbevölkerung und den Griechen. In diesen trüben Wässern fischten manche energische Persönlichkeiten und rissen als Tyrannen die Macht an sich. Solche Männer traten zwar schon früh in Erscheinung, doch bildeten erst die vier Jahrzehnte, die in der syrakusanischen Revolution von 466 v. Chr. endeten, das erste Zeitalter der Tyrannis in Sizilien – eine Zeit, die so vieles der späteren sizilianischen Geschichte vorausahnen lassen sollte: Kriege auf der Insel und auswärts, Rücksichtslosigkeit im Kampf um die Macht, aber auch einen brillanten Aufstieg des kulturellen Lebens. Wie stets in der Geschichte sind aber die Kosten dafür in verlorenen Leben und in Elend unermeßlich.

Mancher Tyrann fand es zumal am Anfang seiner Karriere von Vorteil, auf die Erwartungen des gewöhnlichen Volkes einzugehen, doch gehörten die Tyrannen zumeist der reichsten aristokratischen Schicht an. Dies traf jedenfalls auf Phalaris zu, eine bemerkenswerte, schillernde Figur des Mythos, von dem spätere Autoren berichten, daß er die Macht in Agrigent durch die Unterschlagung eines großen Betrags erlangte, der ihm zur Errichtung eines Zeustempels anvertraut worden war – kein einfacher Bürger hätte einen solchen Auftrag erhalten. Dieses Geld also nutzte Phalaris dazu, Fremde und Sklaven als ihm ergebene Söldner anzuwerben; jene Streitmacht brachte er in einem bewaffneten Lager auf der Akropolis unter und nutzte, um seinen Putsch zu vollenden, eine religiöse Versammlung dazu, ein Massaker zu veranstalten.

Phalaris blieb etwa fünfzehn Jahre an der Macht, doch wissen wir über seine Herrschaft so gut wie nichts, außer daß er erfolgreiche Feldzüge gegen sikanische Gemeinden unternahm und zu einem Beispiel grauenhaften Verhaltens wurde: Zu Tisch hatte er, wie es heißt, eine Vorliebe für gegarte Kleinkinder. Noch berühmter machte ihn die hohle Bronzeplastik eines Stiers, in der er jeden rösten ließ, der bei ihm in Ungnade gefallen war; das erste Opfer, so will es die Legende, war freilich der Schmied, der den Apparat verfertigt hatte – „die einzige gerechte Tat, die Phalaris je getan hat". Was aus der Stierplastik wurde, ist unbekannt; sie wird ins Meer geworfen oder 406 v.Chr. als Kriegsbeute nach Karthago verbracht worden sein (s. S. 38) – was mit ihr wirklich geschah, ist eigentlich gleichgültig, doch zeigt die Tatsache, daß es unter den griechischen und römischen Historikern darüber einen berühmten Disput gab, wie wirkungsmächtig der Mythos des Phalaris war.

In die Wirklichkeit hinter dem Phalarismythos einzudringen ist unmöglich. Ohnehin mag die Legende als solche historisch von größerer Bedeutung sein, da sie den kommenden Generationen ein machtvolles Bild der Fehler des Despotismus überlieferte. Von einem weiteren frühen Tyrannen, Kleandros von Gela, wissen wir noch weniger als von Phalaris; es liegen nicht einmal die üblichen Geschichten vom Aufstieg zur Macht innerhalb des herrschenden oligarchischen Regimes oder von seiner Karriere als Tyrann vor. Recht sicher ist aber immerhin, daß er nach sieben Jahren Herrschaft ermordet wurde. Sein Bruder Hippokrates mußte anschließend in einen kurzen Bürgerkrieg eintreten, um die Nachfolge antreten zu können.

Archäologische Zeugnisse legen nahe, daß Kleandros und sein Bruder die Grundlage für die späteren Eroberungen des Hippokrates in Ostsizilien legten, indem sie auf dem nördlichen Hügelrand oberhalb von Gela Festungen anlegten. Auch erweiterten sie das Heer, wobei sie offenbar besonderen Wert auf die Reiterei legten: Es ist sicher kein Zufall, daß die ersten Münzen von Gela, die zu jener Zeit geprägt wurden, einen nackten Reiter zeigten. Auch das Söldnerwesen wurde betont, was übrigens überhaupt für die Einführung des Münzgelds von Bedeutung gewesen sein dürfte. Bei der Anwerbung von Soldaten machte Hippokrates keinen Unterschied zwischen der Zugehörigkeit zu den verschiedenen Gruppen, er nahm vielmehr sowohl Sikeler als auch Griechen in sein großes Heer auf. Mit diesem überschritt er die Berge ins chalkidische Gebiet hinein, eroberte in rascher Folge die Städte Naxos, Messina und Leontinoi, und setzte dort Vasallen-Tyrannen ein.

Syrakus stellte eine ernsthaftere Herausforderung für Hippokrates dar. Er verfügte über keine Flotte, wie sie für die Einnahme von Syrakus eigentlich unbedingt nötig gewesen wäre. Allerdings war die Stadt gerade von Unruhen erfüllt, und Hippokrates hoffte wohl, daß die unteren Schichten ihn als Befreier von der herrschenden Oligarchie begrüßen würden. Darin aber wurde er enttäuscht; offenbar deshalb akzeptierte er 492 v. Chr. die Vermittlung durch Korinth. Der schließlich geschlossene Vertrag sah vor, daß Hippokrates Kamarina erhielt, das nach Ausweis der archäologischen Zeugnisse zu jener Zeit eine blühende Gemeinde war. Hippokrates wurde nunmehr der neue „Gründer" der Stadt, führte aber künftig durchaus kein friedlicheres Leben. Bald traf er Vorbereitungen für einen weiteren Feldzug, diesmal gegen die Sikeler, bei dem er in einer Schlacht sein Leben verlor.

In Gela übernahm daraufhin sofort Hippokrates' Reiteroberst Gelon die Rolle des Schutzherrn für die Söhne des toten Tyrannen, räumte aber baldmöglichst die Jungen beiseite und ergriff selbst die Macht. In der Folge nutzte er eine Revolution in Syrakus dazu, auch dort die Macht zu übernehmen, machte die Stadt volkreich und mächtig und gab ihr eine eindrucksvolle Flotte und ein großes Heer. Seine Methoden waren ebenso einfach wie rücksichtslos. Eine seiner Maßnahmen bestand etwa darin, mehr als die Hälfte der Bevölkerung von Gela unterschiedslos nach Syrakus zu verpflanzen. Solche kalte Zielstrebigkeit zahlte sich politisch aus: Binnen zehn Jahren vermochte sich Gelon zum mächtigsten Individuum der griechischen Welt, ja vielleicht ganz Europas zu machen.

Die Griechen im Mutterland waren sich dessen wohl bewußt. Im Jahre 481 v.Chr. schickten sie eine Gesandtschaft an Gelon mit der Bitte um Hilfe gegen die vorrückenden Perser. Gelon bot angeblich an, das ganze griechische Heer mit Getreide zu versorgen und 200 Schiffe, 20000 Mann zu Fuß und 5000 Reiter, Bogenschützen und Schleuderer zur Verfügung zu stellen, sofern er zum Oberbefehlshaber des gesamten Bundesheeres ernannt würde – das aber, so heißt es, war eine unannehmbare Forderung. Was der Geschichtsschreiber Herodot hierüber berichtet, ist allerdings ohnehin in mancher Hinsicht wenig plausibel: So ist es unwahrscheinlich, daß Gelon überhaupt auf einen Appell an den gesamtgriechischen Patriotismus reagiert habe, um gegen einen weit entfernten König vorzugehen, der für ihn selbst keinerlei Bedrohung bedeutete; seine Interessen lagen ja in Sizilien selbst und im Westen. Andererseits könnten die Zahlen für das Fußheer (nicht aber die Flotte) durchaus zutreffen; sie wiesen dann auf eine Bevölkerungszahl in Syrakus und Umgebung, wie sie keine sizilianische Gemeinde mehr vor der modernen Zeit erreicht hat.

Gelons Macht im Osten Siziliens fand in gewisser Hinsicht ein Gegengewicht in der des Tyrannen Theron im Westen. Als letzterer 483 v.Chr. Himera von dem Herrscher Terillos übernahm, waren nurmehr zwei unabhängige Städte im griechischen Sizilien übrig – und die Aussichten für jene waren alles andere als gut. Terillos aber war ein „Gastfreund“ des karthagischen Anführers Hamilkar und Schwiegervater des Anaxilas von Rhegion (Reggio), der noch immer Messina kontrollierte. Terillos und Anaxilas entschlossen sich nun, Karthago um Militärhilfe zu bitten, und das mit überwältigendem Erfolg. Dies sollte die erste Gelegenheit in Siziliens Geschichte gewesen sein, bei der ein innerer Konflikt dazu führte, daß eine auswärtige Invasionsmacht auf die Insel eingeladen wurde.

Weshalb die karthagische Intervention in Sizilien so massiv war, ist kaum verständlich (es sei denn, man glaubte an einen vorbestimmten Rassenkonflikt bis auf den Tod). Wie weit Gelons Ehrgeiz reichte, war freilich unbekannt, was den phoinikischen Gemeinden in Sizilien jeden Grund gab, sich unsicher zu fühlen. Doch weder dies noch jegliches sichtbare Interesse Karthagos an der Insel vermag hinreichend zu erklären, weshalb man drei Jahre darauf verwendete, eine riesige Flotte zu bauen (Soldaten kamen aus Nordafrika, Spanien, Sardinien und Korsika), oder weshalb die Invasion unter der persönlichen Leitung des Hamilkar stand, des „Sufeten", also des obersten Beamten der Stadt. Der Grund ist vermutlich in der großpolitischen Konstellation im westlichen Mittelmeer zu suchen: Die Verbindung zwischen Karthagern und Etruskern verlor immer mehr an Kraft, Rom begann allmählich an Geltung zu gewinnen, und Karthago wird der Ansicht gewesen sein, daß es nunmehr Zeit für eine Neugestaltung seiner Bündnispolitik sei, auch wenn dies eine direkte Intervention bedeutete.

Was immer die richtige Erklärung sein mag, die Karthager fielen jedenfalls 480 v. Chr. in großer Zahl ein. Sie landeten in Palermo an und zogen von dort unter der Führung des Terillos zu Lande und zur See ostwärts. Eigentlich war dies Therons Krieg, doch der Sieger hieß Gelon; sein Sieg bei Himera war entscheidend. Hamilkar wurde getötet, seine Schiffe verbrannt, viele seiner Leute gefangengenommen oder versklavt. Karthago mußte gewaltige Kriegsreparationen zahlen, die es Gelon erlaubten, den Münzumlauf bedeutend zu erweitern. Mit dieser Kriegsbeute errichtete er auch die Tempel für Demeter und Persephone im neuen Viertel Neapolis in Syrakus und stiftete eine reiche Weihegabe nach Delphi.

Mit der Schlacht bei Himera endeten die Feindseligkeiten abrupt. Zehn Jahre später nahm der Dichter Pindar auf Gelons Sieg Bezug als Befreiung Griechenlands von „der schweren Knechtschaft Joch" – zweifellos die „offizielle" Haltung in Sizilien, die den Anfang des Mythos von einer „barbarischen" Bedrohung der Zivilisation durch Karthago annahm, wie er in den folgenden Jahrhunderten von großer Bedeutung werden sollte. Zur Stützung dieser vermeintlichen Einsicht trug der

Zufall bei, daß im Osten der Mittelmeerwelt fast gleichzeitig die Perser von den Griechen besiegt wurden; Herodot gibt sogar an, daß die Siege von Himera und Salamis auf denselben Tag fielen, und spätere Autoren behaupteten sogar, die Perser und die Karthager hätten ihre Invasionen miteinander abgestimmt. Unmittelbaren Nutzen aus einer solchen Legendenbildung zog Gelon; er wurde zu einer Heldenfigur und blieb in der Tradition von den üblichen Greuelgeschichten weitgehend verschont.

Der grundlegend persönliche, individuelle Charakter des Handelns der Tyrannen kann nicht zu sehr betont werden. Sie waren von etwas selbstbewußt „Heroischem" umgeben und zeigten mehr als nur Ansätze zu Größenwahn. Zu ihnen fallen einem unwillkürlich Adjektive wie „brutal" oder „tyrannisch" ein, doch reichen solche Begriffe angesichts der raschen Zerstörung oder Neugründung von ganzen Städten und der wiederholten Verpflanzung ganzer Volksgruppen nicht aus. Diese Männer mißachteten das griechische Tabu der Vielehe, indem sie auch formal mehrere Ehen schlossen – und erstaunlicherweise überstand ihr Ruf selbst ein solches Verhalten. Ebenso unorthodox war ihre Stellung in bezug auf die Verfassung der eigenen Stadt und der unterworfenen Gemeinden. Zweifellos gab es eine Art von „Regierungsmaschinerie", darunter eine Volksversammlung, doch war diese eigentlich ohne praktische Bedeutung, und so ist verständlich, daß die antiken Autoren sich an diesem Problem der Verfassung nicht interessiert zeigten.

Abgesehen von moralischen Erwägungen – und ohne die Opfer der Tyrannen in Betracht zu ziehen – muß man feststellen, daß das griechische Sizilien in jener Zeit in Blüte stand. Zwar nahmen sich die Tyrannen zweifellos einen nicht geringen Teil der Reichtümer zum eigenen Gebrauch, doch blieb für die Bürger offenbar genug übrig, was durch den fortwährend sichtbaren Wohlstand seit dem Zeitalter der Tyrannis belegt wird. Die Landwirtschaft erblühte, schöne Münzen wurden weiterhin geprägt, und das Ausmaß wie die Qualität der Tempel- und anderer gemeindlicher Bauten gingen durchaus nicht zurück. Materiell gesehen hätten Syrakus und Agrigent wohl die Voraussetzungen dafür erfüllt, in Athens Fußstapfen zu treten, wo die Tyrannis 508 v. Chr. gestürzt worden war. In Sizilien wurde der erste Schritt in diese Richtung 466 v. Chr. unternommen, doch das Ergebnis erwies sich als schwach und kurzlebig.

Demokratisches Zwischenspiel 466–405 v. Chr.

Was Sizilien vor 466 v. Chr. an Demokratie erlebt hatte, war stets beschränkt und kaum vielversprechend gewesen. Dennoch erforderte der üblicherweise schwierige Übergang zu dieser Regierungsform nun wenig mehr als eine bewaffnete Erhebung gegen die Tyrannen und ihre Söldner in Sizilien. Wir kennen keine Namen von demokratischen Anführern, Neuerern oder Schöpfern einer Verfassung (wie etwa Kleisthenes für Athen), es findet sich keine Spur von Widerstand seitens der oligarchischen Parteiungen bis auf einen späten Hinweis, daß der große Philosoph Empedokles von Agrigent zum Sturz einer oligarchischen Gruppe namens „Die Tausend" beigetragen habe. Und doch bleibt die Tatsache, daß bis 466 v. Chr. fast überall die Tyrannis durch die Demokratie ersetzt worden ist.

In seiner griechischen Bedeutung meint das Wort „Demokratie" die unmittelbare Herrschaft durch den *demos*, das gesamte Volk. Sogleich stellte sich daher das Problem, wer in der jeweils gegebenen Situation „das Volk" sei. Die Jahre der Massenverbannungen und der Zwangsumsiedlungen hatten in dieser Hinsicht ein bitteres Erbe hinterlassen, und sobald der Tyrann gestürzt war, kam es zum offenen Konflikt. So wohnten in Syrakus noch 7000 von Gelons 10000 Söldnern, und als das neue Regime ihnen den Zugang zu den öffentlichen Ämtern verwehrte, rebellierten sie und konnten erst nach schweren Kämpfen aus der Stadt verwiesen werden. Zu ähnlichen Vertreibungen kam es in anderen Städten, ebenso zum Rückruf der zuvor Verbannten.

Diese Umsetzungen großer Menschenmengen führten zu vielerlei Verwirrung in der Frage des Grundeigentums, da der

Landbesitz der Verbannten jeweils eingezogen und neu verteilt wurde. Es gibt eine starke antike Tradition, die noch in römischer Zeit von Cicero und Quintilian vertreten wird, daß die zahllosen Rechtsstreitigkeiten, die sich so ergaben, zur Entwicklung der Gerichtsreden als Gattung und zu den ersten rhetorischen Handbüchern führten. Ob diese einfache Erklärung von Ursache und Wirkung zutrifft, sei dahingestellt; Tatsache ist jedenfalls, daß die Begründer der griechischen Kunst der Rhetorik in jener Zeit Korax von Syrakus und sein Schüler Teisias waren und daß im weiteren Verlauf des Jahrhunderts der berühmteste Vertreter dieser Kunst in der griechischen Welt Gorgias von Leontinoi war.

In Syrakus, der einzigen Stadt, über die wir Einzelheiten wissen, ähnelte die demokratische Verwaltung der Athens. Die höchste Autorität lag bei der Volksversammlung, in der die Gesetze und Beschlüsse angenommen, Entscheidungen über Außenpolitik und Militärfragen gefällt und die Staatsbeamten ausgewählt wurden. Auch gab es, wie im griechischen Bereich üblich, einen Rat, der die Volksversammlungen vorbereitete. Anders als in Athen wurden allerdings der Rat und die Beamten nicht erlost, sondern gewählt, was für griechische Begriffe ein aristokratisches Prinzip und damit eine Einschränkung der Demokratie im vollen Sinne bedeutete. Ja, Aristoteles ordnete die Verfassung von Syrakus deshalb nicht als *demokrateia* ein, sondern als *politeia* – womit üblicherweise, wenn auch inadäquat, zwischen „radikaler“ und „gemäßigter“ Demokratie unterschieden wurde.

Jenseits der politischen Struktur blieben die alten Unterschiede zwischen den Schichten in aller Schärfe bestehen. Zwar scheint die alte herrschende Aristokratie aus der Geschichte verschwunden zu sein, doch blieben oligarchische Regungen durchaus erhalten, und politische wie militärische Führer entstammten weiterhin einer wohlhabenden Elite. Dies mag zu einiger Unzufriedenheit geführt haben; jedenfalls könnte man so den von den ärmeren Schichten gestützten, freilich erfolglosen Versuch der Wiedereinrichtung einer neuen Tyrannis um das Jahr 454 v. Chr. verstehen. Die Furcht vor Tyrannen führte in der Folge die Syrakusaner dazu, den sogenannten „Petalismos“ einzuführen, der die athenische Praxis des „Ostrakismos“ imitierte, also eine Maßnahme, mit deren Hilfe man allzu einflußreiche Personen für eine gewisse Zeit in eine Art ehrenvolles Exil senden konnte. Dem antiken Historiker Diodor zufolge hatte dies jedoch die unerwartete Wirkung, daß die bessergestellten Bürger sich gänzlich aus dem politischen Leben zurückzogen, und so gab man den Petalismos bald wieder auf.

Die rasche Beseitigung der Tyrannen hatte die Machtstruktur in Sizilien verändert. Die Insel war nunmehr zumindest äußerlich verschont vom aggressiven Ehrgeiz der größeren Städte – eine neue Situation, die ein hellenisierter Sikeler namens Duketios zum Aufbau einer machtvollen „nationalen“ Bewegung nutzte. Von seiner Heimatstadt Mineo ausgehend, vereinte er die ansässigen Sikeler in einer Art Bund, griff dann die befestigten griechischen Zentren von Inessa-Aitna und Morgantina an und zerstörte sie. Bis 451/50 v. Chr. war er so stark geworden, daß er in das Agrigent unterstehende Gebiet einfallen konnte, doch im Folgejahr erlitt er eine schwere Niederlage durch die Syrakusaner, woraufhin seine „Befreiungsbewegung“ schnell zerfiel. Das Innere der Insel wurde rasch von Syrakus unterworfen, und wenn auch ein sikelisches Nationalbewußtsein immer wieder einmal aufflackerte, so war es als politische Kraft erloschen.

Während dieser Unruhen verhielt sich Karthago ganz ruhig, teils weil es anderweitig beschäftigt war, teils auch, weil es freundliche Beziehungen zu den sizilianischen Griechen unterhielt. Wie so oft in der Geschichte der Insel war es nun aber eine innere Rivalität, nicht eine Aggression von außen, die sich als Hauptgrund für die Instabilität erwies; diesmal lag die Schuld bei Syrakus. Zwar hatte die Stadt in der Mitte der 40er Jahre des 5. Jahrhunderts v. Chr. Agrigent ohne große Mühe besiegt und einen Frieden geschlossen, doch begann nunmehr die Rivalität zwischen den beiden dorischen Städten erneut auszubrechen. Syrakus nutzte seinen Vorteil, die Sikeler – und zweifellos auch deren Tributgelder – in fester Hand zu haben, und baute seine Streitkräfte in schamlos provokativer Weise aus. Laut Diodor verdoppelte man den Umfang der Reiterei, baute 100 Trieren und verstärkte auch die Infanterie.

Was in den nächsten Jahrzehnten geschah, ist uns eher im Kontext athenischer als in dem sizilianischer Geschichte bekannt. Dies ist angesichts der Quellenlage nicht überraschend. Athens politische Interessen an Sizilien gehen vor die Mitte des 5. Jahrhunderts v. Chr. zurück, als man nämlich einen Freundschaftsvertrag mit Segesta schloß. Es folgten ähnliche Vereinbarungen mit Halikyai, mit Leontinoi und mit Rhegion (Reggio) jenseits der Meerenge auf dem italienischen Festland. Welche Absichten Athen verfolgte, ist unklar, möglicherweise waren es überhaupt keine konkreten. 427 v. Chr. jedenfalls sah sich Leontinoi einem syrakusanischen Angriff ausgesetzt und erbat nun unter Bezugnahme auf den Vertrag mit Athen Beistand von dort. Athen reagierte mit der Entsendung einer Streitmacht, die mehr als zwei Jahre auf der Insel blieb, bis 424 v. Chr. Friede geschlossen war.

Acht Jahre später standen Selinunt und Segesta im Krieg miteinander. Syrakus stand auf der Seite von Selinunt, und Segesta erbat Hilfe von Karthago, das aber nicht reagierte. So wandte man sich an Athen, nahm Bezug auf das alte Bündnis und versprach eine umfangreiche Entschädigung. In Athen war man geneigt, dem Ersuchen stattzugeben, nicht zuletzt, weil eine Pause im Peloponnesischen Krieg Soldaten und Mittel freigesetzt hatte. Doch bevor sie eine Verpflichtung eingingen, wollten die Athener klugerweise eine Delegation nach Segesta entsenden, um die Lage vor Ort zu erkunden. Segesta aber täuschte die Gesandten mit allen Tricks, so daß jene mit begeisterten, aber falschen Schilderungen vom Reichtum Segestas nach Hause zurückkehrten. Zu den Täuschungsmanövern gehörte wahrscheinlich auch die Aufnahme der Arbeit an dem großartigen Tempel der Stadt, der freilich nie vollendet wurde. Nach einer berühmten Debatte in der athenischen Volksversammlung siegte die Meinung des Alkibiades, der sich für die Intervention ausgesprochen hatte, mit großer Mehrheit, und im Sommer des Jahres 415 v. Chr. entsandte Athen die großartigste und teuerste Armada, die je eine einzelne griechische Stadt verlassen hat. Nach Thukydides bestand sie aus über 250 Schiffen, darunter Truppentransporter und Versorgungsschiffe, und vielleicht 25 000 Mann. Doch trotz dieser enormen Aufwendungen ging fast von Anfang an vieles schief. Unter den athenischen Befehlshabern herrschten Uneinigkeit und Feindseligkeit; bald ging man in Athen gegen Alkibiades mit einer weitreichenden Anklage wegen Kultfrevels vor; viele Monate wurden damit vertan, in Sizilien weitere Verbündete zu suchen oder auf Beute auszugehen. So gewann Syrakus die dringend benötigte Zeit, seine Befestigungen und seine Flotte zu verstärken.

Erst nach einiger Zeit konzentrierte sich der Krieg auf Syrakus. Bis zur Zeit der Endkämpfe im Herbst 413 v.Chr. hatte die Stadt den entscheidenden Vorsprung gewonnen, vor allem, weil eine griechische Bürgermiliz wie die von Athen weder materiell noch psychologisch dafür gerüstet war, zwei Jahre im fremden Land zu kämpfen. Der Nachschub war unsicher, und als Krankheiten um sich griffen und die Moral der Truppe sank, hielten die athenischen Befehlshaber den Zeitpunkt für einen Rückzug für gekommen – mit katastrophalen Folgen. Das Heer wurde dezimiert, 7000 Mann gefangengenommen und als Arbeiter in die Kalksteinbrüche geschickt. Die Generäle Demosthenes und Nikias wurden hingerichtet und eine unbekannte Zahl von Soldaten in die Sklaverei verkauft, nachdem man jeden auf der Stirn mit dem Zeichen eines Pferdes gebrandmarkt hatte. Nur einer Handvoll Griechen glückte die Heimkehr, einigen davon, weil sie – wie Plutarch angibt – Chöre aus den Tragödien des Euripides auswendig rezitieren konnten, „denn die Sizilianer liebten offenbar die euripideischen Dichtungen noch leidenschaftlicher als alle anderen Hellenen außerhalb Griechenlands“.

Natürlich feierte Syrakus seinen Erfolg; viel Beute wurde dem Apollon von Delphi geweiht. Doch brachte der Sieg weder für Syrakus noch für Sizilien dauerhaften Frieden. Innere Streitigkeiten, die für die Dauer der athenischen Invasion geruht hatten, flammten nun mit neuer Kraft wieder auf. „Das gemeine Volk", heißt es bei Aristoteles, „das den Sieg errungen hatte, wandelte jetzt die Regierung um und machte aus einer *politeia* eine volle Demokratie." Unter der Führung eines Generals namens Diokles erzwang es – paradoxerweise nach athenischem Vorbild – eine Reihe von Reformen: Die Gesetze wurden nun kodifiziert und – die wohl wichtigste Neuerung – die Beamten durch das Los ausgewählt.

Nachdem die Athener von der Insel vertrieben worden waren, nahm Selinunt den Angriff auf Segesta wieder auf. Die Stadt sah sich erneut in Schwierigkeiten und wandte sich wiederum an Karthago um Hilfe, diesmal mit der neuen Versprechung, Karthago künftig Tribute zu zahlen. Aus uns unbekannten Gründen nahm Karthago dieses Geschäft an, und im Jahre 409 v. Chr. unterlag Selinunt den Truppen unter der Führung eines Hannibal; die Stadt wurde ausgeplündert. Der karthagische Befehlshaber marschierte sodann gegen Himera und brachte auch dort den Syrakusanern eine Niederlage bei. Doch anstatt seinen Sieg auszunutzen, entschloß er sich, nach Afrika zurückzukehren und das Heer aufzulösen. Warum er so handelte, ist nicht ganz klar, doch liegt die Vermutung nahe, daß Karthago selbst noch zu jenem Zeitpunkt nicht entschlossen war, ganz Sizilien zu erobern. Als jedoch ein verbannter syrakusanischer Politiker ein Heer sammelte und Angriffe auf Gebiete unternahm, die den Karthagern tributpflichtig oder von ihnen abhängig waren, kehrten diese nach Sizilien zu einem Rachefeldzug zurück.

Ihr erstes Ziel war Agrigent, eine dank ihrer Neutralität in früheren Kriegen inzwischen ungewöhnlich wohlhabende Stadt. Nach acht Monate währenden Kämpfen ergab sich Agrigent, und die Karthager belohnten sich für ihre Mühen mit der Plünderung der Stadt, bei der sie auch viele Kunstwerke fortschleppten, darunter – so will es ein Teil der Überlieferung – den berühmten Bronzestier des Phalaris. Eine Folge dieser Niederlage war eine weitere Verschlimmerung der politischen Lage in Syrakus. Dort nutzte ein junger Mann namens Dionysios, der bald der mächtigste griechische Herrscher seiner Zeit werden sollte, die neue Situation dazu aus, sich an die

Spitze des Generalkollegiums setzen zu lassen und bald das alleinige Kommando mit umfassenden Machtbefugnissen zu übernehmen.

Im Frühjahr des Jahres 405 v.Chr. begann die Schlacht um Gela. Sie verlief recht ähnlich wie der Feldzug gegen Agrigent einige Monate zuvor, und so wurde die Stadt bald evakuiert, ebenso auch Kamarina. Syrakus sollte folgen, doch wider alles Erwarten entschlossen sich die Karthager, Frieden mit Dionysios zu schließen und heimzukehren. Diodor weist diese Entscheidung dem Ausbruch einer ernsthaften Seuche zu (die die Karthager im übrigen nach Afrika mit zurückbrachten), und obgleich einem allmählich die Häufigkeit verdächtig wird, mit der in der antiken sizilianischen Geschichte immer dann eine Seuche auftritt, wenn sie gerade vonnöten war, bietet sich keine bessere Erklärung für das karthagische Verhalten an.

Der Vertrag mit Dionysios bezeichnete von seiten der Griechen die erste Anerkennung einer karthagischen *epikrateia* in Sizilien (was man gewöhnlich, aber vielleicht ungenau, mit „Provinz“ übersetzt). Nach Diodor wurde vereinbart, daß die phoinikischen, elymischen und sikanischen Siedlungen Karthago zufielen, während die Leute von Selinunt, Agrigent, Himera, Gela und Kamarina unter der Bedingung heimkehren durften, daß sie ihre Städte unbefestigt ließen und Tribute zahlten. Leontinoi, Messina und die Sikeler wurden für frei und autonom erklärt und Dionysios als Herrscher in Syrakus anerkannt. Diese letzte Klausel des Vertrags sollte länger als alle anderen in Kraft bleiben, und dies in einer Weise, die 406 v.Chr. niemand vorhersehen konnte.

Es besteht kaum ein Zweifel, daß es die Kombination von athenischen und karthagischen Invasionen war, die die Tyrannis nach Syrakus zurückbrachte – und von dort binnen kurzer Zeit in das ganze andere griechische Sizilien. Dies legt auch eine Antwort auf die Frage nahe, weshalb es den sizilianischen Griechen nicht gelang, die Lebensform des Stadtstaats erfolgreich zu verwirklichen. In einer grundlegend fremden Umgebung und in solcher Nähe zu Mächten wie Karthago waren politische Unruhen fast unvermeidlich. Von ebensolcher, wenn nicht größerer Bedeutung war, daß so viele Bevölkerungsgruppen teilweise sogar mehrmals entwurzelt worden und so viele Söldner eingetroffen waren, weshalb jegliches starke Gemeinschaftsgefühl fehlte, welches aber so entscheidend für den Stadtstaat war. Vielleicht hätten sich die sizilianischen Städte mit der Zeit von den Auswirkungen der ersten Tyrannis erholt und einen gewissen inneren Zusammenhalt gewonnen. Doch angesichts der Bedeutung der Insel für auswärtige Mächte war Zeit ein Gut, das den Sizilianern selten vergönnt war.

Kapitel 3

Fünf Tyrannen

Dionysios I.

Die Geschichte Siziliens vom Jahr 405 v. Chr. bis zur Eroberung durch die Römer, die 264 v. Chr. begann, muß geschrieben werden anhand der Karrieren und Schicksale von fünf Herrschern über Syrakus – unsere Quellen lassen uns keine andere Wahl. Dabei ist die Verzerrung, die sich so ergibt, wahrscheinlich noch schlimmer als die, welche sich aus der hartnäckigen, wenn auch unnötigen Gewohnheit ergibt, die Geschichte – etwa der römischen Kaiserzeit oder des deutschen Mittelalters – als eine Abfolge einzelner Herrschaften darzustellen. Nur gelegentlich erinnert uns eine archäologische Entdeckung oder eines der seltenen zeitgenössischen Dokumente auf Steininschriften daran, daß das Leben in Sizilien nicht nur aus Krieg, Raub und finanzieller Auspressung durch die Tyrannen bestand, doch läßt sich aus solchen Bruchstücken keine kontinuierliche Geschichte schreiben.

Der erste und beeindruckendste dieser fünf Herrscher, der ältere Dionysios, wurde sowohl für die zeitgenössischen wie auch für die späteren Autoren hinsichtlich der moralischen Betrachtung der Tyrannis zum Modellfall. Tatsachen vermischten sich dabei so sehr mit Erfindungen, daß man seine Karriere kaum zuverlässig rekonstruieren kann. Daß er der Oberschicht entstammte, läßt sich plausibel vermuten, und wir wissen, daß er die historische Bühne erstmals in der anarchischen Situation betrat, die die karthagische Invasion geschaffen hatte. Zwar war er damals erst etwa 25 Jahre alt, doch ergriff er seine Chance mit so viel Geschick, daß er Syrakus binnen etwa eines Jahres in seiner Gewalt hatte. Aristoteles nennt ihn als hervorragendes Beispiel für die Art Tyrann, der seine Macht mit demagogischen Appellen an die Unterschicht gewinnt – und was wir an Zeugnissen haben, legt nahe, daß dies der Wahrheit entspricht.

Persönliche Macht in der Heimat und in der Fremde war Dionysios' Ziel, und darin liegt ein Schlüssel zum Verständnis seiner 38 Jahre währenden Herrschaft. Seine Methoden waren oft ohne Beispiel: So trieb er nicht nur die in allen griechischen Städten üblichen Abgaben ein, sondern griff auch zu jeder nur möglichen Methode, bei Bedarf Geld für besondere Fälle aufzubringen; ebenso frei fühlte er sich, Arbeitskräfte für die Rüstungsproduktion oder Befestigungsarbeiten zwangszuverpflichten. In gut sizilianischer Tradition verpflanzte er ganze Bevölkerungsgruppen von einer Stadt in die andere, und während er – wie seine Vorgänger – wenig Interesse am Funktionieren einer zivilen Verwaltung hatte, änderte er die überkommene Militärorganisation grundlegend, indem er ein starkes Söldnerelement und zugleich eine neue Kommandostruktur einführte, in der die obersten Ränge seinen Verwandten und engen persönlichen Anhängern vorbehalten waren. Diese Betonung der Familie sollte ein Leitmotiv von Dionysios' Herrschaft werden.

Alle diese Tatsachen sind schon für sich genommen aufschlußreich, doch erhalten sie eine weitergehende Bedeutung dadurch, daß sie aufzeigen, wie vollkommen personbezogen die Herrschaft des Dionysios war – und auch wirken sollte. Insofern hat er in der westlichen Welt etwas Neues geschaffen, das die Praxis der hellenistischen Monarchen in den Jahrhunderten nach Alexander d.Gr. vorwegnahm. Dionysios hatte dabei kein Reich im eigentlichen Sinne, er war nicht der „König von" einem bestimmten Gebiet oder Volk, sondern herrschte über alles, was ihm erreichbar war, solange er dort eben seine Herrschaft durchsetzen konnte. *De facto* umfaßte dieser Bereich zur Zeit seiner größten Ausdehnung ganz Sizilien, mit Ausnahme des äußersten Westens der Insel, und die Stiefelspitze von Italien bis zum Golf von Tarent. In Epirus in Nordwestgriechenland hatte er Verbündete und konnte auf die

Unterstützung durch die „barbarischen“ italischen Völker in Süditalien rechnen, also etwa der Kampaner, Lukaner und Iapyger, die ihm seine verläßlichsten Söldner stellten.

Sizilien war das Herzstück seines Reichs, und seine Einbeziehung verwickelte ihn in einen Krieg mit Karthago. Dionysios war offenbar ein Mann von ungeheurer Energie, seine Kampfleidenschaft kannte keine Grenzen. Zwischen 404 und 402 v. Chr. unternahm er Angriffe gegen verschiedene sikelische Gemeinden, nahm Catania und Naxos durch Verrat ein und veranlaßte die Leute von Leontinoi dazu, gemeinsam nach Syrakus umzusiedeln. Eine Meuterei zu Hause schlug er nieder, und Syrakus machte er zur größten und am stärksten befestigten aller griechischen Städte. Schon dies hätte jeden anderen erschöpft, nicht aber den Dionysios! Vielmehr rüstete er nunmehr zu einem großen Krieg, indem er seine Flotte modernisierte, Belagerungsmaschinen bauen ließ (darunter eine wichtige Neuerung, das Katapult) und diplomatische Aktivitäten entfaltete.

Sein erstes militärisches Ziel war die phoinikische Siedlung Motya, die er nach einer Belagerung einnehmen konnte, welche angeblich zum Vorbild für spätere ähnlich geartete Unternehmen wurde, darunter Alexanders d.Gr. Belagerung von Tyros. Im Jahr 396 v. Chr. nutzte er den Ausbruch einer Seuche in der karthagischen Armee dazu, ihr eine vernichtende Niederlage beizubringen, was ihm die tatsächliche Herrschaft über fast ganz Sizilien einbrachte, ausgenommen nur den alten karthagischen Bereich. Doch waren seine Gegner durchaus nicht erledigt. 393 und 392 v. Chr. brachen die Kämpfe erneut aus, zehn Jahre später noch einmal, und dabei behielten die Karthager die Oberhand. Dionysios versuchte noch, seine Verluste wettzumachen, doch starb er, bevor er noch weitere Erfolge hatte, und nach seinem Tod schloß sein Sohn bald einen Frieden. Sizilien sollte nunmehr zwanzig Jahre frei von jeder ernsthaften Bedrohung seitens Karthagos sein.

Der Vorteil, die Karthager in den Jahren nach 405 v. Chr. zurückgeworfen zu haben, kam die Insel freilich teuer zu stehen. Dionysios aber war nicht der Typ Mensch, dem menschliches Leid zu schaffen macht – dafür war seine Selbstbezogenheit zu groß und sein Wille zur Macht zu absolut. Anders als die älteren Tyrannen suchte er auch eine Rolle in der alten griechischen Welt zu spielen. Doch merkwürdigerweise hatte er davon keinen materiellen Vorteil, abgesehen von einer gewiß nützlichen Militärhilfe durch Sparta im Jahre 395 v. Chr.; daß er weitergehende machtpolitische Pläne im Osten verfolgte, kann man nicht ernstlich annehmen. Diese scheinbare Erfolglosigkeit sollte man jedoch nicht als Versagen bewerten; Dionysios' Außenpolitik war wohl vielmehr schlicht von Größenwahn inspiriert: Dionysios wollte umworben sein und ließ seine Muskeln spielen oder ruhen, wann immer es ihm gefiel.

Die Art unserer Zeugnisse macht es unmöglich, ein deutlicheres Bild davon zu gewinnen, wie sich das Leben in Sizilien unter der Herrschaft des Dionysios darstellte. Die Schrecknisse des Kriegs waren zweifellos gewaltig, doch weisen die Belege aus dem vorvergangenen Jahrhundert und den folgenden dreihundert Jahren darauf hin, daß Sizilien eine erstaunliche Fähigkeit hatte, sich immer wieder zu erholen – etwas vergröbert heißt dies, daß eben die Leute in den richtigen Positionen von den Kämpfen profitierten und im Frieden noch reicher wurden. Es ist auch aufschlußreich, daß Syrakus stets seinen Ruf als Stadt der Lebenslust behielt. Und das kulturelle Leben in Sizilien scheint nicht vernachlässigt worden zu sein, wenngleich bemerkenswert bleibt, daß Dionysios anders als seine Vorgänger eher Befestigungen als Tempel, Theater und sonstige zivile Gebäude errichten ließ.

Diejenigen Sizilianer freilich, die die Unruhen zwar überlebten, aber dies, ohne viel Gewinn dabei gemacht zu haben, erscheinen kaum in unseren Quellen, die allenfalls ein paar versuchsweise Schlüsse ermöglichen. Einige wenige Jahre nach dem Tod des Dionysios wurde jedenfalls der übliche klassenkämpferische Ruf nach einer Neuverteilung des Landes laut, und es besteht kaum ein Grund zu der Annahme, daß solche Merkmale in Dionysios' Herrschaft fehlten. Und schon immer boten große Söldnergruppen Anlaß zu vielerlei Unruhen, selbst wenn sie sich niedergelassen hatten und „Bürger“ hießen; daß dies unter Dionysios anders war, läßt sich kaum plausibel machen.

Dionysios war zweifellos die mächtigste Gestalt jener Zeit in der griechischen Welt, jedem Nichtgriechen im Westen gewachsen. Zeitweise verfügte er über gewaltige finanzielle Mittel und über – für zeitgenössische Verhältnisse – große Streitkräfte. Dennoch gelang es ihm nicht einmal in Sizilien, aus seinen neuen Untertanen eine nationale Gemeinschaft zu bilden. Er war kein konstruktiver Herrscher, seine Laufbahn hat etwas von der Vergeblichkeit einer Tretmühle an sich. Nicht weniger deprimierend ist die Tatsache, daß es in seinem Herrschaftsbereich auch keine konstruktive Opposition gab. Jeder Funke von Teilhabe des Volkes an der Politik, die es vielleicht am Ende des 5. Jahrhunderts v. Chr. in Sizilien noch gegeben hat, wurde unter Dionysios ausgelöscht. Künftig waren die Sizilianer eher Untertanen als Bürger, und jede weitere politische Aktion fand in Form destruktiver dynastischer Streitigkeiten, Verschwörungen und Bürgerkriege statt.

Dionysios II. und Dion

Dionysios I. hatte seinen Sohn gleichen Namens öffentlich zu seinem Nachfolger bestimmt, und so verlief der Machtübergang ohne weitere Schwierigkeiten. Der jüngere Dionysios aber hatte nicht die Energie seines Vaters und wählte ein Leben in Luxus (seine Trunksucht war weitbekannt), vielleicht mit ein wenig Dichtung und Philosophie vermischt. Offenbar zog er es vor, im unteritalischen Lokroi, der Heimatstadt seiner Mutter, zu wohnen und die Sorge für die Herrschaft anderen zu überlassen. Dion, das Haupt des syrakusanischen Zweiges der Familie Dionysios' I., war aus ganz anderem Holz geschnitzt. Gebildet, hochmütig, ehrgeizig und kaltblütig hatte er sich innerhalb eines Jahres mit dem jungen Tyrannen überworfen und sich nach Griechenland zurückgezogen. Dort blieb er fast zehn Jahre lang; während dieser Zeit erfahren wir praktisch nichts über ihn, außer daß er einen Teil dieser Jahre in Athen im Umkreis von Platons Akademie verbrachte.

Im Jahr 361 oder 360 v. Chr. sah sich Dionysios II. in der Lage, seinen Rivalen für formal verbannt zu erklären und dessen Güter zu beschlagnahmen. Dion reagierte darauf mit der Vorbereitung eines Staatsstreichs und sammelte eine bemerkenswert bunte Truppe von Anhängern um sich, darunter mindestens zwei Mitglieder der Akademie, Timonides, der eine Art Tagebuch über das Unternehmen führte, das er später an Platons Neffen übersandte, und Kallippos. Zwar waren die Motive der Mitglieder dieser Gruppe zweifellos unterschiedlich, doch läßt sich nicht leugnen, daß manche in den griechischen Philosophenschulen ausgebildeten Männer eine deutliche Hinwendung zur Tyrannis zu zeigen begannen: Nur der weise Herrscher, der Philosophen-König, könne, so meinten sie, die griechischen Staaten zur Tugend führen.

Im Jahr 357 v. Chr. machte sich Dion mit tausend angeworbenen Soldaten auf den Weg nach Sizilien und marschierte dort nach Syrakus, wobei er auf dem Weg Unterstützung bei mehreren Gemeinden fand, die auf diese Weise von der syrakusanischen Oberherrschaft freizukommen hofften. Die Stadt selbst bereitete ihm einen freundlichen Empfang, so daß er ohne Widerstand eintreten konnte. Dionysios' treuer Oberkommandierender, Philistos, aber kam mit einer Flotte aus Italien, überrannte Dions schwache Verteidigungslinien und hätte ihn beinahe vertrieben, wenn nicht zwanzig Trieren und militärische Verstärkung aus Griechenland eingetroffen wären. Die Quellen sind sich uneins darin, ob Philistos daraufhin Selbstmord beging oder zu Tode gefoltert wurde. Jedenfalls wurde sein entstellter Leichnam durch die Straßen von Syrakus geschleift und blieb dann unbestattet vor den Mauern liegen.

Diese Tat bot einen passenden Auftakt zu einem Jahrzehnt grausamer und verworrener Kämpfe, in denen der ursprünglich dynastische Konflikt fast völlig in den Hintergrund trat. Dionysios' Reich verfiel zunehmend, und inmitten aller Unruhe war die einzige Institution, die nicht grundsätzlich in Frage gestellt wurde, die Alleinherrschaft. Dion erhob zwar den Anspruch, als Befreier aufzutreten, der die Tyrannis durch eine Form von verfassungsgemäßer Regierung ablösen werde, doch glaubte man allgemein, daß auch er nur Tyrann werden wollte; sicherlich stand er in Temperament und Überzeugung durchaus nicht auf der Seite der Herrschaft des Volkes. Die niederen Schichten mißtrauten ihm, opponierten gegen ihn und fanden ihre eigenen Anführer, und zwar sowohl in Syrakus als auch andernorts.

Dion wurde 354 v.Chr. von seinem einstigen Anhänger Kallippos ermordet. Das Motiv für diese Tat ist unklar, doch anscheinend rein persönlicher Natur. Kallippos ergriff die Macht über die Stadt, wurde aber 13 Monate später von Dions Neffen Hipparinos vertrieben und zog sich als Tyrann nach Catania zurück. Die Situation verschlimmerte sich zusehends. Der Osten der Insel erlebte ein wüstes Durcheinander, seine Bevölkerungszahl ging rapide zurück, sein Wohlstand verschwand, und die kriegführenden Parteien waren erneut bereit, Karthago auf den Plan zu rufen. Anders als das Ende der ersten Tyrannen von Syrakus hatte also der Tod Dionysios' I. Sizilien zerrissen. Die schmutzigen Vorgänge verdienten kaum eine Erwähnung, ginge nicht mit ihnen die Geschichte von Platons Interventionen einher.

Was dazu überliefert ist, steht in 13 angeblich von Platon selbst geschriebenen Briefen. Manche von ihnen sind zweifellos unecht, doch ist jedenfalls in ihnen belegt, daß Platon 388 oder 387 v.Chr. privat nach Süditalien reiste. Auf dem Weg traf er in Syrakus den jungen Dion, erkannte rasch dessen innere Qualitäten und machte ihm ein Leben in Philosophie und Tugend erstrebenswert. Als der ältere Dionysios gestorben war, gewann Dion den Sohn des Tyrannen dafür, Platon nach Syrakus einzuladen, um so eine Erziehung als Philosophen-König erhalten zu können. Der Besuch aber war nicht erfolgreich, und Platon kehrte entmutigt nach Athen zurück. Fünf Jahre später wurde der bejahrte Philosoph zwar erneut nach Syrakus eingeladen, doch hatte er auch dieses Mal keinen Erfolg.

Trotz des Eindrucks von Weltfremdheit, der diese Geschichte umgibt, und trotz mancher Diskrepanzen und Unwahrscheinlichkeiten halten die meisten Gelehrten Platons Auftreten für im Grunde historisch. Für die Geschichte Siziliens ist es freilich ohnehin so gut wie gleichgültig, ob wir diese Geschichte glauben oder nicht; eigentlich hat sie ja nur für unser Urteil über Platons praktischen Sinn und für die politischen Lehren der Akademie eine Bedeutung, und allenfalls könnte noch unsere Einschätzung von Dion und seinen Plänen betroffen sein. Doch sollten wir nicht übersehen, daß Dion nicht lange genug an der Macht war, als daß er irgend etwas hätte erreichen können, was auch immer er vorgehabt haben mag. Die Ereignisse in Sizilien nahmen mit oder ohne Platons Eingreifen ihren Lauf, und der Retter war schließlich kein Philosoph aus Athen, sondern ein Mann der militärischen Tat aus Korinth.

Timoleon

Dionysios II. vermochte zwar 346 v.Chr. für kurze Zeit nach Syrakus zurückzukehren, doch war es deutlich, daß in Sizilien echtes politisches Verhalten nicht mehr möglich war. Der fortwährende Streit zwischen „Aristokraten" und Verfechtern einer Neuverteilung des Landes schuf zeitweise die Illusion, daß hier ein Abenteurer einen Stützpunkt gefunden habe – eine Illusion, die durch ein gelegentliches Zusammentreten der Volksversammlung oder eine Wahl bestärkt werden konnte. Die wirkliche Macht lag bei den Söldnern, Sizilianern wie Fremden, denn nur diese garantierten eine wirkungsvolle Kontrolle. Doch selbst in diesem Bereich hatte sich manches geändert: Die Söldnertruppen waren nun kleiner als zuvor, was nicht nur das Aufbrechen der alten Machtkonzentrationen belegt, sondern auch auf den spürbaren Niedergang der Bevölkerungszahlen und finanziellen Mittel auf der Insel hinweist.

In dieser offenen Situation kam es unvermeidlich zu einem Hilferuf nach Karthago, und obwohl dieses mit Schwierigkeiten zu Hause zu tun hatte, verweigerte es die Unterstützung nicht, vielleicht in dem Glauben, daß die fortwährende Uneinigkeit der Insel zu seinem Vorteil sein müsse. So schien sich das alte Muster wiederholen zu wollen. Plötzlich aber gab es eine neue Wendung. Hiketas, ein einstiger Anhänger Dions, bat Korinth um Hilfe, und die Mutterstadt, die zuvor nie in die inneren Angelegenheiten von Syrakus eingegriffen hatte, brach mit jahrhundertealten Gewohnheiten und entsandte eine kleine Armee unter der Führung des Timoleon. Welche Überlegungen dieser Entscheidung zugrunde lagen, ist völlig unbekannt. Korinth war nurmehr ein Schatten seiner einstigen Größe, hatte selbst genug Schwierigkeiten und konnte sich eigentlich kaum den Abzug von Männern und Mitteln erlauben. Ebenso unklar ist, weshalb die Wahl auf Timoleon fiel, einen Mann fortgeschrittenen Alters und ohne große Vergangenheit, dessen bislang einzige bemerkenswerte Tat die Ermordung eines älteren Bruders war.

Als Timoleon 344 v.Chr. am Strand von Tauromenion (Taormina) an Land ging, traf er verständlicherweise auf keinen begeisterten Empfang; allein Andromachos, der Vater des späteren Historikers Timaios, unterstützte ihn. Timoleons Streitmacht war klein, er hatte wenig Geldmittel, und seine Ziele waren bestenfalls unklar. Und doch gelang es ihm, innerhalb von sechs Jahren jede Opposition niederzuwerfen und zu vernichten und so zum Herrn der Insel zu werden. Dionysios II. ergab sich als erster und durfte sich deshalb nach Korinth zurückziehen. Die Karthager wurden am Fluß Krimisos (wohl dem heutigen Belice) vernichtend geschlagen und schlossen einen Frieden, der mehr oder weniger den Status der Zeit unter Dionysios I. bestätigte; ihre *epikrateia* zogen sie auf das Gebiet westlich des Flusses Halykos (wohl des heutigen Platani) zurück.

Trotz dieser Erfolge hatte Timoleon in Sizilien keine legitime Autorität. Ja, hätte sich nicht ein solcher Mythos um ihn gebildet, wäre er wohl vor allem als Tyrann bekannt – und dies ganz zu Recht, denn er hatte die Macht mit Hilfe einer Söldnertruppe ergriffen, war selbstherrlich, rücksichtslos, brutal und treulos, ganz wie seine Verbündeten und Gegner auch. Doch ist dies nur die eine Seite des Bildes, denn Timoleon war auch ein Reformer, der ein Programm vertrat, das die Zukunft

Siziliens sichern sollte. Er entfernte fast alle kleinen Tyrannen und machte sich dann an die dramatische Schleifung der Palastfestung auf der syrakusanischen Halbinsel Ortygia und anderer vergleichbarer Bauten. Im Bereich der Verfassung wurde eine „gesetzgebende Kommission“ nach Syrakus einberufen, die die alte demokratische Ordnung überarbeiten sollte. Und die Wirtschaft versuchte er dadurch zu beleben, daß er Tausende von Einwanderern aus Italien und der alten griechischen Welt nach Sizilien brachte und ihnen unbebautes Land zur Verfügung stellte.

Über Syrakus selbst läßt sich nicht viel sagen, da hier systematische Ausgrabungen kaum möglich sind. Doch wo immer gegraben wird, ergibt sich, daß mit Timoleon eine Ära städtischen Wachstums und Wohlstands begann. So wurden Agrigent und Gela von schlichten „wild“ bewohnten Weilern zu großen, gutfunktionierenden Stadtstaaten, und eine ähnliche Entwicklung erlebte das ganze Hinterland der sizilianischen Südküste. Auch kam es zu einer erneuten Blüte der Monumentalarchitektur, die nach der karthagischen Invasion am Ende des 5. Jahrhunderts v. Chr. mehr oder weniger eingestellt worden war; die dafür notwendigen Mittel stammten aus der massiv gewachsenen Agrarproduktion. Sizilien war ja im Grunde eine agrarische Gesellschaft, und das Wachstum oder der Niedergang seiner Städte hing weitgehend vom Wohlergehen der Landwirtschaft ab.

Als Timoleon im Jahr 337 oder 336 v. Chr. alt und erblindet abdanken mußte, brach der Klassenkampf aus, und bald gab es keine ordentliche Regierung oder auch nur gesellschaftlichen Frieden mehr. Dies ist nicht weiter überraschend, denn die autonome, selbstverwaltete griechische Stadt war selbst im alten Griechenland nicht mehr zu retten, und noch viel weniger in Sizilien, wo sie nie fest verwurzelt war. Verwunderlich ist vielmehr, daß in der inzwischen schon gewohnten Runde sizilianischer Unruhen zwischen Timoleons Abtritt und Agathokles' Aufstieg 316 v. Chr. der neue Wohlstand nicht ernsthaft erschüttert wurde. Was Diodor an Beispielen für die Wiederbelebung der Monumentalarchitektur nennt, stammt sogar erst aus den Regierungszeiten von Agathokles und Hieron II. Die bemerkenswerte Befestigung am Nordrand des Gebiets von Syrakus, die heute unter dem Namen Castello Eurialo bekannt ist, wurde wahrscheinlich erst dann in eine selbständige Festung umgewandelt, und Gela wuchs damals so rasch, daß das Stadtgebiet sich bald über den alten Friedhof erstreckte, der einst außerhalb gelegen hatte.

Agathokles

Die antiken Autoren stellen Agathokles zumeist mit dem älteren Dionysios auf eine Stufe; dabei kommt er sogar oft noch schlechter weg, was auf den Historiker Timaios zurückzuführen ist, den er nach Athen verbannte. Selbst Diodor stimmt in diesen Chor ein: „Kein Tyrann zuvor zeigte sich seinen Untertanen gegenüber derart grausam." Konzentriert man sich aber nur auf den Charakter des Agathokles, übersieht man leicht den grundlegenden Wandel, der sich mittlerweile in der Welt außerhalb Siziliens vollzogen hatte – ein Wandel, auf den Agathokles reagieren mußte und der seiner Laufbahn Züge aufprägte, die in der langen Geschichte der griechischen Tyrannis neu waren. Vereinfacht gesagt, bestand die neue Situation im Aufkommen der hellenistischen Monarchien im östlichen Mittelmeerraum und in Ägypten, und Sizilien konnte dem Einfluß der Stärke und der ehrgeizigen Bestrebungen etwa der ptolemäischen Dynastie und der Könige von Makedonien und Epirus ebensowenig entgehen wie Italien und Griechenland.

Nach dem Tod des Timoleon stürzte sich der junge Agathokles, der Sohn eines Töpfers, in den mörderischen Vernichtungskrieg und verbrachte über zwanzig Jahre als Condottiere in Sizilien und Süditalien. Im Jahr 317 v.Chr. erreichte er, von mehreren tausend Veteranen und von seinem Ruf als Verteidiger der einfachen Leute gegen die Oligarchen unterstützt, die Macht in Syrakus. Sein Putsch wurde von einer wüsten Erhebung begleitet, bei der nach Diodor über 4000 Menschen ihr

Leben verloren, „denen man nur zum Vorwurf machte, daß sie von besserer Abstammung waren als die anderen". Agathokles berief sodann die Volksversammlung ein und wurde zum alleinigen Befehlshaber mit unbeschränkten Vollmachten gewählt. Er versprach die sofortige Löschung aller Schulden und eine Neuverteilung des Landes.

Ob diese gesellschaftlichen Maßnahmen tatsächlich durchgeführt wurden, ist unbekannt. Die Wahrscheinlichkeit spricht dafür, denn wenngleich wir nur wenige Nachrichten über Agathokles' innenpolitische Handlungen als Herrscher haben, verlor er jedenfalls seine Volkstümlichkeit nicht, nachdem er an der Macht war. Auch die Tatsache, daß er seine Fertigkeiten als Töpfer herausstellte, weist in diese Richtung. Wichtiger noch ist, daß – anders als bei Timoleon – alle angeblichen Grausamkeiten stets gegen eine Schicht, die der Reichen und oligarchisch Gesinnten, gerichtet waren. Seine Unterstützung beim einfachen Volk war anscheinend so groß, daß er von 305 bis zu seinem Tod im Jahre 289 v. Chr. den Terror als Herrschaftsinstrument ganz aufgeben konnte. Seine Befestigungsbauten sollten gegen äußere Feinde dienen, nicht als Zitadellen gegen Aufständische im Inneren.

Die archäologischen Zeugnisse belegen, daß Sizilien unter Agathokles in Blüte stand. Der Preis dafür war hoch, jedenfalls in den ersten zehn bis zwölf Jahren seiner Herrschaft. Zum einen waren ja die oligarchischen Parteiungen in Städten wie Agrigent, Gela und Messina selbst willens und in der Lage, Widerstand zu leisten, zum anderen fanden sie darin Unterstützung bei den Karthagern, die noch immer ihre Politik eines Gleichgewichts der Mächte auf der Insel verfolgten. Dies führte zu einem langwierigen, kostspieligen und weit ausgreifenden Krieg, der sowohl in Nordafrika als auch in Sizilien geführt wurde und erst 305 v. Chr. endete, als sich Agathokles gezwungen sah, um einen Frieden zu bitten. Karthago freilich, das an einer Ausdehnung seines sizilianischen Besitzes nicht mehr interessiert war als zuvor, ging darauf ein, und die *epikrateia* wurde mit ein paar Änderungen wieder eingerichtet.

Sobald nun der Kampf mit Karthago vorüber war, fiel das übrige Sizilien rasch an Agathokles. Wahrscheinlich jetzt nahm er den Königstitel an – ein Schritt, den alle seine Vorgänger vermieden hatten. Manche Historiker haben für diese Entwicklung komplizierte verfassungsrechtliche Erklärungen versucht, doch ist es wenig wahrscheinlich, daß der neue Titel innerhalb Siziliens selbst irgendwelche grundlegenden Änderungen mit sich brachte. Nach außen hin aber glich er Agathokles an die neue hellenistische Praxis an, was ihm im Bereich der auswärtigen Beziehungen genützt haben muß. Immerhin stellte er ja im Ausland etwas dar: Er hatte seinen Herrschaftsbereich bis auf das italienische Festland ausgeweitet, gab seine Tochter dem König Pyrrhos von Epirus zur Frau und nahm sich selbst als dritte Gemahlin eine Tochter (oder vielleicht Stieftochter) des ägyptischen Königs Ptolemaios. Seine so geartete Macht bestand freilich eher in der Vorstellung als in der Wirklichkeit, denn es fehlten ihr die soliden Grundlagen; als Agathokles starb, endete das ganze Unternehmen mit ihm.

Kapitel 4

Sizilien als römische Provinz

Zwischen Karthago und Rom

Agathokles wurde 289 v. Chr. ermordet, er war offenbar Opfer von Familienstreitigkeiten über die bevorstehende Thronfolge. Das kommende Jahrzehnt erlebte die übliche Runde von Unruhen und Anarchie, die in Syrakus stets auf das Verschwinden eines starken Mannes folgte. Diesmal führten vor allem zwei Faktoren zur herrschenden Unruhe: Zum einen lag ein großes Korps italischer Söldner in Sizilien, die sogenannten Mamertiner, die von ihrer Basis in Messina aus vor allem als marodierende und räuberische Haufen operierten. Zum anderen brach ein Krieg zwischen Syrakus und Agrigent aus, der um 280 v. Chr. mit der Niederlage von Agrigent endete und Syrakus nicht davon abhielt, in den Westen der Insel einzufallen, was wiederum Karthago zur Entsendung einer größeren Streitmacht veranlaßte.

Nun war Pyrrhos, der König der Molosser von Epirus in Nordwestgriechenland, an der Reihe, seine Spuren in der sizilianischen Geschichte zu hinterlassen. Pyrrhos war eine der bemerkenswertesten Figuren unter den Abenteurern der Generation nach Alexander d. Gr.; Hannibal hielt ihn für den geschicktesten und professionellsten Heerführer überhaupt. Seine Karriere hatte ihren Anfang in der unruhigen Welt von Nordgriechenland und Makedonien genommen, ohne daß Pyrrhos dort die Macht erreicht hätte, nach der er strebte. So sah er 280 v. Chr. eine neue Gelegenheit zur Verwirklichung seines Ehrgeizes und wandte sich gegen Italien, wo er zwei sensationelle Siege über die römische Armee erfocht. Dabei verlor er allerdings so viele eigene Leute (weshalb wir noch heute von „Pyrrhos-Siegen“ sprechen), daß ihm die ruhmvolle Aufforderung, in Sizilien einzugreifen, sehr gelegen kam – hier erwartete er sich ein leichteres Spiel.

Pyrrhos setzte 278 v.Chr. mit einer großen Armee nach Tauromenion über. Hier traf er auf solche Begeisterung, daß er seine Streitmacht verdreifachen und seine Flotte auf 200 Schiffe erweitern konnte. Der Erfolg ließ nicht lange auf sich warten, und schon bald nannte er sich „König Pyrrhos in Sizilien“, wie seine Gold- und Silberprägungen belegen. (Ob er auch „König Pyrrhos *von* Sizilien“ war, wie manche Gelehrte meinen, ist fraglich.) Die Mamertiner besiegte er in weniger als zwei Jahren, und die überlegenen karthagischen Streitkräfte vertrieb er von der ganzen Insel – Lilybaion ausgenommen, das sich als uneinnehmbar erwies, solange Karthago die Seeherrschaft innehatte. Im Herbst 276 v.Chr. kehrte er nach Italien zurück, wurde aber im Folgejahr bei Beneventum von den Römern besiegt. Damit endete sein Abenteuer im Westen.

Inzwischen hatte einer von Pyrrhos' syrakusanischen Anhängern, Hieron, die Macht in seiner Heimatstadt ergriffen, die Söldnerarmee neu organisiert und sich rechtzeitig mit den Karthagern verständigt. So war er in der Lage, sich für einen Angriff auf die Mamertiner richtig vorzubereiten; zu diesem Zweck verpflichtete er sich sogar ein neues Bürgerheer, das neben seinen Söldnertruppen dienen sollte. Im Jahr 269 v.Chr. errang er einen bedeutenden Sieg, doch hinderten ihn die Karthager getreu ihrer Strategie, Sizilien geteilt zu halten, daran, Messina selbst einzunehmen. Nichtsdestotrotz nahm Hieron nunmehr den Titel König an, den er ohne ernsthafte Herausforderung 45 Jahre lang behielt, bis er 215 v.Chr. im Alter von 92 Jahren starb.

Das Königtum war inzwischen eine vertraute und fest etablierte Institution geworden, unter den Sizilianern ebenso wie unter den Griechen in anderen Gegenden. Hieron jedoch ging weiter als seine Vorgänger, indem er seinen Königstitel nicht nur regelmäßig in öffentlichen Dokumenten gebrauchte, sondern sich auch als gekröntes Haupt auf Münzen darstellen ließ – sicherlich unter dem Einfluß des ptolemäischen Ägypten.

Dabei führte Hieron nicht bloß den syrakusanischen Trend weiter, er war vielmehr in wichtigen Bereichen eine ganz neue Art von Herrscher. So gab er etwa schon bald jeden Plan auf, sein ostsizilianisches Reich zu vergrößern, und widmete sich statt dessen der Verwaltung seines bestehenden Herrschaftsbereichs. Und seine Interessen an der Welt des griechischen Ostens waren weniger durch machtpolitische Überlegungen gekennzeichnet als vielmehr durch Erwägungen über mögliche Märkte für die landwirtschaftlichen Produkte seines Reichs, was sich etwa daran zeigt, daß ihm besonders an Kontakten zu Ägypten und Rhodos gelegen war.

Hierin spiegelt sich auch der Eintritt Roms in die sizilianischen Angelegenheiten. Dionysios und Agathokles hatten vor den Augen Karthagos noch eine Rolle in der mittelmeerischen Machtpolitik zu spielen vermocht, doch gegenüber zwei Mächten, Karthago und Rom, konnte dies keinem sizilianischen Herrscher mehr gelingen. Hieron verbündete sich zwar anfangs, im Jahre 264 v.Chr., mit Karthago, doch wartete er nicht, bis er vernichtet oder militärisch unterworfen war, sondern erkannte bald, daß er auf die falsche Seite gesetzt hatte; bereits vor der Jahresmitte von 263 v.Chr. hatte er einen Vertrag mit Rom geschlossen. Dieses Bündnis sollte zu dem dauerhaftesten jener Zeit werden, es bewahrte Syrakus und die von ihm abhängigen Orte vor den Schrecknissen des Ersten Punischen Krieges. Es bedeutete ferner eine Stärkung von Hierons persönlicher Stellung und ersparte ihm die bei schwächeren Herrschern üblichen Bedrohungen und Verschwörungen.

Der Erste Punische Krieg brach 264 v.Chr. aus, als sich die Mamertiner in Messina plötzlich – und aus unklaren Gründen – entschlossen, die karthagische Garnison zu vertreiben, die sie vor Hieron schützte, und sich an Rom zu wenden. Die Römer marschierten tatsächlich ein, und Karthago, dem wie stets an der Bewahrung seiner Kontrolle über Westsizilien gelegen war (einem für seine Schiffahrt wichtigen Gebiet), zahlte mit gleicher Münze zurück. Man errichtete Militärbasen in Agrigent, der größten Stadt in Karthagos sizilianischer „Provinz“, und in Herakleia Minoa; gerade diese Orte wurden auch zuerst von den Römern angegriffen. Als im Laufe der Zeit eine römische Flotte entstand, dehnten sich die Kämpfe nicht nur nach West- und Nordwestsizilien aus, sondern auch nach Nordafrika. Der Krieg herrschte ohne Unterbrechung für fast ein Vierteljahrhundert, ohne daß eine Seite der anderen in Unbarmherzigkeit oder Entschlossenheit nachstand.

Im Laufe der Feldzüge stellten die Sizilianer selbst eher Opfer als Streitkräfte. Im Jahr 261 v. Chr. nahm Rom nach einer sechs Monate währenden Belagerung Agrigent ein und verkaufte 25 000 Bewohner der Stadt in die Sklaverei; sieben Jahre später kehrten die Karthager zurück, schleiften die Mauern und setzten die Stadt in Brand. 258 v. Chr. wurde Kamarina von den Römern erobert, auch hier wurde der Großteil der Bewohner in die Sklaverei verkauft; und ähnlich erging es Panormos (Palermo) und 250 v. Chr. Selinunt. Der letzte Akt dieses grausamen Dramas spielte in Lilybaion, das die Römer zehn Jahre lang belagern mußten – ein Anzeichen dafür, wie wichtig den Karthagern dieses eine sizilianische Vorgebirge war. Erst 241 v. Chr. zwang sie eine Seeniederlage zur Aufgabe. Sie mußten gewaltige Reparationsleistungen zusagen, sich völlig aus Sizilien zurückziehen und sich verpflichten, künftig nicht mehr gegen Hieron Krieg zu führen.

Von Hierons Herrschaftsbereich abgesehen, war nun ganz Sizilien römisches Gebiet, was eine neue Situation in Verwaltung und Herrschaft bedeutete. In den früheren Jahrhunderten hatte Rom allein Gebiete in Italien hinzugewonnen; dabei war es durch eine ganze Reihe von *ad hoc*-Maßnahmen wie dem Abschluß von „Bündnissen" oder der Gewährung von „Halbbürgerrecht" gelungen, eine lebensfähige Machtstruktur aufzubauen. Sizilien aber war ein erobertes Besitztum, nicht nur verbündetes Gebiet, und so brauchte man eine neue Maschinerie, um die Insel zu organisieren, zu verwalten und auszubeuten. Über die ersten Schritte in diese Richtung kennen wir so gut wie keine Einzelheiten (das ausgebaute Provinz-System gab es erst Jahrzehnte später), doch ist sicher, daß römische Amtsträger eingesetzt und jährlich fällige Tribute erhoben wurden, zumeist in Form von Getreide.

Siziliens neuer Koloniestatus garantierte noch keinen Frieden. Als 218 v. Chr. der Zweite Punische Krieg ausbrach, spielte die Insel von Anfang an eine wichtige Rolle als Barriere zwischen Hannibal, der in Italien stand, und Hannibals Heimatbasis in Nordafrika. Die Römer nutzten Lilybaion und Messina als Ausgangspunkte für Raubzüge und zur Unterbrechung der wichtigsten Seeverbindungen mit Karthago. Hieron trug zur Versorgung der römischen Truppen in Sizilien bei und schickte zumindest zweimal umfangreiche Kontributionen nach Rom selbst. Freilich war nicht jeder Syrakusaner so kooperativ, selbst in der Herrscherfamilie gab es unterschiedliche Haltungen. Von Hierons Sohn und Mitregent, Gelon, hieß es, er verhandle mit den Karthagern, was möglicherweise durch seinen plötzlichen und recht gelegen kommenden Tod bestätigt wird.

Hieron selbst starb wenig später, womit auch die ein halbes Jahrhundert währende Allianz mit Rom ein Ende fand. Ein Jahr lang wurde Syrakus nun von Palastintrigen und bürgerkriegsähnlichen Unruhen erschüttert, während Rom und Karthago komplizierte diplomatische Verhandlungen führten, um bei den verschiedenen Parteien Anhänger zu gewinnen. Mittlerweile war freilich in der Stadt eine antirömische Haltung spürbar geworden, und so tendierte Syrakus zur karthagischen Seite hin. Dem begegnete Rom durch einen gewaltsamen Einmarsch unter Führung des Marcellus. Zwei Jahre lang wurde Syrakus belagert, wobei weder die römische Überlegenheit an Zahl der Soldaten noch die raffiniertesten Techniken und Gerätschaften zu Lande oder zur See etwas ausrichten konnten. Als genialer Erfinder von Verteidigungsmaßnahmen wirkte Archimedes, der den Römern eine Erklärung für ihr Versagen bot, die sie das Gesicht nicht verlieren ließ: Nach Polybios hatten sie „nicht mit den Fähigkeiten des Archimedes gerechnet und auch nicht vorhergesehen, daß unter bestimmten Umständen das Genie eines einzigen Mannes mehr vermag als noch so viele Hilfskräfte".

In Sizilien lag nun der Schlüssel für die Kriegsentscheidung. Wären die Römer von der Insel vertrieben worden, hätte

Hannibal leicht Nachschub an Soldaten und Material erhalten können; vielleicht hätte sich auch Philipp V. von Makedonien dazu entschlossen, aktiv einzugreifen, was eine Niederlage Roms hätte bedeuten können. Doch Marcellus stellte sich der Herausforderung mit aller Energie und Brutalität; er zerstörte Megara Hyblaia und ließ auf eine Erhebung in Enna ein riesiges Blutbad folgen. Schließlich fiel im Jahre 212 v. Chr. auch Syrakus. Die Stadt wurde den Soldaten zur Plünderung überlassen, und Archimedes wurde getötet, wenn auch, wie betont wird, gegen jeden Befehl. Marcellus führte nicht nur die üblichen Beutestücke nach Rom, sondern auch eine riesige Anzahl von Plastiken und Malereien, teils aus Tempelwänden und anderen gemeindlichen Bauten gerissen. Dies brachte ihm Kritik seitens des Historikers Polybios und allgemein den Haß der Sizilianer ein.

Der Zweite Punische Krieg zog sich bis zu Hannibals Niederlage bei Zama im Jahre 201 v. Chr. hin. Sie bedeutete das Ende Karthagos als Großmacht und ließ die Römer als Herrscher über das westliche Mittelmeergebiet zurück, denen nun die Eroberung der ganzen Welt offenstand. Diese Stellung nimmt der Zweite Punische Krieg in den Geschichtsbüchern ein, für Hierons Reich jedoch bedeutete er das Ende, und damit auch das Erlöschen der letzten Funken sizilianischer Unabhängigkeit; auch führte er unvermeidlich zu einer neuen Ausrichtung der wirtschaftlichen Außenbeziehungen Siziliens in Richtung Italien. Künftig war die Insel nicht mehr als eine Provinz – und ihre Geschichte bloß ein Anhängsel der römischen.

Die erste römische Provinz

Sizilien hat „als erstes Land unsere Vorfahren gelehrt, was für eine vortreffliche Sache eine Herrschaft über fremde Völker ist", erklärte im Jahr 70 v. Chr. der große Redner Cicero beim Prozeß gegen Gaius Verres, der wegen Amtsvergehens und schwerer Erpressung als Statthalter in Sizilien angeklagt war.

Nach Ciceros Anklagerede kam Verres zu dem Schluß, daß jede Verteidigung zwecklos sei, und ging freiwillig ins Exil; Cicero aber veröffentlichte im Hinblick auf seine eigene politische Karriere ein umfangreiches Buch in Form von fünf langen Gerichtsreden in dieser Sache, die freilich nie gehalten wurden, ja wahrscheinlich nicht einmal zu diesem Zweck geschrieben waren. Dieses Buch ist unsere wichtigste Quelle für die inneren Angelegenheiten Siziliens im Zeitalter der römischen Republik; daß es dabei nur mit Einschränkungen verwendet werden kann, ist deutlich.

Cicero war daran gelegen, den Eindruck einer friedlichen, wohlhabenden und im wesentlichen stabilen Gesellschaft zu geben, die von Verres binnen drei Jahren zugrunde gerichtet wurde. Doch waren seit der Eroberung von Syrakus im Zweiten Punischen Krieg fast anderthalb Jahrhunderte vergangen, und vieles hatte sich in diesem Zeitraum gewandelt. Die wohl am wenigsten aufrichtige Behauptung in Ciceros Darstellung ist der selbstgefällige Anspruch, daß das römische Steuersystem lediglich eine Fortsetzung von Hierons Maßnahmen bedeutete, was implizierte, daß die glücklichen Sizilianer nur das zu zahlen hatten, was sie schon stets zuvor aufbringen mußten, und dabei noch dazu die Segnungen des Friedens genießen konnten. In Wirklichkeit bestand ein gewaltiger Unterschied, psychologisch wie materiell, zwischen den Hieron gezahlten Abgaben, die zumeist wieder vor Ort ausgegeben wurden, also lokal von Nutzen waren, und den Geldern und Gütern, die die Römer ohne solche Gegenleistungen abschleppten.

Die Grundlage des römischen Tributsystems war der Zehnte der Weizen- und Gerste-Ernte, der in Naturalien geleistet und direkt nach Rom geliefert werden mußte. Außerdem wurde eine Abgabe auf Wein, Oliven, Obst und Gemüse erhoben, ferner eine Weidelandsteuer in Bargeld. Überdies behielt sich Rom das Recht vor, einen zweiten Zehnten durch Zwangskäufe einzuziehen, bei denen der Senat den Preis nach eigenem Ermessen festsetzen konnte. Weitere, wiederum zu einseitig festgesetzten Preisen durchgeführte Zwangskäufe dienten dem Unterhalt des römischen Statthalters und seines Stabs. Und selbst die restliche Ernte stand den Sizilianern nicht zur freien Verfügung: Exporte waren nur nach Italien statthaft, es sei denn, der römische Senat gewährte eine Sondergenehmigung. So verwundert es nicht, daß römische Schriftsteller immer wieder Catos Dictum zitierten, demzufolge Sizilien „die Kornkammer der Republik" war, „die Amme, an deren Brust sich das römische Volk nährt".

Eine weitere von Rom erhobene Steuer war die fünfprozentige Abgabe auf den Wert aller Waren, die in sizilianischen Häfen eintrafen oder von dort ausliefen – eine reine Geldschneiderei, der keinerlei Protektionismus zugrunde lag und von der Ausnahmen nur für den Zehnten und für den persönlichen Bedarf von Reisenden gemacht wurden. Schließlich waren die verschiedenen Städte auch noch dazu verpflichtet, Schiffe und Mannschaften für eine kleine Flotte zu stellen, die die Häfen gegen Piratenübergriffe zu schützen hatte. Dies alles waren also Abgaben, die von Rom eingetrieben wurden, doch sollte man nicht übersehen, daß die Sizilianer überdies noch lokale Steuern leisten mußten und zur Finanzierung gemeindlicher Bauten, der Wasserversorgung, der Kulte, religiösen Feste und weiterer Aufgaben beizutragen hatten.

Wie die lokale Besteuerung, blieb auch die lokale Verwaltung im Prinzip den Sizilianern überlassen, denn Rom hatte weder hier noch sonst in seinem Reich einen Anlaß oder auch nur die Möglichkeiten, auch diesen Bereich zu übernehmen. Die wenigen überlieferten Angaben hierzu weisen auf beachtliche Unterschiede zwischen den einzelnen Gemeinden, die jeweils auf eine jahrhundertealte, mehr oder weniger autonome Entwicklung zurückgehen; Unterschiede gab es insbesondere zwischen den alten *poleis* wie Syrakus oder Agrigent und nie wirklich hellenisierten Städten wie Panormos (Palermo) oder Drepana (Trapani). Auch das Privatrecht blieb unangetastet, ja manches spricht sogar dafür, daß die Gemeinden die traditionelle griechische Regelung beibehalten durften, nach der Nichtbürger – darunter selbst Griechen aus den Nachbarstädten – vom Erwerb von Grundbesitz ausgeschlossen waren. Überall gibt es Anzeichen dafür, daß Rat und Volksversammlung weiterhin zusammentraten und Beschlüsse faßten, wenn auch nur in nebensächlichen Fragen.

In der Praxis bedeutete diese lokale Autonomie die Freiheit von römischen Eingriffen nur so lange, wie es Rom gefiel. Wenn es zu Interventionen kam, waren diese unterschiedlich begründet, von verschiedener Art und nicht immer legal. Am seltensten war eine allgemeine Regelung für die ganze Provinz, wie etwa das unter dem Namen *lex Rupilia* bekannte Sklavengesetz von 131 v.Chr. (s. S. 68). Häufiger kam es zu spezifischen Eingriffen, so etwa 197 v.Chr., als der Senat den Statthalter beauftragte, die Bevölkerungszahl von Agrigent durch die Umsiedlung von Menschen aus anderen Teilen Siziliens aufzustocken; vier Jahre danach hören wir von einem anderen Statthalter, der die Regeln für die Zuwahl zum Senat von Agrigent verkündet und eigens anführt, daß die neuen Siedler keine Mehrheit in dieser Körperschaft bilden dürfen.

Im täglichen Leben personifizierte sich Roms Herrschaft in Gestalt des jeweiligen lokalen Steuereintreibers, der beiden Quästoren (oberste Finanzbeamte mit Sitz in Lilybaion bzw. Syrakus) und des römischen Statthalters. Dessen Amtszeit betrug üblicherweise ein Jahr, wurde aber gelegentlich verlängert: Verres verwaltete den Posten drei Jahre lang, da sein designierter Nachfolger mit dem Sklavenaufstand des Spartacus in Italien befaßt war. Verschiedene Faktoren beeinflußten die Auswahl eines Statthalters, doch gehörten weder die Fähigkeit zu guter Herrschaft noch die Kenntnis Siziliens dazu. Überdies kam eine nur ein Jahr währende Amtszeit kaum einer guten Amtsführung entgegen, zumal wenn der Statthalter kein ehrlicher Mann war.

Nur selten kam es vor, daß ein Römer, der hochgestellt und mächtig genug war, eine Statthalterschaft zu erlangen, angeklagt und aus anderen als innenpolitischen Gründen verurteilt wurde. Verres ist hierfür ein Beispiel: Wie immer man Ciceros Angaben wertet, so waren Verres und seine Leute doch offenbar wirklich eine Versammlung von Schurken, die logen und betrogen, unterschlugen, raubten, Verschwörungen anzettelten, Zeugen bestachen und Angst und Schrecken verbreiteten –

und dies alles nur mit dem Ziel persönlicher Bereicherung; sie ließen sogar römische Bürger öffentlich auspeitschen und foltern. Im zweiten Jahr von Verres' Statthalterschaft trat nun ein einflußreicher Sizilianer, Sthenios, persönlich in Rom auf, gewann die beiden Konsuln und einen der Tribunen für seine Sache, fand im Senat (in dem Verres' Vater saß) ein offenes Ohr – und kehrte doch ohne jeden Erfolg heim. Verres wurde sogar ein drittes Mal ernannt, und erst als Cicero eingriff, wendete sich sein Schicksal.

Die Römer wiederholten in Sizilien eine Praxis, die sie auf dem Festland entwickelt hatten: Sie konfiszierten im Namen des Staates den Grundbesitz derer, die zu Feinden erklärt worden waren. Manchmal betraf dies ganze Gemeinden wie etwa Leontinoi, häufiger jedoch einzelne Familien oder Männer. Dieser *ager publicus* wurde dann an verdiente Einzelpersonen vergeben oder aber in großen Parzellen um in der Regel geringen Zins verpachtet. Wieviel Land sich Rom auf diese Weise in Sizilien aneignete, ist unklar, doch wissen wir, daß eine ganze Reihe von Römern und süditalischen „Bundesgenossen" und „Halbbürgern" recht schnell eintraf und als Besitzer oder Pächter große und gewinnbringende Ländereien in den fruchtbaren Ebenen und in den riesigen Weidegebieten des Binnenlandes einnahm.

Im 2. Jahrhundert v. Chr. stand in Sizilien wie in Italien in zunehmendem Maße billige Sklavenarbeit zur Verfügung, was die Wohlhabenden dazu veranlaßte, ihre Besitztümer an Landgütern und Weidegebieten auszudehnen. Auf diese Weise sollte Sizilien bald zum klassischen Gebiet der *latifundia* werden, der (von Sklaven bewirtschafteten) Großgüter. Allerdings ist hierbei einige Vorsicht angebracht, denn der Begriff *latifundium* ist zu jener Zeit noch nicht präzise zu fassen: Bei jenen Gütern handelte es sich nicht so sehr um einzelne sehr große Einheiten als vielmehr um eine ganze Reihe von eigenständigen Gütern, die einem einzigen Besitzer gehörten. Dabei fand eine solche Häufung in Sizilien oft in der Form einer Pacht, nicht des eigentlichen Grundeigentums statt, ja Cicero stellt ausdrücklich fest, daß die Pacht unter den Reichen Siziliens üblich war, die ihren Besitz auf diese Weise zu mehren suchten.

Die Liste von Verres' (tatsächlichen oder angeblichen) Opfern zeigt, daß die römisch-italische Übernahme der Insel den neuen Siedlern keineswegs ein Monopol auf die *latifundia* gab; vielmehr genoß zur Zeit der römischen Herrschaft auch mancher sizilianische Landbesitzer ein ebenso großes Maß an Wohlstand. Für die Masse der Bevölkerung aber war das Leben zweifellos hart, wenngleich es eine gewisse Sicherheit bot. Als Beleg dafür darf man wohl werten, daß es trotz der zahlreichen und oft grausamen Kriege kaum ernsthafte Auswanderungsbewegungen gab. Gewiß hören wir von Verbannten, die sich nach Karthago und an andere Orte begaben, und von Sizilianern, die aus den verschiedensten Gründen in Rom lebten. Doch insgesamt ist festzuhalten, daß nur wenige Sizilianer in einem Zeitalter hoher Mobilität ihr Glück in der Fremde suchten.

Der vielgerühmte Friede, den Rom Sizilien brachte, hatte offenbar wirklich die günstigen Auswirkungen, die ihm nachgesagt wurden. Zwar erhoben die Römer in republikanischer Zeit hohe Tribute, doch ließen sie die Insel nicht verarmen. Im übrigen besteht kein Widerspruch zwischen einer Wirtschaftsweise, die auf (von Sklaven bewirtschafteten) *latifundia* beruhte, und Ciceros Angabe, daß die Mehrheit der sizilianischen Bauern kleine Güter betrieben, für die meist ein einziges Pflugochsengespann ausreichte. Bei einer Landbevölkerungszahl von etwa einer halben Million Menschen können 3000 Großgrundbesitzer durchaus die Masse des Acker- und Weidelands und dabei zumal die besten Ländereien besessen und immer noch ausreichend Raum für Ciceros Kleinbauern gelassen haben. Natürlich sind dies nur Schätzwerte, doch sollen sie illustrieren, wie in dieser Art von Wirtschaft der Landbesitz zumeist verteilt war.

Die genaue wirtschaftliche Stellung der Masse der freien Bevölkerung ist unbekannt. Uns fehlen sichtbare Anzeichen für ihre Unzufriedenheit, doch mag ihr scheinbares Schweigen auch auf ihre schiere Hoffnungslosigkeit aus Furcht vor der

Macht Roms zurückzuführen sein. Die versklavte Bevölkerung hingegen erhob sich tatsächlich, ja die beiden sizilianischen Sklavenaufstände in der zweiten Hälfte des 2. Jahrhunderts v. Chr. waren zusammen mit dem des Spartacus in Italien die größten ihrer Art in der ganzen Antike, ja wenn nicht gar in der ganzen Geschichte der Menschheit. Diese Aufstände zeigen, daß Angst allein nicht zur Erklärung passiven Verhaltens ausreicht. Von mindestens ebensogroßer Bedeutung muß vielmehr auch Roms wohlerprobte Politik gewesen sein, Schlüsselgruppen der unterworfenen Bevölkerung für sich einzunehmen.

Moderne Schätzungen der Bevölkerungszahl von Sizilien in Ciceros Zeit bewegen sich zwischen 600 000 und 1 Million Menschen. Wieviele davon in den Städten und wieviele auf dem Land lebten, läßt sich nicht sagen. Zu den belegten 10 000 Bürgern von Centuripe zählten die Stadtbewohner ebenso wie die Bauern im Umland. Panormos (Palermo), Catania und Syrakus waren sicherlich größer, keineswegs jedoch erreichte eine dieser Städte die einstige Größe von Syrakus unter Dionysios I., manche – darunter Gela, Selinunt und Himera – hatten sogar ganz zu bestehen aufgehört. Andererseits war die Bevölkerungsdichte im Binnenland und in den Regionen größer, die – wie der äußerste Südosten der Insel – zuvor nur dünn besiedelt gewesen waren.

Archäologische Zeugnisse und literarische Belege deuten an, daß die noch immer sehr waldreiche Insel landwirtschaftlich sehr gut genutzt wurde mit Gärtnereien, Obstplantagen und vielen kleinen Gütern, welche die Lücken zwischen den *latifundia* und den Schafweiden füllten. Die Verkehrswege im Binnenland waren ausreichend, und man darf annehmen, daß die Römer die Hauptstraßen sogar verbesserten. Im Bereich des Städtewesens kam es zu einer gewissen Neuverteilung der Gewichte. Die nordwestliche Region, insbesondere Panormos, wurde weit stärker besiedelt, und man ist versucht anzunehmen (wenn auch nicht in der Lage zu beweisen), daß diese Entwicklung auf den wirtschaftlichen Fortschritt im römischen Spanien und Frankreich zurückzuführen sei, der dem sizilianischen Handel ein neues Betätigungsfeld eröffnete.

Welchen Einfluß auch immer Rom auf Sizilien hatte – man darf nicht vergessen, daß Italien in vielerlei Hinsicht ein fremdes Land blieb. Die Sprache war ein deutlicher Testfall. Die meisten Sizilianer sprachen, gleich welcher Abstammung sie waren, Griechisch als Muttersprache, und jedenfalls bis zum Ende des 1. Jahrhunderts v. Chr. war es das Lateinische, das sich – selbst im Bereich der Verwaltung – erst durchsetzen mußte. Verres etwa mußte Dolmetscher einsetzen. Auch im kulturellen Bereich war Sizilien im wesentlichen griechisch geprägt: Der Stil der gemeindlichen Bauten blieb grundlegend griechisch, Festboten reisten auf der Insel umher und luden sizilianische Vertreter zu den Heiligtümern in Delphi und anderen panhellenischen Stätten ein, und selbst bei den olympischen Spielen siegte immer wieder einmal ein Sizilianer.

Die großen Sklavenaufstände

Die Geschichte der großen Sklavenaufstände beginnt im hellenistischen Osten im 2. Jahrhundert v. Chr. Griechenland selbst unterstand inzwischen der römischen Herrschaft, während in Kleinasien, Syrien und Ägypten das von den Nachfolgern Alexanders d. Gr. geschaffene politische System häßliche Auflösungstendenzen aufwies. Unmittelbare Nutznießer davon waren die allgegenwärtigen Sklavenhändler, die Kriegsgefangene und Opfer politischer Verwicklungen aufkauften und auch freie Männer, Frauen und Kinder zu Tausenden ergriffen. Der Großteil dieser Ware ging an stets interessierte Käufer in Italien und Sizilien, was dort zu einer recht plötzlichen Konzentration von neuen Sklaven führte. Nicht wenige von ihnen waren gebildete Menschen, manche von höherer Abstammung, und fast alle sprachen sie griechisch.

Diese Neuankömmlinge wurden mit der bereits vorhandenen gemischten Sklavenbevölkerung vereinigt. An dem einen Ende dieser großen gesellschaftlichen Gruppe standen die Viehhirten und Schäfer, rauhe Burschen mit einem einsamen und räuberischen Lebensstil. Zahlreicher waren die unfreien

Landarbeiter, die von angeketteten Arbeitssklaven bis zu privilegierten, aber noch immer versklavten Gutsverwaltern reichten. Hinzu kamen die Stadtsklaven, zumeist Handwerker und Hausdiener, letztere eine rasch anwachsende und insgesamt etwas begünstigte Gruppe, die das zunehmende Luxusbedürfnis der Reichen befriedigte. Inwieweit sich das Verhalten der verschiedenen Gruppen bei den Aufständen unterschied, läßt sich nicht leicht feststellen, doch scheinen die Hirten- und die Ackersklaven eher die Masse der Aufständischen denn ihre Führungskader gestellt zu haben.

Die erste Revolte begann wahrscheinlich 139 v.Chr. in der Gegend von Enna. In dieser Region gab es besonders viele Sklaven, die zumeist auf den *latifundia* eingesetzt waren und deren Elend besonders schlimm gewesen sein muß. Der Funke zum Aufstand entzündete sich auf den Gütern des reichen Damophilos, eines Mannes, der „in der Kostspieligkeit und im Aufwand seiner Feste sogar die Perser übertraf", wie es heißt. Anführer der Erhebung war Eunus, ein neuer Sklave syrischer Herkunft. Wozu er eingesetzt war, erfahren wir nicht, doch hören wir viel von seinem Ruf als Magier, Wundertäter und Prophet. Sein Charisma prädestinierte ihn zu einer Führungsrolle, und als sich die Sklaven des Damophilos erhoben und ihren Herrn ermordeten, wurde Eunus zum König mit absoluten Vollmachten ausgerufen.

Nachdem er seiner syrischen Geliebten den Titel Königin verliehen hatte, machte er sich sogleich daran, das Schicksal der Sklavenbesitzer zu entscheiden. Seine Kriterien waren einfach: Wer bei der Waffenherstellung von Nutzen sein konnte, sollte in Ketten arbeiten, alle anderen aber umgebracht werden. Inzwischen war im Bereich von Agrigent ein ähnlicher Aufstand ausgebrochen, den ein Hirte namens Kleon leitete. Dieser schloß sich Eunus an, und mit einer vereinten Truppe von etwa 15000 Mann brachen die beiden Sklavenführer zu einem Feldzug auf, in dessen Verlauf sie Morgantina und Tauromenion und wohl auch einen Großteil des dazwischen liegenden Gebiets einnahmen. Ihre Erfolge vergrößerten ihre Anhängerschaft, so daß ihre Armee einmal an die 200000 Mann umfaßt haben soll – eine ganz unwahrscheinliche Zahl; doch immerhin erhielt der Aufstand so viel Stoßkraft, daß er bis zum Jahr 132 v. Chr. andauerte; erst dann wurde er vom römischen Konsul Publius Rupilius unterdrückt.

Der wohl bemerkenswerteste Aspekt der ganzen Angelegenheit war die Art, in der Eunus um eine genaue Kopie der seleukidischen Monarchie bemüht war: Er nannte sich Antiochos nach dem in der seleukidischen Dynastie häufigsten Königsnamen, trug ein Diadem und weitere königliche Abzeichen und ließ Kupfermünzen prägen, die das Haupt der Demeter, eine Kornähre und die abgekürzte Aufschrift „König Antiochos“ zeigten. Kleon erhielt den Titel *strategos*, es gab einen Kronrat und eine Leibwache, und selbst als alles vorbei war und Eunus sich in einer Höhle versteckt hielt, hatte er seinen Hofmetzger, -bäcker, -bademeister und -narren bei sich. Nichts davon dürfen wir als verrückte Posse abtun. Die Sklaven wollten sich selbst befreien, Rache üben und als freie Menschen in der Staatsform leben, die sie am besten kannten, eben in einer hellenistischen Monarchie. Daß sie eine Sozialrevolution anstrebten, läßt sich hingegen nicht belegen; ja, Eunus gab seinen Leuten ausdrücklich den Befehl, keine Bauerngehöfte anzuzünden und kein landwirtschaftliches Gerät oder Erntegut zu vernichten.

Die Erhebung endete mit der Hinrichtung von Tausenden Rebellen. Die Rache- und Strafaktionen konnten jedoch nicht allzu weit gehen, da die römische Gesellschaft ohne Sklaven nicht recht funktionieren konnte. Daß der Aufstand irgendwelche positiven Folgen zeitigte, ist unwahrscheinlich. Die von Rupilius 131 v. Chr. durchgesetzte *lex* betraf, soweit wir wissen, nichts grundsätzlich Neues. Die von Sklaven bewirtschafteten *latifundia* blieben unangetastet und wurden bald wieder in Produktion und Profit auf den alten Stand gebracht, wobei eben neue Besitzer oder Pächter die beim Aufstand Umgekommenen ersetzten. Kein Römer hatte irgendein Interesse daran, die freie Nutzung des eigenen Reichtums einzuschränken oder die bestmögliche Ausbeutung seiner Sklaven zu verhindern.

Eine Generation nach diesem ersten Aufstand schlugen die sizilianischen Sklaven wahrscheinlich im Jahr 104 v. Chr. erneut zu. In der Reaktion auf die Vorhaltungen eines Klientelkönigs hatte der Senat die Freilassung aller „Bündner" verfügt, die in die Sklaverei geraten waren, und die Verkündung dieses Beschlusses führte in Sizilien sogleich zum Chaos. So viele Sklaven traten vor den Statthalter in Syrakus, um ihre Freilassung einzufordern, daß dieser nach etwa 800 positiv beschiedenen Fällen das Verfahren beendete und die anderen Sklaven zu ihren Herren zurückschickte. Anstatt zu gehorchen, zettelten diese nun einen Aufstand an. Zum zweiten Mal waren es die neuen Sklaven, die eine größere Erhebung initiierten.

Dieser Aufstand im Osten der Insel fand in Westsizilien sogleich Widerhall. Erneut traten zwei Anführer in Erscheinung, ein Mann aus der Gegend von Halikyai und Herakleia Minoa namens Salvius und ein Kiliker namens Athenion aus der Region zwischen Segesta und Lilybaion. Salvius, der vielleicht selbst gar kein Sklave war, verstand sich besonders auf die Vogelschau und hatte viele militärische Fähigkeiten, mehr als wohl jeder andere Sklavenführer in beiden Revolten. Er spielte die wichtigste Rolle bei dieser Erhebung und nahm den Königstitel unter dem griechischen Namen Tryphon an. Später umgab er sich jedoch mit einer römischen Aura, trug eine Purpurtoga zur Schau und stellte Liktoren mit Rutenbündeln ein.

An diesem zweiten Aufstand waren zwar weniger Menschen beteiligt als am ersten – die höchste überlieferte Zahl lautet 40 000 Leute –, doch waren diese wahrscheinlich besser ausgerüstet und trainiert. Zu ihrem Verderben waren dieses Mal allerdings auch die Römer besser vorbereitet und behandelten die Angelegenheit nicht noch einmal so nebensächlich wie im ersten Fall. Die Kämpfe zogen sich über große Teile der Insel hin, doch gelang es den Aufständischen nicht, auch nur eine wichtigere Stadt einzunehmen, und als Manius Aquilius die Führung der römischen Streitmacht übernahm, war der Aufstand schnell beendet. Aquilius wurde mit einer *ovatio* geehrt, da ein regelrechter Triumph für einen Sieg über Sklaven zu viel Ehre bedeutet hätte.

Dieses Mal stellte sich die Frage, was mit den überlebenden Rebellen zu tun sei, kaum noch, da die meisten von ihnen während der Kämpfe gefallen waren, davon angeblich 20000 in einem einzigen Treffen. Ersatz für die verlorenen Sklaven fand man bald, und die einzige uns bekannte Schutzmaßnahme der Römer gegen künftige Aufstände war das Verbot des Waffentragens für Sklaven – eine Maßnahme, die sich damals ebensowenig durchsetzen ließ wie zu jeder anderen Zeit. Wieviel Schaden der Aufstand anrichtete, läßt sich nicht absehen, doch wird es weniger gewesen sein als etwa die Folgen des Ersten oder Zweiten Punischen Kriegs. Die Fähigkeit Siziliens zu rascher Erholung zeigte sich bald, denn als Verres 73 v. Chr., also nur 26 Jahre nach dem Ende des zweiten Aufstands, eintraf, fand er ein reiches Land vor, das ihm übergenug zum Ausplündern bot.

Kapitel 5

Sizilien in der römischen Kaiserzeit

Die augusteische Reorganisation

Nachdem der Fall Verres erledigt war, kehrte Sizilien an seinen gewohnten Platz im römischen System zurück. Der Bürgerkrieg zwischen Caesar und Pompeius brachte der Insel dabei zwar nur wenig Erschütterungen, doch änderte sich alles mit Caesars Ermordung 44 v. Chr. Pompeius' Sohn Sextus stellte ein Heer und eine Flotte auf, wählte Sizilien als Basis und eroberte die Insel ohne weitere Schwierigkeiten. Binnen weniger Monate war er zu einer bedeutenden Kraft im Bürgerkrieg zwischen Brutus und Cassius auf der einen und den Triumvirn Antonius, Octavian (dem späteren Kaiser Augustus) und Lepidus auf der anderen Seite geworden, nicht zuletzt, weil nun alle sizilianischen Getreidelieferungen eingestellt wurden und auch die anderen Versorgungswege Italiens zur See abgeschnitten waren. Selbst den Armeen der Triumvirn, die außerhalb Italiens kämpften, drohten Nachschubprobleme.

Bei einer Konferenz im Jahre 39 v. Chr. einigten sich die Triumvirn widerwillig darauf, die Macht des Sextus Pompeius in Sizilien, Sardinien und Korsika anzuerkennen, während dieser die Aufhebung der Blockade und die Wiederaufnahme der Verschiffung des Zehnten versprach. Auf beiden Seiten gab es allerdings wohl wenig Vertrauen. Jedenfalls brach schon bald ein Krieg aus, der, obwohl er nicht lange dauerte, in Sizilien wahrscheinlich ähnlich starke Zerstörungen verursachte wie die Punischen Kriege. Er endete auch nicht einmal mit der Niederlage des Sextus 36 v. Chr., denn Octavian erhob von Sizilien gnadenlos Reparationszahlungen in Höhe von 1600 Talenten und bestrafte alle Städte, die ihm Widerstand geleistet hatten. Besonders schlimm erging es Tauromenion, dessen gesamte Bevölkerung deportiert wurde.

Die Schlacht von Actium 31 v. Chr. machte Octavian zum alleinigen Herrscher des Reiches. Sizilien, das sich wieder einmal in einer üblen Verfassung darstellte, brauchte dringend Frieden: Viele Menschenleben waren sowohl auf dem Land als auch in den Städten verloren, große Landstücke lagen brach. Augustus, wie Octavian nun genannt wurde, machte sich rasch an eine Neuverteilung und an den Wiederaufbau. Einen großen Bereich behielt er für sich selbst, einen weiteren gab er Agrippa, dem er so viele seiner Siege verdankte. Kleinere Gebiete wurden den italischen Veteranen aus Augustus' Legionen ihrem jeweiligen Rang nach übergeben; diese Männer erfüllten eine Doppelfunktion, zum einen ersetzten sie einen Teil der in den Wirren umgekommenen Arbeitskräfte, zum anderen bildeten sie vor allem im Bereich der wichtigen Häfen im Norden und Osten eine loyale Schicht in der Bevölkerung.

Auf dieser Grundlage errichtete Augustus als Teil seiner Reorganisation des Reiches einen neuen Verwaltungsüberbau. Wie dieser genau aussah, ist ebensowenig sicher wie der Zeitpunkt seiner Einführung. Schließlich aber hatten sechs Städte, nämlich Tauromenion, Catania, Syrakus, Tyndaris, Thermae und Palermo, den Status einer römischen *colonia*. Dies bedeutete gewöhnlich – und im Falle Siziliens sogar ziemlich sicher – einen großen Zustrom römischer Veteranen. Messina, Lipari und möglicherweise ein paar andere Städte wurden römische *municipia*, deren Status sich von dem der *coloniae* nur darin unterschied, daß er etwas weniger ehrenvoll war. Die anderen Städte behielten ihre alte Stellung, konnten ihre inneren Angelegenheiten als „fremde", Rom untergebene Gemeinden weiterhin selbst regeln.

Ein wichtiger Aspekt der augusteischen Reorganisation war eine grundlegende Reform des Steuersystems. In Sizilien wurde der Zehnte abgeschafft und durch das sogenannte *stipendium* ersetzt, eine Geldabgabe, die wahrscheinlich nach dem Wert des Grundbesitzes bemessen wurde (und möglicherweise überdies eine Kopfsteuer war). Augustus führte dieses System teilweise wohl aus rein verwaltungstechnischen Überlegungen ein, vielleicht aber auch als Reaktion auf die neue Lage der Getreideversorgung: Das ständige Wachstum der landwirtschaftlichen Produktion in Nordafrika und der Zugewinn Ägyptens zum Reich boten Rom neue Zugangsmöglichkeiten zu Getreide. Zumindest für einige Zeit scheint daher das sizilianische Getreide für Rom nicht mehr ganz so unentbehrlich gewesen zu sein.

Die sizilianische Gesellschaft in der Kaiserzeit

Unsere Kenntnis vom antiken Sizilien beruht für die kommenden sechshundert Jahre zumeist auf zufällig erhaltenen Belegen. In den zwei Jahrhunderten nach Augustus erlebte die Insel nur kleinere Änderungen im Bereich der Verwaltung, die in unseren Zeugnissen kaum aufscheinen. Spätere Reformen im System des römischen Reichs, etwa die Ausweitung des römischen Bürgerrechts auf praktisch die ganze freie Reichsbevölkerung im Jahre 212 n.Chr., schlossen Sizilien natürlich ein, doch hatte die Insel ihre Identität gegenüber der Außenwelt weitgehend verloren. Dazu trug zweifellos bei, daß Sizilien für Rom keinen Unruheherd mehr darstellte. Nur für die 60er Jahre des 3. Jahrhunderts ist einmal ein Ausbruch von „Banditentum" belegt, doch sonst scheint die Insel friedlich gewesen zu sein, und bis zum Zeitalter der Wandaleneinfälle mußten hier weder Legionen noch Seestreitkräfte stationiert werden.

Für die Kaiser wie auch für die Aristokratie wurde Sizilien schlicht zu einem ferner gelegenen Teil Italiens. Senatoren durften die Insel ohne vorherige Erlaubnis des Kaisers besuchen – ein Privileg, das sicher manch ein Landbesitzer dazu nutzte, seine Güter gelegentlich zu besichtigen, ohne aber auf ihnen zu leben. Der Ätna und die Stadt Syrakus waren regelrechte Touristenattraktionen, letztere allem Kunstraub zum Trotz eine der *villes d'art* der westlichen Mittelmeerwelt. Nur wenige Kaiser hatten freilich mit Sizilien zu tun: Caligula, der an Syrakus Gefallen gefunden haben soll, Hadrian, der viel

Zeit auf Reisen durch die Provinzen verbrachte, und der Afrikaner Septimius Severus, der vor seiner Erhebung zum Kaiser 193 n.Chr. Statthalter der Insel war.

Im 5. Jahrhundert n.Chr. scherte Sizilien eine Zeitlang aus dem Hauptstrom der römischen Geschichte aus, da das Reich geteilt war und Barbareneinfälle immer häufiger wurden. 429 eroberte ein relativ kleiner, aber beweglicher und gut organisierter Germanenstamm, die Wandalen, Nordafrika; elf Jahre später fielen sie zum ersten Mal in Sizilien ein, und 468 sicherten sie sich schließlich eine gewisse Kontrolle über die Insel. Einige Jahre danach kaufte der Germane Odoaker, der in Italien den Thron bestiegen hatte, dem Wandalenkönig die Insel ab. Es folgte eine wichtige Friedenszeit, die nur kurz unterbrochen wurde, als 535 General Belisarios Sizilien für den byzantinischen Kaiser in Konstantinopel eroberte. Von da an bis zur arabischen Eroberung blieb Sizilien eine Provinz der Byzantiner.

Während der ganzen Kaiserzeit zeigten die Sizilianer wenig Interesse daran, innerhalb der römischen Regierung oder Gesellschaft persönlich voranzukommen. Selbst in der frühen Kaiserzeit, als sich zahlreiche Gelegenheiten dazu boten, trat kaum ein Inselbewohner in den Legionärsdienst oder gar in eine Laufbahn in der Reichsverwaltung ein. Von keinem Sizilianer vor dem Ende des 1. Jahrhunderts n.Chr. ist bekannt, daß er den Rang eines römischen Senators erreicht habe – der Unterschied zu Südgallien, Spanien, Nordafrika oder Kleinasien ist augenfällig. Dabei litten die Angehörigen der Mittel- und Oberschicht in Sizilien durchaus keinen Mangel an Wohlstand, was die damals entstandenen Theater, Amphitheater, Aquädukte, Thermen und weitere gemeindliche Bauten belegen.

Hinter allem städtischen Reichtum lag, wie stets in der Antike, die gewinnbringende Ausbeutung des Landes. Diese wiederum bildete eine Grundlage für den Export, für manches Dienstleistungsgewerbe und eine Vielzahl spezialisierter Herstellungsbetriebe wie etwa Werften, die zumindest in Catania bezeugt sind. Agrigent wurde zum Zentrum des neuerdings eingeführten Schwefelabbaus, der offenbar als kaiserliches

Monopol durch Konzessionäre durchgeführt wurde. Das Land war nach Ausweis der archäologischen Zeugnisse mit Gruppen von Dörfern, Weilern und großen Gutshöfen recht dicht besiedelt. Nichts deutet an, daß Sizilien (wie manche der produktivsten Regionen Italiens in der Spätantike) allmählich unter der Auflösung von Ackerbau und Viehzucht oder der Entwaldung zu leiden begann. Im Gegenteil, vom 3. Jahrhundert n.Chr. an scheint es sogar einen Aufschwung der sizilianischen Landwirtschaft gegeben zu haben.

Was den Handel Siziliens betrifft, so sind unsere Quellen wenig ergiebig. Immerhin findet man allerorts auf der Insel afrikanische Tonlämpchen, die über mehrere Jahrhunderte hinweg hergestellt worden waren, und umgekehrt in Pompeji, Afrika und an anderen Orten ein paar Weingefäße mit der Aufschrift *vinum Mesopotamium*, was auf ein Erntegebiet an der sizilianischen Südküste hinweist. Auch gibt es Anzeichen für einen Handel mit Spanien und Gallien: Eine Inschrift aus der Mitte des 2. Jahrhunderts n.Chr. erwähnt, daß ein wohlhabender Bürger von Narbo (Narbonne) auch in Syrakus, Thermae und Panormos (Palermo) geehrt worden war, wohl aufgrund seiner Rolle beim Handel zwischen Sizilien und Südwesteuropa. Solche Zeugnisse geben uns wichtige Hinweise, doch mehr auch nicht; über den Umfang der Produktion oder des Handels sagen sie nichts aus, auch nichts über die Bedingungen, unter denen Arbeiter und Unternehmer handelten.

Wie groß oder volkreich die Städte damals waren, läßt sich weder absolut noch relativ, in bezug auf frühere Zeiten, angeben. Ein merkwürdiges Gedicht des Ausonius mit dem Titel *Ordo urbium nobilium*, das die 17 bedeutendsten Städte des römischen Reiches aufzählt, setzt Catania und Syrakus an 13. bzw. 14. Stelle. Syrakus wird als „vierfach“ bezeichnet, was auf eine ansehnliche Ausdehnung zur Zeit des Ausonius, also im 4. Jahrhundert n.Chr., hinweisen könnte. Daß auch Catania inzwischen eine größere Stadt war, ist archäologisch bezeugt, ebenso die Ausweitung Palermos. Nach dem Zeugnis ihrer Friedhöfe müssen auch Messina und Agrigent hohe Bevölkerungszahlen aufgewiesen haben.

Auf dem Land gab es eine deutliche Tendenz zur Konsolidierung der Güter in großen, zusammenhängenden Gebieten. Die Wandaleneinfälle unterbrachen diesen Prozeß nicht, im Gegenteil: Die Barbarenherrschaft in Nordafrika dürfte Sizilien seine alte Rolle als „Amme, an deren Brust sich das römische Volk nährt", wiedergegeben haben. Hierin mag auch ein Grund dafür zu suchen sein, daß der Gote Theoderich, der vor Belisarios' Eroberungen einen Großteil Italiens beherrschte, in Sizilien die Besitzverhältnisse unangetastet ließ, während er in Mittel- und Norditalien vielleicht ein Drittel des Landes konfiszierte. Ein weiterer Grund war zweifellos, daß große Bereiche Siziliens inzwischen dem römischen Papst gehörten. Ja, als 590 n.Chr. Gregor d.Gr. Papst wurde, war dieses „Patrimonium Petri" in Sizilien wahrscheinlich umfangreicher als die kaiserlichen Domänen.

Es gab auch sizilianische Güter, die den Bistümern von Mailand und Ravenna oder auch Diözesen und Klöstern auf der Insel gehörten. Solche Besitzungen wurden wie die des Heiligen Stuhls (aber anders als die des Kaisers) üblicherweise nicht aufgeteilt. Sonst aber gab es vielerlei Bewegung im Landbesitz durch Kauf, Geschenk, Mitgift oder Erbgang. Hierin zeigt sich, daß es eine ganze Reihe von *latifundia* im Privatbesitz gab, die gewöhnlich Männern gehörten, die nicht auf ihren Gütern wohnten. Wie groß diese Güter waren, läßt sich nicht leicht feststellen. In der Spätantike ist der übliche Begriff für ein Gut *fundus*, während eine zusammengelegte Gruppe von *fundi* als *massa* bezeichnet wurde – allerdings nicht immer konsequent, und jedenfalls ohne Bezug auf die tatsächliche Größe.

Immerhin kann die Archäologie uns einige Hinweise geben. Das sogenannte *Itinerarium provinciarum Antonini Augusti* aus dem 3. Jahrhundert n.Chr. nennt eine – offenbar nach dem Begründer dieses Großguts benannte – *Massa Calvisiana*, von der man auf einem niedrigen Hügel an der Mündung des Flusses Gela einen Gutshof ausgegraben hat. Hier fand man große Mengen von Ziegeln mit der Aufschrift CAL oder CALVI, deren Verteilung darauf schließen ließ, daß dieses eine Gut sich östlich des Gelaflusses gut 15 Kilometer nordöstlich bis Niscemi erstreckte. Allerdings läßt sich keiner der Funde von Calvisiana weit nach der Mitte des 4. Jahrhunderts datieren, so daß wir nicht wissen, ob die *massa* später aufgeteilt wurde oder überhaupt längere Zeit nach ihrer Begründung als ein einziges Gut erhalten blieb.

Wie überall in Europa, brachte die Kaiserzeit auch in Sizilien einen Wandel des Arbeitssystems. Weiterhin gab es zahlreiche Sklaven, doch wurden sie seit der frühen Kaiserzeit auf den Großgütern immer mehr durch Pachtbauern ersetzt. Manche nicht ansässige Gutsbesitzer überließen die Verwaltung eigenen Agenten, so etwa der Papst einem sogenannten *rector*, andere verzichteten auf einen solchen Vermittler. In beiden Fällen war es zumindest bereits in der Spätantike üblich, das Land in großen Einheiten an Unternehmer zu verpachten, die es ihrerseits an Bauern als Landarbeiter, die sogenannten *coloni*, weiterverpachteten. Gewöhnlich zogen die Eigentümer und die Hauptpächter aus diesem Verfahren viele Vorteile, während es den Bauern selbst ziemlich schlecht gegangen zu sein scheint. Sie mußten nicht nur Pachtzins und Steuern bezahlen (zumeist wohl in Geld, wenn auch eine gewisse Ablösung durch Naturalien möglich gewesen sein mag), sondern waren auch mit vielerlei Sonderauflagen belegt, etwa Abstandssummen bei der Heirat eines Sohnes oder einer Tochter, und ohnehin ständig den Ausbeutungsversuchen ihrer Vorgesetzten ausgesetzt.

So war eine gewisse Armut für Sizilien kennzeichnend, wenngleich auch viel privater Reichtum augenfällig war. Der spektakulärste Beleg dafür ist eine Villa (oder eher ein Jagdsitz) im waldreichen Tal von Casale, nahe dem heutigen Piazza Armerina. Den Bodenverhältnissen entsprechend auf vier Ebenen errichtet, hatte die Villa fast fünfzig Räume, Höfe, Galerien, Bäder und Flure, die in vier durch einen monumentalen Zugang erschlossenen Komplexen gruppiert waren. Von den marmornen Architekturteilen, der Plastik und der Wandmalerei ist recht wenig erhalten, doch waren schon damals wohl die Bodenmosaiken die Hauptattraktion der Villa. Sie bedecken etwa 400 Quadratmeter Fußboden und lassen damit an Größe (und folglich Kosten) jedes andere heute bekannte Objekt dieser Art weit hinter sich.

Wer die Besitzer dieser Villa waren, läßt sich mangels Zeugnissen nicht sagen, doch müssen sie jedenfalls der Senatorenschicht angehört und zu den wohlhabendsten Menschen im römischen Reich gezählt haben. Die Villa war ein nicht das ganze Jahr über bewohnter Ort der Muße, und ihre ursprünglichen Besitzer offenbar (und ostentativ) Heiden. Die Anlage wurde bis zur arabischen Eroberung genutzt, dann noch einmal in der Normannenzeit, bis sie im späten 12. Jahrhundert von König Wilhelm I. („dem Bösen“) zerstört wurde. Trotz vieler Um- und Anbauten scheint sie ihren heidnischen Charakter nie verloren zu haben. Wann sie entstand, ist noch umstritten, doch scheint sich eine Datierung in die ersten Jahrzehnte des 4. Jahrhunderts durchzusetzen.

Die Mosaiken von Piazza Armerina waren ziemlich sicher von Handwerkern aus Nordafrika angefertigt worden, wenn auch ihr Stil nur als römisch-kaiserzeitlich bezeichnet werden kann. Sizilien wies damals keine eigenständige Kultur auf – es sei denn auf der Ebene der Dörfer, über die wir nicht genug wissen. Die Marmorbüsten griechischer Philosophen, römischer Kaiser und lokaler Honoratioren gleichen denen in Italien oder Südgallien aufs Haar. Viele der etwa hundert bekannten Marmorsarkophage, die zumeist ins 3. Jahrhundert gehören, waren Importe aus Italien und lassen sich weder im Stil noch in der Themenwahl von andernorts gefundenen Sarkophagen unterscheiden, nicht einmal von denen aus Rom selbst. Ihre in der Regel geringe Qualität spiegelt also nicht einen „Provinzialismus“, sondern die große Kluft im Reichtum zwischen den Familien der Mittelschicht, die die gesellschaftliche Hierarchie in den sizilianischen Städten anführten, und den nicht ansässigen senatorisch-aristokratischen Landbesitzern.

Nur im Hinblick auf die Sprache kann man von einer kulturellen Divergenz, ja Konkurrenz sprechen. Rom hatte nie geplant, die griechisch-sprachigen Provinzen zu latinisieren, und auch Sizilien bildete hierbei keine Ausnahme. Doch führte erstmals die weit ausgreifende Kolonisierung durch Augustus zum Aufkommen eines konzentrierten lateinisch-sprachigen Elements auf der Insel, was zweifellos seine Wirkung zumindest im Bereich der amtlichen Kommunikation nicht verfehlte. Die Masse der Bevölkerung hingegen sprach weiterhin Griechisch, und die überwiegende Mehrzahl der Grab- und Weihinschriften, gleich ob heidnisch oder christlich, wurde weiterhin auf Griechisch formuliert. Nur die in der Verwaltung tätige, gebildete Schicht sprach Lateinisch – genauer gesagt war sie zweisprachig.

Das Christentum

Die Religion des römischen Sizilien war wie die der übrigen spätgriechischen oder hellenistischen Welt synkretistisch. Die Verehrung orientalischer Gottheiten wie der syrischen Atargatis (einst Schutzgöttin des Sklavenführers Eunus), der Kybele, der Isis und des Serapis aus Ägypten waren übernommen und mit traditionellen griechischen Glaubensvorstellungen und -praktiken harmonisiert worden. Auch die stärker romanisierten Sizilianer schlossen sich dieser Entwicklung bereitwillig an, was wahrscheinlich dazu führte, daß es in diesem Bereich keine deutliche Trennung zwischen den oberen und den unteren Schichten gab. In Tauromenion gab es einen Isistempel, und in Lilybaion finden wir Grabdenkmäler aus der späten republikanischen und frühen Kaiserzeit, die noch immer phoinikische Symbole tragen.

Juden wanderten bereits vor der christlichen Ära nach Rom und in andere italische Städte ein; daß das griechische Sizilien für sie nicht weniger attraktiv war, darf man wohl vermuten. Zur Zeit Papst Gregors d.Gr. gab es jedenfalls etablierte jüdische Gemeinden in Sizilien, und zwar nicht nur in größeren Städten wie Messina, Palermo und Agrigent, sondern auch in Dörfern und *massae* des Binnenlands. Die übliche Auffassung, daß das Christentum zunächst bei den jüdischen Gemeinden Ostsiziliens Wurzeln schlug, ist zwar plausibel, aber nicht beweisbar.

Die frühen Jahrhunderte des sizilianischen Christentums sind schlecht dokumentiert. Später wies Sizilien Heiligenleben und Märtyrergeschichten genug auf, doch hat man sie mit einiger Berechtigung zu den „phantasievollsten der Welt“ gerechnet. Im 7. Jahrhundert wurde der Anspruch erhoben, die sizilianische Kirche sei von einem der zwölf Apostel gegründet worden – freilich sicher zu Unrecht. Christliche Bestattungen lassen sich nämlich kaum vor 200 n.Chr. nachweisen, und vor dem heiligen Marcianus von Syrakus und der heiligen Agatha von Catania in der Mitte des 3. Jahrhunderts gibt es keine verbürgten christlichen Persönlichkeiten. Erst als Konstantin 313 n.Chr. das Verbot der christlichen Religion aufgehoben hatte, setzte sich das Christentum in Sizilien durch, und zwar auf dem Land ebenso rasch wie insbesondere in den Städten.

Der Prozeß des Niedergangs des Heidentums läßt sich nicht wirklich verfolgen. Nützlich wäre etwa, wenn wir genauere Datierungen für die Umwandlung der heidnischen Tempel (und öffentlichen Bäder) in Kirchen hätten. Belegt ist dieser Vorgang in Agrigent, Segesta, Himera und Tauromenion (wo ein Isistempel in die Kirche des Heiligen Pancratius umgewandelt wurde), in ländlichen Gebieten und natürlich auch in Syrakus. Der dortige Athenatempel erlebte in der Antike sogar mindestens zwei Transformationen: erst zu einer Kirche, später zu einem Dom. Doch selbst in diesem Fall, bei dem die Umwandlungen überdeutlich sind, wissen wir nichts Genaueres als daß die erste Kirchenweihe vor 600 n.Chr. stattfand und daß der Bau im 7. Jahrhundert zum Dom wurde.

Die Geschwindigkeit, in der das Christentum wuchs, ist in geradezu dramatischer Weise im Bereich des Bestattungswesens deutlich, in den Katakomben, Friedhöfen und privaten Grabstätten. Man hat Sizilien sogar als „das klassische Land der frühchristlichen Grabarchitektur“ bezeichnet. In Quantität, Maßstab und schließlich auch Reichtum der Ausstattung und Ornamentik kommen manche große Katakomben in Syrakus an die von Rom heran. Die ältesten sind unter dem Namen *Santa Lucia* bekannt (alle solche Namen sind modern und beziehen sich auf Kirchen oder andere Wahrzeichen, nach denen man die Katakomben wegen ihrer Lage bezeichnet); sie waren bereits in der Zeit vor Konstantin, in der das Christentum noch illegal ausgeübt wurde, für mindestens ein Jahrhundert ununterbrochen in Gebrauch; nach seinem Toleranzedikt wurden sie großartig erweitert. Auch wurden neue Katakomben angelegt; die von *San Giovanni* waren besonders komplex und sahen unterschiedliche Bereiche gemäß der sozialen Stellung der Bestatteten vor.

Außerhalb von Syrakus gab es größere Katakomben in der Region von Akrai, Ispica und Modica, im Westen der Insel die von Agrigent, Lilybaion, Carini und Palermo – alle wohl aus nachkonstantinischer Zeit. Diese Verteilung läßt jede Vorstellung hinfällig werden, daß diese sizilianische Institution entweder den Bedürfnissen eines übervölkerten städtischen Zentrums oder aber der Geologie von Syrakus zuzuweisen sei. Auch andernorts in Sizilien finden wir kleine unterirdische Bestattungsanlagen, wiederverwendete heidnische Friedhöfe und immer wieder private Grabstätten. Ruinen von kleinen Kapellen und einsamen Gebetsstätten finden sich überall in Sizilien, doch lassen sie sich kaum exakt datieren, was ihren Quellenwert für eine Darstellung der Entwicklung des Christentums auf der Insel schmälert. Zumindest aber bezeugen sie, daß es bis zum 5. Jahrhundert beachtliche christliche Gemeinden in allen Teilen Siziliens gegeben haben muß.

In den Jahren nach 535 n. Chr. machte der oströmische Kaiser Justinian Sizilien zu einer byzantinischen Provinz. Papst Gregor d. Gr. versuchte (wie schon die energischeren seiner Vorgänger auf dem Stuhl Petri), die Kirche soweit als möglich in Liturgie, Lehre und Organisation zu romanisieren, stand aber andererseits unter nicht geringem Druck, einen *modus vivendi* mit der byzantinischen Provinzverwaltung in Konstantinopel zu finden. Diese Aufgabe wurde dadurch erschwert, daß die Kirche unvermeidlich in weltliche Angelegenheiten einbezogen war, nachdem die alten Behörden praktisch verschwunden waren. Papst Gregor bemühte sich um eine Lösung dieses Problems und ordnete bereits innerhalb der ersten sechs Monate nach seiner Wahl an, daß die lokalen Bischöfe nicht mehr in weltliche Streitigkeiten eingreifen durften, es sei denn zur Verteidigung der Armen.

Neben der Spaltung zwischen Rom und Konstantinopel bereitete auch das Problem der Häresie in Sizilien dem Papsttum einige Schwierigkeiten, wenn es auch nie zu einer wirklichen Krise kam. Der grundsätzliche Streit über das Wesen der Trinität sah Sizilien fest auf der Seite des Athanasios. Zwar gab es vermutlich manche Arianer, doch waren diese wahrscheinlich weit weniger zahlreich oder lautstark als uns spätere Chronisten glauben machen möchten. Ferner traten auch Manichäer und andere häretische Sekten in Erscheinung, jedoch kam es in der sizilianischen Christenheit – anders als in manchen anderen Provinzen – vor der endgültigen Machtübernahme durch Byzanz offenbar nicht zu gewaltsamen Auseinandersetzungen über Glaubensfragen.

Die Kaiser in Konstantinopel waren anscheinend über den Einfluß und die Autorität Roms über die sizilianischen Kirchen nicht sonderlich bekümmert – wohl nicht zuletzt deshalb, weil sie dringendere Probleme zu bewältigen hatten. Doch darf dies nicht dazu verleiten, auch den Sizilianern selbst feste Haltungen in dieser Frage abzusprechen. Wir stehen hier vor einem verwirrenden und kontrovers diskutierten Problem. Insgesamt gesehen war wohl das Fortleben der griechischen Sprache ein Symptom für eine engere Bindung an die Kultur der östlichen Reichshälfte im allgemeinen. Für diese Antwort spricht auch, was wir über die sizilianischen Klöster wissen: Ihre in vielen Fällen isolierte Lage, die Ernennung des syrakusanischen Abtes Theophanes zum Patriarchen von Antiochia und das Fehlen benediktinischer Klöster vor der normannischen Zeit sprechen alle für eine Ausrichtung nach Osten.

Wie auch immer man die frühere Situation erklärt, zum Verlierer wurde schließlich der Papst. Bis zur zweiten Hälfte des 7. Jahrhunderts war die sizilianische Kirche in jeder wichtigen Hinsicht östlich ausgerichtet, auch in Liturgie und Zeremonien. Dies mit einer neuen Zufuhr hellenischen Blutes durch neue Einwanderungen zu erklären, wie das manche Gelehrte tun, ist unnötig. Der griechisch-sprachige Bevölkerungsteil bildete in Sizilien stets die Mehrheit. Es bedurfte nur des Anbruchs einer neuen Phase im immerwährenden politischen und militärischen Kampf zwischen Rom und Konstantinopel. Als diese eintrat, war der Triumph des Ostens in Sizilien so vollständig, daß selbst die gebildete und politisch einflußreiche Minderheit die lateinische Sprache aufgab und zum Griechischen zurückkehrte.

Kapitel 6

Byzantiner und Araber

Die byzantinische Herrschaft

Im Jahre 535 fiel Sizilien an den byzantinischen General Belisarios. Er traf auf keinen nennenswerten Widerstand, was als Anzeichen für die verzweifelte Hoffnung der Sizilianer auf eine weniger drückende Herrschaft gewertet werden darf. Ob sich diese Hoffnungen erfüllten, läßt sich allerdings nicht sagen, da über die Ausübung der byzantinischen Herrschaft in Sizilien so gut wie nichts bekannt ist. Ein bemerkenswerter und weitgehend unerwarteter Gewinn für die Insel war immerhin der Friede. Während das folgende Jahrhundert Italien und Nordafrika von ständiger ruinöser Kriegführung geschüttelt sah, blieb Sizilien, abgesehen von einem kurzen Raubzug Totilas, des ostgotischen Beherrschers von Rom, von Kriegshandlungen verschont – eine seltene Erfahrung in der langen Geschichte der Insel am Kreuzungspunkt zwischen Europa und Afrika!

Der byzantinische Staat war zwar zunächst einigermaßen solvent, doch mußte bald ein Großteil der verfügbaren Mittel für die Verteidigungsarmeen an den Ostgrenzen des Reiches aufgewendet werden, und als Justinian 565 starb, hinterließ er ein Reich, das finanziell und wirtschaftlich ruiniert war. Seine Nachfolger waren unfähig und wahrscheinlich auch nicht bereit, ihre Verluste zu beschränken; sie sahen sich überdies bald einer neuen Bedrohung gegenüber, den Lombarden, die über die Alpen einbrachen und sich bald in weiten Teilen Italiens festsetzten. Inzwischen machten die Mauren in Nordafrika Schwierigkeiten, und die Westgoten begannen mit ihrem schließlich erfolgreichen Feldzug zur Rückgewinnung des südlichen Spaniens. Sizilien jedoch blieb unangetastet.

Angesichts dieser Lage waren der Papst im Westen und der Kaiser im Osten auf gegenseitige Hilfe angewiesen. So erklärt sich, weshalb Papst Gregor d. Gr. eine so zurückhaltende Reichspolitik betrieb, und auch, weshalb er bei der Verwaltung seiner sizilianischen Besitztümer recht freie Hand hatte. Bald aber kamen so massive theologische Differenzen auf, daß sich Kirche und Reich entfremdeten. Diese Entwicklung gipfelte in der Mitte des 7. Jahrhunderts in der Verhaftung Papst Martins I. durch Kaiser Constans und in einem Prozeß wegen Hochverrats, da der Papst angeblich eine Verschwörung gegen den Kaiser geplant habe. Martin wurde für schuldig befunden und auf die Krim verbannt, wo er wenige Monate später starb. Allerdings sollte der Kaiser nicht viel von diesem Sieg haben, denn der ganze italische Klerus stand ihm künftig ebenso feindlich und unversöhnlich gegenüber wie Martins Nachfolger.

Inzwischen war Constans mit den zunehmenden Problemen im Osten beschäftigt, doch traf er 660 plötzlich und unerwartet die Entscheidung, die Hauptstadt seines Reiches, die mehr als drei Jahrhunderte Konstantinopel gewesen war, wieder in den Westen zu verlegen. Was ihn zu dieser Entscheidung bewegte, läßt sich angesichts der feindlichen Haltung der zeitgenössischen Quellen kaum feststellen; sie nämlich stellen seine Abreise aus Konstantinopel als Vertreibung dar, als Folge weitverbreiteter Unzufriedenheit. Doch wäre auch denkbar, daß Constans hoffte, Justinians Traum einer Wiederbelebung des Römischen Reichs von einer zentral gelegenen Basis aus zu verwirklichen. Was immer zutreffen mag, die neue Hauptstadt des byzantinischen Kaisers war in den nächsten fünf Jahren Syrakus.

Vielleicht erwarteten sich die Sizilianer deshalb nun Ruhm und Reichtum, doch sollten sie bald enttäuscht werden, denn die finanzielle Last der Aufnahme des Kaisers und seines Gefolges erwies sich als untragbar groß. Nicht anders erlebte man das tyrannische Verhalten des Constans, der schließlich 668 ermordet wurde. Es kam zu einer Rebellion mit dem Ziel der Loslösung Siziliens, und ein junger armenischer Aristokrat wurde vom Volk zum Kaiser akklamiert. Die Rebellion war jedoch nur kurzlebig, und schon bald im Folgejahr traf der als Stellvertreter in Konstantinopel zurückgebliebene Sohn des ermordeten Kaisers an der Spitze einer Armee in Sizilien ein. Die Rebellion brach zusammen, Konstantinopel wurde erneut Hauptstadt des byzantinischen Reiches, und Sizilien sah sich nunmehr den islamischen Kräften fast schutzlos ausgesetzt.

Die Araber nämlich rückten mit atemberaubender Geschwindigkeit vor und waren inzwischen der dynamischste Faktor im Kampf um die Mittelmeerwelt geworden. Von 673 bis 678 belagerten sie Konstantinopel, stießen zugleich in Afrika von Ägypten aus nach Westen vor und erreichten 689 Karthago; bald würden sie in Spanien einfallen. Um die Jahrhundertwende unterwarfen sie die Insel Pantelleria und unternahmen von dort aus in den folgenden fünfzig Jahren häufig Raubzüge nach Sizilien. Darauf folgte ein halbes Jahrhundert ohne Behelligungen, da die afrikanischen Araber mit inneren Auseinandersetzungen befaßt waren. Ja, hätte sich die Uneinigkeit innerhalb des Islam nicht bereits damals entwickelt, hätten vielleicht weder das Ost- noch das Westreich überlebt.

Mit dem arabischen Vormarsch wurde Sizilien nicht nur strategisch, sondern auch ideologisch bedeutsam. Drei der vier Patriarchate lagen nunmehr in islamischem Gebiet, und deshalb wurden die sogenannten „griechischen Nationen“, also Syrien, Griechenland selbst und Sizilien, die wichtigsten Bastionen des orthodoxen Christentums. Zwischen 678 und 751 waren bis auf zwei Päpste alle „Griechen“, vier davon in Sizilien geboren oder aufgewachsen. Diese zeitweise „Gräzisierung“ des Papsttums bedeutete freilich nicht das Ende der Konflikte mit dem Kaiser, vielmehr war die Militarisierung Siziliens durch Justinian II. gegen Ende des 7. Jahrhunderts möglicherweise zum Teil zur Einschüchterung der Kirche gedacht, wenn auch der Hauptzweck ganz offenbar die Abwehr der sarazenischen Araber war, die von Afrika her Sizilien bedrängten.

Daß in Sizilien eine solche militärische Streitmacht lag, war eine Ursache dafür, daß sich die Inselbewohner im 8. Jahrhundert während des kaiserlichen Vorgehens gegen den Bilderkult relativ passiv verhielten. Ein weiterer Grund war natürlich die Bedrohung durch die Araber, denn wenn auch nur wenig dafür spricht, daß die byzantinischen Herrscher bei den Sizilianern beliebt waren, so war es doch unwahrscheinlich, daß man einen Aufstand gewagt hätte, wenn der Islam bereitstand, die Scherben für seine eigenen Interessen aufzuklauben. Wie groß die Furcht vor den Arabern war, ist allerdings schwer zu sagen. Die so schädlichen Raubzüge der ersten Hälfte des 8. Jahrhunderts hatten aufgehört, es herrschte ein (freilich unbehaglicher) Waffenstillstand vor. Im Jahre 805 unterzeichnete der Statthalter Siziliens einen Vertrag mit den aghlabidischen Herrschern von Tunesien, wahrscheinlich ohne zuvor in Konstantinopel Rückfrage zu nehmen, und 813 folgte ein weiterer Vertrag, der eine Vereinbarung über die Untersuchung gegenseitiger Handelsinteressen enthielt; in Sizilien lebten bereits arabische Kaufleute.

Die Situation um 800 erinnerte an die alten Tage der karthagischen Macht; dasselbe traf auch auf ein neues Faktum zu, das alles verändern sollte: 827 ordnete der Kaiser die Verhaftung eines Admirals namens Euphemios an, der seinerseits aus Rache einen Volksaufstand ins Rollen brachte, den Statthalter besiegte und sich selbst zum Kaiser erklärte. Sogleich fiel einer seiner Stellvertreter von ihm ab, was Euphemios dazu veranlaßte, den aghlabidischen Emir um Hilfe zu bitten und ihm Sizilien als tributpflichtige Provinz anzubieten, sofern er nur selbst die Statthalterschaft erhalte. Die Antwort kam rasch: Eine über 10000 Mann starke Elitearmee aus Arabern, Berbern und spanischen Moslems ging in Mazara an Land, und so begann eine weitere Eroberung Siziliens.

Alle früheren Übergriffe waren letztlich Piratenzüge gewesen, die Araber hingegen machten sich daran, die Insel einzunehmen und zu kolonisieren. Dies allerdings erwies sich schließlich als sehr schwierig: Trotz seiner inneren Schwächung und zahlreicher Feinde kämpfte Konstantinopel verbissen um seinen letzten Vorposten im Westen, und so zog sich der Krieg fünfzig Jahre hin, kostete viel Blut, brachte schlimme

Verwüstung und überzog die Insel mit Hungersnot und Seuchen. Palermo fiel 831, zwanzig Jahre später beherrschten die Araber ganz Westsizilien. Die Kämpfe aber gingen weiter, und Festungen wie Enna und Cefalù fielen erst nach Jahren an die Eroberer.

Taormina (Tauromenion) wurde zwar erst im frühen 10. Jahrhundert genommen, Rometta in den Bergen westlich von Messina gar erst 965, doch markierte der Fall von Syrakus im Jahre 878 das eigentliche Ende des byzantinischen Sizilien. Die Bevölkerung der Stadt wurde niedergemetzelt, die Beute war nach der Aussage von einem der wenigen Überlebenden immens. Für eineinhalb Jahrtausende war Syrakus ein wichtiger Ort Siziliens gewesen, eine Zeitlang die reichste und mächtigste Stadt ganz Europas. Ihr Primat hatte die Eroberungen durch Rom und durch Byzanz überstanden, ebenso hatte sie die Bekehrung zum Christentum überlebt. Jetzt aber war Syrakus gezwungen, die Führungsrolle Palermo zu überlassen, wie eben das Christentum hinter den Islam zurücktreten mußte und die griechische Sprache hinter das Arabische. Mit all diesen Wandlungen ging Sizilien von der antiken Welt in die mittelalterliche über, und man kann sagen, daß die Trennlinie zwischen beiden Epochen nirgends so scharf gezogen war wie in Sizilien.

Die Araber

Bis zum Ende des 9. Jahrhunderts hatten sich die byzantinischen Streitkräfte fast ganz aus Sizilien zurückgezogen. Ihr Fortgehen nach Jahrhunderten autokratischer Beherrschung und Besteuerung war, soweit wir das beurteilen können, nicht völlig unwillkommen. Die Eroberung durch die Araber brachte freilich Zerstörung und Unordnung mit sich; vielleicht wurden manche Gebiete sogar ganz entvölkert. Doch sobald sie sich etabliert hatten, waren die neuen Herren des Landes milde. Manche Städte blieben praktisch unabhängig, sogar ohne Besatzung. Die neue Herrschaft mag durchaus weniger drückend erschienen sein als die der christlichen Lombarden oder Franken auf dem Festland, und im religiösen Bereich weniger intolerant als die ikonoklastische Kirche von Konstantinopel. Oft blieben lokale Institutionen erhalten, und obgleich viele Kirchen in Moscheen umgewandelt wurden, konnten die Christen im allgemeinen nach ihren eigenen Gesetzen leben, sofern sie den geforderten Tribut leisteten.

Natürlich mußte die unterworfene Bevölkerung einiges leiden, doch läßt sich kaum sagen, wie weit die folgenden Bestimmungen durchgesetzt wurden: Christen (wie auch Juden) mußten an Haus und Kleidung Markierungen anbringen und mehr Steuern zahlen; und während ihnen die Ausübung ihrer Religion erlaubt war, wurde es ihnen untersagt, Kirchenglokken läuten zu lassen, das Kreuz bei Prozessionen umherzutragen oder in Hörweite von Moslems die Bibel zu lesen. Sie durften in der Öffentlichkeit keinen Wein trinken, hatten aufzustehen, wenn Moslems den Raum betraten und mußten ihnen auf offener Straße den Weg freimachen – harte Bestimmungen, die sich aber kaum zu einer religiösen Verfolgung addierten. Wenn die Mehrheit der Christen es schließlich aufgab, ihren Glauben zu praktizieren, war dies eher das Ergebnis eines natürlichen Wandlungsprozesses als einer Unterdrükkung durch die arabische Herrschaft.

Vor allem aber trug eine aufgeklärte Wirtschaftspolitik dazu bei, die unterworfene Bevölkerung zu beruhigen. Die Abgaben scheinen geringer gewesen zu sein als unter byzantinischer Herrschaft, vielleicht teilweise deshalb, weil die Verteilung und Eintreibung effizienter war. Die neuen Herren schafften die Steuer auf Zugvieh – ein Hindernis für die Landwirtschaft – ab und setzten dafür eine Grundsteuer ein, die eine Unproduktivität von Feldern nachteilig machte. Überdies begegnete der Islam den Sklaven wohlwollender als das Christentum und bevorzugte Arbeiter, die an einer Steigerung der Produktion selbst interessiert waren. Der Handel blühte auf, denn wieder einmal kam Sizilien der Vorteil seiner zentralen Lage in einem riesigen wirtschaftlichen Gemeinwesen, das ja von Spanien bis Syrien reichte, zugute.

Palermo, die arabische Hauptstadt, wuchs zu einer Großstadt heran. Bereits im 9. Jahrhundert fand Theodosius die Stadt großartig – dabei hatte er noch das griechische Syrakus gekannt. Besucher Palermos waren davon beeindruckt, eine Bevölkerung vorzufinden, zu der Griechen, Lombarden, Juden, Slaven, Berber, Perser, Tartaren und Schwarze aus Afrika gehörten; Araber kamen aus Spanien, Syrien und Ägypten. Ibn Hauqal, ein fatimidischer Missionar aus Bagdad, bewunderte die Handelsgärtnereien und die Hunderte von Moscheen in Palermo, mehr als er je in einer Stadt – Cordoba ausgenommen – gesehen hatte; er kritisierte die Schmutzigkeit der Leute und ihren übermäßigen Verzehr von Zwiebeln. Und doch war dieses Palermo zweifellos dabei, eine der großen Städte der Welt zu werden, zwar immer noch übertroffen von Bagdad, doch kaum von einer anderen Stadt. Seine Bevölkerungszahl ist schwer zu schätzen, doch lag sie wahrscheinlich höher als die jeder christlichen Stadt mit Ausnahme von Konstantinopel.

Durch Ibn Hauqal und spätere moslemische Autoren erfahren wir auch von den reichen Quellen und dem hervorragenden Bewässerungssystem der Region. Die Araber hatten die lebenswichtige Bedeutung der Bewässerung – und sei es auch nur ein von einem Maultier oder einem Bach betriebenes Schöpfrad – in der Wüste kennengelernt; sie brachten manche hydraulische Technik aus Persien mit sich und müssen auch von der Kenntnis der Reste des römischen Wasserbaus in Nordafrika profitiert haben. Mit ihrer neuen Technologie konnten sie Zitronen und Bitterorangen anpflanzen; sie brachten auch das Wissen mit, wie Zuckerrohr anzubauen und in Mühlen zu verarbeiten war. Soweit wir wissen, führten sie die ersten Baumwollsamen ein, die ersten Maulbeerbäume und Seidenraupen, Dattelpalmen, Sumach zum Gerben und Färben, Papyrus, Pistazien und Melonen.

Zweifellos lag in den arabischen Beschreibungen von Sizilien als einem Gartenparadies eine gewisse Übertreibung, doch läßt sich ein gewisses Maß an wirtschaftlichem Fortschritt nicht bestreiten. Reservoirs und Wassertürme aus jener Zeit blieben viele Jahrhunderte in Gebrauch und lassen sich noch heute finden. Außerhalb der Landwirtschaft gab es eine lebhafte Fischindustrie, vielleicht auch eine völlig neue, kunstvolle Methode, Thunfisch zu fangen. Silber, Blei, Quecksilber, Schwefel, Naphtha, Vitriol, Antimon und Alaun wurden gewonnen, das beim Ätna gefundene Salmiaksalz nach Spanien exportiert. Die Kunst der Seidenherstellung und -weberei sollte bald eine wichtige Rolle im Wirtschaftsleben der Insel spielen.

Nicht alles jedoch war ein Gewinn. Die arabische Eroberung Siziliens verursachte umfangreiche Schäden, ebenso die anschließenden Streitigkeiten um Land und Ausbeute. So erfahren wir schon in den 80er Jahren des 9. Jahrhunderts von Auseinandersetzungen zwischen der ansässigen Bevölkerung und Ansiedlern aus Nordafrika. Die Berber, so scheint es, ließen sich vor allem im Südwesten der Insel nieder, nahe Agrigent (das jetzt Girgenti hieß), und bald kam es zu einer Art Rivalität zwischen diesem Gebiet und Palermo. Solche internen Differenzen wurden freilich beigelegt, als eine weitere Welle von Ankömmlingen aus Afrika erschien, um an dem märchenhaften Reichtum der Insel teilzuhaben – und feststellen mußte, daß die Beute schon ausgeschöpft war; so richtete zwischen 938 und 940 eine einfallende Armee im Südwesten Siziliens riesige Schäden an.

Die Zerrüttung und Verwüstung durch die Eroberung ist nicht der einzige Eintrag auf der Negativseite einer Bilanz der arabischen Herrschaft: Während ihrer Invasion und beim Prozeß der Landräumung zu Siedlungszwecken ließen die Araber offenbar Erntefelder und Wälder in Brand stecken. Holz wurde in großer Menge nach Afrika ausgeführt, dem eigene Hartholzressourcen fehlten, und der umfangreiche Schiffbau, der für die Aufrechterhaltung der Seeherrschaft im Mittelmeer notwendig war, führte dazu, daß die leichter zugänglichen Waldgebiete Siziliens abgeholzt wurden. Irgendwann zwischen 400 und 900 wurde überdies der Olivenanbau weitgehend aufgegeben; Öl, das einst eine so wichtige Quelle des Reichtums der Insel dargestellt hatte, wurde nun in Nordafrika hergestellt.

Die Formen des Landbesitzes unter arabischer Herrschaft sind nicht leicht erkennbar. Der bedeutende Historiker Michele Amari meinte, daß kleine Höfe die Regel waren; doch zu meinen, daß die *latifundia* verschwanden und erst im 12. Jahrhundert zurückkehrten, wäre eine unzulässige Vereinfachung der Tatsachen, gab es doch eine Landaristokratie, der vermutlich auch große Ländereien gehörten. Allerdings begünstigte das moslemische Erbrecht die Aufteilung von Eigentum auch auf die jüngeren Söhne, und die Großzahl überlieferter arabischer Namen für kleine Orte und Gehöfte weist auf eine solche Zersplitterung des Grundeigentums. Ebenso ist die intensive Kultivierung von stadtnahen Gebieten, die den für die *latifundia* typischen extensiven Getreideanbau ablöste, ein Anzeichen für die Verbreitung von kleinen Gütern in sicherem Pachtbesitz oder auch im Eigentum des Kleinbauern.

Das moslemische Sizilien gehörte zunächst zum Einflußbereich der Aghlabiden; diese tunesische Dynastie wurde jedoch zu Beginn des 10. Jahrhunderts durch einen Bürgerkrieg, der überdies durch das Aufkommen der häretischen Schiiten sehr kompliziert war, gestürzt. Ihre Nachfolger wurden die Fatimiden, die sich ostwärts bewegten und 969 ihre Hauptstadt in Ägypten errichteten. Sizilien blieb dadurch weit unabhängiger, und schon in den 60er Jahren des 10. Jahrhunderts hatte sich die Familie der Kalbiden als tatsächliche Machthaber der Insel etabliert und den militärischen Adel in einem Interessen- und Patronagegeflecht an sich gebunden. Und doch war die größere Unabhängigkeit kaum ein Gewinn. Auf den Umzug des Kalifen nach Kairo folgte der Zusammenbruch der nordafrikanischen Zivilisation, zu der Sizilien gehört hatte. So wurde die Insel isoliert und bot dem christlichen Europa zumindest die Möglichkeit des Gegenangriffs.

Ein frühes Anzeichen dafür war der Vertrag, den in den 30er Jahren des 11. Jahrhunderts der Kalbidische Emir angesichts einer Rebellion mit Byzanz schloß. So fand Georg Maniakes, ein byzantinischer General, bei den Moslems der Gegend Unterstützung, als er nahe Messina mit einer großen Streitmacht anlandete, zu der einige hundert normannische Söldner gehörten. Gerade jene sahen dabei zweifellos den Reichtum des Landes und propagierten später bei ihren Freunden die Idee weiterer Raubzüge nach Sizilien. Maniakes besetzte mehrere Jahre lang einen Großteil des Ostens der Insel und richtete erheblichen Schaden an. Hofintrigen führten bald zur Rückberufung des Generals, und so blieb dies der letzte ernsthafte Versuch von Byzanz, Sizilien wiederzuerlangen. Das Gleichgewicht der Mächte im Mittelmeerraum hatte sich zuungunsten von Byzanz und auch Kairo verschoben; das westliche Christentum stand nun in der Offensive, und als der Normanne Roger 1060 bei Messina an Land ging, waren die Tage des moslemischen Sizilien gezählt.

Der Beitrag der sarazenischen Araber zur sizilianischen Geschichte ist nicht leicht einzuschätzen. Ihre Besetzung dauerte mehr als zwei Jahrhunderte. Mit sich brachten sie ihre Religion und Gesetze, Literatur, Künste und Wissenschaften und machten Sizilien dadurch zum Teilhaber einer glanzvollen Kultur. Wie die Griechen vor ihnen kamen sie nicht nur als Beherrscher und Ausbeuter, sondern als Siedler; ja, wahrscheinlich erschienen sie in größerer Zahl als alle anderen Eroberer der Insel vor und nach ihnen. Sie siedelten sich vorwiegend in den westlichen und südöstlichen Regionen an, doch muß es auch in den anderen Gebieten eine beträchtliche Zuwanderung und seitens der Sizilianer zahlreiche Übertritte zum Islam gegeben haben. Diese Wiederbevölkerung des sizilianischen Landes bleibt ein wichtiges historisches Faktum jener Zeit.

Nur wenige Reste der moslemischen Besetzung sind heute zu sehen; von Zeit zu Zeit kommen freilich manche ans Licht. Viele sarazenische Gebäude wurden im Bürgerkrieg oder während der normannischen Eroberung zerstört, und ebenso rasch wie der Tuffstein der Bauten verging das Schreibmaterial. Nur einige wenige Gedichte jener Zeit sind erhalten, die außerhalb Siziliens, in Spanien und Damaskus, überliefert wurden, doch läßt sich auch so vor dem Auftreten der Normannen kaum ein einzelner bemerkenswerter Autor der sizilianisch-arabischen Kultur ermitteln. Manche afrikanische Chronisten behandeln

Sizilien vor 1060, und der Historiker Michele Amari konnte jene Zeit teilweise nach späteren Quellen rekonstruieren, doch bleibt das Bild weiterhin unscharf. Auch das moslemische Rechtssystem hinterließ wenige Relikte, da die unterworfenen Gemeinschaften oft nach ihren eigenen Gesetzen leben durften.

Die Aghlabiden waren im religiösen Bereich orthodox, im kulturellen konservativ, den Kalbidischen Emiren mangelte es an Macht, Organisationsfähigkeit und dem für ein kulturell wirksames Mäzenatentum notwendigen aufgeklärten Interesse. Überdies waren die christlichen Chronisten bezüglich dieser Zeit unwissend oder voreingenommen, so daß sie ihre Leistungen untertrieben oder gar nicht darstellten. So also kommt es, daß die bekannten Andenken an die Araber in Sizilien Zeugnisse der späteren normannisch-arabischen Kultur sind. Immer stützten sich die Normannen in großem Umfang auf ansässige wie auch eingeführte arabische Handwerkskunst und Regierungstradition – eine Anerkennung der Leistungen der Vergangenheit, die als Beweis für ihre Qualität überzeugt.

Als Regierungssprache erwies sich das Arabische als sehr langlebig; es überdauerte noch mehr als ein Jahrhundert nach der normannischen Eroberung. Sein Einfluß war so groß, daß noch heute viele Spuren in der Sprache zu beobachten sind: So sind in der Topographie Siziliens die Namensbestandteile „Gibel“ und „Calta“ bekannte arabische Bildungen; und von den vielen Änderungen von Ortsnamen sei auf Enna verwiesen, das arabisch zu Kasryanni (und von daher zu Castrogiovanni) wurde, und auf Lilybaion, das zu Marsala (Hafen Allahs oder Alis) wurde. Noch heute, neun Jahrhunderte nach jener Zeit, werden einige hundert arabische Wörter verwendet, und wären ab 1060 nicht lateinisch-sprachige Eroberer erschienen, spräche man heute in Sizilien wohl eher wie auf Malta oder in Nordafrika. Es war also die normannische Eroberung, die Sizilien endgültig in den europäischen Umkreis zurückholte.

Kapitel 7

Die Normannen

Die normannische Eroberung

Zu Beginn des 11. Jahrhunderts gab es mehrere Gruppen von Abenteurern aus Nordfrankreich, die ihren Lebensunterhalt als Berufssoldaten in Süditalien verdienten. Zu ihnen zählte ein halbes Dutzend Söhne eines gewissen Tancred de Hauteville, darunter Robert Guiscard, der „größer als die Größten", enorm ehrgeizig und der beste Kämpfer unter allen Soldaten war. Gemeinsam mit seinem jüngsten Bruder Roger teilte sich Guiscard ein Gebiet in Kalabrien und Apulien zu. Gelegentlich kämpften die beiden Brüder zwar gegeneinander, doch waren sie zumeist verbündet; und da sie beide wahre Genies in Kampf und Verwaltung waren, vermochten sie auf diese und jene Weise die Mittel zusammenzutragen, auf die sich bald eine berühmte Dynastie gründen sollte.

Im Jahr 1059 gestand Papst Nikolaus II. diesen kriegerischen, wenn auch nicht allzu offenbar christlichen Freibeutern zu, über so viel vom südlichen Italien zu herrschen, wie sie zu erobern vermochten; im Gegenzug gestand Guiscard zu, die religiöse Autorität von Konstantinopel nicht anzuerkennen. Das Papsttum hatte einen Scheinanspruch auf die Lehenshoheit über Sizilien entwickelt, der auf der Fiktion beruhte, daß erst Konstantin, dann die karolingischen Könige die Insel besessen und sie dann dem Papst „gegeben" hatten. Folglich mußten die Normannen nicht nur in Apulien, sondern auch in ihren weiteren Eroberungen in Kalabrien und jenseits der Meerenge in Sizilien selbst ihre Einsetzung als Lehensträger durch den Heiligen Stuhl akzeptieren.

Die sizilianischen Araber waren zu jener Zeit geschwächt: Verschiedene Familien versuchten gerade, unabhängige Emirate auf der Insel zu etablieren; aus Nordafrika war im übrigen kaum Hilfe zu erwarten. Und so, wie einige Christen die arabische Invasion von 827 geradezu erbeten hatten, wandte sich nun eine moslemische Gruppe an die Normannen um Hilfe und brachte damit einen Vorgang in Bewegung, der die Unterwerfung der Insel zur Folge haben sollte. In Abstimmung mit Guiscard oblag die Eroberung Siziliens vorwiegend Roger, der nach Unterwerfung der Griechen von Kalabrien aus über die Meerenge übersetzte und Messina einnahm. Bis 1064 hatte Roger den Nordosten der Insel erobert und viel Beute zurückgebracht, die er mit seinem Bruder teilte. Die Erfahrungen aus dieser Unternehmung sollten sich übrigens zwei Jahre später als nützlich für die normannische Eroberung Englands erweisen.

In den 60er Jahren des 11. Jahrhunderts bauten die Normannen ihre Flotte aus, da jedes weitere Vorgehen auf der Seeherrschaft beruhen würde. 1071 lag Guiscard mit Söldnern und Belagerungsmaschinen vor Palermo. Nach einer fünfmonatigen Blockade ergaben sich die Bewohner, sagten Tributzahlungen zu und erhielten dafür Glaubensfreiheit und eine gewisse Autonomie. Anderswo freilich gingen Guiscards Männer weniger rücksichtsvoll vor: Sie töteten die Gefangenen und verkauften die Frauen und Kinder in die Sklaverei; ja, die Aussicht, Sklaven machen zu können, war eine der Verlockungen, mit denen es den Normannen gelang, weitere Freibeuter und Abenteurer in ihre Dienste zu nehmen.

Guiscard mußte bald zur Verteidigung seines Besitzes auf dem Festland zurückkehren und ließ Roger zum Abschluß der Eroberung und zum Aufbau einer normannischen Regierung als Grafen von Sizilien und Kalabrien zurück. Roger erkannte, daß es von Vorteil sei, den Unterworfenen großzügige Bedingungen zu gewähren, um so die moslemischen Verwaltungs- und Steuerbeamten mit ihrer Kenntnis der lokalen Gegebenheiten weiter einsetzen zu können. Die Zahl der Invasoren war klein, daher mußte man sich mit den ansässigen Bauern arrangieren: Viele Araber durften ihre Güter und Besitztümer, manche sogar ihre Burgen behalten. Von ebensolcher Bedeutung war es, daß von vornherein moslemische Soldaten, ohne daß sie ihrem Glauben abschwören mußten, einen wichtigen Kern der normannischen Armee bildeten und sogar gegen normannische und andere christliche Gegner eingesetzt wurden. 1075 schloß Roger einen Freundschaftsvertrag mit dem Herrscher von Tunis und schickte sizilianisches Getreide nach Mahdia, der Hauptstadt der Fatimidendynastie.

Die letzte Phase der Eroberung war langwierig. Roger mußte oft zur Unterstützung seines Bruders und zu weiteren Aushebungen nach Kalabrien zurückkehren, und in seiner Abwesenheit konnten sich seine Anhänger von ihm lossagen und seine Güter ausplündern. Obgleich die moslemischen Burgen eine nach der anderen fielen, war das Kriegsglück schwankend, und es gab vielleicht mehr Rückschläge als der offizielle Chronist, Malaterra, zu notieren sich die Mühe machte. Castrogiovanni, einer der für die Eroberung des Binnenlandes strategisch wichtigsten Orte, fiel erst 1088, drei Jahre später dann das letzte Bollwerk des moslemischen Sizilien, Noto. Wie zu erwarten ging die Eroberung mit vielen Zerstörungen einher; ein Zeitgenosse schrieb, daß „große Verwüstung von Burgen, Dörfern und sarazenischen Palästen herrscht" und daß „es diese riesigen Schäden sind, die wir nun beheben müssen".

Obwohl die Eroberung mit Gewalt und oft grausam vor sich gegangen war, folgte auf sie bald die Versöhnung. Es gab überraschend wenig Spannungen zwischen den Normannen und ihren neuen Untertanen, ja Sizilien zeigte sich weit gehorsamer als die Festlandsprovinzen. Araber und Juden mußten eine besondere Abgabe zahlen, doch legten die normannischen Bestimmungen gemäß dem arabischen Vorbild fest, daß „Lateiner, Griechen, Juden und Sarazenen jeweils nach ihren eigenen Gesetzen Recht sprechen" und dafür eigene Richter bestellen sollten. Viele Moslems wanderten wohl zu jener Zeit aus, denn um das ganze Mittelmeer findet man Familiennamen, die auf eine Herkunft aus Sizilien weisen. Andere müssen sich vor den Grausamkeiten der Eroberer in das Hügelland im Inneren der Insel geflüchtet haben; doch eine Großzahl blieb und erwies sich als fleißig, ordentlich und gehorsam. Heer, Flotte und Verwaltung hatten von dieser Kooperation große Vorteile.

Die große Wirkung der Normannen stand in gar keinem Verhältnis zu ihrer geringen Zahl. Im Unterschied zur arabischen zog ihre Eroberung keine Massenansiedlung nach sich; ihr Einfluß gründete sich vielmehr auf eine ungewöhnliche Anpassungsfähigkeit und auf politisches Geschick. Aufgrund der Erkenntnis, daß Sizilien in Kultur und Verwaltungssystem überlegen war, übernahmen die Normannen beides, fügten freilich noch eine Effizienz und Zielgerichtetheit hinzu, die bislang gefehlt hatten. Die arabische Landaufteilung blieb teilweise erhalten, und die Pacht- und Finanzgeschäfte wurden weiterhin durch die bestehenden Ämter des *diwan* getätigt. Gerade diese Fähigkeit, verschiedene – arabische und nordeuropäische, römische und griechische – Traditionen aufzunehmen und zu verbinden, bleibt das Wahrzeichen der normannischen Leistung in Sizilien. Durch die gekonnte Nutzung dieser Traditionen machte sich Graf Roger I. vom armen, landlosen Abenteurer zu einem der erfolgreichsten Herrscher der damaligen Welt.

Besonders das byzantinische Element war es, das Rogers I. Regierung auszeichnete. Obgleich er aus dem feudalen Nordeuropa stammte, lernte er bald, die aristokratischen Beziehungen des Feudalismus mit der östlichen Idee zu verbinden, daß der Herrscher nicht der erste unter gleichen, sondern absolut, ja göttlich sei. Das Hofzeremoniell und -protokoll wurde nach byzantinischem Vorbild ausgestaltet, ebenso viele Formeln der Hofkanzlei; wichtiger aber war, daß sich der normannische Graf von Sizilien ein stehendes Söldnerheer und die stärkste Flotte seiner Zeit leisten konnte, während der normannische König von England auf Lehensabgaben und eine nur zeitweise bestehende Vasallenarmee angewiesen war.

Während Roger I. einerseits die griechische Regierungstradition wieder einsetzte, begann er anderseits gleichzeitig mit einem entscheidenden Prozeß der Latinisierung durch die Einführung einer neuen herrscherlichen Schicht. Seine griechischen Untergebenen wurden nicht in den Adelsstand erhoben oder mit Lehensgütern versehen. Unter ihm scheint keiner der großen Landbesitzer, Bischöfe oder führenden Äbte gebürtiger Sizilianer gewesen zu sein; vielmehr besetzte Roger I. die wichtigen Positionen mit Normannen von jenseits der Alpen und Franzosen, Italienern oder „Lombarden" vom Festland. Als Ausgleich für ihren Kriegsdienst erhielten diese Männer Land auf der Insel, manche nahmen vorzugsweise Siedler aus ihrem Heimatgebiet mit. Das Ausmaß dieser Zuwanderung läßt sich nicht angeben, doch mag es erklären, wie bis 1200 aus einem vorwiegend arabisch-sprachigen Land ein weitgehend latinisiertes werden konnte.

An öffentlichem Recht fanden die Ankömmlinge in Sizilien sehr wenig vor, weshalb in diesem Bereich meist die normannischen Lehenspraktiken vorherrschten. Doch war die Feudalisierung bei weitem nicht so weit fortgeschritten wie in Nordeuropa. Zum einen hatte der Graf durch das Recht des Eroberers eine starke Stellung inne und war so in der Lage, eine sehr große Domäne für sich zu behalten. Zum anderen muß der Mangel an Arbeitskräften nach den Zerstörungen der Invasion dazu geführt haben, daß man die vorhandenen Landbesitzer oft ungestört ließ. Daher gab es viel Landbesitz außerhalb des Lehenssystems und ohne Verpflichtungen gegenüber der neuen Aristokratie. Auf dem Festland mußten Guiscard und Roger I. den Baronen größere Zugeständnisse machen, doch in Sizilien regierte Roger als Eroberer ohne viele Verpflichtungen: Viele von Rogers Landzuweisungen waren nicht erblich.

Sowohl vom Ursprung als auch von der Absicht her brachte also der Feudalismus in Sizilien eine Verstärkung der Autorität des Herrschers. Ein ähnliches Interesse zeigte sich in Rogers I. Einstellung zur Religion: Die überlebenden Christen waren griechisch-orthodoxe Gläubige, und Roger I. unterstützte in Sizilien mehr griechische Klöster als lateinische; auch der Erzbischof von Palermo war zunächst griechisch-orthodox. Zweifellos bedachte Roger I., daß der Patriarch von Konstantinopel weiter entfernt und weniger wirkungsvoll war als der Papst und folglich als religiöser Oberherr weniger lästig werden konnte, sicherlich schätzte er auch die caesaro-papistische Tradition von Byzanz, die der weltlichen Macht mehr Gewicht gab, und wahrscheinlich sah er in dieser geschickten Balance der Patronagen ein nützliches Druckmittel gegen Rom.

Freilich gewährte Roger I. der lateinischen Christenheit gewisse Vorteile, doch stets zu seinen eigenen Bedingungen. So wurde die römische Liturgie eingeführt, spätestens 1083 setzte er in Palermo einen lateinischen Erzbischof ein. Roger I. setzte eigenständig den Bereich jeder Diözese und die Zahl der Diözesen fest, finanzierte sie aus seiner Privatschatulle und wählte die Bischöfe aus, zumeist Geistliche aus Frankreich, aber auch aus England und der Toskana; entsprechend wurden die Domkapitel auf dem Festland rekrutiert. Dies war die Zeit des großen Investiturstreits, zu der in fast ganz Europa die Kirche jede Einflußnahme der weltlichen Macht bei der Bischofswahl ablehnte – in Sizilien war dies anders: Die Kirche blieb hier Teil der königlichen Vorrechte, und der König erhielt von Papst Urban II. 1098 den Titel „Apostolischer Legat“.

Der Erfolg Rogers I. im kirchlichen Bereich zeigt ebenso wie das Fehlen jedes ernsthaften Widerstands gegen seine Herrschaft, wie weit es ihm vor seinem Tod im Jahre 1101 gelungen war, Sizilien und Kalabrien zu befrieden. Zum Glück für sein Land hatte er Guiscards Ambitionen auf das östliche Europa nicht geteilt. Seinen Töchtern konnte er große Mitgiften geben; eine ehelichte den ungarischen König Koloman, eine andere Konrad, den Sohn des westlichen Kaisers Heinrich IV. Doch obwohl er in der ganzen Christenheit als reich und mächtig bekannt war, fehlte seinem normannischen Staat das Gefühl der Dauer. Roger I. war wie seine wikingischen Vorfahren ein unsteter Herrscher gewesen, der seine Zeit mit Reisen von einer Provinz in die andere verbracht hatte – mitsamt seiner mobilen Verwaltung und Schatzkammer. Er wollte nicht in Sizilien bestattet werden, sondern zu Mileto in Kalabrien; und so blieb es seinen Nachfolgern vorbehalten, ein stabiles Reich um die alte arabische Hauptstadt Palermo zu errichten.

Das Reich Rogers II.

Als Roger I. gestorben war, übernahm seine dritte Frau die Regentschaft. Wann genau sein Sohn Roger II. selbst die Herrschaft antrat, ist unbekannt, doch geschah dies jedenfalls vor 1113. Roger II. wurde zu einem der bedeutendsten Herrscher Europas im Mittelalter. Er forderte mit Erfolg den Papst und sowohl den östlichen als auch den westlichen Kaiser heraus, er gewann ein Reich in Nordafrika und erstrebte sogar den Thron von Konstantinopel. Sein Königreich sollte nicht nur Sizilien und Kalabrien, sondern ganz Süditalien bis hin zu den päpstlichen Staaten umfassen. Er war ein Mann von unstillbarem Ehrgeiz, gewaltiger Arbeitslust, bemerkenswerter Umsicht im Detail und machtvoller Intelligenz. Die Chroniken haben allerdings wohl recht, wenn sie meinen, er sei eher gefürchtet als geliebt gewesen.

Rogers II. Reich, das *regnum*, entfernte sich von den Vorbildern im nördlichen Europa. Seine Lehrer müssen Griechen gewesen sein; er sprach Griechisch und wahrscheinlich auch Arabisch. Bekannt war er für seinen Harem; ein besonderer Teil des Palasts war seinen Frauen und Eunuchen vorbehalten. Sein oberster Minister, ein wahrer Großwesir, trug den großartigen Titel „Emir der Emire und Archont der Archonten". Etwa 1125 wurde dieser Posten von Georg von Antiochia bekleidet, einem griechisch-orthodoxen Christen, der die Kunst der Politik in Nordafrika erlernt hatte. Es kann kein Zufall gewesen sein, daß ein so prominenter Schismatiker zur Hand war, als Roger II. seinen Kampf gegen den Papst aufnahm, und ebensowenig, daß ein in der Lehre Justinians ausgebildeter Mann dazu beitrug, daß aus einem Grafen ein König wurde.

Man hat arabische, byzantinische oder gar anglo-normannische Traditionen als die Hauptbestandteile von Rogers II. Verwaltung ausgemacht, doch war Georgs Beitrag wahrscheinlich der entscheidende. Obwohl viele Mitglieder der niederen Bürokratie Moslems waren, lagen die hohen Posten in der Staatsverwaltung oft in den Händen von Griechen. Vor allem aber war das Konzept der Königsherrschaft nach dem Vorbild Justinians gestaltet, und zwar in solchem Maße, daß Sizilien für westliche Begriffe exotischer wirkte als das Kreuzritterreich von Jerusalem. Man ließ sogar die Vorstellung entstehen, daß Roger II. ein Priesterkönig sei, dessen Autorität von Gott allein stamme, so daß jeder Aufruhr gegen ihn als Sakrileg gewertet würde. Das Hofzeremoniell schrieb vor, daß jeder von Rogers II. Untertanen, auch ein Bischof, sich vor ihm in Verehrung niederzuwerfen habe. Seine Siegel zeigen ihn in der Gewandung des östlichen *basileus*, ein Mosaik in Palermo stellt ihn im Herrschermantel dar, wie er die griechische Krone nicht vom Papst oder Kaiser, sondern von Christus selbst empfängt. Auch die Gesetze des Reiches zeigen deutlich ihre Herkunft aus dem Osten.

Roger II. war nicht nur König, sondern auch oberster Lehensherr. Anders als sein Vater führte er die Streitkräfte nicht immer persönlich an, doch war es den Lehensmännern nicht gestattet, diese Tatsache zur Herausstellung ihrer eigenen Führungsfähigkeit zu nutzen. Ihre Autorität war überdies dadurch geschwächt, daß neben dem feudalen Aufgebot ein starkes Berufsheer bestand. Die Existenz einer Schicht von fähigen Bürokraten in völliger Abhängigkeit vom König machte es unnötig, den Baronen viel politische Macht zuzugestehen; dementsprechend war Rogers II. *curia* (Staatsrat) im wesentlichen Ausfluß des königlichen Willens. Überdies stand der Entwicklung der feudalen Rechtsprechung die Tatsache entgegen, daß die Provinzrichter über Land reisten und das Königsrecht durchsetzten. Nach dem römischen Recht, das das Vergehen der *laesa maiestas* kannte, schuldete man nicht irgendwelchen mittleren, sondern dem obersten Herrscher Gefolgschaft.

Daß ein Herrscher mit einer solchen Macht viele Probleme mit der Kirche hätte, war wenig wahrscheinlich. Roger II. wurde zwar aus verschiedenen Anlässen exkommuniziert, doch bedeutete ihm dies wenig. Er konnte ein geteiltes Papsttum dazu ausnutzen, die Zustimmung des Gegenpapstes für seine Herrschaft zu erlangen, und setzte dann den legitimen Papst, Innozenz II., gefangen, als eine päpstliche Armee gegen die normannische Aggression zu Felde zog; auf diese Weise erreichte er die Anerkennung seiner Herrschaft und die Rücknahme der Exkommunikation. Im Gegenzug erkannte Roger II. die päpstliche Investitur an, wählte aber in der Praxis weiterhin die Bischöfe aus, gleich, ob sie vom Papsttum bestätigt wurden oder nicht, denn er betrachtete die Regelung kirchlicher Angelegenheiten als ein Vorrecht des Königs kraft der ererbten Apostolischen Legation.

Rogers II. Außenpolitik war weit ausgreifend und ehrgeizig. Er zeigte ein beträchtliches Interesse an der Kreuzzugsbewegung; in Nordafrika nutzte er Zwistigkeiten unter den Moslems erfolgreich für sich aus und gewann so bald die Kontrolle über die ganze Küste von Tripoli bis Kap Bon und über das Binnenland bis Kairouan. Eine solche Politik war nicht ohne Risiko, denn sie bedeutete, daß er das Vorhaben seines Vaters, friedlich Handel zu treiben, aufgeben mußte. Gewiß aber war es ein kalkuliertes Risiko, das der Tatsache Rechnung trug, daß viele nordafrikanische Städte für die Lebensmittelversorgung in manchen Jahren auf Sizilien angewiesen waren. Roger II. ermunterte auch die Sizilianer zur Auswanderung nach Tripoli; er nannte sich sogar „König von Afrika".

In Sizilien selbst zapfte die effiziente Verwaltung des Königs die Quellen des Reichtums in einer Weise an, die kein späterer Herrscher mehr ganz erreichte. Ein großer Geldumlauf wurde erneut durch afrikanisches Gold unterstützt; erstmals in der Geschichte erscheint nun der Dukate. Eine Handelsmarine entstand mit Hilfe königlicher Unterstützung, während die Flotte die Seeherrschaft behielt und bei allen Schiffen, die das Mittelmeer durchfuhren, Abgaben erhob. Die Seidenherstellung gewann durch die in ihr geübten griechischen Zuwanderer und durch die Bedürfnisse des Hofzeremoniells einen neuen Aufschwung. Der Abbau von Salz und Schwefel wurde fortgesetzt, die Korallenfischerei war in Sizilien bereits heimisch, und auch die Landwirtschaft scheint in Blüte gestanden zu haben.

Kein anderer König in Europa mag so große Einkünfte gehabt haben wie Roger II. – sein Einkommen aus Palermo allein soll bereits höher gewesen sein als das seiner normannischen Vettern aus ganz England. Zum Teil lag dies darin begründet, daß die Autorität des Königs stark genug war, um die tatsächliche Zahlung der Abgaben durchzusetzen. Außerdem nahm der König auf eigene Rechnung am Handel teil; auch muß sein Gewinn in der Landwirtschaft beachtlich gewesen sein, und weil die Lokalverwaltungen noch nicht vom Lehensadel übernommen worden waren, blieben Roger II. auch die Einnahmen aus der Rechtsprechung. Da er es durchzusetzen vermochte, daß die Gesetze eingehalten wurden, lag es für Privatleute nicht so nahe wie später, das Recht in die eigenen Hände zu nehmen. Auswärtige Besucher Siziliens zu jener Zeit betonten jedenfalls, daß niemand ein so friedliches und blühendes Reich habe wie der König von Sizilien.

Das Sizilien Rogers II. und seiner beiden Nachfolger war vor allem ein großer Treffpunkt der Kulturen. Doch als die gebildete arabische Schicht fortzog und die griechische Gemeinde allmählich unterging, wurde deutlich, daß diese Kulturen sich gemischt, aber nie gänzlich verbunden hatten. Bereits in den 50er Jahren des 12. Jahrhunderts gab es Anzeichen dafür, daß die religiöse Toleranz, die diese Vermischung der Kulturen gestattet hatte, im Schwinden war. Das Normannisch-Arabische war eine künstliche Schöpfung des aufgeklärten Despotismus, keine wahre Durchdringung, die für sich selbst bestehen konnte. Der Mangel jeder wirklichen Synthese machte diese Kultur anfällig und vergänglich, so daß allmählich der Einfluß Frankreichs und Roms in der Kunst ebenso überhandnahm wie in Religion und Sprache.

Die normannisch-arabische Kunst und Architektur war freilich für den Großteil des 12. Jahrhunderts ein lebendiges kulturelles Phänomen. Holz- und Mosaikarbeiten, Münzen und Kleidungsstücke, Plastik und Schriftkunst zeigen, wie eine heterogene Vermischung von Stilen schließlich einen neuen, eigenen Stil ergeben konnte. Dies gilt auch für die Architektur: Mit ihren fünf roten Kuppeln erscheint San Giovanni degli Eremiti in Palermo gleichermaßen als Moschee und christliche Kirche. In der unter dem Namen Martorana bekannten Kirche in Palermo standen die Worte eines griechischen Hymnos in arabischer Schrift um den Fuß der Kuppel geschrieben. Rogers II. Pfalzkapelle in Palermo ist mit ihrer staunenswerten arabischen Deckenmalerei, ihrer byzantinischen Kuppel und ihrem Raumschmuck aus farbigem Marmor und Mosaiken vielleicht das schönste Beispiel für den Kompositstil. Die Mosaiken müssen von griechischen Kunsthandwerkern ausgeführt sein, die sowohl griechische als auch lateinische Bildtraditionen verwendeten.

Der Hof Rogers II. war ein Zentrum der Wissenschaften. Der König interessierte sich besonders für Astronomie und Astrologie und ließ sich von einem arabischen Handwerker eine Wasseruhr bauen. In jener Zeit wurden Platon, Euklid und Ptolemaios ins Lateinische übersetzt, und Al-Idrisis Geographie, an der Roger II. selbst teilhatte, wurde im moslemischen Afrika hochberühmt. Die erste Übersetzung von Ptolemaios' *Almagest* entstand in Palermo. In Literatur und Geisteswissenschaften waren die Erfolge freilich geringer, doch gab es manche Schriften zu Naturkunde, Medizin, Jurisprudenz und Koranstudien, und ein Dokument aus der Zeit um 1150 nennt über hundert Dichter aus sizilianisch-arabischen Familien. Allerdings ist kaum etwas von ihren Werken erhalten.

Leider wissen wir auch nicht viel über die französischen *jongleurs*, die mit Geschichten von Roland und den Paladinen Karls des Großen an Rogers II. Hof kamen. Die karolingischen Legenden wurden zu einem unbekannten Zeitpunkt in eine sizilianische Umgebung transponiert, wobei die Beliebtheit des Sagenkranzes dafür spricht, daß dies nicht nur ein aufgepfropftes Kulturgut war: Der lateinische Schriftsteller Gervasius von Tilbury wußte, daß König Arthur noch am Leben war – er erhole sich soeben auf dem Ätna von seiner Verwundung. Diese bretonischen Geschichten verschwanden später; immerhin aber blieb die *fée Morgane* der Artussage im Volksglauben erhalten als *fata morgana*, das Wunder der Luftspiegelung in der Meerenge von Messina, und noch acht Jahrhunderte später sind die Paladine bekannte Helden der sizilianischen Legenden. Die Vitalität der französischen wie der arabischen

Hofdichtung von Palermo muß ein Anreiz für die bahnbrechend neue volkssprachige sizilianische Literatur gewesen sein, die im späten 12. Jahrhundert aufkam.

Der Zerfall des normannischen Sizilien

Die Bewährungsprobe für Rogers II. Erfolge kam unter seinem Sohn Wilhelm I. (1154–1166). Es ist nicht leicht, durch die ausgeprägte Feindseligkeit durchzudringen, die gegen diesen König im zeitgenössischen Geschichtswerk des Hugo Falcandus vorherrscht; jedenfalls muß Wilhelm ein tapferer Kämpfer gewesen sein, doch nicht den Eifer und die Charakterstärke anderer normannischer Herrscher gezeigt haben. Roger II. hatte fast alle Akten, die die königliche Kanzlei verließen, persönlich gezeichnet. Sein Sohn hingegen zeigte weit weniger Interesse an der Regierung; er zog es vor, Entscheidungen zu verschieben und über Minister zu regieren, während er selbst sein Leben in orientalischer Pracht in seinen Lustschlössern außerhalb Palermos verbrachte. Da Falcandus und die meisten der Barone gegen ihn eingenommen waren, ist er stets als „Wilhelm der Böse“ bezeichnet worden.

König wurde er in einer schwierigen Zeit. Eine gewisse Ruhelosigkeit während der letzten Jahre von Rogers Herrschaft zeigt sich in der Zunahme feudaler Opposition und sozialer Spannungen. Obwohl Sizilien weiterhin in Blüte stand, waren die Kaiser im Westen und Osten sowie der Papst bereit, den Widerstand der Barone vor Ort für sich auszunützen. Zur selben Zeit brach der sizilianische Halt in Nordafrika durch den Vormarsch der Almohaden aus den marokkanischen Bergen zusammen. 1156 kam es zur Niederlage bei Sfax, dann fiel Tripoli, 1160 Mahdia. Die kleine Insel konnte schließlich nicht zur gleichen Zeit einer starken Herausforderung in Afrika, Verrat daheim und Krieg sowohl mit dem Papst als auch mit Byzanz standhalten.

Im Jahre 1156 neutralisierte Wilhelm durch das Konkordat von Benevento mit dem englischen Papst Hadrian IV. einen der möglichen Gegner. Er gestand zu, daß die Bischöfe vom Klerus gewählt und vom Papst als oberstem Lehensherrn seiner Festlandsbesitzungen bestätigt werden sollten; im Gegenzug bestätigte Hadrian IV. die Apostolische Legation in Sizilien. Die Barone hingegen stellten ein größeres Problem für Wilhelm dar: Aus ihrer wirtschaftlich und sozial starken Stellung strebten sie auch nach politischer Macht. Sie beklagten, daß Rechtsprechung, Verwaltung und Heer unter Roger in den Händen niedrig geborener Fachleute gelegen hatten und verübelten die Tatsache, daß Roger der Opposition durch Verbannungen und Konfiskationen entgegengetreten war.

Die Ehrgeizigeren unter den Baronen machten sich nun die Herrschaft eines weniger beliebten und tüchtigen Königs zunutze, um das Gleichgewicht der Mächte im Inneren zu erschüttern. Dabei konnten sie die ethnische Intoleranz und den Groll mancher Städte über Rogers II. zentralisierte und paternalistische Herrschaft ausnutzen. Ihre Kritik richtete sich vor allem gegen Wilhelms obersten Minister, Maio von Bari, also gegen einen der Palastfachleute, deren Existenz der feudalen Aristokratie ein solcher Dorn im Auge war. Die Barone bezeichneten ihn als den emporgekommenen Sohn eines Ölhändlers, einen potentiellen Usurpator des Thrones und einen Verführer junger Mädchen. 1155 kam es zum Aufstand gegen diesen Mann, zugleich auch zu Unruhen in Palermo; der König freilich begegnete beidem mit exemplarischer Strenge.

Die aristokratische Opposition blieb jedoch in Kalabrien und den lombardischen Siedlungen Siziliens bestehen; fünf Jahre danach organisierte einer der Barone, Matthias Bonellus, eine erfolgreichere Erhebung, bei der Maio getötet wurde und der König in Gefangenschaft geriet. Auch die Araber wurden angegriffen: Ihre Läden wurden geplündert, die Palasteunuchen hingemordet, die Frauen aus dem Harem verteilt; moslemischen Eigentümern wurden ihre Güter genommen, ländliche Siedlungen wurden zerstört. Ein Großteil von Ostsizilien war nun frei von Arabern und anderen nordafrikanischen Siedlern. Wahrscheinlich im Gefolge dieser Ereignisse verließen die meisten der noch verbliebenen arabischen Intellektuellen die Insel.

Die Barone hatten also den letzten großen Minister des normannischen Sizilien getötet. Die Schicht der Bürokraten umfaßte hingegen noch immer viele andere Süditaliener, dazu auch Griechen, Franzosen und Engländer. Das normannische England und das normannische Sizilien waren weiterhin eng verbunden. Richard Palmer, ein Freund des heiligen Thomas Becket von Canterbury, wurde Bischof von Syrakus, ein anderer Engländer, Walter, Erzbischof von Palermo, desgleichen später dessen Bruder Bartholomew. Solche Neulinge erwiesen sich für die Barone nicht nur als starke Unterstützung gegen die weltlichen Bürokraten, sondern verstärkten auch den Wechsel von der griechischen zur lateinischen Kultur, der zu jener Zeit in Sizilien festzustellen ist.

Wilhelm I. starb 1166, „nur von den moslemischen Frauen beweint", wie ein nicht unparteiischer zeitgenössischer Beobachter behauptete. Sein Sohn Wilhelm war gerade dreizehn Jahre alt, so daß bis zu seiner Volljährigkeit seine Mutter Margarete von Navarra die Regentschaft ausübte. Ihre Zeit war durch die Aktivitäten verschiedener Parteiungen und durch Unruhen unter den Baronen geprägt, wogegen sie Hilfe bei ihren Verwandten suchte. Das freilich verschlechterte die Lage nur, und 1168 wurde ihr Vetter und Oberminister Stefan (Etienne) von Le Perche gezwungen, angesichts allgemeiner Aufstandsbewegungen die Insel zu verlassen. Der Engländer Walter ergriff sodann die Macht und benutzte den Mob von Palermo dazu, daß ihn die Domherren der Stadt zum Erzbischof wählten.

Auch als Wilhelm II. im Jahre 1172 volljährig wurde, wagte er es nicht, den Erzbischof offen herauszufordern; so blieb Walter zusammen mit seinem Bruder Bartholomew und Bischof Palmer, der ja ebenfalls Engländer war, zwanzig Jahre lang im Zentrum der Macht. Für Sizilien bedeutete dies eine relativ ruhige Zeit; hierin liegt einer der Gründe dafür, daß sich Wilhelm II. den Beinamen „der Gute" verdiente. Wichtiger wird freilich gewesen sein, daß ihn die Barone und die Chronisten schätzten; gerade wegen deren unkritischer Unterstützung ist die Person Wilhelms II. historisch schlecht zu greifen:

Er galt als gerecht, milde und ohne Geiz. Wie sein Vorgänger lebte er wie ein orientalischer Herrscher, beschäftigte arabische Hofdichter, hielt sich moslemische Konkubinen und eine Leibwache von schwarzen Sklaven.

Moslems waren während Wilhelms II. Herrschaft weiterhin in der Regierung allgegenwärtig. Zu einer Zeit, in der die westliche Christenheit immer weniger Toleranz zeigte, gab es in Palermo weiterhin Moscheen. Dennoch ging die Christianisierung Siziliens voran, und die Cluniazenser und Zisterzienser sammelten zu diesem Zweck umfangreiche Stiftungskapitalien. Wilhelms II. größter Auftrag war die Errichtung der riesigen Benediktiner-Abtei von Monreale. Wahrscheinlich beabsichtigte der König, eine Konkurrenz-Institution zum von Walter gehaltenen Erzbistum Palermo zu schaffen: Der Abt von Monreale wurde zum zweiten Erzbischof von Sizilien gemacht, obgleich sein Sitz keine zehn Kilometer von Palermo entfernt lag.

Diese gewaltige Abtei, ebenso die arabisierenden Paläste Cuba und Zisa mit ihren künstlichen Seen, erst recht der neue Dom von Palermo zeigen, daß Sizilien zu jener Zeit reich war und daß dieser Reichtum in der Hand des Königs konzentriert war; wahrscheinlich war dies die Zeit des höchsten Wohlstands in jenem Jahrhundert. Doch lebte Wilhelm II. gleichsam nicht von den Zinsen, sondern vom Kapital: Während die Hafenstädte des italienischen Festlands zu jener Zeit neue Reichtümer erwarben, stagnierte der sizilianische Handel. Schon gab es Anzeichen für eine politische Opposition von den Handelszentren Messina und Palermo, und auch anderswo rief das Fehlen gemeindlicher Selbstverwaltung Unmut hervor.

Wihelm II. starb 1189 mit nur 36 Jahren, und zwar kinderlos – fatal in einer Gesellschaft, die von einem starken Herrscher und ungebrochener Thronfolge in der Dynastie abhängig war. Sein offizieller Erbe war seine Tante Constantia, die Heinrich von Hohenstaufen, den König von Deutschland und späteren Kaiser Heinrich VI., geehelicht hatte. Zunächst akzeptierten sie die Barone, doch wandten sich dann einige von ihnen an Wilhelms II. illegitimen Neffen Tankred von Lecce, den eine

Versammlung von Prälaten, Adligen und Leuten aus dem Volk zum König „erwählte". Selbst seine Gegner mußten zugeben, daß seine Popularität für ihn sprach; sein Vorteil war es auch, daß er Sizilianer war. Außerdem wäre Palermo Gefahr gelaufen, seine zentrale Position in der Regierung zu verlieren, hätte ein deutscher König den Thron bestiegen. Am wichtigsten aber war wohl, daß Tankred der Favorit des Vizekanzlers Matthias von Salerno war.

Tankred stand bald vor zwei Problemen: Erstens brach 1189 ein Bürgerkrieg gegen die Moslems aus, der zu einer erneuten Auswanderung nach Afrika und weiterer Verödung des Bauernlandes führte. Zwar kehrten manche Flüchtlinge später zurück und erhielten unter Tankred sogar Arbeit, doch sollte sich das Verhältnis zwischen den ethnischen Gruppen nicht mehr erholen. Zweitens traf 1190 Richard Löwenherz von England zusammen mit dem König von Frankreich und einem Kreuzfahrerheer in Messina ein. Richard forderte brüsk die Auszahlung einer Erbschaft ein, die ihm Wilhelm II. vermacht hatte, und als es zu Spannungen zwischen den Kreuzfahrern und der Ortsbevölkerung kam, wurde die Stadt kurzerhand geplündert. Tankred mußte sich einen Frieden erkaufen, denn er brauchte die englische Hilfe gegen seinen deutschen Rivalen; Richard übergab nach einer angemessenen Beschwichtigung dem Tankred das Schwert König Arthurs, Excalibur, und machte sich auf zu seinem Kreuzzug.

Diese erzwungenen Zugeständnisse machten deutlich, wie weit die normannische Autorität im *regnum* gelitten hatte: Der König von Sizilien konnte nicht mehr mit dem von England und Frankreich von gleich zu gleich verkehren. So kam ein Teufelskreis in Bewegung: Um sich die Unterstützung der Kirche zu sichern, mußte Tankred mehr und mehr Privilegien der Apostolischen Legation aufgeben und den religiösen Orden und Städten großzügige Schenkungen machen. Auch seine Krönung war ein weiteres Zugeständnis an das Wahlprinzip und bedeutete wieder einen Schritt hin zu mehr Macht für die Barone.

Mittlerweile trachtete Heinrich VI. nach dem Reichtum Siziliens, da er seine Ambitionen auch auf Südeuropa und das

Mittelmeergebiet richten wollte. Die westlichen Kaiser hatten dies schon lange vorgehabt, und nun bot die Heirat mit Constantia den Vorwand, ein Bündnis mit den Seemächten Genua und Pisa die Machtmittel. 1194 traf Heinrich in der Straße von Messina ein. Tankred war inzwischen gestorben; sein Sohn Wilhelm III. war noch ein Kind. Die verbliebene sizilianische Flotte, die vielleicht der von Genua und Pisa an Zahl unterlegen war, unternahm keinen Versuch, Heinrichs VI. Vorgehen aufzuhalten, und Messina – ebenso wie die Christen in Catania – nahm die Deutschen begeistert auf. Die meisten Adligen unterwarfen sich eiligst, und am Weihnachtstag 1194 krönte sich Heinrich zum König von Sizilien.

Für ihn war Sizilien nur ein Anhängsel ans Deutsche Reich, der entfernteste Winkel eines großen Gebiets. Er unternahm wenig zur Beschwichtigung seiner neuen Untergebenen und erweckte den Eindruck, er sei nur gekommen, um die Kriegsbeute einzusammeln. Seine Soldaten hatten Tribut einzutreiben, seine deutschen Generale erhielten sizilianische Lehen, und die Ritter vom Deutschherrenorden bekamen konfisziertes zisterziensisches Land. Bald wandte sich die lokale Aristokratie gegen Heinrich, es kam zur Rebellion. Der Kaiser reagierte mit aller Härte und soll in seiner Grausamkeit weder Geistliche noch Frauen oder am Aufstand völlig Unbeteiligte verschont haben. Doch mitten während dieser Repressalien, im Jahre 1197, starb der Kaiser. Sein Leichnam wurde in Erzbischof Walters neuen Dom von Palermo gebracht, aus dem frevelhafterweise Tankreds sterbliche Reste entfernt worden waren.

Kapitel 8

Staufer und Anjou

Friedrich II., *stupor mundi*

Auf den Tod Heinrichs VI. folgte eine Zeit der Anarchie. Der neue König, Friedrich II., war erst drei Jahre alt, und obwohl Papst Innozenz III. als sein Vormund bestellt war, vermochte er bei der Vertretung der Interessen seines Mündels nur sehr wenig zu erreichen. Eine Reihe deutscher Barone, die durch Zuwendungen seitens des verstorbenen Heinrich bereichert worden waren, warf die päpstlichen Truppen zurück und nahm Palermo mitsamt dem jungen König ein. Das Durcheinander wurde durch den Ausbruch eines weiteren ethnisch motivierten Aufstands im Jahre 1197 nur noch vergrößert. Die moslemische Bevölkerung, soweit es sie noch gab, reagierte darauf, und bald waren marodierende Banden dabei, Lebensmittel zu stehlen und Besitztümer zurückzuerobern, und mit zunehmender Stärke der Rebellion wurden auch Burgen und Dörfer eingenommen. Die Banden wurden ihrerseits von den deutschen Baronen ausgenutzt, die vom Chaos profitierten.

Friedrich II. war zwölf Jahre lang nicht in Sizilien gewesen. Als er 1220 zurückkehrte, machte er sich daran, seine Autorität mit aller Macht durchzusetzen. Er führte einen regelrechten Krieg gegen das Binnenland der Insel, wo der moslemische Anführer Ibn Abbad sich als unabhängiger Herrscher gerierte, wandte sich aber auch gegen die Barone, die er sich gefügig machte. Er ordnete die Schleifung aller seit 1189 errichteten Privatburgen an, setzte die normannischen Feudalregelungen wieder in vollem Umfang in Kraft und stellte das Krongut wieder her. Außerdem nahm er die Rechtsprechung wieder in seine Hand und erschwerte es den Baronen, die Lehensgüter zu veräußern oder zu verpachten.

In keinem anderen Teil seines Reiches war Friedrich ähnlich gebieterisch und autoritär vorgegangen; während er in Deutschland als Feudalherr auftrat, setzte er in Sizilien seinen Titel Augustus und Caesar in die Tat um; ja, hier hießen sogar seine Münzen *Augustales* und waren denen der römischen Kaiserzeit nachempfunden. Als Friedrich im Jahre 1221 ein Parlament einberief, bekam das Land eine lenkende Autorität zu spüren, die an König Roger II. erinnerte. Würfel- und andere Glücksspiele wurden verboten, die Bürger hatten in ihre Häuser zurückzukehren, bevor abends die Glocken zum dritten Mal geläutet hatten, Juden mußten eine besondere Kleidung tragen, Prostituierte durften nicht innerhalb der Stadtmauern wohnen und nicht zusammen mit ehrbaren Frauen in den öffentlichen Bädern weilen – man erkennt das totalitäre Bemühen, selbst das Privatleben der Untertanen zu regulieren; dabei waren dies alles Gesetze, an deren Einhaltung Friedrich gelegen war.

Während Roger I. seinerzeit den Lombarden, Griechen, Arabern und Franken zugestanden hatte, nach ihren eigenen Gesetzen zu leben, strebte Friedrich II. nach einem einheitlicheren System. 1231 wurde der *Liber Augustalis* bekanntgemacht, ein Gesetzeswerk in lateinischer Sprache (auch darin erweisen sich Friedrichs Absichten), das der berühmte Rechtsgelehrte Peter della Vigna, Logothet und Protonotario Siziliens, entworfen hatte. Besonders in dem darin vertretenen Konzept der königlichen Autorität erweisen diese Gesetze die Einzigartigkeit Siziliens im westeuropäischen Kontext: Sie erklärten etwa, daß der Kaiser das *regnum* von Gott selbst erhalte, daß der Klerus in weltlichen Fragen nicht einzugreifen habe, daß das Strafrecht (trotz offenbarer gegenteiliger Zugeständnisse in der Praxis) dem Herrscher zustehe und daß den Prälaten und Baronen zwar kleinere Rechtsfälle zur Behandlung überlassen waren, daß aber die Berufung stets an den königlichen Hof zu erfolgen hatte. Eine solche Bestätigung der königlichen Autorität war ein ernsthafter Rückschlag für jedes Bestreben nach mehr gemeindlicher Autonomie.

Sizilien war noch immer ein recht reiches Land, man könnte also ein lebendiges Stadtleben erwarten. Tatsächlich aber gab es hier nie so etwas wie die unabhängigen Stadtstaaten Norditaliens. Dies mag einen gewissen Mangel an bürgerlichem Unternehmungsgeist widerspiegeln, doch im großen und ganzen ging es auf die Tatsache zurück, daß die normannische Monarchie zu autoritär und zu streng war, als daß die Städte sich gegen den Adel hätten durchsetzen wollen. Jede Stadt war von einer königlichen Burg überragt, und auch an anderen strategisch bedeutsamen Punkten des Binnenlands ließ Friedrich Festungen errichten. All diese Burgen waren keine Wohnstätten, sondern dienten militärischen Zwecken. Offenbar rief man zu ihrer Errichtung französische Bauingenieure und Steinmetzen ins Land; nördliche Einflüsse kann man noch heute in den Burgen von Ursino in Catania und Maniaces im Hafen von Syrakus erkennen.

Mehr als jede andere sizilianische Stadt hatte sich Messina einer gewissen Unabhängigkeit erfreut. Manche Interessen der Stadt unterschieden sich sehr von denen des landwirtschaftlich geprägten Sizilien, und die Kontakte zur Außenwelt machten die Stadt widerspenstiger als andere: 1168 hatte Messina sich gegen Wilhelm II. erhoben, 1194 gegen Tankred; Heinrich hatte der Stadt als Dank für die Unterstützung der deutschen Invasion einen Freihafen mit günstigeren Zollabgaben zugestanden. Händler aus Genua, der Lombardei, Pisa, Florenz und Katalanien machten sich dies zunutze und eröffneten ihre Faktoreien in Messina wieder oder richteten neue ein; so kam es, daß Messina ein recht ausgeprägtes bürgerliches Selbstbewußtsein entwickelte und eine Schicht von Händlern aufwies, die gelegentlich konzertiert vorgingen und so politische Bedeutung erlangten.

Friedrich nahm viele der angeblichen Privilegien Messinas zurück, da sie mit seiner Idee einer zentralen Autorität kollidierten. 1232 kam es dagegen zur Rebellion, doch Friedrich ging unbarmherzig und erfolgreich gegen den Aufstand vor. Die Unterwerfung der Städte verhalf ihm dazu sicherzustellen, daß es keine Schicht von Händlern oder Stadtbeamten mehr gab, die unabhängig und stark genug war, es mit der landbesitzenden Aristokratie aufzunehmen. Gerade dieser Mangel an Herausforderungen für die Aristokratie sollte freilich zu einem bestimmenden Faktor für den politischen, kulturellen und wirtschaftlichen Niedergang Siziliens werden: Wann immer die zentrale Regierung versagte, füllten eben nicht die Städte, sondern die Adligen das entstandene Machtvakuum. Aus demselben Grund wurde der sizilianische Handel von fremden Städten – Pisa, Genua, Venedig, Amalfi, Lucca – dominiert, und so verließen die Gewinne die Insel, ohne daß lokale Unternehmen davon Vorteile hatten.

Gewiß beabsichtigte der Kaiser, Handel und Landwirtschaft zu unterstützen, doch bleibt der Verdacht, er habe dies vor allem getan, um Einnahmen für seine Reichspolitik zu erhalten; die hohe Besteuerung jedenfalls wirkte einem Wirtschaftswachstum entgegen. Andererseits trugen die königlichen Einnahmen dazu bei, daß Recht und Ordnung aufrechterhalten wurden, was wiederum der Wirtschaft zugute kam. Ebenfalls von Vorteil war der Versuch, die unterschiedlichen Maß- und Gewichtssysteme zu vereinheitlichen: Selbst benachbarte Dörfer hatten ja völlig inkompatible Systeme, was in ihrer unterschiedlichen ethnischen und historischen Herkunft begründet war und ein großes Handelshindernis darstellte. Friedrich suchte außerdem dem Zinswucher entgegenzuwirken, der stets eine große Belastung für die sizilianische Landwirtschaft dargestellt hatte.

In den drei Jahrzehnten zwischen 1190 und 1220 muß die sizilianische Wirtschaft einen teilweisen Niedergang erlebt haben, gegen den Friedrichs Gesetzgebung ein allzu optimistischer Versuch blieb, Ordnung ins Chaos zu bringen. Um die Landwirtschaft zu beleben, wurde unkultiviertes Land unter der Bedingung verteilt, daß es unter den Pflug genommen und Weizen angesät werde; auch ordnete Friedrich an, daß verschuldeten Bauern weder Vieh noch landwirtschaftliches Gerät gepfändet werden dürfe. Er regte die Seiden- und Zuckerherstellung an und war überhaupt für viele Jahrhunderte der letzte sizilianische Herrscher, der die Autorität, die Mittel und die technische Neugier hatte, die Bewässerungsmethoden zu entwickeln, auf die sich einst der Wohlstand des Landes gegründet hatte; ja vielleicht hat er sogar versucht, einen künstlichen See in der Nähe von Augusta graben zu lassen.

Friedrichs skrupellose Waghalsigkeit erinnert an die antiken Tyrannen. Er ließ Malta wieder besiedeln und brachte Lombarden und Griechen in die untervölkerten Regionen Siziliens; er errichtete Dörfer mit derselben Leichtigkeit, mit der er sie wieder zur Strafe zerstörte. Von besonderer Grausamkeit war die Verpflanzung Tausender von Moslems aufs Festland in eine Militärkolonie bei Lucera. Diese und andere Aktionen gegen die Moslems haben Sizilien sicherlich sehr geschadet, denn sie hinterließen eine Gesellschaft, die zwar homogener war, aber dies eben auf Kosten einer ganzen Schicht von kleinen Händlern und eines Elements in der Landwirtschaft – beides unersetzliche Verluste.

Gegen die sizilianischen Araber hatte sich Friedrich nicht deshalb gewandt, weil er ihre Religion mißbilligte, sondern weil sie Rebellen waren. Mit den moslemischen Staaten Nordafrikas unterhielt er nämlich weiterhin gute Beziehungen, ebenso wie er sein Gefolge von sarazenischen Pagen und sein *seraglio* nicht aufgab – kein Wunder, daß die Päpste von ihm als einem „getauften Sultan" sprachen; dabei nahmen sie nicht nur an seinem weltlichen Lebensstil Anstoß, vielmehr war Friedrich auch ihr gefährlichster politischer Gegner, dessen Reich die päpstlichen Staaten umzingelte; folglich wurde Friedrich wiederholt exkommuniziert und für abgesetzt erklärt. Dabei war er der Kirche durchaus nicht so schädlich: In Süditalien drängte er die verbliebene Autorität von Islam und Byzanz zurück, er unternahm einen erfolgreichen Kreuzzug und wurde König von Jerusalem, richtete in Palermo das Tribunal der Inquisition gegen die Waldenser, Patarener und viele andere Häretiker ein und mischte sich in die Kirchenverwaltung weniger als Roger II. ein, wenngleich er Versuchen der Einflußnahme auf weltliche Angelegenheiten durch das Papsttum widerstand.

Aus persönlichem Interesse förderte der Kaiser eher die Wissenschaften als die Kunst. Er beschäftigte sich nicht nur mit technischen Fragen wie der Drainage von Sümpfen oder der Herstellung von Kriegsmaschinen, sondern auch mit abstrakten physikalischen Problemen. Tiere faszinierten ihn: In seinem Tiergarten gab es Löwen, Panther, Affen, eine Giraffe und sogar einen Elefanten, ein Geschenk des Sultans von Ägypten. Außerdem war er ein großer Förderer der sizilianischen volkssprachigen Dichtung, deren hervorragende Stellung selbst etwa Dante und Petrarca eingestanden. Der Dialekt, in dem sie verfaßt wurde, ist dem heutigen Sizilianischen nicht unähnlich; er war die bewußte Schöpfung des königlichen Auftraggebers, der nicht nur zur eigenen Erbauung Gedichte schrieb, sondern bewußt versuchte, das *regnum* zu einer Gemeinschaft mit einer eigenen Kultur und Literatur zu formen.

Friedrich II. starb 1250. Zu Recht galt er als der bedeutendste Herrscher des mittelalterlichen Europa, als *stupor mundi*, und doch war sein Erfolg in Sizilien ein persönlicher gewesen, der weder von dauerhaften Kräften geformt noch von den Untertanen wirklich akzeptiert war. Nur wenige seiner positiven Leistungen überlebten ihn lange. Er hatte sich viele Feinde gemacht, und darunter sollte Sizilien bald leiden. Die Juristen, die das Rückgrat seiner Verwaltung bildeten, formten keine dauerhafte Bevölkerungsschicht, und die gesellschaftliche Begründung der aristokratischen Macht war von Friedrich nicht angefochten worden, da er der Unterstützung der feudalen Armee bedurft hatte. Die Lehensherren waren zu seinen Lebzeiten in Ehrfurcht eingeschüchtert, waren aber in der Lage, Friedrichs persönliches Werk nach seinem Tod aufzulösen.

Obgleich Friedrich angab, Sizilien mehr als all seine anderen Besitzungen zu lieben, verlagerte sich der Schwerpunkt seines Reiches von der Insel weg. Nur wenige, sogar überraschend wenige seiner Minister waren gebürtige Sizilianer; Friedrich selbst zog es immer mehr vor, sich in den königlichen Jagdschlössern Apuliens aufzuhalten. Darin zeigte sich ein grundlegender Wandel: Heinrich und Friedrich hatten eine europäische Politik mit sich gebracht, die Sizilien zu einer untergeordneten Rolle und zunehmender Verarmung verdammte. Solange es zur Welt Nordafrikas und der Levante gehört hatte, war es reich gewesen; als es nun gewaltsam an Westeuropa angegliedert wurde, ging es vieler Vorteile verlustig, die seine geographische Lage bewirkt hatte. Nach 1194 war Sizilien nurmehr eine kleine Region an der Peripherie der aufeinanderfolgenden Großreiche, und sein Reichtum wurde für Unternehmungen verwendet, bei denen sizilianische Interessen kaum mehr eine Rolle spielten.

Die Sizilianische Vesper 1282

Mit dem Jahr 1250 begann für Sizilien ein langer Zeitraum des Niedergangs von Macht, Wohlstand und Sicherheit. Die zentrale Autorität war geschwächt, und mangels einer leitenden Hand verschlechterte sich die wirtschaftliche Lage. Es fehlte an Gemeinschaftsgeist, der eine Stadtstaaten-Kultur wie in Norditalien hätte schaffen können, denn obwohl manche sizilianischen Städte versuchten, sich in den Jahren unmittelbar nach 1250 selbständig zu machen, litten auch sie unter Parteienzwist im Inneren. Die Schwäche der Regierung veranlaßte die Leute, die Gesetze gering zu achten und das Recht in die eigene Hand zu nehmen. So kam es genau zu der Zeit, zu der anderswo der Feudalismus Niedergangserscheinungen aufwies, in Sizilien wegen einer aufsässigen Aristokratie zum Zusammenbruch sowohl der königlichen Autorität als auch der städtischen Autonomie.

Auf den Tod des Kaisers folgten fünfzehn Jahre von Bürgerzwist und Familienfehden, bei denen die verschiedenen Parteien um die Reste des normannischen Sizilien kämpften. Die Päpste bemühten sich mit aller Macht, ihre feudale Oberherrschaft zu sichern, und verkauften die Krone Siziliens schließlich an den achtjährigen Sohn des englischen Königs, Edmund von Lancaster. In aller Form inthronisierte ein päpstlicher Legat diesen englischen Prinzen, der sich zehn Jahre lang als „von Gottes Gnaden König von Sizilien“ bezeichnete. Er entsandte sogar den Bischof von Hereford zur Eintreibung der Steuern von seinen neuen Untertanen, um den Kaufpreis für die Herrschaft wiederzuerlangen. Doch die Aussicht, ein widerspenstiges Volk überwinden zu müssen, war beängstigend; schließlich zwangen die Barone in England durch die Androhung eines Bürgerkriegs den Papst dazu, seine Entscheidung zu überdenken.

Frankreich besaß nicht nur weit bessere Ressourcen als England, sondern wies auch Leute auf, deren Bestrebungen sich ganz auf die Mittelmeerwelt richteten. Als 1261 ein Franzose Papst wurde, setzte er Edmund ab, da er den vereinbarten Kaufpreis nicht bezahlt habe, und wählte an dessen Stelle Karl von Anjou aus, den Bruder König Ludwigs des Heiligen von Frankreich. Karl, der ja nicht Thronerbe war, erhielt somit eine unerwartete Chance auf ein eigenes Königreich; und obwohl er an Sizilien selbst wenig interessiert war, versprach er für den Fall, daß sich sein Königtum durchsetzen lasse, die Rechte der Apostolischen Legation aufzugeben. Ein Heiliger Krieg wurde erklärt, und 1265 machte sich Karl daran, dem von den Staufern bevorzugten Manfred, der den Thron seit 1258 besetzte, die Insel abzunehmen.

Manfred sollte in der volkstümlichen Erinnerung zur Legende werden als der blonde tragische Held, der Siziliens Unabhängigkeit gegen den Papst und die französischen Plünderer verteidigte. In der Schlacht von Benevento 1266 unterlag er und fiel; als letzte Hoffnung für die Staufer ließ er seinen Neffen, den vierzehnjährigen Konradin zurück. Zwei Jahre später kam es zu einer weiteren, noch wichtigeren Entscheidungsschlacht: Anjou war beinahe unterlegen, doch löste sich Konradins Armee auf der Suche nach Beute allzu schnell auf, so daß der unglückliche junge Mann gefangengenommen werden konnte; man enthauptete ihn in aller Öffentlichkeit. Die Kampagne des Papstes zur Vernichtung der „Schlangenbrut“ in Sizilien war damit schon fast erfolgreich abgeschlossen.

Wie jeder Angreifer Siziliens, fand auch Karl eine gewisse Unterstützung in der ansässigen Bevölkerung. Aus Verärgerung über die Regierung und Besteuerung waren immer einige Sizilianer dazu bereit, fremde Hilfe gegen die Herrscher anzurufen, bis der neue Herr sich die Kosten seines Einfalls aus dem Land zurückholen wollte und damit seinerseits wieder

Unzufriedenheit und Rebellion hervorrief. Fast immer war die Bevölkerung uneins, und meist nutzten einzelne Städte oder Familien jeden Wechsel in der Dynastie zur Verfolgung eigener Interessen aus. Im Falle Karls von Anjou trugen Messina und Syrakus (also die Städte, die sich einst gegen Friedrich aufgelehnt hatten) dazu bei, daß die Franzosen das Land unterwerfen konnten.

Karl kam als Usurpator und ignorierte den Präzedenzfall Tankreds, daß ein König von Sizilien in Palermo von den Baronen und vom Volk erwählt werden konnte. Seine Armee bestand großenteils aus Abenteurern, denen vor allem an Landgewinn und Beute gelegen war und die sich als Teilnehmer an einem päpstlichen Rachekreuzzug kaum zur Rücksichtnahme auf Menschen, Besitztümer und Tradition veranlaßt sahen. Die einfallenden Generäle waren „grausamer als die Grausamkeit selbst", heißt es bei einem Chronisten, und als die Stadt Augusta loyal zu den Staufern blieb, zerstörten sie die Franzosen, von Messina unterstützt, bis auf die Grundmauern und schlachteten die Überlebenden hin. Viele Sizilianer nutzten die Invasion dazu, alte Rechnungen zu begleichen oder sich außerhalb der Gesetze zu etablieren; so kam es, daß einige Jahre effektiv Bürgerkrieg herrschte.

Um seine Ritter entlohnen zu können, konfiszierte Karl viele große Güter; wer aus den Reihen der alten Aristokratie seine Ländereien behielt, hatte dies zumeist nur durch Bestechung erreichen können. Französische Barone wurden zur Kontrolle der Städte eingesetzt, und auch die meisten höheren Hofbeamten waren nun Franzosen oder aber Italiener vom Festland, die freilich ebensowenig beliebt waren. Der Feudalismus derer von Anjou ähnelte schließlich immer mehr einer militärischen Garnison in einer aufrührerischen Provinz. Der alte Adel war besonders betroffen, da Karl das Krongut auf Kosten der Barone wiederzuerrichten suchte, die Besteuerung zugunsten des Königs wieder einrichtete und den Städten wohlwollender gegenüberstand als einst Friedrich. Besondere Verärgerung rief die Tatsache hervor, daß Karl das öffentliche Leben in Neapel konzentrierte: Wie schon Friedrich erschien auch ihm das Leben in den Festlandsprovinzen angenehmer, und dementsprechend erhielten diese auch einen größeren Anteil seiner Patronage.

Karl versprach, nach den guten Gesetzen Wilhelms II. zu regieren, also weniger erpresserisch und totalitär als Friedrich. Tatsächlich aber setzte auch er Zwangsanleihen ein und erlegte seinen Untertanen häufig ohne Zustimmung des Parlaments *collecta* auf. Allein die angemessene Besteuerung des Klerus war ihm durch seine Unterwerfung unter das Papsttum verwehrt; da aber die Eroberung Siziliens kostspielig gewesen war, mußten eben andere zahlen. Dasselbe gilt für seine ehr geizige Außenpolitik. Vielleicht teilte er mit seinen toskanischen Bankiers die Illusion, daß der Süden unerschöpflichen Reichtum besäße; tatsächlich aber beruhte dieser sagenhafte Reichtum auf guter Regierung, gesellschaftlicher Eintracht und reichlich Arbeitskräften, denen an landwirtschaftlicher Produktivität gelegen war. Diese Grundlagen bestanden nun nicht mehr, Sizilien konnte daher die Last von Karls weit ausgreifenden Plänen einfach nicht mehr tragen, und so kam es zur bedeutendsten Rebellion der sizilianischen Geschichte.

Die Opposition gegen Karl sammelte sich um König Peter von Aragon. Durch die Verbindung von Aragon und Katalonien erwarb Peter mit Barcelona einen der großen Häfen der Mittelmeerwelt. Die Bankiers und Händler dieser Stadt waren an Sizilien sehr interessiert, um von dort Lebensmittel einzu führen und dorthin die Produkte der wachsenden Textilindustrie zu exportieren. 1262 ehelichte Peter Manfreds Tochter Constantia, die letzte Erbin der Staufer, und gewann so einen Anspruch auf Sizilien. Er erkannte auch, daß sich die jüngeren Söhne der Feudalaristokratie Spaniens mit der Aussicht auf Fürstentümer auf der fernen Insel verlocken ließen. Dazu kam eine direkte Handelsrivalität zwischen Katalanen einerseits und den Bankiers und Händlern der Toskana andererseits, die die Herrschaft Karls von Anjou garantierten. Anders als die Toskana besaß Katalanien aber eine Flotte, was – wie die Geschichte immer wieder gezeigt hat – für die Beherrschung Siziliens der entscheidende Faktor war.

Für die Stauferpartei in Sizilien war Peter von Aragon ein Vertreter der papstfeindlichen ghibellinischen Tradition. Ein anderer Vertreter dieser Richtung war Johannes von Procida, unter Manfred Kanzler des *regnum*, der sich nach der Beschlagnahme seiner Besitzungen durch das Haus Anjou an den Hof von Aragon begeben hatte. Man erzählte sich davon, wie Johannes später in Verkleidung Sizilien besucht habe, um eine Revolution vorzubereiten, und wie er die papstfeindlichen Kräfte Europas gesammelt und sogar den Kaiser des Ostreichs zur Finanzierung eines sizilianischen Aufstands bewegt habe. Eine gewisse Verschwörung hat es wohl tatsächlich gegeben, obwohl die Geschichten darüber nie völlig verbürgt wurden. Schließlich aber erhob sich die Bevölkerung von Palermo, bevor Johannes aktiv werden konnte, und besiegte das Haus Anjou aus eigener Kraft.

Seit etwa 1500 nennt man diesen Aufstand die „Sizilianische Vesper". Zwar bestand wahrscheinlich kein Zusammenhang zu einer Abendstunde, doch besteht der Name als Symbol des sizilianischen Willens zur Unabhängigkeit weiter. Am Ostermontag 1282 wurden Leute außerhalb der Mauern von Palermo zusammengetrieben und von französischen Soldaten auf Waffen durchsucht. Offenbar vermutete man, daß ein Soldat dabei einer Frau zu nahe getreten war – in jener Gesellschaft ein schlimmeres Vergehen als jede politische Verfolgung; in einem Ausbruch von Wut wurde er getötet. Dieser Vorgang entzündete eine Revolte, die zwar vielleicht organisiert war, aber viel eher einer spontanen, improvisierten Explosion der Rache des Volkes ähnelt, die aus der späteren Geschichte Siziliens so wohlbekannt ist.

Der übelste Fremdenhaß entlud sich, wenngleich ein konstruktives Ziel fehlte. Jeder Fremde, dessen Akzent ihn als solchen verriet, wurde hingeschlachtet, mehrere tausend Franzosen sollen binnen weniger Stunden ihr Leben gelassen haben. Die Klöster wurden aufgebrochen und ihre Mönche getötet; auch alte Männer und Kleinkinder blieben nicht verschont, ja selbst Sizilianerinnen nicht, sofern man von ihnen vermutete, sie seien von einem Franzosen geschwängert. Dies war keine feudale Revolte, sondern eine Volksrevolution, weshalb auch ihr unmittelbarer Erfolg so erstaunlich war; ihre einzigartige Grausamkeit wurde erst durch die späteren politischen Entwicklungen zu einem der glorreichsten Ereignisse der sizilianischen Geschichte erhöht.

Einige der führenden Bürger Palermos beriefen sogleich ein „Parlament" ein; die Stadt wurde zur unabhängigen Republik erklärt, woraus erhellt, daß man das Wachstum gemeindlicher Autonomie in Italien neidvoll beobachtet hatte. Bewaffnete Banditen wurden ausgeschickt, um den Aufstand auf breiter Front zu organisieren. In den Dörfern Westsiziliens wählte man (oder wählten sich selbst) sogenannte Volkshauptleute, und so breitete sich aus zweifellos recht unterschiedlichen Gründen die Revolution weiter aus. Innerhalb weniger Wochen war Sizilien frei von Franzosen; mit dem Erfolg legte sich die anfängliche Raserei. Die staufischen Barone, die von der ganzen Episode wohl überrascht worden waren, versuchten nun erfolgreich, die Bewegung an sich zu ziehen, um zu verhindern, daß sie sich in unerwünschte Richtungen entwickle, und so wurde die Revolte zu einem weiteren Schritt auf dem Siegeszug der feudalen Aristokratie über die zentralisierte Monarchie.

Die Sizilianische Vesper wurde später zum Archetypos einer patriotischen Rebellion stilisiert, doch war sie weit komplexer und sehr vielgestaltig. Zunächst war sie ein bloßer Krawall und ein begrenzter Aufstand, dann erschien sie als Bewegung für gemeindliche Autonomie, und schließlich entwickelte sie sich zur feudalen Revolte gegen einen starken Staat, ja zum Kampf der einen adligen Gruppierung gegen die andere, eben der staufischen Landbesitzer gegen die französischen. Außerdem bildete sie einen Teil des Krieges, bei dem die Katalanen und Neapolitaner – wie etwa Johannes von Procida – die sizilianische Aristokratie für eine viel weiter angelegte machtpolitische Planung ausnützten.

Wann und wie der Einfluß des Hauses Anjou dominant wurde, läßt sich nicht genau sagen. Einige Leute waren daran interessiert, Johannes von Procida und Peter von Aragon als

Hauptakteure des ganzen Stücks erscheinen zu lassen: Anjou mußte seine Niederlage etwas Besserem als dem sizilianischen Mob zuschreiben, und Aragon paßte es, sich alles zugute halten zu lassen. Doch in Wirklichkeit war die Revolte längst ausgebrochen, bevor Peter auch nur in der Lage war, einzugreifen; die ersten Anführer des Aufstands hatten Aragon auch gar nicht um Hilfe gebeten. Erst als er mit den sizilianischen Baronen in engeren Kontakt getreten war und erfahren hatte, daß Karls Schiffe zerstört worden waren, wurde Peter aktiv und ging, von einem formalen Hilfsgesuch einer Gruppe sizilianischer Aristokraten angestachelt, am 30. August in Trapani an Land – also fünf Monate nach dem Ausbruch der Revolte. Einige Tage später wurde er in Palermo zum König ausgerufen (er wird als Peter I. gezählt) und gelobte mit der inzwischen traditionellen Formel, die Freiheiten Siziliens so zu wahren, wie sie der gute König Wilhelm II. ein Jahrhundert zuvor eingerichtet hatte.

In der verzweifelten Hoffnung, ihr Vermögen wiederzuerlangen, versprachen der Papst und Karl von Anjou Reformen, doch waren diese nicht mehr als ein Eingeständnis ihres Scheiterns und kamen viel zu spät. Das Massaker von Palermo hatte das Papsttum wirksam geschwächt und Karls Hoffnungen auf ein Mittelmeerreich zerstört. Das *regnum Siciliae* war praktisch an der Meerenge von Messina getrennt worden, was übrigens dazu führte, daß Kalabrien, das jahrhundertelang in enger Verbindung zu Sizilien gesehen worden war, nunmehr dem Königreich Neapel zugerechnet wurde. Diese „beiden Sizilien“ waren nicht nur getrennt, sondern standen bald in einer immer mehr anwachsenden Rivalität gegeneinander, die für die Geschichte der Mittelmeerwelt von großer Bedeutung werden sollte.

In mancher Hinsicht war diese Aufteilung für Sizilien von Vorteil, doch gab es auch gewaltige Nachteile: Die Insel hatte bereits ihre nützlichen Verbindungen mit Griechenland und Afrika verloren, die fast wie eine Bedingung ihrer einstigen Größe erschienen waren, und büßte jetzt ihre Bande zu Italien ein, und das gerade zu der Zeit, als die italische Geschichte in die goldene Zeit eines Dante und eines Giotto eintrat. Sizilien wurde so auch von der Universität Neapel getrennt, deren Juristen das Rückgrat der staufischen Monarchie gebildet hatten. Messina verlor viele seiner gleichsam natürlichen Wirtschaftsverbindungen. Ein Jahrhundert lang stand Sizilien unter dem Banne Roms, seine Herrscher waren exkommuniziert und seine Kirchen gesperrt, und ein Jahrhundert lang war es nicht mit der italischen, sondern mit der iberischen Halbinsel verknüpft.

Kapitel 9

Die Herrschaft Aragons

Der neue Feudalismus

Die Sizilianer unterwarfen sich ohne weiteres der spanischen Herrschaft. So sehr sie in der Lage waren, einen Unabhängigkeitskrieg herbeizuführen, so wenig vermochten sie sich untereinander auf eine Form der Selbstverwaltung zu einigen. Das heißt auch, daß der Aufstand von 1282 nicht gegen Fremdherrschaft an sich gerichtet gewesen sein kann. Vielleicht hatten manche Sizilianer gehofft, daß ein König im fernen Aragon sich weniger in die innersizilianischen Angelegenheiten einmischen werde als die darin eifrigen und überdies in gewisser Weise dem Feudalismus entgegenwirkenden Könige Friedrich II. und Karl. Sollten solche Hoffnungen geherrscht haben, so wurden sie jedenfalls bald enttäuscht. Peter I. berief zwar Parlamente ein und gestand auch zu, daß die Insel ein eigenes Königreich bilde, doch erlegte auch er seinen Untertanen häufige *collecta* auf und ignorierte mitunter feudale Privilegien. Überdies erhielt eine neue spanische Feudalaristokratie immer öfter Landlehen als Belohnung für militärische Dienste – Männer also, die dem König sehr nahe standen.

Peter I. hatte bestimmt, daß nach seinem Tod die Reiche Sizilien und Aragon nie mehr von demselben Mitglied seiner Familie regiert werden dürften – eine Verfügung, die freilich nicht beachtet wurde. Sein Nachfolger Jakob II. bestand darauf, beide Kronen zu tragen, und Sizilien hatte weiterhin Getreide, Soldaten und Schiffe an den gemeinsamen Fundus beider Reiche abzuliefern. Ja, weit entfernt davon, Sizilien Autonomie zu gewähren, ließ sich Jakob II. schließlich von aragonischen Interessen dazu verleiten, einen Friedensschluß mit dem Papst und die Übergabe der fernen Insel an Anjou zu verfolgen. Für die meisten Sizilianer wäre dies das Schlechteste nicht gewesen, doch da die Eigentumstitel, ja das Leben mancher der wichtigsten Landbesitzer bedroht gewesen wären, traf der Plan des Königs auf starke Opposition.

Jakob II. hatte einen jüngeren Bruder, Friedrich, als seinen Stellvertreter in Sizilien gelassen. Dieser Friedrich war als Kind nach Sizilien gekommen und als Sizilianer aufgewachsen; vielleicht verfolgte er auch eigene Interessen. 1295 berief er ein „Parlament" ein, das die Entscheidung seines Bruders über die Auslieferung der Insel an Anjou debattieren sollte – und in einer bemerkenswerten Entschließung machten die Barone jener Versammlung ihn als Friedrich III. anstelle seines Bruders zum König eines unabhängigen Sizilien. Damit begann eine vierzigjährige Regierungszeit, die manchmal als hohe Zeit des Kampfes gegen das Anjou unterstellte Neapel bezeichnet und in der die heldenhafte sizilianische Aristokratie zum Symbol patriotischer Unabhängigkeit stilisiert wird; tatsächlich überwogen in diesem Krieg die Eigeninteressen der Beteiligten, und alles, was erreicht wurde, waren Zerstörungen.

Die Einzelheiten der Kämpfe sind wenig aufschlußreich; die Begeisterung erlahmte, als das Hin und Her der Auseinandersetzung immer weniger sinnvoll erschien. Die Barone leisteten ihre Ritterdienste allenfalls widerwillig, und für die Anwerbung von Söldnern fehlte Friedrich III. das Geld. Manche sizilianische Feudalherren schlossen sich aus persönlichen Interessen oder Rachegründen dem Haus Anjou an und halfen dessen Soldaten, benachbarte sizilianische Städte zu plündern. Auch in Messina zeigt die Händlerschicht eine gewisse Bereitschaft, die Verbindung mit Anjou wiederaufzunehmen – was natürlich bedeutete, Palermo zu unterwerfen, da die Nahrungsmittellieferungen und der Handel mit Kalabrien und Neapel betroffen waren. Was hingegen die einfachen Leute betrifft, kann man ihre Einstellung nur erraten, wird aber kaum fehlgehen, wenn man ihnen den Wunsch unterstellt, daß der Krieg – auf welche Art auch immer – beendet werde und sie bis dahin möglichst wenig betroffen sein würden.

Der Niedergang des Zusammenhalts innerhalb Siziliens ging nicht zufällig mit einem Anwachsen aristokratischer Ansprüche einher. Die Barone erwiesen sich immer mehr als die eigentlichen Sieger der Revolutionen von 1282 und 1295–96. Bei seiner Thronbesteigung hatte Jakob II. zu geloben, das Instrument der *collecta* als Abgaben in einer Notzeit nicht allzu oft zu verwenden, und in seinem *si aliquem* genannten Gesetz hatte er kinderlosen Baronen gestattet, ihre Lehen an Nebenlinien ihrer Familie zu vererben, womit es weit weniger wahrscheinlich wurde, daß Lehensgüter an die Krone zurückfielen. 1296 mußte Friedrich III. überdies eine Charta von Freiheiten gewähren, zu denen die Versprechen gehörten, alljährlich ein Parlament einzuberufen, die Insel nicht zu verlassen und „ohne das volle Wissen und die Zustimmung der Sizilianer“ keinen Krieg zu erklären oder Frieden zu schließen. Friedrich war eben ein Usurpator und als solcher auf die Unterstüzung durch die Nobilität sehr angewiesen.

Der feudale Charakter der Gesellschaft war inzwischen weit deutlicher geworden als noch zu Graf Rogers I. Zeiten: Lehensgüter erstreckten sich über einen Großteil der Insel, da die Könige nacheinander ihren Freunden und Dienern jeweils neues Land zugewiesen hatten. Viele andere königliche Vorrechte, Burgen, Wälder, Thunfischereigebiete, Salinen, Zehnte und Steuerpachtverträge waren nach und nach als Zugeständnisse an Feudalaristokraten ausgegeben worden und hatten allmählich als Einnahmequelle und Machtbasis der Barone mehr Bedeutung erlangt als ihr Kriegsdienst für den König. Während unter Roger der Feudalismus noch die zentrale Autorität gestützt hatte, repräsentierte er nun immer mehr ein Prinzip der Zerrüttung und Verminderung der königlichen Rechte.

Der Feudalismus des 14. Jahrhunderts war für die Gesellschaft eine Belastung. Wenn wenigstens die Feudalherren – so wie die Königsmacher von 1296 – ihren Vorteil weiterhin in der Erzwingung eines jährlich einberufenen Parlaments gesehen hätten, hätte dies vielleicht einer regelmäßigen Erörterung der gemeinsamen Interessen Siziliens gedient und damit die einzelnen Barone mit der Förderung der allgemeinen Wohlfahrt verbunden, doch von alljährlichen Parlamentsversammlungen war nicht mehr die Rede. Die Barone hatten mittlerweile einfachere Möglichkeiten, ihre Interessen durchzusetzen. Obwohl sie ungebildet, ja teils Analphabeten waren, geriet die Verwaltung nur allzuleicht in ihre Hände. So wurde die Durchsetzung des Strafrechts – das Recht des *merum et mistum imperium* – nunmehr regelmäßig an die höheren Grafen vergeben; ja, mit der Zeit wurde es sogar erblich. Ein finsteres Symbol dafür waren die Galgen, die außerhalb jeden Dorfes errichtet waren, in dem das Wort der Barone Recht schuf.

Die Jahre nach 1350 erlebten eine allgemeine Auflösung der Gesellschaft. Der Neid auf die neuerdings reich gewordenen Adligen aus Spanien führte zu Spannungen zwischen „lateinischen" und „katalanischen" Parteiungen. Die wichtigste Trennlinie verlief zwischen den Familien der Chiaramonte und der d'Alagona, die beide nach 1282 große Ländereien aus den ehemaligen Besitzungen französischer Barone erworben hatten. Die Chiaramonte boten dem Haus Anjou ihre Dienste an, und mit deutschen und neapolitanischen Truppen legten sie eine Spur der Verwüstung entlang der sizilianischen Küstengebiete. Ihre Gegner, die sich zu Verfechtern des neuen Königs Friedrich IV. und der Unabhängigkeit Siziliens erklärten, dehnten in ähnlicher Weise ihre Macht im Norden aus: Sie ließen ganze Gegenden so lange hungern, bis sie sich ergaben.

Friede kam schließlich aufgrund schlichter Erschöpfung zustande. 1372 gestand Neapel zu, daß Sizilien unabhängig werde, sofern Friedrich sich als „König von *Trinacria*" bezeichne und jährlich Tribut zahle. Auch das Papsttum stimmte einem Frieden zu, wenn auch Friedrich die feudale Oberherrschaft Roms anerkennen mußte. Wie viel die neunzig Kriegsjahre gekostet haben, ist schwer einzuschätzen, jedenfalls war der Schaden beträchtlich. Der Feind war oft mit großen Truppen angelandet, um Wälder und Gehöfte in Brand zu stecken oder Obstbäume und Weinberge umzuhauen, bestand doch seine Hoffnung auf einen Sieg am ehesten darin, die Insel zu erschöpfen, den Handel zum Stillstand zu bringen, den Thunfischfang zu ruinieren und die Landwirtschaft zu zerstören. Der Chronist Villani sprach davon, daß sich beide Seiten „wie wilde Tiere“ aufgeführt hätten, und man nannte „unzählige Opfer“, die des Hungers gestorben waren.

Bewaffnete Abenteurer aus so weit entfernten Gebieten wie England schufen sich in dieser Welt des Bürgerkriegs eine auskömmliche Existenz. Nur selten kam es zu eigentlichen Feldschlachten, und so waren nicht die Soldaten die Hauptleidtragenden der Kämpfe: Die Heere lernten, sich aus dem Land zu ernähren. Bauernfamilien flohen aus den Küstengebieten in die Berge, sehr zum Schaden der Landwirtschaft; manche wanderten nach Kalabrien oder Sardinien aus und trugen so zur weiteren Entvölkerung der Insel bei, die mit den moslemischen Vertreibungen und der Pest begonnen hatte; andere gingen zu einem militärischen Leben über und schlossen sich Räuberbanden an. Möglicherweise aber übertrieben die Chronisten das Ausmaß der menschlichen Tragödie: So lange es noch Händler und Bankiers gab, fremde Schiffe kamen, die Menschen Goldschmuck trugen und die Damen ihre Haare wie Türme und Zinnen frisieren ließen, war noch nicht alles verloren.

Das Ende der Unabhängigkeit

Bei seinem Tod im Jahre 1377 hinterließ Friedrich IV. seine junge Tochter Maria in der Obhut von Artale d'Alagona, dem Anführer der Katalanen. Daß es von größter Bedeutung sein werde, wer dieses Mädchen ehelichte, lag auf der Hand. Einige Jahre lang wurde die Insel von d'Alagona und drei weiteren führenden Baronen verwaltet, doch machten die gegenseitigen Eifersüchteleien dieser „Vikare“ (Stellvertreter) das Experiment einer gemeinsamen Herrschaft recht kurzlebig. 1390 wurde Maria aus einer Burg in Catania entführt, nach Barcelona verbracht und dort mit Martin verheiratet, dem jungen Enkel des Königs von Aragon. Zwei Jahre danach fiel Martin in

Sizilien ein (er wird als Martin I. gezählt); zwei der vier Vikare schlossen sich ihm an, ein dritter, Andrea Chiaramonte, wurde einen Monat lang in Palermo belagert. Als die Stadt fiel, wurde Chiaramonte hingerichtet, seine riesigen Güter erhielt der führende spanische General Bernardo Cabrera.

Obgleich Martins I. Landzuweisungen an fremde Abenteurer von den vorhandenen Lehensherrn nicht gern gesehen wurden, unterwarfen sie sich nach und nach. Zum einen war er ganz offenbar der Sieger, zum anderen erwies er sich als bereit, die Usurpationen von Krongütern und -einkünften zu billigen. Freilich zeigte sich, daß er nicht viel mehr als dies tun konnte, denn nach vielen Jahrzehnten der Anarchie waren die Aufzeichnungen verloren und die älteren Herrschaftstraditionen in Vergessenheit geraten. Folglich wurde den Baronen ein – im Unterschied zur normannischen und staufischen Zeit – starker Einfluß auf das öffentliche Leben gewährt. Martins Macht war aber auch in anderer Hinsicht eingeschränkt: Die Unabhängigkeit Siziliens von Neapel war nur auf Kosten einer erhöhten Abhängigkeit von Aragon möglich; und diese zweite spanische Invasion brachte nun eine große Woge neuer Landbesitzer aus Spanien mit sich, die bald in Regierung und Verwaltung dominieren sollten.

Nach Ablauf eines halben Jahrhunderts wurde erstmals wieder ein Parlament einberufen. Ganz in der Tradition Aragons war ein gewisses Maß an Initiative und Diskussion gestattet, und so wurde beantragt, daß weniger Katalanen in Regierungsämter erhoben wurden, und darum gebeten, daß der König nurmehr sizilianische Gesetze anwenden und „von seinem Eigenen leben" möge. Zugleich kam der kühne Vorschlag, daß Mitglieder des Parlaments im königlichen Rat vertreten sein und bei Abwesenheit des Königs mit gewissen Exekutiv-Rechten versehen werden sollten; Martin freilich verwarf den letztgenannten Vorschlag, und in der Praxis waren die Parlamentsmitglieder zu uneins, als daß sie gegen den Willen des Königs viel Autorität hätten gewinnen können.

Martin I. blieb sehr unter dem Einfluß seines Vaters, der – inzwischen als König von Aragon – über jedes Detail der

Verwaltung Siziliens wachte: Es war ja der König von Aragon, der die Truppen in Sizilien finanzierte, die Posten und Lehen vergab, über die Krongüter verfügte und die Kirchenpolitik bestimmte; Aragon betrachtete Sizilien als seinen Vorposten im Mittelmeer. Zu einer Zeit also, zu der andere Länder in Europa durch Zusammenhalt wuchsen, verlor Sizilien seine politische Eigenständigkeit und sein Potential als unabhängiger Staat. Als Martin I. im Jahre 1409 starb, vermachte er Sizilien seinem Vater, ganz so wie all seinen anderen persönlichen Besitz.

Zu ernsthaften Protesten gegen dieses Vorgehen kam es nicht; zu viele Angehörige der einflußreichen Schichten waren entweder von Geburt her Spanier oder doch der spanischen Dynastie durch materielle Interessen verbunden. Und es gab auch keinen Aufschrei, als 1412 ein Mitglied einer jüngeren Linie des Hauses von Kastilien zum König ernannt wurde: Ferdinand I., der sich „von Gottes Gnaden König von Sizilien" nannte, obwohl die Bewohner der Insel nicht einmal befragt worden waren. Zwar gab es, als das Parlament 1413 zusammentrat, gewisse Kontroversen, doch am meisten darüber, wer die Ehre haben dürfe, Ferdinand eine Note unterwürfigster Ergebenheit zu überbringen. Man ersuchte den König, das Verwaltungs- und Rechtssystem Siziliens von dem seiner anderen Herrschaftsbereiche getrennt zu halten und die Regierungsämter mit Sizilianern zu besetzen, doch stand hinter solchen Petitionen keine Macht, und tatsächlich setzte die kastilische Dynastie dann eigene Gesetze in großem Umfang ein.

Sizilien war nicht mehr eine Residenz der Könige. Vierhundert Jahre lang sollte die Insel von Vizekönigen verwaltet werden und damit weniger ein Zentrum der Politik als eines der Verwaltung werden; so fehlten auch alle Vergünstigungen eines bedeutenderen Regierungssitzes. Der Begriff „Vizekönig" beinhaltete zwar zumindest das Eingeständnis, daß Sizilien theoretisch ein eigenes Königreich war, doch waren von den 87 Inhabern dieses Vizekönigtums die wenigsten in Sizilien geboren, ja nach den ersten fünfzig Jahren gar keine mehr. Als der erste Vizekönig ernannt wude, interpretierte eine Gruppe aus Messina die Situation falsch und bat ihn, unabhängiger König Siziliens zu werden. Er weigerte sich, und später hörte man kaum mehr solche Vorschläge.

Alfons und die Wirtschaft

Siziliens Loyalität zu und Abhängigkeit von Spanien wurden in den 42 Jahren der Herrschaft des Alfons von Aragon ab 1416 bestätigt. Die ansässige Aristokratie diente ihm treu bei seinen dynastischen Kriegen, nicht zuletzt, weil er sich stets für solche Dienste sehr erkenntlich zeigte: So wurden Güter oder Privilegien, die ein Baron dreißig Jahre lang innegehabt hatte, zu seinem gesetzlichen Eigentum erklärt, auch wenn er sie ursprünglich illegal erworben hatte; auf diese Weise büßten der König und die Städte viele Steuerrechte und Besitzungen ein. Die Barone durften von ihren Pächtern Gefolgschaftseide verlangen und ihnen eigene Abgaben auferlegen, und als in der Aristokratie Klagen über die Kostspieligkeit der königlichen Rechtsprechung laut wurden, wurden die meisten Prozesse in die Hand der Aristokratie gelegt.

Man hat Alfons' Regierung als die Zeit beschrieben, in der Sizilien das Mittelalter verließ, und sicherlich erschien Alfons mit seiner Zuneigung zum Humanismus ebenso wie mit seiner Art der Kriegführung als ein Herrscher neuer Art. Er war ein großzügiger Förderer der Künste und erhielt von seinen spanischen und neapolitanischen Untertanen den Beinamen „der Großmütige“, den er freilich in Sizilien kaum verdiente. Immerhin richtete er wieder eine Schule des Griechischen in Messina ein und gründete die erste Universität Siziliens in Messina. Doch erscheint seine Herrschaft auf kulturellem Gebiet nur im Vergleich zu den beiden vorvergangenen Jahrhunderten so interessant; gemessen an anderen Regionen trug Sizilien nur wenig zur Renaissance bei, den humanistischen Gelehrten Panormita und den Maler Antonello da Messina einmal ausgenommen – beides überdies Männer, die ihr Leben nicht auf der Insel, sondern in Neapel, Venedig oder Mailand verbrachten.

Alfons schätzte seinen Ruf als großer Patron der Künste, hatte aber in Wirklichkeit kaum Geld zu ihrer Finanzierung. Seine Einkommensquellen waren im Grunde noch die gleichen wie die der normannischen Könige: Er bezog Einkünfte von den – allerdings verkleinerten – Krongütern, Abgaben aus dem ertragreichen Thunfischfang und vor allem Ausfuhrsteuern, doch reichte all dies durchaus nicht für seine umfangreichen Bedürfnisse. So ging er dazu über, Geld bei den Baronen und Städten zu leihen und erlegte der Insel außerdem regelmäßig ein *donativo* auf, die spanische Entsprechung zu den *collecta*. Ohne daß jemand dies bemerkte, wurde letzteres bald zur wichtigsten Quelle regelmäßiger Einnahmen; die Zeitgenossen hielten nämlich jede Erhebung für eine in dieser Form unwiederholbare Notmaßnahme. Tatsächlich wurde das *donativo* von 1446 noch im 19. Jahrhundert entrichtet!

Diese Einnahmen hielten Alfons jedoch nicht davon ab, Krongüter und -vorrechte weiterhin zu veräußern. Kein Verbrechen war so groß, als daß der Verbrecher nicht seine Begnadigung erkaufen konnte, und die neuen Ämter und Steuern wurden schlicht dafür geschaffen, daß man sie verkaufen konnte. Darin zeigte sich die Unbedachtsamkeit eines Herrschers, dem andere Dinge am Herzen lagen als das Wohlergehen der Region. Folglich war er auch bereit, königliche Vorrechte aufzugeben, die einst als unabdingbar für das Gemeinwohl gegolten hatten. Ja, weder konnte mehr eine wirksame Verwaltung möglich sein, sobald die Barone wußten, daß sie jegliches illegale Tun mit Geld ausgleichen konnten, noch ein planvolles Budget, wenn man zur Behebung laufender Geldnot gleich die Quellen der Einnahmen veräußerte.

Die größte Belastung für die Mittel des Landes war Alfons' Außenpolitik. Nach der Einnahme Neapels machte er sich an eine abenteuerliche Serie von Kriegen gegen Florenz, Genua, Mailand und Venedig. Sizilien hatte dazu in größerem Umfang als andere Reichsteile beizutragen; die Auswirkungen auf die Wirtschaft der Insel waren katastrophal. Wohlgemerkt war dies eine Zeit, in der in Europa große Reichtümer erworben werden konnten, eine Zeit überdies, in der ein Mangel an Kapital und Unternehmungsgeist große Nachteile mit sich brachte; und wenn auch einige sizilianische Adlige die Möglichkeiten der Spekulation nutzten, die ihnen Alfons' Kriege boten, so brachte man doch insgesamt weder Kapital noch Unternehmungsgeist zustande.

Nicht alles sollte man freilich Alfons anlasten. Von größerer Bedeutung war noch die Tatsache, daß sich in Sizilien nie eine unabhängige Mittelschicht gebildet hatte. Das Vorurteil der Adligen gegen den Handel scheint hier besonders ausgeprägt gewesen zu sein und die Bestrebungen auch der anderen Gesellschaftsschichten beeinflußt zu haben, für die eben weiterhin als das höchste sozial Erreichbare der Erwerb von Grund und Boden galt. Überdies blieben die Juristen von der Bezahlung durch ihre aristokratischen Auftraggeber abhängig und konnten so nicht zu einer innovativen und unabhängigen Kraft werden; hierin liegt übrigens ein Grund dafür, daß sich die parlamentarischen Institutionen in Sizilien so völlig anders entwickelten als etwa in England.

Das folgenreichste Scheitern aber war wohl das der Städte. Wenn die Barone in Sizilien mächtiger wurden, dann geschah dies auf Kosten der städtischen Autonomie. Allein Palermo und Messina genossen einige bürgerliche Freiheit – und auch dies großenteils nur in der Illusion. Die Kontrolle zum einen durch die Regierung, zum anderen durch die großen Landeigentümer ließ wenig Raum für eine dritte Kraft, die eigene, von den aristokratischen verschiedene Interessen hätte entwikkeln können; tatsächlich bildeten die Städte in den Parlamenten nie eine starke und unabhängige Macht. Vielleicht ließen die fortwährenden Zänkereien zwischen einzelnen Städten – vom Streit der Parteiungen innerhalb der Städte ganz zu schweigen – die bürgerliche Freiheit als etwas weniger Erstrebenswertes erscheinen als eine Regierung, die Ordnung, Gerechtigkeit und wirksame Verwaltung garantieren konnte.

Ein Symptom der einseitigen Entwicklung der sizilianischen Städte war das Überwiegen fremder Händler in ihrem Wirtschaftsleben. Eine besonders wichtige Gruppe bildeten, wie zu erwarten, die Katalanen, die vor allem im Tuchhandel tätig waren. Es gab Bankiers und Händler aus Genua, die Alfons mit allem versahen, was er in Neapel brauchte, und als Gegenleistung besondere Privilegien in Sizilien erhielten; auch aus der Toskana und aus Venedig kamen solche Leute, ja sogar aus England stammten Händler, und im 16. Jahrhundert gab es einen englischen Konsul in Trapani, einen weiteren in Messina (wo das Wort *ingrisi* die Bedeutung „fremd" oder „unverständlich" erhielt). Diese unterschiedlichen Verbindungen trugen zumindest dazu bei, daß Sizilien von der spanischen Kulturwelt völlig vereinnahmt wurde.

Provinz des kastilischen Reiches

Alfons starb 1458; er hinterließ Neapel seinem illegitimen Sohn, alle anderen Reiche seinem Bruder Johann – Sizilien hatte dabei nichts zu sagen gehabt. Die Meerenge von Messina wurde so wieder zu einer Barriere, Johann trennte Sizilien sogar noch mehr vom Rest Italiens, indem er erklärte, daß die Insel nie wieder ein von Aragon verschiedenes Königreich sein solle. Gegen diese revolutionäre und ganz und gar nicht „verfassungsgemäße" Proklamation scheint es keinen aktiven Widerstand gegeben zu haben. Wäre es dazu gekommen, hätte ihn Johann kaum überwinden können, da er über keine unbeschäftigten Streitkräfte verfügte und seine Autorität in Spanien selbst sehr bedroht war.

Dieser Mangel an politischer Initiative in Sizilien war fatal. Auf Johann folgte 1479 Ferdinand II., der durch seine Ehe mit Isabella von Kastilien-León Aragon und Kastilien vereint hatte; die spanische Halbinsel wurde so immer mehr zu einer Nation, und in dem rapid anwachsenden spanischen Reich war Sizilien unvermeidlich zu einer geringen Stellung verdammt. Lokale Interessen galten immer weniger, zugleich freilich stiegen die lokalen Abgaben in immer größere Höhen. Auch für die Eroberung von Granada und den Krieg gegen die Türken mußte Sizilien mit aufkommen: Gold aus Afrika, das zur Bezahlung sizilianischer Weizenlieferungen eingetroffen war, wurde zur Finanzierung militärischer Einrichtungen verwendet. Ferdinand entschloß sich überdies, seinem Vetter Süditalien abzunehmen, weshalb Sizilien erneut zu einer Invasion von Neapel beitragen mußte.

Ein weiteres Anzeichen für die Unterwürfigkeit Siziliens war die Einführung der neuen spanischen Inquisition. Von 1487 an entsandte der berüchtigte Thomas de Torquemada Inquisitoren nach Sizilien, und bald war die Inquisition zur dauerhaften Einrichtung mit Hauptsitz im Königspalast von Palermo geworden. Während Neapel ihrer Einführung erfolgreich widerstand, galt es in Sizilien nach gewisser anfänglicher Opposition beim Adel bald als besonderes Privileg, ein Amt bei der Inquisition zu bekleiden. Die obersten Inquisitoren trugen mit ihrer ausgeprägten Intoleranz dazu bei, daß Sizilien orthodox blieb und „rassische" Minderheiten eliminiert wurden; doch zu einer Zeit, in der im übrigen Europa die Renaissance große kulturelle Fortschritte machte, blieb Sizilien von vielen der anregendsten Entwicklungen zeitgenössischer Kultur isoliert.

Ebenso schädlich – und ein ebenso deutliches Anzeichen für die Unterwerfung Siziliens unter Spanien – war die Vertreibung der Juden im Jahre 1492. Obgleich die Bürger von Palermo vorbrachten, daß der Handel unter dieser Maßnahme leiden werde, waren die Anordnungen aus Spanien strikt. Wie viele Juden damals auswanderten und wie viele „bekehrt" wurden und bleiben durften, läßt sich nicht sagen. Doch selbst die Bekehrten büßten viele ihrer Besitzungen ein; wahrscheinlich wurde ein Gutteil von diesen Geldern aus Sizilien abgezogen. Auch wenn die Auswirkung der Vertreibung in der älteren Forschung überschätzt worden sein mag, bleibt festzuhalten, daß das Land einige seiner arbeitsamsten Bürger und zweifellos auch wichtiges Kapital verlor; dieser Mangel an fähigen Handwerkern und an organisiertem Kreditwesen sollte zu den folgenreichsten Schwachpunkten der sizilianischen Wirtschaft werden.

Zwischen 1510 und 1525 kam es zu einer Reihe von Aufständen, die sich aber – entgegen der Meinung mancher Gelehrter – kaum einem aufkommenden Nationalbewußtsein zuschreiben lassen; vielmehr gingen sie wahrscheinlich auf die zeitgenössische Unruhe unter den Baronen zurück, die seit 250 Jahren im Verkehr mit der Krone die Oberhand behalten hatten, jetzt aber einen Wandel befürchteten: Angesichts wachsender Bedürfnisse der königlichen Kasse, neuer Vorstellungen über die königliche Souveränität und der Notwendigkeit, Sizilien zu einer starken Militärbastion auszubauen, suchten die Autoritäten die Zentralgewalt wieder an sich zu ziehen. Ein Anzeichen für die neue Situation war es, daß der Adel immer mehr der Jurisdiktion der königlichen Gerichte unterworfen wurde.

Die ernsthafteste Erhebung jener Zeit geschah im Jahre 1516. Der Vizekönig hatte das Parlament einberufen und die bereits unzufriedenen Barone um Geldzahlungen gebeten. Als aber die Nachricht vom Tod des Königs eintraf, ergriff eine Gruppe von ihnen die Initiative und erklärte, die Autorität des Vizekönigs sei damit automatisch beendet. Inzwischen war in Palermo ein Volksaufstand ausgebrochen; nach Meinung des Vizekönigs hatte ihn der Adel durch gedungene kriminelle Banden organisiert – ein Vorwurf, den man zu jeder sizilianischen Erhebung seit der Vesper erhoben hatte, zweifellos nicht ganz zu Unrecht, wenn er auch den Autoritäten gelegen kam, da politische und soziale Probleme so leichter zu steuern waren.

Der Aufstand von 1516, der ein Jahr dauerte, überschattete den Herrschaftsantritt des neuen Königs, Karl V. Dieser war der Enkel Ferdinands, ein österreichischer Habsburger, der eben auch in Spanien herrschte, einem Spanien, das nicht mehr Aragon und Barcelona bedeutete: Der Schwerpunkt hatte sich nach Kastilien und Cadiz verlagert, bald sollte das Mittelmeer geringere Bedeutung als der Atlantik bekommen und Sizilien somit seine privilegierte Lage an der wichtigsten Handelsroute der westlichen Welt verlieren. So wurde die Insel noch weiter an die Peripherie gestoßen, was schmerzhafte Anpassungsvorgänge nötig machte. Und doch sollte sich Sizilien als eine der loyalsten Provinzen des Habsburgischen Reiches erweisen.

Kapitel 10

Die spanische Verwaltung im 16. Jahrhundert

Regierende und Regierte

Man hat der spanischen Herrschaft manchmal vorgeworfen, sie habe Sizilien verdorben, den wirtschaftlichen Niedergang und die gesellschaftlichen Mißstände eingeleitet, eine gesunde adlige Schicht pervertiert, die Sizilianer gegeneinander aufgewiegelt und selbst ein Muster von Untätigkeit und politischer Apathie geboten. Wie alle historischen Anschuldigungen ist auch diese weder leicht zu beweisen noch zu widerlegen. Zuzugeben ist, daß der Einfluß Spaniens auf Sizilien groß gewesen sein muß, immerhin regierten ja spanische Monarchen die Insel mehr als vier Jahrhunderte lang. Andererseits ist vieles, was man in Sizilien dem fremden Einfluß zuschrieb, auch in anderen Ländern zu beobachten, die durchaus nicht im spanischen Einflußbereich lagen; was man abwertend als *spagnolismo* bezeichnet, scheint mithin mehr die regierten Sizilianer als die regierenden Spanier zu kennzeichnen.

Die spanische Politik, das ist einzugestehen, richtete sich mehr am Bewahren als an möglichen Verbesserungen aus, und im ganzen langen Zeitraum spanischer Regierung änderte sich an einer Vielzahl von Zuständen überraschend wenig. Keinem der Vizekönige war die Entwicklung einer fundamentalen Reform aufgetragen; sie waren zumeist damit beschäftigt, die Ruhe im Lande aufrechtzuerhalten. Dabei war Sizilien nicht leicht zu regieren, und nur wenige spanische Vizekönige überstanden ihr Amt, ohne daß sie Kritik verschiedener Art hervorgerufen hätten. Fast allen warf man vor, sie seien entweder zu stark oder zu schwach gewesen, ja selbst ehrliches Bemühen fand keinen Beifall; als Ende des 16. Jahrhunderts ein Vizekönig darauf bestand, Hofbeamte nach Verdienst einzusetzen und zu festen Arbeitszeiten in richtigen Amtsstuben im königlichen Palast zu verpflichten, rechnete man ihm das nicht zum Vorteil an.

Obgleich die Korruption allen europäischen Staaten gemein war, scheint die sizilianische Regierung ihr besonders zugeneigt zu haben. Ein solches Übel war natürlich weitverbreitet in einer Gesellschaft, die ein öffentliches Amt noch immer vor allem als Quelle privater Einkünfte und Vorteile ansah. Reiche sizilianische Aristokraten konnten, wie es scheint, das königliche Siegel mieten, um private Übeltaten zu autorisieren; jedenfalls mußte ein gewissenhafter Vizekönig bei den königlichen Finanzen große Lücken in den Abrechnungen feststellen. Mit Geld konnte man sich aus dem Gefängnis freikaufen oder aber einen persönlichen Gegner einkerkern und foltern lassen, und aus dem Jahr 1523 liegen Parlamentsberichte darüber vor, daß manche Richter ihr Amt kauften und dann Gefälligkeitsurteile feilboten, um so die Kosten dafür wiederzuerlangen.

Aufeinanderfolgende Vizekönige, Italiener wie Spanier, verbreiteten sich in ihren Berichten gerne über den Charakter der Einheimischen. Gleich, ob sie dabei voneinander abschrieben oder nicht, blieben die allgemeinen Schlußfolgerungen jedenfalls immer weitgehend die gleichen, ja wurden von anderen Besuchern der Insel bestätigt. Man bewunderte die feine Erfindungsgabe und den scharfen Intellekt der Sizilianer, ebenso lobte man natürlich ihre Loyalität Spanien gegenüber, die Freundlichkeit zu Fremden und die Bereitschaft, einer wirklich starken Regierung zu gehorchen. Doch kritisierte man die Bewohner der Insel als die rachsüchtigsten und emotionalsten Menschen der Welt, die ohne Skrupel falsches Zeugnis und Bestechungsgelder gäben und ohne Rücksicht auf das Gemeinwohl selbstsüchtig nur auf ihren eigenen Vorteil bedacht seien.

Auch viele Sizilianer waren sich ihrer eigenen Grenzen wohl bewußt und deshalb Spanien dankbar dafür, daß es der Insel eine funktionsfähige Verwaltungsstruktur bot. Und während manche neapolitanische Autoren später die Ankunft der Spanier in Sizilien wegen der Trennung der Insel von ihrer eigentlichen Verbindung zum italischen Festland beklagen sollten, wurden für die Sizilianer die Vesper und die Herbeirufung der Spanier 1282 geradezu zum Symbol der Freiheit gegenüber den Herrschafts- und Ausbeutungsgelüsten Neapels. Schließlich war in Sizilien gewöhnlich jegliche Regierung unbeliebt und vielkritisiert, doch fand eben Spanien weit weniger Kritik als Neapel.

Die Verwalter Siziliens erkannten nacheinander immer wieder, daß man die Insel am billigsten dann mit einer kleinen Garnison unter Kontrolle halten konnte, wenn man nur wenige Änderungen einführte und lokale Empfindlichkeiten oder Privilegien möglichst nicht antastete. Selbst wo man soziale Reformen für wünschenswert hielt, wurden sie aus Rücksicht auf die Interessen der Barone zurückgestellt. Gesellschaftliche Revolutionen ließen sich verhindern, indem man das Brot billig machte, und die Regierung brauchte nur bei den anderen Schichten den Eindruck aufrechtzuerhalten, daß ihr Parlament und ihre Privilegien sie vor der Ausbeutung durch Spanien bewahrten. Weit entfernt davon, zuviel Druck auszuüben, war Spanien eher sträflich zurückhaltend und brachte dem antiquierten feudalen Parlament und den privilegierten Sonderrechten von Adel, Klerus und Stadtgilden zuviel Respekt entgegen.

Da eine lebendige Mittelschicht ebenso fehlte wie ein ausgeprägtes politisches Bewußtsein, war der Widerstand gegen die spanische Herrschaft nur gering. Selbst in den ungebärdigsten Momenten von Opposition trugen die Sizilianer die königliche Fahne und stellten Kerzen vor dem Bild des Königs auf. Wenn sie rebellierten, dann gegen individuelle Unbilden – Hunger, die Aristokratie, schlecht verteilte Steuerlasten oder einen Vizekönig, dessen Gönnerschaft nachließ. In Sizilien gab es auch nichts entfernt Vergleichbares zu den niederländischen Aufständen gegen die spanische Herrschaft oder zu den Rebellionen in Katalonien, Portugal oder dem lutherischen Deutschland.

Ein bezeichnendes Merkmal Siziliens war die Stärke von Teilinteressen und -loyalitäten, die jegliches Gefühl einer gemeinsamen Nation leicht übertrafen. Manche Leute entledigten sich der Verantwortung für die internen Rivalitäten mit dem Vorwurf, Spanien hetze absichtlich die Barone gegen die Städte und die Städte gegeneinander auf; tatsächlich aber brauchten die Sizilianer dafür kaum irgendwelche Anstiftung, ja die Vizekönige waren immer besonders darüber erschrokken, wieviel Energie die Einheimischen auf ihren Parteienhader vertaten. Nicht nur Städte von der Bedeutung Palermos und Messinas standen sich feindlich gegenüber, sondern auch die Städter und die Leute vom Land – dabei waren die Städter auf die Versorgung mit Lebensmitteln vom Land angewiesen. Die Furcht vor dem städtischen Mob bzw. den wilden Landleuten ließ jede andere Schicht sich der Regierung bereitwillig unterordnen. Ja, vielleicht war es nur die Auferlegung spanischer Beherrschung, die Sizilien intakt erhielt.

Die Barone

Der König und seine Lehensmänner waren nur selten untereinander uneins, denn sie hatten grundlegende gemeinsame Interessen und weitgehend unterschiedliche Operationsfelder. Der König brauchte Sizilien für seine Militärbasen und wegen der Nahrungsmittelversorgung, wohingegen die Barone sich damit zufrieden gaben, wenn sie die lokalen Angelegenheiten selbst regeln konnten und wenig Abgaben zu zahlen hatten. Angesichts dieser Umstände ist einleuchtend, daß es ihnen am Willen und vielleicht auch an der Fähigkeit mangelte, eine separatistische Bewegung anzuführen; dies zeigt sich abgesehen von ihren gegenseitigen Eifersüchteleien auch darin, daß andere Sizilianer ihnen oft feindlich gesonnen waren. Vom gewöhnlichen Leben der einfachen Leute abgehoben, hatten die Barone für sich immer mehr von der spanischen Herrschaft zu erwarten.

Der Adel hatte eine gewisse Macht, die freilich in wichtigen Belangen beschränkt war. Der Militärdienst war nicht mehr ein Privileg wie einst, sondern eine – leicht zu umgehende –

Belastung; mit ihren antiquierten Waffen und veralteten Rüstungen waren die Adligen bei Unruhen im Volk viel mehr verwundbar als noch ihre Vorväter – auch dies ist wohl ein Grund dafür, daß sie nach 1523 immer weniger zu einer Rebellion geneigt waren. Sie hatten kein Monopol auf die wichtigen Staatsämter, die ihnen 1569 durch eine Order aus Spanien sogar ganz verweigert wurden, teils wohl deshalb, weil die Adligen zu wenig gebildet waren, als daß sie die immer komplizierteren Verwaltungsformalitäten verstanden hätten, teils aber auch, weil es klug war, die Energien der Barone auf die lokale Regierungstätigkeit zu konzentrieren.

Trotz seiner politischen Macht war der Adel recht arm, viele mußten lernen, auf Kredit zu leben: Manche hatten sich durch schlechte Landwirtschaft verschuldet, andere durch die Unfähigkeit, ihre großen Güter zu verwalten, oder durch die alten Rechtsstreitigkeiten ihrer Familie, die über Jahrzehnte auszudehnen Mode war. Die Mode gebot es auch jedem, der irgendwelche gesellschaftlichen Ambitionen nährte, in großem Stil in einem palastartigen Stadthaus nahe dem Hof des Vizekönigs zu leben. Die sich daraus ergebende Verarmung einiger der alten Familien bot der Regierung Anlaß zur Sorge, denn unter anderem war sie schlecht für die Landwirtschaft: Manche Landbesitzer zahlten weit über die Hälfte ihres landwirtschaftlichen Einkommens an Hypothekenzinsen.

Jeder Landbesitzer von auch nur mäßigen Fähigkeiten und moderatem Fleiß muß dennoch die Inflation besser überstanden haben als andere Mitglieder der Gemeinschaft. Was er nämlich an Verlusten durch nicht steigende Pachteinkünfte hinnehmen mußte, wurde durch die Entwertung der ebenfalls festen Hypothekenzahlungen wettgemacht, ganz abgesehen davon, daß die Weizenpreise sich in der Zeit zwischen 1500 und 1650 vervierfachten. Überdies war die Praxis der Eheschließungen auf dem Land darauf ausgerichtet, das Vermögen intakt zu belassen: Die Adligen hielten es durchaus nicht für unter ihrer Würde, eine auch nicht standesgemäße Ehe aus Geldgründen zu schließen, auch billigte man mitunter Ehen zwischen Vettern und Basen, ja sogar zwischen Neffen und

Tanten, um das Familienvermögen beisammen zu halten. Außerdem war es viel üblicher als in Neapel, das Familienvermögen ungeteilt an einen einzigen Erben zu vergeben; die jüngeren Söhne erhielten nur ein kleines Erbteil, das bei ihrem Tod an den Familienzweig des ältesten zurückfiel. Auf diese Weise blieben *latifondi* selbst zu einer Zeit bestehen, als es Gewinn versprochen hätte, sie aufzuteilen.

Obwohl die Einnahmen der Aristokraten hauptsächlich aus der Landwirtschaft stammten, fehlte es ihnen völlig am praktischen Interesse an dieser Tätigkeit. Da sie eine aktive Rolle im Wirtschaftsleben für unter ihrer Würde hielten, wurden sie zu Landherren in Abwesenheit, die sich zum Glanz des Hofes und zu den Annehmlichkeiten Palermos hingezogen fühlten. Waren sie erst einmal dort, so übernahmen sie – wie ein neapolitanischer Beobachter im letzten Jahrzehnt des 16. Jahrhunderts bemerkte – die vorherrschende Gleichgültigkeit gegenüber dem Geldverdienen und zogen es vor, ihre Güter mit Hypotheken zu belasten und von einer neuen Schicht von Verwaltern, den *gabelloti*, beaufsichtigen zu lassen. Wer auf seinem Gut blieb und landwirtschaftliche Neuerungen einzuführen versuchte, lief Gefahr, bei seinen Standesgenossen in Verachtung zu geraten. Was der Boden erwirtschaftete, kam ihm somit nicht mehr zugute, sondern wanderte in die Städte, wo Paläste und Kirchen erbaut wurden, während die Straßen auf dem Land verfielen und die bäuerlichen Gemeinden der Malaria und den Banditen überlassen blieben.

Titel und Status waren geradezu die Obsession der Aristokratie. Den ersten Marquis, in dessen Adern königliches Blut floß, hatte im 15. Jahrhundert Alfons geschaffen; 1621 war die Zahl der *titulados*, die dem neuen König Lehenstreue schworen, über doppelt so groß wie sechzig Jahre zuvor – und dabei begann dieser Prozeß gerade erst, sich zu beschleunigen: Im Laufe des 17. Jahrhunderts, in dem diese Mode um sich griff, wurden 102 Prinzentümer geschaffen, und zwar in einer Gesamtbevölkerung von etwa einer Million. Jeder Baron, der sich in dieser Hierarchie seinen Weg nach oben erkaufte, glaubte noch größere Ausgaben für die Zurschaustellung seines neuen

Standes aufwenden zu müssen, obwohl ihm dies zu allermeist nur durch teure Kredite möglich war. Jeder neue Titel, den man erwarb, machte überdies ein größeres Gefolge notwendig.

Die Vizekönige ließen dieser Vorliebe für den Kauf von Titeln und Privilegien freien Lauf, ja wir wissen, daß es eine bewußte Politik war, die Aristokratie nach Palermo zu bringen, wo sie besser überwacht werden konnte. Andererseits beklagte die Regierung wiederholt die ruinöse Vorliebe für exzessiven Luxus und übermäßigen Aufwand der Titelträger. Zumindest drei Gesetze gegen solchen Aufwand stammen aus dem 16. Jahrhundert. Allerdings war dies ein Teil des Lebens der Untertanen, auf den die Gesetzgebung nur minimalen Einfluß haben konnte. Dabei wären Beschränkungen des Aufwands beim ostentativen Trauern und der Höhe von Mitgiften dem Adel vielleicht sogar willkommen gewesen, wenn sie eben hätten durchgesetzt werden können; so aber konnte man von keinem erwarten, daß er sich freiwillig abseits stellte, solange der edle Wettstreit um den Pomp als äußeres Anzeichen den Status eines Mannes markierte.

Das geradezu zwanghafte Streben der Elite nach Status war auch ein bedeutendes Hindernis für den sozialen Fortschritt. So enthielten die nach Madrid geschmuggelten Protestschreiben aus den Reihen der Barone nicht etwa Vorschläge, wie man die wirtschaftliche Lage verbessern oder Sizilien von Importen unabhängiger machen könnte, sondern befaßten sich etwa mit dem mangelnden Respekt des Vizekönigs vor den *titulados* oder damit, daß einfache Leute Titel beanspruchten, die ihnen nicht zustanden. Die Granden baten darum, man solle den Vizekönig anweisen, sie als „Exzellenzen“ anzusprechen, wohingegen die gewöhnlichen Barone nicht dieselbe Aufmerksamkeit wie sie erfahren dürften; ja mehrmals versuchten sie, im Hofzeremoniell noch vor die Prälaten gestellt zu werden.

Sizilien rühmte sich später gerne damit, daß es außer England das einzige Parlament aufweise, das seine alten Freiheiten behalten hatte; manche waren sogar davon überzeugt, daß sich diese Institution ins fünfte vorchristliche Jahrhundert zurückverfolgen lasse; man hielt es in Ehren als Symbol der nationalen Eigenheit und als Instrument, das Spanien dazu zwang, Zusammenarbeit auf lokaler Ebene zu fördern – nicht ganz zu Unrecht: Es empfahl sich für einen Vizekönig, die parlamentarischen Privilegien zu achten und Schwierigkeiten zu vermeiden, die sich aus der Nichtberücksichtigung des Parlaments oder Nichtbeachtung seiner Satzung ergeben konnten. Doch darf man andererseits die Bedeutung dieser Institution nicht übertreiben: Im Gegensatz zu dem, was spätere Patrioten behaupteten, war das sizilianische Parlament nie von derselben Bedeutung wie seine Entsprechungen in England oder Frankreich.

Bereits im 15. Jahrhundert trat das Parlament von Sizilien recht regelmäßig zusammen, und zwar in drei eigenständigen Häusern, *brazi* genannt. Der erste *brazo* setzte sich aus den Bischöfen und Äbten zusammen, einer privilegierten Gruppe also, die Druck nicht immer nachzugeben bereit war. Das zweite, „baronale" oder „militärische" Haus war das der Barone und bestand aus den führenden Lehensmännern der Insel; da es die Politik des Königs war, die Barone mit allem und jedem zu befassen, nur nicht mit politischer Macht, hatte dieser *brazo* gewöhnlich einen leichten Stand; überdies konnten die Landeigentümer ja eine Steuerbelastung an ihre Pächter weiterleiten. Das dritte, sogenannte „Domänen"-Haus umfaßte Vertreter der Städte, die dem König weiterhin direkt untergeben waren und zu keinem Lehensgut gehörten; die Mitglieder dieses *brazo* wurden oft von der Regierung selbst bestimmt und zeigten jedenfalls nach dem 15. Jahrhundert wenig politische Eigenständigkeit.

Im Laufe der Zeit wurde das dritte Haus mit dem englischen Unterhaus verglichen, doch standen die Königsstädte nie recht zusammen auf der Seite des dritten Standes, sondern waren mehr daran interessiert, sich gegenseitig zu schädigen und sich jeweils selbst bei den Autoritäten beliebt zu machen. Dieser Mangel an Solidarität überrascht eigentlich, da die Königsstädte zusammen einen ebenso großen Anteil an den *donativi* zu zahlen hatten wie das Sizilien der Lehensgüter, das inzwischen weit größer und volkreicher geworden war. Ein so ungleiches Steuersystem schadete der Wirtschaft sehr. Es konnte nur Bestand haben, weil sowohl im zweiten wie im dritten *brazo* Männer über die Abgabenverteilung zu beschließen hatten, die durchaus nicht die Menschen repräsentierten, die den Großteil der Steuern tatsächlich selbst zu zahlen hatten.

Zwar behaupteten die Sizilianer oft, daß das Parlament ihre Freiheiten verteidige, doch scheint es in Wirklichkeit die Regierung in ihrer Handlungsfreiheit nicht mehr eingeschränkt zu haben, als dies etwa auch die Inquisition oder gar der Mob von Palermo taten. Zwar konnte das Parlament den Vizekönig dahingehend beraten, daß das Land zu arm sei, als daß es die geforderten Abgaben würde leisten können, aber schließlich stimmte es doch fast immer dem geforderten Betrag zu. Dem Vizekönig stand es ohnehin stets frei, ohne Rückfrage beim Parlament Gesetze zu schaffen, wohingegen parlamentarische Petitionen häufig abgelehnt oder allenfalls mit Einschränkung berücksichtigt wurden; oft wiederholten solche Petitionen nur ähnliche Anträge der vergangenen Jahre, die abgelehnt oder, obgleich angenommen, in der Praxis nicht beachtet worden waren. Jedenfalls hatte das Parlament der Besteuerung zuzustimmen, bevor überhaupt aus Spanien eine Antwort des Königs auf die Petitionen eintreffen konnte.

Mit dem Anwachsen des Parlaments wurden auch neue *donativi* eingeführt. Daß deren Verteilung ungerecht war, gestand selbst die Regierung manchmal ein. Am übelsten erging es den Armen im allgemeinen und denen in den Königsstädten im besonderen. Gelegentlich hören wir von öffentlichen Protesten gegen die Bischöfe und gegen die Bürger von Palermo wegen deren Steuerhinterziehung, ja manchmal erwarben nicht dort ansässige Menschen nominell das Bürgerrecht, um der

Besteuerung ihres Einkommens an anderen Orten zu entgehen, und manche vermachten der Kirche fiktive mildtätige Geschenke, um von den kirchlichen Steuerbefreiungen zu profitieren. Man hat sogar gemeint, daß die Ausnahmen von der Besteuerung so umfangreich waren, daß die Parlaments-*donativi* auf ein Zehntel ihrer möglichen und wünschenswerten Höhe reduziert waren.

Zur Schaffung und Bewahrung dieser Ausnahmeregelungen trug vor allem ein Parlamentskomitee bei, das den Cortes in Aragon nachempfunden war. Diese sogenannte „Deputation" agierte als Exekutivorgan und war auch während der Parlamentsferien besetzt, um (so die Theorie) die „Grundrechte" des Königreichs zu garantieren – eine Funktion, die schon bald verkümmerte: Die Deputation befaßte sich mehr mit dem Schutz der privilegierten Schichten als mit der Bewahrung der sizilianischen Freiheiten oder der Förderung der parlamentarischen Einflußmöglichkeiten. Ihr oblag auch die Eintreibung und Zuweisung der *donativi*. Die Arbeit in der Deputation scheint dabei ihren Mitgliedern keine besondere Mühe gemacht zu haben: Zwei Jahrhunderte lang wurde, so beklagte man sich, in dem Land der Berge, Täler und Sturzbäche keine einzige Brücke gebaut oder instandgesetzt, weil das für diesen Zweck erhobene Geld auf nicht einsehbare Weise verschwunden war.

Kirche und Staat

Ein Grund für die stillschweigende Hinnahme der spanischen Herrschaft war die Tatsache, daß der sizilianische Klerus der Krone gegenüber unterwürfig und von ihr abhängig war. Zwar hatten die Päpste nacheinander die Übertragung der Päpstlichen Legation, die Papst Urban II. den Herrschern Siziliens 1098 gewährt hatte, immer mehr beschnitten, ja gelegentlich Sizilien als päpstliches Lehen beansprucht, doch herrschte gewöhnlich der Anspruch des Königs auf kirchliche Autorität vor: In der Praxis hatte er das Vorrecht, die Bischöfe zu bestellen, und allgemein wurden die kirchlichen Angelegenheiten von einer Regierungsabteilung überwacht; auch die Inquisition bezog ihre Autorität nicht aus Rom, sondern aus Madrid. Die Ferne päpstlichen Einflusses in Sizilien war ein Grund dafür, daß die Kirche dort in mancher Hinsicht lethargisch war (und auch dafür, daß so viele Mitglieder des Klerus verheiratet waren); unter anderem aus demselben Grund fehlte wohl in Sizilien auch ein gewisser Anreiz und Konfliktstoff, der anderswo zur Entwicklung eines verfeinerten politischen Systems beigetragen hat.

Natürlich gab es an gewissen Punkten Reibereien zwischen Kirche und Staat. In der ersten Hälfte des 16. Jahrhunderts gab es zumindest dreimal Erhebungen gegen die Inquisition, zweimal wurden sizilianische Rebellen vom Papst in Schutz genommen, und mehr als ein Vizekönig wurde exkommuniziert. Papst Paul IV. ging Philipp II. als Häretiker und „Abschaum" an und „konfiszierte" Sizilien sogar einmal, um es Venedig zu übergeben. Doch bei aller Frömmigkeit hielt Philipp resolut an seinen ererbten Rechten über die „Kirche von Sizilien" fest – erfolgreich, denn schließlich hatten die meisten Päpste Spaniens politische Hilfe zu nötig, als daß sie die Ansprüche des Königs hätten in Zweifel ziehen können; auch brauchte Rom den sizilianischen Weizen, den nicht feindlich gesonnene Vizekönige zu besonders günstigen Bedingungen zu liefern bereit waren.

Die Kontrolle des Königs über die Kirche wurde dadurch vereinfacht, daß wichtige kirchliche Posten vom König vergeben wurden, und zwar insbesondere häufig aus praktischen Gründen an Nichtsizilianer. Viele Jahrhunderte lang scheint kein geborener Sizilianer Erzbischof von Monreale oder Palermo gewesen zu sein. Natürlich kam es zu Klagen darüber, und zwar nicht nur seitens enttäuschter Aspiranten. Fremde Kleriker wohnten, vielfachen gegenteiligen Versprechen des Königs zum Trotz, oft nicht am Ort; neben Nachteilen in der Religionsausübung hatte dies übrigens zur Folge, daß viele Einkünfte aus der Landwirtschaft die Insel verließen und daß das höchstgestellte Mitglied des Parlaments ebenso wie manche seiner Bischofskollegen Schattenfiguren blieben, die an sizilianischen Angelegenheiten wenig Interesse hatten, aber auf die Protektion des Königs besonders angewiesen waren. Eine weitere Konsequenz war auch, daß es zwischen reichem und armem Klerus kaum Kontakte gab, da so viele reiche Kirchenleute regelmäßig abwesend waren – eine Kluft, die schließlich wichtige gesellschaftliche und politische Folgen zeitigen sollte.

Die Inquisition war ein weiteres Mittel der Bindung der Kirche an den Staat und wurde zu einer weiteren Stütze des ausgeklügelten Gleichgewichtssystems. Die Inquisitoren waren dem König direkt verantwortlich, wurden von ihm eingesetzt und manchmal als Gegenspieler des Vizekönigs gebraucht. Dies hatte auch Nachteile für die Krone: Menschen aus jeder Gesellschaftsschicht, besonders aber aus der höheren Aristokratie, schlossen sich als Laien der Inquisition an und genossen neben anderen Privilegien Immunität vor den gewöhnlichen Gerichtshöfen selbst bei Mordprozessen. Mancher Vizekönig protestierte dagegen, daß Adlige unter dem Mantel der Zugehörigkeit zur Inquisition Banden von Delinquenten bildeten, die straflos gegen das Gesetz handeln konnten.

Aus der Sicht des Königs war die autoritäre Organisation der Inquisition mit ihren geheimen, ja terroristischen Methoden sehr nutzbringend, da sie zur Aufrechterhaltung der religiösen und politischen Orthodoxie beitrug. Sie bot ein zusätzliches System der Ausspionierung; ihre eigene Polizei und ihre Gefängnisse verbreiteten Furcht und Unterwürfigkeit. In einem Land, in dem sich die Krone nur wenig militärische Einrichtungen leisten konnte, wo aber Einschüchterung eine wichtige Ingredienz politischer Macht war, bot sich hier ein billiges Instrumentarium, für das der König Sizilianer auswählen konnte, die die anderen Sizilianer unterworfen hielten.

Siziliens Lage machte es zum Nachbarn der spirituell „ansteckenden“ Gebiete in Nordafrika und dem Nahen Osten. Die fanatische Bewegung der Gegenreformation bestärkte die Inquisition nicht nur in der Verfolgung der diversen protestantischen Häresien (die sich besonders in Messina verbreitet hatten), sondern auch gegen die zum Christentum konvertierten Juden und Moslems. Mit ihrem Versuch, die Häresie auszurotten, trug die Inquisition dazu bei, eine gefährliche Quelle von unabhängigem, manchmal revolutionärem Denken in Politik wie Religion anzugreifen. Gemeinsam mit der Kontrolle, die die Jesuiten über das Bildungswesen hatten, trug dies dazu bei, daß Sizilien orthodox und gehorsam blieb; ja man ließ nur einen blassen Schimmer der „wissenschaftlichen Revolution" nach Sizilien dringen.

Nur dieses verbissene Hochhalten von moralischer und religiöser Orthodoxie wird die Könige nacheinander dazu gebracht haben, den offenbaren Mißbrauch des Systems zu ignorieren und der Inquisition solche Macht zuzugestehen. Diese wurde durch Zuwendungen äußerst reich, vor allem aber durch die Konfiszierung des Besitzes aller ihrer Opfer. Gerade letzteres bot einen starken Anreiz zur eifrigen Verfolgung der Häretiker. Gläubiger von überführten Häretikern hatten überdies, wie man klagte, keine Möglichkeit, aus dem beschlagnahmten Besitz Genugtuung zu verlangen; umgekehrt konnten Informanten, die zu einem erfolgreichen Verfahren beigetragen hatten, ein Zehntel des Besitzes erhalten, und da sie anonym blieben, müssen viele Leute hierin eine wirksame und profitable Methode zur Begleichung ihrer Schulden gesehen haben.

Mancher Vizekönig kam immerhin soweit, sich darüber zu beklagen, daß die Inquisitoren ihre Position zur persönlichen Bereicherung nutzten und zu wenig Zeit auf die eigentlichen Glaubensangelegenheiten aufwendeten. Sicherlich waren die Inquisitoren sehr wohlhabend, was es ihnen ermöglichte, Laien als Mitarbeiter und Vertraute anzuwerben. 1510 hatte Ferdinand II. verkündet, daß es pro Stadt nicht mehr als zwanzig solcher Laienamtsträger geben solle, doch schon 1577 setzte der Vizekönig ihre Gesamtzahl auf über 20000 an – und ein Ende des Anwachsens war nicht abzusehen. Offenbar hatten viel zu viele Menschen ein finanzielles Interesse an einer Institution, die nach Beseitigung von Juden, Moslems und Häretikern einen Großteil ihrer Zeit darauf verwendete, ihr Nest zu bauen und die Autorität des Vizekönigs zu unterminieren.

Erst im letzten Jahrzehnt des 16. Jahrhunderts erkannte der Vizekönig nach einer Reihe häßlicher Streitereien die Situation. Künftig durfte die Rechtsprechung der Inquisition nicht mehr auf Barone angewandt werden, ebenso waren Steuereinnehmer und Schuldner der Staatskasse ausgenommen, ja jeder im öffentlichen Dienst Tätige; die neue Regelung galt auch bei Tötungsdelikten und bei „das Gemeinwohl betreffenden" Fällen. Selbst höhergestellte Amtsträger der Inquisition waren vor dem Zugriff der königlichen Gerichte nicht mehr sicher, wenn sie der Homosexualität angeklagt waren. Von diesem Zeitpunkt an spielte die Inquisition nurmehr eine geringe Rolle in Religion und Politik.

Unruhen und Brigantentum

Sizilien erlebte ebenso wie das übrige Europa die sozialen Wirren, die mit einer langen Periode von Währungsverfall und Preisanstieg einhergingen. Am Ende des 15. Jahrhunderts war die Inflation so hoch, daß Konstantinos Laskaris, der 1467 als Griechischdozent zu den Basilianermönchen von Messina gekommen war, sich 25 Jahre danach beklagte, sein Einkommen habe um ein Drittel an Wert verloren. Die deutlichste Auswirkung der Inflation auf das öffentliche Leben war es, daß die normalen Steuereinkünfte immer weniger ausreichten, eine weitere, daß es immer mehr Landstreicher gab. In den schlimmsten Jahren sahen sich viele Landbewohner gezwungen, in die Städte zu gehen, um dort ihren Lebensunterhalt und Arbeit zu finden; daraus ergab sich eine Überbevölkerung der Städte und ein Mangel an Arbeitskräften auf dem Land.

Auch das Brigantentum scheint sich verstärkt bemerkbar gemacht zu haben, bald hörte man auch in amtlichen Berichten viel davon. Obgleich es in ganz Europa verbreitet war, hielten es die spanischen Verwalter Siziliens für besonders typisch für die Insel, auf der in so manches Gebiet im Binnenland die königliche ebensowenig wie die feudale Rechtsprechung je durchgedrungen waren. Hier hatten einzelne Familiengruppen über Jahrhunderte ihre eigenen Gesetze und ihre eigene Lebensweise bewahrt. Die Banditen waren oft nichts anderes als diese rauhen Bergbewohner, vielleicht Nachkommen von Flüchtlingen, die einst vor einer Invasion der Insel in die Berge geflohen waren, oder auch Schafhirten aus dem Hügelland, die mit den seßhaften Landbauern der Täler in Konflikt gekommen waren, da eine Zunahme der Bevölkerung dort auch bedeutete, daß mehr Acker-, also weniger Weideland zur Verfügung stand.

Das Leben eines Robin Hood hat immer eine gewisse Attraktion gehabt, nicht nur für diese Banditen aus dem Binnenland. Immer wenn eine schlechte Ernte Mangel an Lebensmitteln und Geld zur Steuerzahlung mit sich brachte, zogen sich einige Bauern saisonbedingt in den Halbschatten einer Existenz solcher *maquis* (Widerständler) zurück. Da die spanischsprachigen Amtsträger so gut wie keinen Berührungspunkt mit den Bauern auf dem Lande hatten und das Rechtssystem offensichtlich parteiisch war, gab es bei vielen die Bereitschaft, ein moralisches und politisches Gegensystem zu entwickeln. Wo sich ein Baron auf das Jagdrecht berief, um Schafhirten und andere Menschen von einem Gebiet fernzuhalten, das er sich widerrechtlich angeeignet hatte, rief er damit einen wütenden, freilich meist im Untergrund wirkenden Widerstand hervor. Hier liegt auch einer der Gründe für die sich ausbreitende Meinung, daß der Bewunderung und Respekt verdiene, der beim Betrügen und Stehlen Erfolg hatte.

Die Verbreitung des Brigantentums ist schwer zu belegen, doch deuten einige bekannte Beispiele aus dem 16. Jahrhundert darauf hin, daß die in späteren Jahrhunderten zu beobachtende Ausdehnung bereits damals fest etabliert war. In den 60er Jahren des 16. Jahrhunderts hatte die Bande des Agnello ihre eigene Fahne mit dem Totenkopf, dazu Pfeifer und Trommler wie die königliche Armee; sie war gut bewaffnet und konnte bis direkt an die Tore von Palermo vorrücken. Andere Banditen, die in Agnellos Gebiet ohne seine Erlaubnis tätig zu werden versuchten, wurden niedergemacht. Er konnte sich darauf verlassen, daß ihm die Leute die Bewegungen der Polizei mitteilten, und zweifellos aus diesem Grund erkannte er den Propagandawert der Verteilung von Beute an die Armen, welche er freilich zugleich terrorisierte. Dabei waren es durchaus nicht nur die niedrigen Stände, die einen solchen Briganten unterstützten. Der Bandit Saponara, der 1578 in Gefangenschaft geriet, starb in der Einzelhaft durch Gift, was die Verantwortlichen nicht einmal überraschte; sie wußten wohl, daß es hochgestellte Persönlichkeiten gab, die eine durch Folter erpreßte Aussage des Briganten fürchten mußten.

Ein Element des Brigantentums war also eine Erhebung der Armen gegen die Reichen, ein anderes jedoch das genaue Gegenteil, indem nämlich die Barone den Banditen Aufnahme und Schutz gewährten, sofern diese die lokale Bauernbevölkerung in Schach hielten. Noch ein weiteres Element war die Einbeziehung in aristokratische Fehden: Drei Generationen lang kämpften die Familien der di Luna und der Perollo um die Macht in Sciacca, jeweils von privaten Banden von Halsabschneidern und einem Gefolge von Sklaven unterstützt. In Palermo, wo ein Adliger sich Mörder dingen konnte, die ihr Werk mitten am Tage verrichteten, gab es wahre Schlachten auf offener Straße. Wo Barone beteiligt waren, hielten sich die Gerichte gerne zurück, und das Parlament wurde sogar aufgefordert, die Strafen für adlige Beschützer von Banditen zu reduzieren, da jeder Landbesitzer schreckliche Repressalien zu befürchten hatte, wenn er sich verweigerte.

Obgleich also ein kraftvolles Wirken der Regierung durch den ungeschriebenen Pakt zwischen Herrschern und Adel behindert war, von dem die spanische Verwaltung abhing, gab es auch ehrliche Versuche, Recht und Gesetz durchzusetzen. Übeltäter, die sich einem Verfahren durch Flucht entzogen, wurden zu *banditi* erklärt; stellten sie sich nicht innerhalb eines Jahres, wurden sie *fuorusciti*, Vogelfreie, die straflos getötet werden durften. Eine dritte Gruppe, die *relegati*, stand lediglich unter Überwachung, zu ihr zählten Unruhestifter, die sich nicht *in flagranti* hatten erwischen lassen; oft freilich waren dies wohl weniger tatsächliche Verbrecher als vielmehr lokale Machthaber. Der Vizekönig Gonzaga (1536–1546) versuchte sogar, gegen das von dieser Gruppe ausgehende Gefahrenpotential dadurch vorzugehen, daß er die Männer dazu zwang, an besonderen Orten fern von ihrer Heimat zu wohnen; der Aufschrei gegen diese Maßnahme war aber so groß, daß er sie aufgeben und für alle Zukunft versprechen mußte, nie mehr so streng gegen bloße „ehrenhafte Vergehen“ vorzugehen.

Als erfolgreicher erwies sich das Angebot von Pardon für jeden Banditen, der sich als Kronzeuge zur Verfügung stellte. Die *omertà*, die Schweigepflicht, ja das Ehrsystem unter Verbrechern, auf dem die Unterwelt beruhte, war nämlich von den Schuldigen in großem Stil den niederen und unschuldigen Menschen auferlegt worden, weshalb es für die staatlichen Kräfte sehr schwierig war, Zeugen zu finden. Nun also setzte die Regierung fest, daß jeder, der einen bekannten Mörder verriet, nicht nur seine Freiheit erhielt, sondern auch das ausgesprochen einträgliche Recht, für andere Verbrecher die Begnadigung zu erwirken. Damit gelang es im Laufe der Zeit, viele der führenden Banditen in der Geschichte Siziliens zu fangen. Allerdings war in einer Gesellschaft, die oft falsches Zeugnis als legitimes Instrument von sozialem und politischem Kampf begriff, der Einsatz von solchen Informanten immer wieder gefährlich.

Die offiziellen Hauptleute hatten eine eigene berittene Polizei zur Festnahme von Banditen aufgestellt; als wirksame Methode zur Verhinderung von Verbrechen und zur Entdeckung von Verbrechern hatte man erkannt, allen Diebstahlopfern Entschädigungen durch diese Polizisten zukommen zu lassen. Zwar wandte der Adel ein, daß die Hauptleute ihrer Aufgabe insgesamt zu aufdringlich und effizient nachgingen, und zweifellos wurde die Ermächtigung der Polizei zu Schnellverfahren oft auch mißbraucht. Freilich war es, wie Messina einmal dem König mitteilte, immer noch die beste Methode zur Einschränkung von Verbrechen, wenn die Regierung heimliche Absprachen mit einem Briganten traf. Ja, es mag durchaus sinnvoll gewesen zu sein, ein Auge zuzudrücken, wenn die Polizisten die Wahrnehmung ihrer Aufgabe auch einmal zur Rache an einem persönlichen Feind nutzten. Eine rasche, wenn auch rauhe Durchsetzung von Recht und Ordnung war immer noch besser als gar keine Durchsetzung, und man konnte die Polizisten nicht bei Leuten beliebt machen, die entweder deren Posten beneideten oder ihre Effizienz fürchteten.

Seeraub und Verteidigung

Der König war an Sizilien vor allem deswegen interessiert, weil seine Bevölkerung die Politik der Habsburger in Europa und im Mittelmeergebiet unterstützen konnte. 1519 wurde Karl V. Kaiser und König zugleich, er erbte dabei Interessensphären, die von Afrika bis zur Ostsee und bald bis nach Mexiko und Peru reichen sollten. Spanien mußte lange gegen die Türken und gegen Frankreich kämpfen, hinzu kamen kürzere Feldzüge gegen deutsche, holländische, englische, portugiesische und sogar päpstliche Truppen. An diesen Kriegen, den gegen die Türken ausgenommen, hatte Sizilien kein offensichtliches Interesse, war aber gezwungen, zur Unterstützung der Kriege riesige Mengen von Gold und Silber und von unbesteuertem Weizen abzuliefern. Schließlich waren es die Vizekönige selbst, die dagegen protestierten, da die Insel nicht mehr zahlen könne.

Diese militärischen Kontributionen wurden insbesondere gegen die ottomanischen Türken gebraucht, die Griechenland und den Balkan annektiert hatten und gerade eifrig dabei waren, sich die nordafrikanische Küste untertan zu machen. Einst war Sizilien durch seine Verbindungen dorthin reich geworden, nun aber fand es sich im Schußfeld zwischen Christentum und Islam. Ferdinand II. und Karl V. benutzten die Insel als Basis zur Einrichtung von Garnisonen entlang der afrikanischen Küste; die für die aufeinanderfolgenden Expeditionen und die Bezahlung der Garnisonen notwendigen Kosten mußte größtenteils Sizilien aufbringen. Bereits diese Maßnahme schwächte die Insel beträchtlich, doch kamen noch häufige Vergeltungszüge der Ottomanen nach Sizilien hinzu. Und es war nur ein geringer Trost, als Bollwerk des Christentums im

Mittelmeer bezeichnet zu werden, zumal angesichts der üblen Tatsache, daß in Spanien das christliche Frankreich an der Seite der Türken kämpfte.

Spätestens in den 80er Jahren des 16. Jahrhunderts hatte Philipp II. beschlossen, seine Verluste zu beschränken und sich teilweise aus der Mittelmeerwelt zurückzuziehen; der Niedergang Spaniens hatte begonnen. Sizilien war nunmehr exponierter denn je, nach Abzug der Flotte und der spanischen Garnisonen waren seine Küsten unvermeidlich noch häufiger Ziel von Raubzügen. Die sogenannten „Piraten" aus der Berberei erwiesen sich als besonders zerstörerisch; in dreißig Jahren zählte man über achtzig Angriffe. Diese Räuber, oft aus christlichen Häusern stammend, waren vor allem auf Sklaven und Lebensmittel aus; kein Bauernhof in Küstennähe war vor ihnen sicher. Die beiden folgenden Jahrhunderte hindurch sollten sie noch oft den Außen-, ja sogar den Binnenhandel der Insel schädigen.

Das Ausmaß von Piraterie und Kaperei, ebenso das des Brigantentums im Inneren Siziliens, zeigte zum einen, wie wenig sich Spanien um die Insel kümmerte, zum anderen, wie wenig Sizilien zu seiner eigenen Verteidigung beitragen konnte. Hier liegt auch ein Grund dafür, daß Messina und Palermo wirtschaftlich nicht mit den norditalienischen Städten konkurrieren konnten: Eine Belagerungsmentalität führte zu Verteidigungsausgaben, die – wohlgemerkt bei aller Nutzlosigkeit – ein Wachstum der Wirtschaft behindern mußten. Überdies hatten die Herausforderungen von außen nicht den Effekt, ein Gemeinschaftsgefühl zu schaffen, also die Haltung, nur durch Zusammenhalten aktiv Widerstand leisten zu können. Wer in Gefahr war, floh ins Binnenland, und obgleich fromme Bürger einen Fond schufen, mit dem man versklavte Mitbürger aus Nordafrika zurückkaufen konnte, gab es insgesamt allzuwenig Zutrauen, als daß man aktive und gemeinschaftliche militärische Vergeltung hätte üben können.

Sizilien zu verteidigen war nicht einfach; die Spanier taten aber immerhin, was sie leisten konnten: Ferramolino von Bergamo, einer der bedeutendsten Militäringenieure jener Zeit, erhielt in den Jahren nach 1535 den Auftrag, eine vollständige Übersicht der vorhandenen Anlagen zu erstellen und neue Befestigungen zu errichten. So wurden in Palermo große Bastionen und Gräben angelegt, und rings um die Stadt wurden Häuser und Bäume zerstört, die einem Feind hätten Schutz bieten können. In Syrakus nutzte man die antiken griechischen Monumente als Steinbruch zur Verstärkung von Friedrichs II. Festung Maniace gegen Artilleriebeschuß. Der Vizekönig Gonzaga schließlich wollte hundert Wachttürme zur Warnung vor Angriffen neu oder wieder errichten lassen – ein Projekt, das freilich unter dem Mangel an Gemeinschaftsverantwortung litt: Einige Türme wurden nie gebaut, andere verfielen schon bald. Vielleicht wäre eine etwas härtere Gangart der spanischen Herrschaft nicht ganz unangebracht gewesen.

Kapitel 11

Die Wirtschaft 1500–1650

Wirtschaftspolitik und Staatshaushalt

Spanien half der Entwicklung der sizilianischen Wirtschaft, behinderte sie aber auch; wie weit sein Einfluß reichte und in welche Richtung er wirksam wurde, läßt sich nicht leicht feststellen; ebensowenig kann man sichere Aussagen machen, wenn man versucht, die Fluktuationen des Wachstums in verschiedenen Bereichen zu verfolgen. Trotz vieler scheinbarer Niedergangsperioden konnte ein auswärtiger Reisender in den 50er Jahren des 16. Jahrhunderts Sizilien noch immer als Spaniens reichsten Besitz in Italien bezeichnen, und gegen Ende des Jahrhunderts gab ein Vizekönig an, daß die Insel wie nie zuvor in Blüte stehe – letzteres muß freilich entweder eine bewußte Falschaussage zur Tröstung oder Täuschung des Königs gewesen sein oder aber auf der irrigen Hochrechnung der Verhältnisse an der subtropischen Küste auf die ganze Insel beruhen, denn die Einnahmen in Sizilien betrugen nur die Hälfte von denen in Neapel oder Mailand.

Sizilianische Aristokraten waren dafür bekannt, daß sie beste Kleidung trugen, doch war dies nicht notwendig ein Anzeichen von wirtschaftlicher Gesundheit des Landes. Nicht jeder Besucher konnte ja feststellen, daß die Adligen schwer verschuldet waren und daß ihre Ausgaben für fremdländische Luxusgüter sowohl die Zahlungsbilanz Siziliens belasteten als auch viele produktive Investitionen dort verhinderten. Erst nach einiger Zeit begann man, so verräterische Anzeichen wie Notimporte von Lebensmitteln, regelmäßige Knappheit der Steuereinnahmen und außerordentliche Maßnahmen zur Behebung von Armut richtig zu deuten; zunehmend deutlich wurden diese Indikatoren nach 1535. In einem schlechten Jahr, so schrieb ein Vizekönig 1578, „gibt es wenig Königreiche, die ärmer sind als dieses".

Immer wenn etwas nicht nach Wunsch verlief, bot es sich als eine Erklärung im Rückblick an, die spanische Regierung des Versagens zu bezichtigen. Obgleich Sizilien dem Handelsmonopol entgangen war, das in Spaniens Neuer Welt praktiziert wurde, unterstand es dennoch einer Art kolonialer Herrschaft: Waren wurden im Rohzustand exportiert, die Handelsschiffahrt lag in fremden Händen, die Landwirtschaft hatte im Dienst der Reichsinteressen zu stehen. Zweifellos hatten manche Sizilianer aus der wirtschaftlichen Verbindung mit Spanien Vorteile, andere jedoch Nachteile, da die spanischen Interessen einen Niedergang des Handels mit Afrika und dem Osten verursachten; die Folge waren eine Verknappung von Edelmetall und eine Behinderung der Ansammlung von Kapital. Nicht an allem freilich war Spanien schuld, und wenn man das plausible Alibi der spanischen Mißwirtschaft nicht gehabt hätte, hätten manche Sizilianer wohl grundlegendere Faktoren für die Rückständigkeit der sizilianischen Wirtschaft eingestehen müssen, etwa die ungünstige Verteilung von Landbesitz und Steuern und die soziale Ungleichheit.

Natürlich war die Besteuerung der Hauptkritikpunkt, der gegen die Regierung erhoben wurde; wieviel Steuern tatsächlich erhoben wurden und welcher Anteil davon nach Spanien kam, läßt sich nur erraten. Fest steht, daß das Münzgeld oft knapp war, und obwohl man vieles mit dem legitimen oder auch geschmuggelten Import von Luxusgütern oder dem Gewinn ausländischer Schiffseigner erklären kann, muß man ein Gutteil tatsächlich der Ausfuhr von Geld in direkten oder indirekten Zahlungen nach Spanien zuschreiben. Aus dem letzten Jahrzehnt des 16. Jahrhunderts liegen uns Zahlen vor, die belegen, daß ein gutes Drittel der gesamten Einnahmen von Sizilien für Verteidigungsausgaben vorgesehen war und ein weiteres Fünftel für Notausgaben „im Dienste seiner Majestät" aufgewendet wurde.

Das 16. Jahrhundert brachte in ganz Europa eine Krise der Regierungsfinanzen mit sich, die in Sizilien durch die besonderen Probleme der Insel noch erschwert wurde, und zwar insbesondere in den 30er Jahren, nach Gonzagas Ausgaben für die Wiederbewaffnung. „Die gewöhnlichen Einkünfte der Regierung decken nicht einmal die grundlegenden täglichen Ausgaben“, schrieb 1546 der Vizekönig. Da die Verwaltung immer komplizierter wurde und es immer häufiger zu immer teureren Kriegen kam, war der Staatshaushalt immer weniger ausgewogen; unter Karl V. mußte man in einem einzigen Jahr mehr Geld aufnehmen, als das Parlament in drei Jahren zuzugestehen bereit war.

Ein besonderes Problem der Regierung lag darin, daß das fiskalische System immer komplizierter wurde. Die Steuern variierten von Ort zu Ort und Jahr zu Jahr und wurden auf viele verschiedene Weisen eingenommen. Das gute Dutzend *donativi* war zusammengenommen des Vizekönigs wichtigste Einnahmequelle, Zölle und Handelssteuern waren gewöhnlich die zweitwichtigste, gefolgt von der Kreuzzugssteuer. Allerdings beklagte sich der Vizekönig häufig über die Schlaffheit und Korruption der Steuerbeamten und über die vielen Fehler bei den Zahlungen. Oft war es für die Regierung von Vorteil, eine Steuer zu kapitalisieren, indem man von einem Steuerpächter einen Pauschalbetrag erhob, den dieser selbst eintrieb, wobei er auch zu höheren Einnahmen kommen konnte.

Die Staatseinnahmen griffen besonders stark dort ins Wirtschaftsleben ein, wo Exporte besteuert wurden, etwa Wein, Käse, Fleisch, Seide, besonders aber Getreide. Die *tratte* (*ius tractae*) waren Lizenzen, die vor dem Verkauf des Getreides im Ausland bezahlt werden mußten. In fetten Jahren konnten diese *tratte* für den Staat äußerst lukrativ sein, solange jedenfalls die Nachfrage des Auslands bestand; sie hatten überdies den Vorteil, daß sie bei den Vorratslagern (*caricatoi*) erhoben werden konnten, zu denen die Landbesitzer ihr erwirtschaftetes Getreide zu bringen hatten. Die Regierung behielt übrigens noch dazu einen Bonus von etwa 2 Prozent dieser Vorräte, der sich aus der durchschnittlichen Ausdehnung des Getreides durch Feuchtigkeit zwischen Einlagerung und Verkauf ergab.

Die Lebensmittelversorgung der wachsenden Städte zu sichern wurde für die Verantwortlichen im 16. Jahrhundert immer schwieriger. Als eine Notmaßnahme gegen Getreidemangel war ein Embargo auf Exporte möglich; wenn die Getreidepreise eine bestimmte Grenze überschritten, bot es sich zumindest an, die Ausfuhr durch zusätzliche Abgaben unattraktiv zu machen. Allerdings hatte die Regierung neben den Interessen des sizilianischen Verbrauchers auch andere zu berücksichtigen. Die *tratte* brachten ja Staatseinnahmen, und so wurden manchmal zu viele verkauft, was katastrophale Folgen zeitigte. Überdies gestand man bevorzugten Fremden, darunter dem Papst, zu, Weizen auszuführen, ohne Abgaben zu zahlen oder Embargos zu beachten. Die Folge waren immer wieder einmal Hungersnot, übermäßiges Anwachsen der Lebenshaltungskosten und Unruhen.

Von 1515 an gab es Proteste des Parlaments gegen die Exportbesteuerung, die den Anbau von Weizen immer weniger profitabel machte. Eine Folge war es auch, daß Getreide zunehmend aus dem Land geschmuggelt wurde, was allein die sizilianische Landwirtschaft gerettet haben mag. Dagegen freilich wurden die Kontrollen verstärkt, bis schließlich Schmuggel als ebenso schweres Verbrechen wie Häresie und Verrat galt. Verzweifelt wurde angeordnet, daß nicht einmal der Bauer selbst sein Getreide nutzen durfte, bevor es nicht erfaßt war. Durchzuführen war dies nicht; und der Vizekönig mußte 1541 Karl V. berichten, daß „der größere Teil dieses Königreichs vor Hunger stirbt".

Freilich konnten die Verantwortlichen nur einen Teil des Leidens diagnostizieren; ein wirksames Heilmittel kannten sie nicht. In der ganzen Mittelmeerwelt kam es in jener Zeit zu ungleichmäßigen und teils ungenügenden Ernteerträgen, in Sizilien jedoch waren die Verhältnisse besonders schlecht, da der König verständlicherweise nicht auf seine lukrative und leicht zu erhebende Ausfuhrsteuer verzichten wollte. Der Vizekönig Gonzaga riet schließlich zu einer Reduzierung dieser Steuer als der einzig möglichen Maßnahme zur Wiederbelebung des Handels und damit zur Steigerung der Einnahmen –

ein Rat, den der König mißachtete. Seine Politik war aber besonders kurzsichtig, da doch billige Nahrungsmittel die Grundvoraussetzung für ein reibungsloses Funktionieren der Verwaltung Siziliens waren.

Insgesamt muß der Lebensstandard seit dem Spätmittelalter gefallen sein. Lebensmittel wurden immer teurer, vielleicht mußten auch bereits mehr Münder gefüttert werden. Dies war eine Welt, in der Hungerrevolten nie fern lagen, in der die harten Wintermonate vor der Ernte manchen veranlaßten, die Vorratslager anzugreifen, und in der oft die Rationierung des Brotes als Notmaßnahme nötig war. Um Weizenmehl zu sparen, versuchte der Vizekönig anzuordnen, daß die modebewußten Edelleute keine Stärke mehr für ihre Kragen und Manschetten verwenden durften – eine weitergehende Lösung fiel auch den Wirtschaftsfachleuten und den Staatsverwaltern nicht ein.

Wandel in der Landwirtschaft

Alles in Sizilien läßt sich letztlich auf die Landwirtschaft zurückführen, denn sie lieferte das Rohmaterial für allen Handel und jedes Gewerbe. Sie brachte auch die meisten Steuereinnahmen und den größeren Teil aller Privateinkommen, war ein Faktor der Außenpolitik und bot jahrhundertelang letztlich den Anstoß für jede innere politische Revolte. Das Grundproblem, dem sich die Regierenden gegenübersahen, war die Frage, wie man angemessene Steuereinnahmen sichern und dennoch den Getreideanbau fördern konnte – zwei Ziele, die sich nicht leicht verbinden ließen. Im 16. Jahrhundert wurde die Exportabgabe auf Weizen erhöht, womit die Endpreise stiegen und die Produktion zurückging, und 1564 führte man den *macinato* ein, eine Steuer auf das Mahlen von Getreide, die leicht zu erheben und schwer zu hinterziehen war und die drei Jahrhunderte lang der Landwirtschaft eine schwere Last aufbürdete und die Lebenshaltungskosten in die Höhe trieb.

Im frühen 16. Jahrhundert exportierte Sizilien in einem guten Jahr über eine halbe Million Tonnen Weizen, und möglicherweise nocheinmal so viel wurde geschmuggelt. Noch hatte die Insel einen Ruf, den der große französische Historiker Fernand Braudel als den eines „Argentiniens von Europa" beschrieben hat. Die gesteigerte Besteuerung, die anwachsende Stadtbevölkerung und die Nutzung von Randgebieten stellten eine Herausforderung dar, die sich als zu schwierig erwies. In Nordeuropa hatten wachsende Bevölkerungszahlen und Landmangel als Anreiz gewirkt, daß schließlich verbesserte landwirtschaftliche Methoden und der Fruchtwechsel entdeckt wurden, in Sizilien hingegen standen dem zu viele natürliche und gesellschaftliche Probleme entgegen.

Die Getreidegebiete Siziliens waren heiß und trocken und wiesen schwere Tonböden auf; hier wuchsen harte, weniger ergiebige Weizensorten recht gut, während eine Steigerung von Ertrag und Gewinn neue Anbaumethoden, mehr Arbeitskräfte und weitergehende Investitionen verlangt hätte. Wie man sagte, lag ein Teil des Problems darin, daß die reichen Sizilianer zu reich waren, als daß sie am notwendigen Wandel interessiert gewesen wären, oder es standen die gesellschaftlichen Sitten und Gebräuche dem entgegen: Landbesitzer fanden es sozial akzeptabler, neue Güter zu erwerben, als alte zu meliorieren, denn Landbesitz bedeutete Prestige und bot Schutz vor der Inflation, wohingegen es für Verbesserungen Nachdenken, Arbeit und Geld gebraucht hätte und sie selbst dann noch schwierig durchzuführen gewesen wären.

Den Bauern blieb also selbst überlassen, ihr Land so zu bestellen, wie sie es seit jeher getan hatten. Sie waren gewöhnt, eine Gegend mit den primitivsten Werkzeugen bis zu ihrer Erschöpfung auszubeuten und dann weiterzuziehen. Die traditionelle einfache Rotation von Getreideanbau und Brache führte dazu, daß das Land in jedem zweiten Jahr, ja sogar in zwei von drei Jahren keinen Ertrag brachte, und da man keine Alternative zum Weizenanbau kannte, brachte dies nicht nur alle Risiken einer Monokultur mit sich, sondern führte auch zu einem allmählichen Sinken der Hektarerträge. Überdies änderte sich in jener Zeit wahrscheinlich das Klima, es wurde im Vergleich zur arabischen und normannischen Zeit insgesamt trockener und extremer. Schon dies würde zusammen mit den Raubbaumethoden in der Landwirtschaft zur Erklärung beitragen, warum im 16. Jahrhundert einige Quellen und Wasserläufe versiegten.

Zwei aufeinanderfolgende Jahre mit schlechtem Wetter konnten das ganze Wirtschaftsgefüge auf einmal in Verwirrung stürzen. Hohe Weizenpreise veranlaßten manchen Bauern, neuen Boden und Waldland unter den Pflug zu nehmen, doch konnte eine zeitweise Übersättigung des Marktes den Prozeß umkehren, wenn auch die Ziegen und die Erosion die Wiederbewaldung der Rodungsgebiete verhinderten; so verkarstete viel Hügelland.

Zugleich aber verhinderte ein Trend zur Halbpacht (*métayage*) landwirtschaftliche Verbesserungen, da weder die Landbesitzer noch die Pachtbauern an einseitigen Investitionen in das Land interessiert waren, dessen auf diese Weise gesteigerte Erträge ja dann beiden Seiten zugute gekommen wären. Überdies konnte dieses System einen Pächter für immer in Schulden bringen, wenn eine schlechte Ernte ihm jeden Überschuß nahm.

Landwirtschaftliche Verbesserungen hingen nur zu einem kleinen Teil vom Vorgehen der Regierung ab. Gegen Wucherkredite mit der bloßen Verkündung von Gesetzen vorzugehen war leichter als sie tatsächlich zu verhindern, und Viehdiebstahl unter Strafe zu stellen einfacher als die Strafen durchzusetzen. 1601 unternahm der Vizekönig den Versuch, die vielen unterschiedlichen Maß- und Gewichtssysteme zu vereinheitlichen, die den Handel zwischen den Dörfern lähmten; allerdings hielt man es für ausreichend, ein allgemeines Dekret zu veröffentlichen, ohne konkrete Vorschriften folgen zu lassen, und ohnehin rief ein so revolutionärer Schritt eine gewaltige und wirksame Opposition auf den Plan: Messina hätte es beispielsweise nie ertragen, seine Maße zu ändern, um sie denen von Palermo anzugleichen.

In ähnlicher Weise hätten auch Verbesserungen der Infrastruktur mehr lokale Mitarbeit erfordert als man billig erwarten konnte. Die Tatsache, daß alles Getreide auf Mauleseln zu den Häfen transportiert werden mußte, erklärt wohl, weshalb in zunehmendem Maße das Ausland sizilianische Erzeugnisse für zu teuer hielt. Im 16. Jahrhundert kam es dabei nicht etwa zu einer Verbesserung der Verkehrsverbindungen, das Gegenteil scheint der Fall gewesen zu sein. Sogar die Hauptstraße zwischen Palermo und Messina war gefährlich, teilweise unbenutzbar, weshalb man selbst diese Strecke gewöhnlich zur See zurücklegte. Ein außenstehender Beobachter war überrascht, daß die Bewohner von Messina sich kaum je weiter ins Binnenland begaben als ein paar Meilen vor die Stadttore.

Sizilien muß im ganzen Mittelalter recht gut bewaldet geblieben sein, doch um die Mitte des 16. Jahrhunderts begann die Entwaldung ihre üblichen Folgen zu zeitigen. Der Boden trocknete aus, und immer wieder schnitt ein Erdrutsch ein Dorf von der Außenwelt ab oder verschüttete es gar. Die Erosion brachte allmählich auch das Wassersystem durcheinander, wodurch sich der Verlauf mancher Flüsse änderte und es alljährlich zu Überflutungen kam. Fruchtbare Täler wurden durch die Ausdehnung von Sumpfgebieten und damit der Malaria unbrauchbar; daraus und aus der Unsicherheit, die Briganten- und Piratenüberfälle mit sich brachten, ergab sich, daß sich die Bauern immer weiter die Hügel hinauf zurückzogen, wo freilich das starke Gefälle den Teufelskreis der Bodenerosion noch schlimmer machte. Flüsse, die einst zur Bewässerung genutzt werden konnten, führten nun den Großteil des Jahres kein Wasser, wurden aber in der nassen Jahreszeit zu reißenden Strömen, die Brücken vernichteten, Mühlen und Wohnhäuser verwüsteten und manchmal sogar Stadtmauern einrissen, ja ganze Viertel von Palermo und Messina zerstörten.

Die immer weniger günstigen Umweltbedingungen werden wohl auch dazu geführt haben, daß die Produktion von Rohrzucker zurückging. Um 1410 hatte es allein in Palermo dreißig Zuckerraffinerien gegeben; in Syrakus stand ein „Tor der Zukkermacher“. Der Niedergang dieser Branche führte nun auch zu einem ernsthaften Verlust im Außenhandel. Neben den klimatischen Bedingungen scheinen dabei mehrere andere Faktoren zusammengewirkt zu haben: So war in der Nähe der

Raffinerien das Brennholz erschöpft, es aber über weite Strekken auf Mauleseln herbeizuschaffen, wäre zu kostspielig gewesen. Vielleicht gingen auch die Bewässerung und die nutzbare Wasserkraft zurück, und sicher war der Anbau ineffizient geworden. Eine Branche wie diese bedurfte eigentlich ständiger Investitionen, doch war die Versuchung groß, raschen Gewinn auf Kosten der langfristigen Sicherheit zu machen. Bereits 1610 war es gelegentlich billiger, den Rohzucker zu exportieren und raffiniert wieder einzuführen.

Das Gewerbe und die Entwicklung der Städte

Während des Mittelalters waren in Sizilien Wolle, Baumwolle und Seide produziert worden, doch war es immer schwierig gewesen, ein blühendes Textilgewerbe zu schaffen; ja, im 16. Jahrhundert gab es deutliche Anzeichen für einen Niedergang. Das Grundproblem lag darin, daß im lokalen Rahmen Gelder nicht gerne für gewerbliche Unternehmungen eingesetzt wurden. Sizilianische Wolle war für feines Tuch wahrscheinlich nicht gut genug, während heimische Baumwolle ausreichende Qualität gehabt hätte, aber weiterhin zur Verarbeitung ins Ausland gebracht wurde. Gleiches geschah mit der Seide; vielleicht hatte sich die Seidenweberei seit dem Exodus der arabischen Handwerker im 12. und 13. Jahrhundert und dem der Juden nach 1294 nie mehr erholt; jedenfalls wurden 90 Prozent der sizilianischen Seide im Rohzustand exportiert.

Die Regierung mag für diesen Zustand durchaus teilweise verantwortlich gewesen sein; manchmal wurde ihr sogar vorgeworfen, sie fördere die Herstellung von besserem Tuch absichtlich nicht, um keine Konkurrenz für die katalanische Produktion aufkommen zu lassen. Eher gerechtfertigt ist die Kritik, daß das Steuersystem die verarbeitenden Manufakturen höher belastete als die Exporteure von Rohmaterial. Von größerer Bedeutung als solche Widrigkeiten war freilich das Fehlen eines echten Unternehmergeistes, ebenso die lokalen Rivalitäten: Als 1562 die Steuer auf den Seidenexport stark erhöht wurde, widersetzte sich Messina dieser Maßnahme als diskriminierend, kaufte dann aber um eine gewaltige Summe ein Privileg, das die Seidenexporteure von Ostsizilien dazu zwang, nur den Hafen dieser Stadt zu verwenden. Natürlich mußte eine solche restriktive Politik der Entwicklung des Gewerbes entgegenwirken. Den Händlern von Messina aber ging es mehr darum, ihre Konkurrenten in Palermo und Catania zu schädigen als ihre eigene Effizienz zu fördern.

Ein weiterer wichtiger Grund dafür, daß das Gewerbe nicht erblühte, war die Vielzahl von Landeigentümern in den großen Städten, besonders in Palermo, einer im 17. Jahrhundert rasch expandierenden Stadt. Hierher zogen die Reichen, teils um den Einschränkungen des Lebens auf dem Lande zu entgehen, teils um dem Vizekönig näher zu sein und somit an Gunstbeweise, Pensionen und Titel zu kommen; außerdem war Palermo vom Zensus ausgenommen und somit ein nützlicher Wohnsitz für Steuerflüchtlinge. Folglich lag die Macht über die Stadt und ihre Finanzen, von wenigen sehr kurzen Zeiträumen abgesehen, stets in der Hand der landbesitzenden Aristokratie; entsprechend schlecht waren die Bedingungen für eine wirtschaftliche Weiterentwicklung. Palermo war eben eine parasitäre Stadt, die einen nicht geringen Teil des Gesamteinkommens der Insel verbrauchte und zugleich die ländlichen Regionen verachtete, die ihr luxuriöses Leben doch erst ermöglichten.

Der Landflucht der Aristokratie entsprach die der Bauern. Man hat unterschiedliche Gründe für sie angeführt, etwa die Furcht vor den Briganten, dem Feudalismus oder der Inbesitznahme von Land durch die Barone. Jedenfalls war eine Folge, daß sich in Palermo ein städtisches Proletariat bildete; ja schon im 16. Jahrhundert gaben manche Vizekönige ihrem Entsetzen über den Zustand der Armenviertel Ausdruck. Zugleich wuchs die Schicht der kleinen Kaufleute und Handwerker. Sie waren bereits seit einiger Zeit in Gilden, sogenannten *maestranze*, organisiert, von denen es bereits 1385 über vierzig gegeben hatte. An der Spitze jeder Gilde stand ein Konsul; Ziel war es, für jedes Gewerbe einen Standard festzulegen und zu überwachen,

Wettbewerb auszuschließen und die Zulassung von Gesellen zu regulieren.

Palermo also wuchs, und die Vizekönige bemühten sich um die Verschönerung der Stadt. Zwei der schönsten Straßen Europas, die *via Toledo* und die *via Maqueda*, stammen aus der zweiten Hälfte des 16. Jahrhunderts. Eine solche Entwicklung mußte zur Zerstörung eines Großteils der mittelalterlichen Stadt führen und verursachte daher viele Verschiebungen; eine ähnliche Wirkung hatte die Ansammlung von mehreren hundert Adelsfamilien, die Raum für ihre *palazzi* brauchten. Im Interesse der allgemeinen Sicherheit wurde verboten, das Gelände in einem Umkreis von einer halben Meile außerhalb der Stadtmauern zu bebauen, doch wuchsen die Armenviertel der Vorstädte schneller, als man das Problem der allzu hohen Bevölkerungsdichte lösen konnte. So bildete die Landflucht bald ein fruchtbares Saatbeet für Seuchen und Revolutionen.

Mit der Expansion von Palermo und seiner großen Rivalin, Messina, ging eine bemerkenswerte Bildung von neuen Landstädten und Dörfern einher, die nicht zuletzt durch den Zuzug ausländischer Arbeitskräfte bedingt war. Im Laufe seiner Geschichte hatte Sizilien bereits viele fremde Völker absorbiert, zuletzt Flüchtlinge, die sich vor der türkischen Besetzung des Balkans aus Griechenland und Albanien in Sicherheit bringen wollten. Die Landeigentümer und die Regierung erkannten bald, wie nützlich diese Zuwanderer als Bauern sein würden, und leisteten deshalb Hilfestellung dazu, daß sie sich auf ungerodetem Land niederlassen konnten. Von ihren sieben Hauptsiedlungen war Piana dei Greci die wichtigste, in der sich im 16. Jahrhundert Albanier ansiedelten. Die meisten der Neusiedler waren griechisch-katholischer Konfession und behielten ihre eigenen Priester. Bis weit ins 20. Jahrhundert bewahrten sie ihre besondere Identität mit einer eigenen Sprache, Folklore und Tracht.

Mit der Schaffung dieser neuen Siedlungen gaben die Albaner einen Anstoß zu einer Bewegung, die um 1600 die Landschaft veränderte. Normannen, Staufer und das Haus Anjou hatten in Sizilien jeweils neue Dörfer gegründet; die führenden

Barone waren ihnen darin gefolgt. So hatten etwa die Chiaramonte Mussomeli und Siculiana errichtet und Anreize dafür geschaffen, daß Siedler in jene entlegenen Gebiete zogen. Zumindest neun neue Gemeinden waren im Laufe des 15. Jahrhunderts gegründet worden, und in den nächsten zweihundert Jahren kamen nochmals 150 oder noch mehr hinzu, womit sich die Zahl der Dörfer von einst fast verdoppelt hatte.

Wahrscheinlich war ein Grund für diesen bemerkenswerten Vorgang ein Anwachsen der Bevölkerung, das die Nachfrage nach Lebensmitteln erhöhte und so unternehmerische Landbesitzer dazu veranlaßte, Ödland unter den Pflug zu nehmen. Ein weiterer Grund wird die Inflation gewesen sein, die den Geldbedarf der Barone stets wachsen und damit die Gründung von Dörfern zu einer offenbar günstigen Lösung dieses Problems werden ließ, denn mit wenig Einsatz konnte ein verschuldeter Landeigentümer so die Einnahmen aus seinen Gütern erhöhen. Da die großen *latifondi* nur dünn besiedelt und wenig landwirtschaftlich genutzt waren, mußte ein Landeigentümer, der die Kosten des Stadtlebens zahlen wollte, einen Teil seiner Güter in kleinere Gehöfte aufteilen, für deren Bewirtschaftung er Pächter mittels attraktiver langfristiger Verträge gewinnen mußte.

Die Gründung neuer Dörfer brachte den Baronen zugleich Prestige und eingebildete oder tatsächliche Macht. Gesellschaftlicher Status unter den Adligen wurde zumeist am Ausmaß ihrer Güter und an der Zahl derjenigen Landstädte gemessen, in denen sie das Recht innehatten, über Leben und Tod zu urteilen. Es bedeutete Prestige für die Familie der Tomasi, das öde Eiland von Lampedusa gewonnen zu haben, ebenso für Bernardo Requesens, Pantelleria kolonisiert zu haben. Ein Dorf mit mehr als achtzig Familien brachte gewöhnlich einen Sitz im Zweiten Haus des Parlaments ein oder aber, sollte der Baron bereits dort vertreten sein, eine weitere Stimme in jenem *brazo*. Auf diese Weise vergrößerte sich die Zahl der parlamentsangehörigen Barone von 72 im Jahre 1556 auf 277 bis 1810, während sich die anderen beiden Häuser des Parlaments kaum veränderten. Freilich wuchs manch ein prestigefördernder Weiler nie so weit, daß er die Kosten seiner Verwaltung aufbringen konnte, und hörte schließlich einfach zu bestehen auf.

Wirtschaftliche Probleme nach 1600

Die Regierungszeit Philipps III. (1598–1621) war von außerordentlichen wirtschaftlichen Problemen gekennzeichnet. Neue Handelswege, die mit denen der Mittelmeerwelt konkurrierten, entstanden andernorts, und in ganz Europa kam es zu einer Geldentwertung und zu Schwierigkeiten mit den Staatsfinanzen. Die Preise stiegen, da Silber aus Amerika kam und da die Bevölkerungszahlen anwuchsen; dennoch litt der sizilianische Handel zugleich unter Geldmangel. Was einst als eine günstige Zahlungsbilanz erschienen war, wurde nun von der zunehmenden ausländischen Konkurrenz zu den sizilianischen Weizenexporten bedroht, ebenso von übermäßigen Ausgaben im Ausland durch die Behörden und Privatleute der Insel.

Die Wechselfälle von Handel und Geldwert vermengten sich überdies mit den Auswirkungen der Beulenpest. Das rasche Anwachsen der Städte Messina und Palermo hatte diese Orte besonders anfällig werden lassen; in einem besonders schlimmen Jahr, 1575, soll die Hälfte der Bevölkerung Messinas der Pest zum Opfer gefallen sein. Ein weiterer solcher Ausbruch im Jahre 1624 brachte das ganze Leben in Palermo zum Stillstand: Viele Menschen starben, darunter der Vizekönig; der Verkehr kam zum Erliegen, ebenso die Getreideausfuhr und die Steuereintreibung. Erst als man die Gebeine der heiligen Rosalia auf wundersame Weise in einer Grotte nahe der Stadt fand, ging die Pest zurück. Rosalia wurde daraufhin zur Hauptheiligen der Stadt erhoben, das Fest zu ihren Ehren war künftig das wichtigste Ereignis im Jahreslauf der Stadt.

Obwohl die Pest offensichtliche Auswirkungen auf die Wirtschaft hatte, waren diese noch gering im Vergleich zu denen des Dreißigjährigen Krieges, der 1618 ausbrach. Sizilien mußte natürlich auf der Seite der Habsburger stehen, und schon bald wurden Klagen darüber laut, daß der Dienst für Spanien die Insel völlig erschöpfe. Sicherlich waren die finanziellen Forderungen der spanischen Regierung in Sizilien hoch: 70 000 *scudi* jährlich mußten aufgebracht werden, um dem Kaiser in Ungarn zu helfen, und 1620–1621 wurde der Insel zu seiner Unterstützung in Deutschland der gewaltige Betrag von 1 Million *scudi* auferlegt. Regelmäßig verließen Soldaten und Schiffe Sizilien auf seine Kosten, um gegen die Feinde Spaniens zu kämpfen, und riesige Mengen von sizilianischen Lebensmitteln gingen an die habsburgischen Armeen in der Lombardei und im Elsaß.

Solcherlei Forderungen wurden nicht geringer, sondern noch höher, als die Möglichkeit einer Niederlage deutlicher wurde. Gelegentlich mußte das Parlament zweimal im Jahr zusammengerufen werden; 1639 führte man eine Stempelsteuer auf amtliche Dokumente und eine zweiprozentige Abgabe auf Pacht- und Kaufverträge ein. Gerade dagegen aber kam es zu konzertierter Opposition von reichen Leuten, Rechtsgelehrten und Klerikern, so daß diese speziellen Steuern wieder zurückgenommen werden mußten. Die Regierung war der Verzweiflung nahe: Man bot Straferlaß für alle Verbrecher, Verräter ausgenommen, gegen Geldbeträge, deren Höhe nach dem Einkommen des Delinquenten bemessen wurde. Schließlich aber mußte der Vizekönig melden, daß weitere Einnahmen nicht mehr möglich seien. Der Handel war zum Erliegen gekommen, die gewöhnlichen Steuern brachten immer weniger ein. Und endlich ermannte sich auch das Parlament zu der Feststellung, daß weitere Forderungen kaum mehr zu erfüllen wären.

Obwohl viele aristokratische Familien unbestreitbar weit über ihre Verhältnisse lebten, hatten doch manche noch Geld im Überfluß. Als nämlich die Städte immer öfter Geldanleihen aufnehmen mußten, um ihre Steuereinnahmen zu sichern, gab es immerhin Leute, von denen sie Geld leihen konnten. Ungeachtet aller Klagen über die weitverbreitete Armut war dies ein Jahrhundert grandioser städtischer Bauten, barocker Paläste und Kirchen und eine Zeit der Neuerrichtung vieler Dörfer.

Obwohl Kapitalmangel die wirtschaftliche Entwicklung behinderte, könnte man genauer sagen, daß es nicht so sehr das bloße Geld war, das fehlte, sondern vielmehr die Bereitschaft zu seiner gewinnbringenden Investition; ganz offenbar waren manche Sizilianer viel reicher, als es den Steuereinnehmern je bekannt werden sollte.

Kapitel 12

Der Zerfall des spanischen Sizilien

Der Aufstand von Palermo 1647

Wie in vielen anderen Teilen Europas, war das letzte Jahrzehnt des Dreißigjährigen Krieges auch in Sizilien eine Zeit akuter Unruhen. Grund dafür waren weniger Empfindungen politischer Ungerechtigkeit als vielmehr gesellschaftliche Umbrüche und wirtschaftliche Pressionen. Allzuviel Geld war außer Landes gegangen, um den Krieg zu finanzieren. Im Inneren hatte es nach 1630 Einschränkungen bei den öffentlichen Unternehmungen und bei den Ausgaben für die Polizei gegeben: Mit Erstaunen registrierte der Vizekönig, daß es wieder unsicher geworden war, ohne zwanzig oder mehr Begleiter über Land zu reisen, und 1641 informierte der englische Botschafter Spanien heimlich davon, daß gewisse Sizilianer mit Hilfe der Franzosen ein Komplott schmiedeten, um die Unabhängigkeit zu gewinnen; von anderen hieß es, sie stünden mit den Türken in Verhandlungen.

Zweifellos gab es Beschwerden über die Verwaltung und Politik, doch verursachten diese keine Revolution. Das eigentliche Problem war der Hunger. Zwei schlechte Weizenernten nacheinander bedeuteten Gefahr, insbesondere weil die verfügbaren Vorratsmöglichkeiten nicht mit dem Bevölkerungswachstum Schritt gehalten hatten. 1647 stand die Lage auf Messers Schneide. Im Februar dieses Jahres verdarben starke Regenfälle die Saat, man mußte daher erneut aussäen, doch können nur wenige Bauern noch Saatgut übriggehabt haben. Dem folgte im März und April eine große Dürre; aus Furcht vor Beschlagnahme verbargen viele Bauern die ihnen verbliebenen Vorräte. So blieb den Menschen auf dem Land manchmal nichts zu essen als Wildpflanzen, und in den Städten gab es Tausende von Bettlern ohne Obdach; Krankheiten verbreiteten sich, und Dutzende Menschen starben jeden Tag den Hungertod. Als schließlich im Mai die Brotrationen nicht mehr aufrechterhalten werden konnten, marschierte in Palermo eine Prozession zum Dom, wo ein Laib Brot auf einem Spieß gegen das Christusbild des Altars geschleudert wurde. Rufe wie „Lang lebe der König, nieder mit den Steuern und der schlechten Regierung“ wurden laut. Die Kirchenglocken holten die Menschen auf die Straßen, und der Vizekönig rief aus einem Fenster des Palastes, daß er die Steuern auf Nahrungsmittel streichen werde. Doch da brannte bereits das Rathaus, die Gefängnisse wurden aufgebrochen und die Steuerämter zerstört. Entsetzt bewaffnete der Erzbischof seinen Klerus. Manche Aristokraten versuchten, Geld in den Mob werfen zu lassen, doch die meisten flohen auf ihre Landgüter – mit der Folge, daß noch mehr Menschen ohne Arbeitslohn und die Ordnungskräfte ohne Führung waren.

Diesen Aufstand hatten die ganz Armen verursacht, vielleicht von Kleinkriminellen aufgehetzt. Wenn man überhaupt einen anerkannten Anführer ausmachen kann, dann den flüchtigen Sträfling und Mörder La Pilosa, der Verbindungen zur Unterwelt von Palermo und den umliegenden Dörfern gehabt zu haben scheint. Die Regierung und die wohlhabenden Bürger waren angesichts der spontanen Bewegung machtlos, und als der Aufstand schließlich niedergeschlagen wurde, war dies den Handwerkergilden Palermos zuzuschreiben, die die privilegierte Arbeiterschicht repräsentierten. Diese *maestranze* mögen bis zu einem Viertel der arbeitenden Bevölkerung umfaßt haben. Ihre Mitglieder lebten gewöhnlich in enger Nachbarschaft in den übervölkerten Vierteln der Stadt und setzten sich oft über die allgemeinen Gesetze hinweg. Zweifellos war ihnen die vom Adel beherrschte Verwaltung der Stadt oft zuwider, doch waren sie zumeist von ihren aristokratischen Auftraggebern abhängig und hatten auch allen Grund, die Herrschaft des Mob zu fürchten; überdies standen ihnen ja keine Landgüter zur Verfügung, auf die sie sich hätten flüchten können.

Es gibt kaum Belege dafür, daß die Aufständischen an eine ganz Sizilien umfassende Revolte gedacht hätten. Manche Städte blieben durchweg ruhig; vielleicht hatten sie größere Getreidevorräte oder waren weniger durch die sozialen Spannungen zerrissen als Palermo. Weit entfernt vom Gefühl einer gemeinsamen Nationalität und vom Widerstand gegen Spanien opponierten manche von ihnen gegen die Revolution oder aber nutzten sie nur als Möglichkeit zur individuellen Bereicherung. So nahmen die Bürger von Catania die Gelegenheit wahr, ein Stück Land zu annektieren, das ihrer Auffassung nach die Krone zu Unrecht an sich genommen hatte. Messina wiederum, das mit eigenen sozialen Problemen geschlagen war, suchte den Vizekönig für sich zu gewinnen, indem es ihm Geld und Soldaten zur Niederwerfung des Aufstands von Palermo schickte und anbot, ihn und seinen Hof aufzunehmen.

Obgleich der Aufstand vom Mai 1647, der eine ähnliche Erhebung in Neapel im Juni und Juli desselben Jahres nach sich zog, verständlicherweise einige Panik verursachte, bedeutete er für Spanien zu keiner Zeit große Gefahr. Aus dem Ausland kam keinerlei Unterstützung, und die Anführer waren mit speziellen Mißständen mehr befaßt als mit einer allgemeinen politischen Zielsetzung. Die geographischen und gesellschaftlichen Spaltungen innerhalb Siziliens waren viel zu tief, als daß sie durch eine nationale Solidarität hätten überbrückt werden können, und so endete der Aufstand schließlich vor allem durch das Zutun sizilianischer Kräfte. Ein entscheidender Faktor war dabei, daß die *maestranze* zwar ein gewisses Maß an kollektiver Haltung und gemeinsamer politischer Zielsetzung aufwiesen, aber doch zerstritten waren; überdies fürchteten sie den Verlust ihrer ohnehin wenigen Privilegien. Sobald sie sich aber einmal darauf verständigt hatten, als Polizeimacht gegen den Mob aufzutreten, vergaben sie das einzige ihnen verbliebene Druckmittel auf die Regierung.

Spätestens im September war die Revolution vorüber. Mit Begeisterung begrüßte die Stadt die Rückkehr der spanischen Truppen. Der Erzbischof von Monreale sprach die Menschen von der Sünde der Revolution los und exorzierte öffentlich die

Dämonen und Hexen, die sie zur Rebellion veranlaßt hätten. Um die Nahrungsmittelversorgung in der Stadt zu sichern, mußte jeder, der ohne Arbeit war oder weniger als zehn Jahre in Palermo gelebt hatte, unter Androhung der Todesstrafe die Stadt verlassen; alle Weizenvorräte mußten deklariert werden, für die Meldung jeglicher dennoch verborgener Vorräte gab es eine Belohnung. In einer puritanischen Reaktion gegen die allgemeine Lässigkeit, die man mit der Revolution in Verbindung brachte, wurde alles Glücksspiel *sub poena triremium* verboten (d. h. überführte Spieler mußten als Galeerensträflinge büßen), ebenso das Tragen von Masken, da sie als Vermummung bei künftigem Fehlverhalten dienen könnten.

Trotz aller Gewaltsamkeit der Revolution gewannen also schließlich die grundlegende Trägheit und Unterwürfigkeit der sizilianischen Gesellschaft die Oberhand, ja die alte Ordnung wurde wiederhergestellt, als sei nichts gewesen. Da sich die Erhebung mehr gegen die Reichen Siziliens als gegen Spanien gerichtet hatte, war die Aristokratie natürlich dankbar, daß sich der König durchgesetzt hatte und daß alle Versprechen von Reformen in Verfassung und Wirtschaftsleben nicht wirklich ernst gemeint waren. Der neue Vizekönig, Kardinal Trivulzio, ließ die Adligen ihre angeheuerten Banden zur Bemannung der Bastionen nach Palermo bringen, da es ihm wichtig war, seine Abhängigkeit von den Handwerkergilden zu beenden. Die Vertreter des Volkes in den Stadtsenaten von Palermo und Catania – „die Griechen nennen dies Herrschaft des Demos (Demokratie), aber ich nenne es Herrschaft der Dämonen", sagte ein Kleriker – blieben nicht lange; man meinte, ihre Teilnahme entwerte den glorreichen Titel Senator.

Auch das Steuersystem wurde wieder zugunsten der adligen Schichten ausgerichtet. Selbst die *maestranze* schlossen sich der Forderung nach Wiedereinführung der Abgaben auf Lebensmittel an, da die Einstellung der Zinszahlungen auf Anleihen der öffentlichen Hand bei den Bürgern zu Arbeitslosigkeit geführt hatte. So blieb Trivulzio keine andere Wahl, als darauf zu bestehen, daß die *octrois* (lokalen Abgaben) geringer als zuvor ausfielen und es weniger Ausnahmen gebe. Zugleich reduzierte man die Zinsen für die öffentlichen Anleihen auf 4 Prozent für Bürger von Palermo und 3 Prozent für Fremde; zum Ausgleich für diesen Einnahmeverlust wurde zugestanden, daß die neuen *octrois* von Adligen und Klerikern aus den Reihen der Gläubiger überwacht werden sollten.

Die Rebellion von Messina 1674–1678

In den ersten 25 Jahren nach dem Aufstand von Palermo herrschten nacheinander zehn Vizekönige über Sizilien. Fragen der Verfassung und Gesellschaftsordnung verloren immer weiter an Bedeutung, und die Regierung beschränkte sich bald wieder auf kaum mehr als die Regelung der Grundfragen von Versorgung und Steuereinnahmen. Die Lebensmittelknappheit gewann allergrößte Bedeutung, was die Vielzahl von Regelungen für den Fall ernsthaften Mangels belegt: So hatten etwa in Palermo in einem solchen Fall die Bürger Ausweise bei sich zu tragen, damit man Fremde von der Brotverteilung ausschließen konnte, und wer gerade zu einem Prozeß in die Stadt kommen mußte, erhielt dafür eine Sondergenehmigung nur unter der Bedingung, daß er ausreichend Lebensmittel zur Selbstversorgung mit sich führte; allen anderen Besuchern drohte die Abschiebung, und die Polizei wurde ins Umland geschickt, um dort Weizenvorräte ausfindig zu machen.

Palermo war nicht die einzige Stadt mit solchen Problemen, Messina zum Beispiel war nicht weniger anfällig. Dort hatte man Spanien bereitwillig bei der Niederwerfung des Aufstands von Palermo 1647 geholfen, machte aber die Loyalität davon abhängig, daß man fast wie ein unabhängiger Staat behandelt werde. Die Stadt wurde nun von Senatoren verwaltet, die von einer sehr kleinen Zahl von Stimmberechtigten gewählt worden waren. Die Macht des Königs wurde durch den *strategoto* vertreten, der zumeist ein spanischer Edelmann war und sich in der Regel nicht allzusehr einmischte. Die so erweiterte Unabhängigkeit führte allerdings nicht zu dauerhaftem Wohlstand. Die Exporte aus Messina gingen allmählich zurück, und mit ihnen die Einnahmen der Stadt. Die Seidenarbeiter begannen, aus der Stadt abzuwandern, und bereits in den 60er Jahren des 17. Jahrhunderts sank die Einwohnerzahl, die zu Beginn des Jahrhunderts stolze 120 000 betragen hatte.

Für diesen wirtschaftlichen Niedergang gab es verschiedene Gründe. Zum einen entwickelte sich in Frankreich, von der Regierung gefördert, ein reger Seidenhandel, der Messina erfolgreich Konkurrenz bot. Zum anderen wurde die herrschende Oligarchie in der Stadt immer exklusiver, und entsprechend verlockend mußte es für sie sein, die Einnahmen der Stadt zur Unterstützung ihrer Oberherrschaft einzusetzen. Damit aber wurde die Spaltung zwischen dem Adel einerseits und den einfachen Bürgern andererseits zunehmend deutlicher. Die Oligarchie gab angesichts der Proteste und Gegenforderungen Palermos und anderer sizilianischer Städte immer größere Summen zur Aufrechterhaltung des Seidenmonopols der Stadt aus – Gelder, die letztlich von den Armen Messinas aufgebracht werden mußten.

Einige in den Jahren nach 1671 aufeinanderfolgende Mißernten brachten die gereizte Stimmung zum Ausbruch. Die ersten Hungertoten waren zu beklagen, Unruhen entflammten, man mußte eine strenge Rationierung der Lebensmittel einführen. Der *strategoto* nannte die auf Spekulation gegründete Gewinnsucht der Reichen als Ursache der Krise und suchte den sozialen Frieden dadurch wiederherzustellen, daß er das Wahlrecht ausdehnte und dem Adel nur die Hälfte der Sitze im Stadtrat beließ. Das brachte ihm dort freilich den Vorwurf ein, er handle bloß aufgrund seiner gesellschaftlichen Vorurteile, ja man beschuldigte ihn, er habe die Unruhen absichtlich hervorgerufen, um einen Vorwand dafür zu erreichen, die Privilegien der Stadt zu schmälern. Um über die Krise hinwegzukommen, ließ schließlich der Vizekönig den *strategoto* ablösen, bestimmte aber auch, daß die Stadt einige ihrer extremen Forderungen zurückschraubte.

1674 brach in Messina die Rebellion aus. Anders als 1647 in Palermo, handelte es sich im Grunde nicht um eine Hungerrevolte der Armen; ja die Preise scheinen stabil, die Lebensmittelknappheit mittlerweile weniger akut gewesen zu sein. Vielmehr war die Rebellion von Messina eine Revolution der Reichen, die an ihren vermeintlich unverzichtbaren Privilegien festhalten wollten; sie fürchteten jede Liberalisierung der Verfassung, da sie Unruhen der unteren Schichten anregen könnte, sie fühlten sich von der zunehmenden Zentralisierung der spanischen Herrschaft bedroht, und sie hatten vor der Feindschaft Palermos Angst, eben vor der Herausforderung ihrer Vorrechte im Seidenexport. Überdies hatte Spanien sich ihrer Meinung nach allzu bereit gezeigt, demokratische Reformen zu akzeptieren; es hatte ganz offenbar nicht viel Vertrauen in die Fähigkeiten der Handelsaristokratie, ja man stattete den neuen *strategoto* mit noch größerer Macht aus, Beschlüsse des Senats umzustoßen.

Im Juli 1674 faßte man also in Messina den revolutionären Beschluß, den spanischen Truppen den Zugang zur Stadt zu verwehren und einige der Anführer demokratischer Gruppen in der Stadt hinzurichten. Die Rebellen wandten sich sofort an Frankreich um Hilfe, also ausgerechnet an das Land, das an einer Beschneidung der sizilianischen Seidenindustrie am meisten interessiert war. Frankreich stand aber mit Spanien im Krieg, und Ludwig XIV. war sich der strategischen Bedeutung Siziliens wohl bewußt. Als sich nun Messina an ihn wandte, ernannte er den Herzog von Vivonne, den Bruder seiner damaligen Mätresse, zum Gouverneur der Insel; bereits in den ersten Monaten des Jahres 1675 trafen auch französische Truppen ein.

Wieder einmal hatten die inneren Spaltungen Siziliens eine zerstörerische Invasion und einen Bürgerkrieg verursacht. Der spanische Vizekönig berief die Landwehr ein, freilich ohne viel Wirkung, so daß die Regierung sich auf fünf Regimenter spanische und drei Regimenter deutsche Truppen verlassen mußte. Als es bereits so aussah, als obsiege Frankreich, zeigten einige Adlige eine gewisse Bereitschaft zum Seitenwechsel. Doch gab es zu keiner Zeit Anzeichen für eine neue Sizilianische Vesper gegen die Fremdherrschaft, nicht einmal, als im Juni 1676 die Hauptflotte Spaniens und Siziliens von der Frankreichs in Sichtweite von Palermo zerstört wurde. Vielleicht war die

Loyalität Palermos durch die gegenteilige Haltung Messinas bedingt; jedenfalls war nach drei Jahrhunderten spanischer Herrschaft deutlich, daß man sie passiv akzeptierte.

Spanien hatte allen Grund, für Siziliens wohlwollende Neutralität dankbar zu sein, und so kamen auch aus Madrid immer wieder Anordnungen, daß man auf unmäßige Forderungen der Bevölkerung gegenüber verzichten solle. Frankreich behielt inzwischen seinen Stützpunkt in Messina und Umgebung, doch war deutlich, daß man dort von der französischen Präsenz immer weniger begeistert war: Drei Jahre lang war deswegen schon der Handel unterbrochen, und der dadurch bedingte Preisanstieg führte bei den unteren Schichten zu Unruhen. Überdies zeigte Frankreich nicht mehr Respekt für die Privilegien Siziliens als das Spanien getan hatte: Als Gesandte der Stadt in Paris mit Ludwig XIV. sprechen wollten, gewährte man ihnen für ihren Wagen nur zwei anstelle der vom Protokoll geforderten sechs Pferde. Plötzlich kam den Bürgern der Verdacht, daß Ludwig zu keinem Zeitpunkt mehr als nur eine kleinere Ablenkungskampagne in seinem Krieg mit Spanien gewollt habe – ein Verdacht, der auch die hitzigsten Rebellen zur Verzweiflung bringen konnte.

Die Franzosen hatten gelernt, sich nicht über die Maßen mit den Interessen von Messina zu befassen. Noch während die Gesandten der Stadt in Paris Hilfszusagen erhielten, bereitete man heimlich bereits den Rückzug vor; Ludwig wollte nicht einmal einen Frieden aushandeln, der Messina vor spanischer Rache schützte. Plötzlich nun bemerkten die führenden Bürger der Stadt, welches Schicksal auf sie zukommen würde, und flohen; unter denen, die blieben, breitete sich jäh die Furcht aus, daß die Bauern und arbeitslosen Handwerker die Gelegenheit nutzen würden, aus Rache für den von seiten der Aristokratie erlittenen Ruin nun die Stadt zu plündern; eilig bildete man deshalb eine Bürgerwehr, und als die Plünderungen bereits um sich griffen, war vielen Bürgern das Eingreifen der spanischen Truppen hochwillkommen, ja in einer zeitgenössischen Quelle heißt es: „Sie vergossen Freudentränen darüber, daß sie von der Tyrannei Frankreichs befreit wurden."

Die Rebellion von Messina hatte Spanien enorme Kosten verursacht; die Stadt erfuhr deshalb keine milde Behandlung und mußte hohe Strafgelder zahlen. Das Rathaus wurde abgerissen, sein Bauplatz umgepflügt, Salz wurde in die Furchen gestreut. Der gewählte Rat wurde abgeschafft, ebenso die Universität; das Geld wurde nunmehr für ein gewaltiges Kastell ausgegeben, das die Stadt beherrschte. Die königliche Münzstätte wurde nach Palermo verlegt, das beschlagnahmte Eigentum der aufständischen Familien verkauft, darunter Lehen, Gerichtsbarkeiten und manchmal ganze Dörfer. Messina wurde zum Schatten seiner selbst, seine Bevölkerungszahl sank innerhalb eines Jahrzehnts um mehr als die Hälfte.

Als 1687 der Herzog von Uceda als Vizekönig von Sizilien eintraf, fand er eine von Gewalttätigkeiten und Trostlosigkeit geprägte Szene vor. Banditen wurden von der Aristokratie und der Rechtsprechung gedeckt, der Handel war fast gänzlich zum Erliegen gekommen, und viele weigerten sich einfach, geschuldete Gelder zurückzuzahlen. Arbeiter waren oft so ängstlich, daß sie die Sicherheit ihrer Dörfer nicht verlassen wollten, Palermo hingegen war wiederum fast ganz außer Kontrolle geraten. Uceda versuchte, mit einem ausnahmslosen Verbot aller Waffen, insbesondere des todbringenden „Messers von Messina", durchzugreifen; selbst Soldaten durften bei ihren Übungen keine scharfen Waffen mehr verwenden. Solche Maßnahmen konnten freilich allenfalls Schlimmeres verhindern, doch keine Besserung bewirken. Spanien hatte nicht die Absicht, sich weiter als für die beschränkten strategischen und wirtschaftlichen Ziele unbedingt nötig, in die sizilianischen Angelegenheiten hineinziehen zu lassen.

Steuerforderungen wurden weiterhin gewissenhaft bezahlt. Der Vizekönig hatte Order, wo irgend möglich die mühsame Einberufung von Parlamentsversammlungen zu vermeiden; statt der üblichen Sitzungen alle drei Jahre trat das Parlament in den letzten dreißig Jahren des 17. Jahrhunderts nur noch viermal zusammen; man raffte sich auch nicht zu einem Protest gegen die „illegale“ Praxis der Erhebung von *donativi* in den Jahren zwischen den Versammlungen auf. Die Verteilung dieser Abgaben war zwar, wie einzugestehen ist, inzwischen etwas gerechter, doch stand es der Deputation (s. S. 148), also der höheren Aristokratie, noch immer weitgehend frei, die genaue Aufteilung dieser Abgaben auf die Mitglieder der verschiedenen Schichten zu bestimmen; zweifellos blieb diese Praxis ein wichtiger Grund dafür, daß die Steuern von jenen ohne viel Widerspruch akzeptiert wurden.

Der Vizekönig war auch gewarnt worden, daß das Parlament „viel Verlegenheiten und Unannehmlichkeiten“ verursachen könne, sofern er die Auswahl der Repräsentanten nicht sorgfältig überwache. In der Praxis jedoch erwies sich die Handhabung des Parlaments durch die geeignete Verteilung von Gefälligkeiten als recht einfach. Überdies hatten die Vertreter der Nation es praktisch aufgegeben, Einfluß auf die Gesetzgebung ausüben zu wollen: Wenn man die Petitionen jener Zeit betrachtet, erscheinen die Parlamentarier mehr daran interessiert, den König um eine Intervention beim Papst betreffs ihrer Verehrung der heiligen Rosalia oder betreffs der Seligsprechung weiterer Sizilianer zu bitten. Sobald einmal der Ehrgeiz Messinas gezähmt war, zeigten die herrschenden Schichten in der Gesellschaft keine Anzeichen mehr für den Wunsch, Spaniens momentane Schwäche zur Gewinnung auch nur einer geringen politischen Initiative oder gar Autonomie zu nutzen.

Die meisten Sizilianer hatten mit Problemen ihrer Regierung unendlich weniger zu tun als mit ihren wirtschaftlichen Schwierigkeiten und mit Naturkatastrophen. So hatte kein von Menschenhand verursachtes Ereignis so weitreichende Auswirkungen wie der Ausbruch des Ätna im Jahre 1669 und das schreckliche Erdbeben von 1693. Kleinere Ausbrüche des Ätna waren recht häufig gewesen, doch hatte der von 1669 eine ganz andere Größenordnung. Eine Lavazunge von 2 Kilometern Breite ergoß sich 25 Kilometer lang vom zentralen Krater aus, brachte die Mauern von Catania zum Einsturz und füllte das

Hafenbecken der Stadt zu einem Teil voll. Riesige Landgebiete waren nun nicht mehr nutzbar. Der Vizekönig sandte alle Hilfe, derer er habhaft werden konnte, obwohl einige Bürger von Catania befürchteten, daß damit nur ein Versuch Palermos kaschiert werden sollte, den Schleier der heiligen Agatha zu stehlen, ihre am meisten verehrte Reliquie zur Verteidigung gegen die zerstörerischen Naturgewalten.

Noch mehr Schaden richtete das Erdbeben von 1693 an. Noto und Modica wurden fast vollständig zerstört, große Teile von Syrakus und Ragusa ruiniert, Catania in einen Steinhaufen verwandelt. Entsetzte Beobachter berichteten, wie die Erde sich geöffnet und Menschen verschlungen habe, wie Flüsse verschwunden und Küstendörfer von riesigen Wellen erfaßt worden seien. Der Schrecken jener nächtlichen Zerstörungen ließ Zehntausende Stadtbürger aufs Land fliehen. Vielleicht jeder zwanzigste Sizilianer starb damals, viele an Krankheiten, die nach dem Erdbeben grassierten. In einem weiten Gebiet kam das gewöhnliche Leben der Gesellschaft zum Erliegen; die einzige Universität Siziliens hörte zu bestehen auf.

Das 17. Jahrhundert schloß mit dem Tod Karls II. (1665–1700). Da er starb, ohne einen Sohn hinterlassen zu haben, beendete seine ruhmlose Herrschaft die direkte Habsburger-Linie in Spanien und Sizilien; diese beiden Reiche wurden zusammen mit viel persönlichem Besitz testamentarisch an einen Enkel König Ludwigs XIV. von Frankreich, Philipp V. von Bourbon, Herzog von Anjou, vererbt. Wieder einmal zeigte Palermo keine Regung. Offenbar mußte diese Erbfolge auch vom sizilianischen Parlament nicht gebilligt werden. Der Vizekönig proklamierte einfach drei Tage währende Feierlichkeiten zu Ehren dieses Philipp V., und Adel und Bevölkerung sollen mit Freude an dem Spektakel teilgenommen haben, das so verschwenderisch war, wie es die Welt noch nicht gesehen hatte.

Sizilien war von den Habsburgern jahrelang in einen ermüdenden Krieg gegen die Bourbonen verwickelt worden. Jetzt stand die Insel auf einmal auf der Gegenseite, hatte aber immer noch an dem offenbar sinnlosen Kampf teilzunehmen. Was Ludwig XIV. mit Sizilien vorgehabt hatte, war schließlich nicht verwirklicht worden, allerdings nicht aufgrund von lokaler sizilianischer Opposition. Zwölf Jahre hatte eine Allianz mehrerer Staaten im Spanischen Erbfolgekrieg dafür gekämpft, eine Union von Frankreich und Spanien zu verhindern. England, die Niederlande und Deutschland wünschten den Erzherzog Karl, einen österreichischen Habsburger, als König Siziliens; sie hatten ja allen Grund, zu verhindern zu suchen, daß Sizilien zum Vorposten eines französischen Mittelmeerreiches werde.

Im Jahre 1707 erreichten österreichische Truppen Kalabrien und bereiteten eine Invasion Siziliens vor. Zur Verteidigung der Insel standen nurmehr 3000 Mann zur Verfügung, darunter einige Deutsche, deren Loyalität zu den Bourbonen fraglich war. Überdies kam es zu einem Aufstand der Galeerensträflinge. Als Notmaßnahme beschloß man, französische und irische Soldaten nach Palermo zu verlegen, offensichtlich mit Billigung der städtischen Aristokratie, nicht aber der Gilden in der Stadt. So kam es zum Aufruhr, bei dem noch einmal für kurze Zeit die *maestranze* und das städtische Proletariat am selben Strang zogen.

Kanonen wurden die Hauptstraßen entlang geschleppt, das Arsenal erobert. Einen Monat lang konnte der Vizekönig seinen Palast nicht verlassen, die französischen Schiffe, die vor der Küste lagen, unterließen aus Angst jede Aktion. Einige Adlige versuchten, gegen den Aufstand durch den Einsatz von auf dem Land angeworbenen Banden vorzugehen, doch versetzte dies die Gilden erst recht in Zorn; bald sahen viele der führenden Bürger der Stadt ihr Heil in der Flucht auf ihre Landgüter. Wie im Jahre 1647, blieben auch jetzt die *maestranze* in einer Position, in der sie eine Stadtverwaltung und eine Polizei nach ihren eigenen Wünschen einrichten konnten, was sie auch eine kurze Zeit lang mit bemerkenswertem Erfolg taten. Schließlich aber wurden sie durch interne Differenzen und Unerfahrenheit anfällig für Korruption und den Verlust ihrer Entschlußkraft. So gewann die Regierung die Kontrolle zurück; von den Rebellen wurden viele gefoltert und hingerichtet.

An diesem Punkt beschloß der Vizekönig einen unpopulären Schritt: Er zog sich in die loyalere Stadt Messina zurück. Verzweifelt schrieb er an Philipp V., daß die kleine sizilianische Besatzung eine Invasion überhaupt nicht werde abwehren können. Feindliche Schiffe landeten schon vereinzelt an der Küste an, ein englisches Schiff beschoß Mazara. Der Kriegsausbruch kam immer näher, entsprechend unruhig wurden die in Sizilien stationierten deutschen und spanischen Truppen. 1711 mußte der Vizekönig zur Aufrechterhaltung der Kampfmoral eine Reihe Offiziere hinrichten lassen; ihre Häupter wurden in Salzlake konserviert und in Messina als Warnung öffentlich zur Schau gestellt. Doch bevor noch eine Invasion oder eine Revolution stattfand, nahm ein internationaler Kongreß in Utrecht Sizilien dem Bourbonen Philipp V. ab und übergab die Insel dessen Schwiegervater Viktor Amadeus, dem Herzog von Savoyen-Piemont. Die langen Jahre der spanischen Herrschaft waren plötzlich vorbei.

Kapitel 13

Drei Experimente mit Fremdherrschaft 1713–1765

Herrschaft von Turin aus

Der plötzliche Wechsel, der Sizilien aus der Herrschaft Spaniens entließ und erneut einer italischen Macht angliederte, war teilweise das Ergebnis einer englischen Intervention gewesen. Die österreichischen Habsburger hätten Sizilien gerne selbst übernommen und damit die Herrschaft über beide Sizilien, *utriusque Siciliae regnum* (vgl. S. 124), wiederhergestellt. Doch England zog es vor, die Insel in schwächeren Händen zu lassen, und brachte als Argument vor, daß Viktor Amadeus, der Herzog von Savoyen-Piemont, für seinen klugen Seitenwechsel im Krieg und für seine Hilfe bei der Niederwerfung seiner bourbonischen Verwandten eine Belohnung verdient habe. Als die englische Königin Anna in anachronistischer Weise Einwände dagegen erhob, daß hier ein Land ohne seine Zustimmung verschachert werde, wiesen ihre Minister darauf hin, welche diplomatischen und politischen Vorteile die Übergabe mit sich bringe. Der Herzog selbst war hocherfreut; er stammte aus einer ehrgeizigen Familie, die auf den Zugewinn von Land besonderen Wert legte, und es schien ihm ein würdiger Lohn für einen teuren Krieg, daß er einen Königstitel erhielt und sich nun König von Sizilien und Jerusalem nennen konnte.

Viktor Amadeus wurde im Oktober 1713 von einem englischen Schiff auf die Insel gebracht. Das erste Mal seit 1535 kam so wieder ein eigentlicher König nach Sizilien. Außerdem wurden von den Engländern 6000 Soldaten aus Norditalien nach Sizilien geführt, die die bourbonische Besatzung ersetzen sollten. Der neue König blieb ein Jahr, in dem er die wichtigen

Küstenorte besichtigte und versuchte, lokale Probleme verstehen zu lernen; dann kehrte er an seinen piemontesischen Herrschaftssitz in Turin zurück. Mit sich brachte er eine Menge Geld zur Unterstützung des sizilianischen Haushalts; auch veranlaßte er Untersuchungen über die meisten Gebiete des öffentlichen Lebens in Sizilien. Außerdem wurde nunmehr seit langem der erste Versuch unternommen, ein Programm der Verwaltungsreform zu überdenken.

Die Verbesserung der wirtschaftlichen Lage erhielt den obersten Stellenwert. Unter anderem regte man die Einrichtung einer Papierfabrik an, die lokales Rohmaterial verwerten konnte, auch brachte man gelernte Glasarbeiter herbei, durch die in Sizilien Glasmacherei begonnen werden sollte, und ebenso suchte man die Qualität sizilianischer Wolle und Seide zu heben. Der König wollte aus Piemont neue Formen von Arbeitsverträgen einführen, um den Problemen der Arbeitslosigkeit in den Städten und der Entvölkerung des Landes entgegenzuwirken. Man beriet ihn auch dahingehend, daß er die Landeigentümer zum Verkauf von Teilen ihrer großen Güter bewegen müsse, um auf diese Weise viel mehr mittelgroße Bauerngüter zu schaffen. Obgleich solche Maßnahmen vernünftig waren, zeigten sich die Piemontesen bei ihrem Vorgehen gegen wirtschaftliche Probleme oft herablassend und allzu kritisch. Außerdem war natürlich das Gefühl unvermeidlich, daß einige vitale Interessen von Sizilianern durch die Maßnahmen bedroht seien; und ebenso nahm man Anstoß daran, daß solche „Nordlichter" in großer Zahl als Minister und Richter eingesetzt wurden, denn dies implizierte, daß Sizilianer entweder korrupt oder inkompetent waren.

Das fünf Jahre währende Experiment einer piemontesischen Herrschaft zeigte unter anderem, daß die tief verankerten Denk- und Verhaltensweisen ein gewaltiges Hindernis gegen jeden Reformversuch darstellten. Ein besonders heikles Gebiet war der Stolz: Sizilianer waren an den Pomp der spanischen Vizekönige gewöhnt und fanden die Kargheit ihrer neuen Herren schwer verständlich; so trug etwa Viktor Amadeus selbst kein Gold und keine Spitzen, sondern ungefärbte Wollstoffe, grobe Stiefel und nur eine einfache Reiseperücke. Der Widerwille gegen diesen etwas puritanischen Mann aus dem Norden ging so weit, daß noch hundert Jahre später Kinder ein Spiel kannten, bei dem man Steine auf eine Puppe namens Viktor Amadeus werfen mußte.

Freilich ließ man das Gefühl der Unzufriedenheit sich nie bis zur offenen Revolte aufstauen. Einige wenige Barone erhielten Posten, nachdem man eine Liste mit Einzelheiten ihrer jeweiligen Schwächen erstellt hatte, die anderen durften ihre privilegierten Vorrechte weiterhin genießen. Der König war sich der wirtschaftlichen und rechtlichen Nachteile einer uneingeschränkten Herrschaft der Barone wohl bewußt, doch konnte er es sich in der Praxis nicht leisten, mehr als ganz allgemeine Überlegungen gegen feudalen Mißbrauch anzustellen. Sein kryptischer Rat an den Vizekönig, Graf Annibale Maffei, besagte, daß man nicht die Barone gegeneinander ausspielen solle, sondern – wenn möglich – darauf hinwirken, daß sie sich nicht allzu einig seien. Jeder Wechsel im Besitz eines Lehens bedurfte der königlichen Genehmigung. 1716 wurde bestimmt, daß alle Barone, die neue Dörfer gegründet hatten, ohne zuvor eine Genehmigung dafür erworben zu haben, ihren Besitz daran verwirkt hatten – allerdings wurde diese Bestimmung nicht sehr rigoros in die Tat umgesetzt.

Obgleich sich der reformerische Eifer der Piemontesen allgemein als lästig erwies, war es ein Zusammenstoß mit der Kirche, der zur Unterminierung des neuen Systems entscheidend beitrug. Die Kontroverse hatte sich 1711 an einem kleineren Vorfall entzündet, als der Bischof von Lipari gewisse lokale Amtsinhaber exkommuniziert hatte, die eine Fracht Bohnen besteuert hatten, ohne zu bemerken, daß es sich um bischöfliches Eigentum, also um steuerfreie Ware gehandelt hatte. Als nun der Papst den Bischof unterstützte, vergalt der Vizekönig dies mit dem Hinweis darauf, daß nach altem Brauch die Autorität des Papstes in Sizilien beschränkt war und stets der Bestätigung durch die Krone bedurft hätte. Über fünf Jahrhunderte hatten beide Seiten diese Art von Konflikten in der Rechtsprechung vermieden, nun aber hatten sie, vielleicht ohne dies zu bemerken, dazu beigetragen, daß sich aus einem nichtigen Anlaß ein richtiger Kampf entwickelte, mit der Verhängung der Kirchenstrafe des Interdikts auf der einen, Gefangennahme und Deportation auf der anderen Seite.

Viktor Amadeus hatte diesen Disput von der vorhergehenden Verwaltung Siziliens übernommen. Die Lage verschärfte sich, als die extremen Papsttreuen seine Thronbesteigung zur erneuten Erhebung der Forderung nutzten, daß der neue König zunächst den Papst um feudale Investitur bitten müsse. Der König aber hatte geschworen, die Privilegien Siziliens zu bewahren und konnte sich daher dieser Forderung nicht unterwerfen; vielmehr bestand er darauf, daß durch Recht und Tradition in Sizilien sogar päpstliche Dispense für Eheschließungen, erst recht natürlich Exkommunikationen, ungültig seien, sofern nicht das königliche *exequatur* vorlag. In dieser Haltung wurde Viktor Amadeus privat vom spanischen König bestärkt, der vielleicht nicht abgeneigt war, seinem Nachfolger Schwierigkeiten zu schaffen.

Im Jahre 1715 wurde eine päpstliche Bulle herausgegeben, die die sechs Jahrhunderte alte Gewährung der päpstlichen Legation für die Könige Siziliens für beendet erklärte. Der Papst weigerte sich auch, die Kreuzzugssteuer zu sanktionieren oder dem Klerus die Zahlung seines Anteils an den *donativi* zu gestatten. Hunderte von Priestern wurden wegen der Beachtung dieser päpstlichen Order verbannt oder ins Gefängnis geworfen, ihre Güter beschlagnahmt. Bistümer blieben unbesetzt, ihre Einnahmen eingezogen; vielerorts kam die öffentliche Ausübung der Religion fast ganz zum Erliegen. Vom Papst aus ihrer Untertanenpflicht entlassen, sahen sich die Bürger ermutigt, der königlichen Autorität zu widerstehen, ja die Mönche von Girgenti richteten sich sogar darauf ein, die königlichen Offiziere mit kochendheißem Öl von den Mauern ihres Klosters fernzuhalten. So stolz die Sizilianer stets auf die Apostolische Legation auch gewesen waren, so sehr verschlechterte dieses Interdikt ihre Loyalität gegenüber der neuen Herrschaft – weit mehr als die gegenüber der geistlichen Autorität Roms.

Viktor Amadeus brauchte nicht lange, um festzustellen, wie wenig er für Sizilien tun konnte, und trug sich bald mit dem Gedanken, die Insel gegen Mailand oder Florenz einzutauschen. Mit diesem Hintergedanken bereitete er einen Krieg gegen seinen einstigen Verbündeten, Österreich, vor, in der irrigen Meinung, Spanien werde ihn dabei unterstützen. Spanien aber hatte andere Pläne, nutzte die Gelegenheit zu einer Invasion der Insel und damit zur Wiedererlangung des 1713 verlorenen Territoriums. Verzweifelt rief Viktor Amadeus das übrige Europa zur Aufrechterhaltung des Friedens von Utrecht auf und bot an, Sizilien gegen die Toskana oder Sardinien an Österreich abzutreten, sofern er sich weiterhin als König bezeichnen dürfe. Die Österreicher hatten aber bereits beschlossen, gegen die spanische Aggression zu kämpfen und schickten eine Invasionsstreitmacht; und so wurde die Insel ein Jahr lang von zwei großen Armeen, der österreichischen und der spanischen, heimgesucht. 1719 trafen sie bei Francavilla in der wohl größten Schlacht in Sizilien seit der Römerzeit aufeinander.

Im Februar 1720 endete dieser Krieg mit Philipps V. Eingeständnis der Niederlage. König Siziliens wurde nun der Habsburger Kaiser Karl VI., der seit über fünfzehn Jahren Anspruch auf die Herrschaft über Sizilien erhoben hatte; und die europäischen Diplomaten schufen den Londoner Vertrag, der seine Thronbesteigung bestätigte. Die Interessen Siziliens spielten bei niemandem eine Rolle. Viktor Amadeus, dem das Königreich Sardinien als Kompensation übergeben worden war, nahm einen Teil der sizilianischen Flotte mit sich, ebenso alle Archivalien über seine eigene und einige frühere Herrschaften über die Insel, und auch eine Anzahl begabterer Sizilianer, die auf seine Einladung hin Ämter in Turin übernahmen. Inzwischen versuchte eine große österreichische Armee, eine starke Regierung durchzusetzen, Waffen zu beschlagnahmen und den Gilden von Palermo zu untersagen, die Stadtbefestigungen zu bemannen.

Der Mangel an Widerstand bedeutete nicht, daß Sizilien die Herrschaft durch noch eine andere fremde Macht bereitwillig hinnehmen wollte. Der erste Vizekönig erzürnte in allzu vertrauter Art die privilegierten Schichten durch seinen offenbaren Mangel an Respekt vor ihnen und mußte bald zurückgezogen werden. Sein Nachfolger erkannte, daß ein taktvolleres Verhalten angezeigt war. Einige Barone wurden zu Prinzen des Heiligen Römischen Reiches gemacht, der Bürgermeister und die Ratsherren von Palermo richtig als „spanische Granden erster Klasse" anerkannt und jeder Baron, der der Aufnahme von Banditen beschuldigt wurde, konnte auf mildere Behandlung als zuvor rechnen. Überdies war die Kirche soweit versöhnt, daß Papst Benedikt XIII. die Bulle von 1715 widerrief und eine modifizierte Version der Apostolischen Legation „auf alle Zeit" wiedereinrichtete. Die spanische Inquisition schließlich erhielt allen Vorwürfen von Exzessen zum Trotz bei einer nur leichten Einschränkung ihrer Rechtsbefugnisse freie Hand in religiösen Angelegenheiten.

Obwohl die Österreicher bereit waren, den Großteil der Kosten ihrer Invasion selbst zu tragen, erwarteten sie lokale Beiträge zur Unterstützung der Garnisonen und zusätzlicher, zur Sicherung des Seehandels eingesetzter Kriegsschiffe. Sie erwarteten außerdem 30000 *scudi* jährlich für den kaiserlichen General, Prinz Eugen, und Gelder für den Bau neuer Brücken. Wie die Piemontesen waren auch die Österreicher an höhere Ausgaben und wirksamere Steuereinnahmepraktiken gewöhnt, als dies in Sizilien üblich war; und man unternahm Versuche, das Steuersystem gerechter zu machen und darauf hinzuwirken, daß es weniger wirtschaftlichen Schaden anrichtete. Mit anderen Worten handelte es sich also in vieler Hinsicht um eine aufgeklärte Verwaltung. Manche Sizilianer nutzten diese Tatsache aus, um bestimmte Einzelreformen zu vertreten, doch blieben sie eine winzige Minderheit, während die allgemeine Meinung Tatenlosigkeit und niedrige Steuern vorgezogen zu haben scheint.

Handel und Gewerbe unter den Österreichern

Obwohl der König seine Einkünfte durch den Verkauf von Titeln und Regalien (Hoheitsrechten) vermehren konnte, wußte er, daß letztlich nur eine radikale Verbesserung der Wirtschaft Siziliens seine Unternehmung profitabel machen konnte. Mittlerweile hatten sogar die Händler im von Österreich beherrschten Neapel erkannt, daß Weizen im östlichen Mittelmeerraum billiger zu kaufen war – eine Tatsache, die für fast jeden in Sizilien negative Auswirkungen hatte. Die Regierung freilich war unfähig, die genauen Ursachen für diesen Mißstand zu erkennen, und versuchte, durch den Abschluß von Handelsverträgen mit den Herrschern von Tunis, Tripolis und Algier Abhilfe zu schaffen, wobei sie die von ihr als „abergläubische Überlegungen affektierter christlicher Frömmigkeit“ bezeichneten Widerstände gegen ein solches Vorgehen überging. Dieses *rapprochement* mit den Berbermächten mag tatsächlich den sizilianischen Weizenexporten zuträglich gewesen sein, da es möglicherweise die Freibeuterei zurückdrängte, die langsameren Handelsschiffen das Befahren der sizilianischen Gewässer verleidet hatte.

Ernsthafte Bemühungen unternahm man auch zur Wiederbelebung des Handels von Messina. Die Stadt erhielt zu diesem Zweck größere Privilegien als Freihafen, ihre Steuerverpflichtungen wurden reduziert, und um neue Ansiedler zu gewinnen, versprach man jedem Ankömmling Straffreiheit von Delikten, die er andernorts begangen hatte. Solche Reformen brachten allerdings nicht so viel Nutzen, wie man sich erhofft hatte. Die Fremden ließen sich nicht so einfach nach Sizilien zurücklocken, vielleicht waren sie inzwischen auch davon überzeugt, daß der sizilianische Markt keinen Gewinn versprach. Seide erhielt man billiger in China, und die Hafengebühren in Livorno und Reggio waren ungleich günstiger; Messina war eben so sehr verschuldet und so wenig weitsichtig, daß es hohe Lokalabgaben verlangte, die den Handel der Stadt nicht wettbewerbsfähig werden ließen.

Ein Hindernis für den Handel lag allgemein darin, daß die Sizilianer ungern Kapital riskierten, wenn ein Erfolg nicht ganz garantiert war. Vor allem verlangten sie rechtliche Privilegien und Vorteile. Durch die Jahrhunderte hindurch war ja ein ganzer Komplex von verschiedenen Gerichtshöfen (*fori*) und Rechtssystemen gewachsen: Es hatten nicht nur die Kirchengerichte, die dem Klerus eine besondere Immunität gewährten, eine eigene Gerichtsbarkeit, sondern auch die Inquisition, die Apostolische Legation, der Kanzler, der Protonotario, die Königliche Münze, der oberste Heeresinspekteur, die Admiralität, die Tabaksteuereinnehmer, der Rat für den Weizenexport, das Kreuzzugssteueramt, der Zoll, der britische und der französische Konsul und in einem gewissen Maße auch die *maestranze*; und die Mitglieder jedes *foro* betrieben eifrig, daß sie von der Jurisdiktion anderer Institutionen ausgenommen waren. Dies alles führte dazu, daß die Einhaltung von Verträgen oder die Rückzahlung von Schulden kaum garantiert war.

Wie der Handel erwies sich auch das Gewerbe als schwer in Schwung zu bringen. So war die Zuckerproduktion rasch zurückgegangen, wenn es auch zu jener Zeit noch vier Betriebe mit jeweils etwa vierhundert Arbeitern gab. Die österreichische Regierung meinte voller Optimismus, daß man mit recht billigen Krediten zumindest sechs weitere würde rentabel machen können und belegte aus diesem Grund importierten Zukker mit einer hohen Abgabe. Bevor aber diese Steuer irgendeine Wirkung zeigen konnte, überredeten die oberen Schichten, die durch ihren Verbrauch von Eisgetränken und Konfekt die Hauptabnehmer von Zucker waren, die Regierung, die Maßnahme zurückzunehmen, und bald wurde in Sizilien Zuckerrohr nicht mehr als Handelsware angebaut.

Ebenso optimistisch meinten die Österreicher, daß für eine ganze Reihe von Gewerben ausreichend Rohmaterial auf der Insel vorhanden sei und daß die Großzahl von Bettlern andeute, daß es reichlich ungenutzte Arbeitskraft gebe. Ihnen schien daher Sizilien ohne Notwendigkeit in Armut zu verharren. So wurde auf der Insel nur ganz grobes Glas hergestellt, während einige der für die Produktion wichtigsten Rohmaterialien aus

Sizilien nach Venedig ausgeführt wurden. Schießpulver kaufte man in Genua, obwohl Schwefel, Salpeter und Holzkohle auf Sizilien so reichlich vorhanden waren, daß man sie exportieren konnte. Auch der sizilianische Schiffbau fand in so geringem Umfang statt, daß die Insel nur etwa zwanzig Schiffe besaß, die überhaupt Genua erreichen konnten. So leicht es aber war, den Mangel an lokalem Unternehmergeist zu beobachten, so schwierig war es, ihn als Hauptursache für die wirtschaftlichen Probleme zu erkennen oder gar ihm entgegenzuwirken.

Neapel und das sizilianische Parlament

Die Regierungen von Turin und Wien hatten den lokalen Problemen jeweils einige anfängliche Begeisterung entgegengebracht, doch mangelte es beiden an Geduld, Takt und schlicht an Kraft, weitergehende Auswirkungen auf eine so traditionalistische und statische Gesellschaft zu erreichen. Die Zugeständnisse an Messina führten nicht zur wirtschaftlichen Erholung dieser Stadt. Verbesserte Methoden der Besteuerung konnten zwar erörtert, aber nicht leicht durchgeführt werden, und ebensowenig ließen sich wirtschaftliche Ressourcen in einer Welt mobilisieren, in der die meisten Änderungen in vielen verschiedenen gesellschaftlichen Ebenen auf furchtsame Ablehnung stießen. Herrscher und Beherrschte waren bald voneinander enttäuscht. Im Vergleich zu Österreich oder Savoyen konnte man Spanien wohl dekadent nennen, und doch hatte sich Sizilien an die ferne und recht lockere spanische Regierung gewöhnt, die dem Adel freie Hand bei der guten oder auch schlechten Herrschaft über ihre Untertanen gewährt hatte.

Als im Jahre 1734 internationale Spannungen Österreich gerade isolierten, hatte eine erneute spanische Unternehmung leichtes Spiel bei der Rückeroberung des Königreichs, das Spanien 1713 verloren hatte. Gegen die Österreicher scheint es in Sizilien keine Erhebung gegeben zu haben, ebensowenig eine Gruppe, die sich zwecks Befreiung an Spanien gewandt hätte, und doch eilte auf die erste Nachricht eines erfolgreichen spanischen Einfalls eine Deputation von Edelleuten aus Palermo dem General der Invasionstruppen entgegen, um ihm zu versichern, wie willkommen er und seine Leute seien. Die österreichische Armee leistete kaum Widerstand, und die folgenden Ereignisse kann man kaum als ernsthafte Invasion bezeichnen. Plötzlich fanden sich die Sizilianer wieder Seite an Seite mit Neapel und als Apanage für Don Carlos, den Sohn des Bourbonen Philipp V., einen spanischen Prinzen (*infante*), der als Karl III. König wurde.

Der mit so wenig Blutvergießen errungene Sieg Karls III. wurde, wie es hieß, „mit außerordentlicher Begeisterung" begrüßt. Die Leute waren geschmeichelt, daß wieder ein echter König persönlich eingetroffen war und nun gelobte, ihre Gesetze zu bewahren. Palermo war erfreut, daß er den Hinweis verwarf, er müsse sich rechtmäßig in Messina krönen lassen, und Messina war erleichtert, daß nun die letzten der 1679/80 verhängten Strafgelder (s. S. 182) aufgehoben wurden. Karl eröffnete den Königspalast, Palermo lebte wieder als Zentrum der Hofempfänge auf. Doch schon nach einer Woche verließ der König Sizilien. Alles, was die Sizilianer künftig von ihm zu sehen bekommen sollten, war sein Standbild, das man aus Kostengründen aus der eingeschmolzenen Bronze der Statue des österreichischen Kaisers herstellte (für die ihrerseits diejenigen früherer Könige verwendet worden waren). Karl hatte sogar nicht einmal daran gedacht, das Parlament zur Bestätigung seiner Thronbesteigung einzuberufen.

Obwohl Sizilien nun von Neapel aus regiert wurde, blieb der spanische Einfluß bis zur Mitte des Jahrhunderts stark. Selbst unter den österreichischen Habsburgern hatte es spanische Vizekönige gegeben, spanische Kleidung war wieder als modisch angenommen worden. Spanische Verhaltensweisen galten noch immer als äußeres Zeichen für die Zugehörigkeit zum Adel, Maskeraden und Karneval blieben ein dauerhafter Bestandteil des sizilianischen Lebens, auch Stierkämpfe fanden bei allen Schichten der Bevölkerung im ganzen 18. Jahrhundert großen Anklang und waren noch im 19. Jahrhundert nicht unbekannt. Doch hatte stets eine Unterströmung von italienischem Kultureinfluß angehalten, die nun viel deutlicher wurde. Selbst unter den Spaniern waren viele Vizekönige Italiener gewesen. Die Architekten der Villen in Palermo im 18. Jahrhundert waren zumeist in Rom ausgebildet, der Gebrauch des Hochitalienischen neben dem sizilianischen Dialekt hatte sich zunehmend durchgesetzt. 1741 eröffnete der Vizekönig das Parlament mit einer Rede in italienischer Sprache, drei Jahre zuvor hatte er noch spanisch gesprochen.

Als im Jahre 1759 Karl III. auf den spanischen Thron erhoben wurde, gestand ihm das übrige Europa nicht zu, daß er überdies noch Sizilien und Neapel behielte. Er übergab diese beiden Königreiche also seinem Sohn, der als Ferdinand IV. über Neapel und als Ferdinand III. über Sizilien herrschte. Wieder einmal verhinderten die alten Gesetze und Privilegien, auf die Karl doch seinen Eid geleistet hatte, nicht, daß das sizilianische Reich als Privatbesitz des Königs betrachtet wurde und die Thronfolge lediglich dynastischen Erwägungen und dem Gleichgewicht der Mächte Rechnung trug. Einige sizilianische Adlige folgten Karl und lebten künftig in Spanien. Der neue König Ferdinand, der ja aus einer bourbonischen Familie stammte, bezeichnete sich als *infante* von Spanien und befolgte zunächst alle Weisungen aus Madrid. Im Laufe seiner 66 Jahre währenden Herrschaft entwickelte Sizilien aber mehr und mehr Verbindungen mit Italien, die ein festes Band bedeuten sollten.

Die Bourbonen von Neapel hofften zunächst, daß sie erfolgreich sein würden, wo die Österreicher und die Piemontesen versagt hatten. So richtete etwa Karl III. einen Obersten Handelsmagistrat ein, der weitreichende Befugnisse zum Eingreifen in wirtschaftliche Belange besaß und von einem Gremium geleitet wurde, in dem die Adligen von den Händlern und Amtsträgern überstimmt werden konnten. Dieses Gremium mußte den Schiffbau und -einsatz überwachen, sollte die Einnahme der Zollabgaben und die inneren Verbindungswege im allgemeinen kontrollieren, ebenso die Bergwerke, die Salzherstellung und das Fischereiwesen. Eine seiner Aufgaben bestand auch in der Sammlung statistischer Informationen, auf die man eine Wirtschaftspolitik würde gründen können, eine andere in der Beschäftigung mit den Fragen der privaten Überschuldung und Zahlungsunfähigkeit, die sich so schädlich auf den Handel und das Kreditwesen auswirkten.

Diese Institution wurde freilich alles andere als begrüßt, ja jeder Privilegieninhaber in Sizilien war sofort gegen sie eingenommen. Das Parlament bat den König wiederholt darum, den früheren Zustand wiederherzustellen, ebenso handelte auch der Rat von Palermo. Viele private *fori* fanden ja nun die Möglichkeiten ihrer Rechtsprechung eingeschränkt und daher weniger gewinnbringend, desgleichen die wichtigsten Steuerverwalter. Insgesamt war also diese Institution zu jener Zeit viel zu revolutionär, und nach sieben Jahren beschloß der König daher, ihr die meisten Befugnisse wieder abzunehmen. Gleichermaßen mußte er sein 1740 begonnenes Experiment, den Juden die Rückkehr nach Sizilien zu ermöglichen, zurücknehmen, da es, wie man meinte, die Religion gefährdete. Solcherlei Erfahrungen zerstörten viel von Karls Interesse an der Entwicklung von Siziliens wirtschaftlichem Potential. Statt dessen beschloß er, den Baronen mit einer auch im Vergleich zu Turin oder Wien noch weniger aktiven, also sich noch weniger einmischenden Verwaltung entgegenzukommen, und so vernahm man für einige Zeit nichts mehr von irgendeinem ernsthaften Reformvorhaben in Sizilien.

Kapitel 14

Gesellschaft und Verwaltung im 18. Jahrhundert

Getreideanbau und Wirtschaft

In der ersten Hälfte des 18. Jahrhunderts dürfte Sizilien in einem guten Jahr immer noch doppelt so viel Weizen produziert haben wie es selbst verbrauchte. Im Durchschnitt jedoch sank die Menge des exportierten Getreides; die jährlichen Produktionsschwankungen waren sehr groß, ziemlich sicher größer als früher. Nach zwei aufeinanderfolgenden guten Ernten hatten die Bauern vielleicht so viel Weizen übrig, daß sie ihre Schweine damit füttern und im folgenden Jahr Anbauflächen brachliegen lassen konnten. Nach einer schlechten Ernte hingegen konnten die hohen Getreidepreise dazu führen, daß mehr Land unter den Pflug kam, ganze Viehherden geschlachtet und das Gestrüpp in Berggebieten abgebrannt wurden. In ganz schlechten Jahren konnte man weniger Weizen ernten als man für den eigenen Verbrauch benötigte, so daß Importe notwendig wurden.

In der Forschung sind viele Erklärungen dafür vorgeschlagen worden, warum zu einer Zeit, in der der Ackerbau in anderen Gebieten eine großartige Entwicklung zu nehmen begann, Sizilien so rückständig blieb; man hat etwa primitive Anbaumethoden, die Abwesenheit der Grundeigentümer und Arbeitsverträge ohne Gewinnbeteiligung als mögliche Ursachen angesehen. Eine zunehmende Intensität von Dürrezeiten war ein weiterer möglicher Faktor. Vielleicht führten auch Veränderungen des Klimas in Nordafrika dazu, daß mehrere Jahre hintereinander ganze Armeen von Heuschrecken Sizilien überfielen, die Wasserversorgung blockierten und nirgends ein grünes Blatt übrigließen. Die Kirche entwickelte eine besondere Zeremonie zur Verfluchung der Heuschrecken, und auf das sackweise Aufsammeln der Schädlinge standen Prämien.

Eine Bevölkerung von kaum mehr als einer Million Menschen um 1700 war am Ende des Jahrhunderts um die Hälfte dieses Betrags angewachsen. Dem Marquis Emanuele von Villabianca zufolge, dessen Tagebücher eine wichtige Quelle für die Geschichte jener Jahre sind, erschien 1775 der Bedarf an Nahrungsmitteln für die Haushalte in der Zeit, die man überschauen konnte, auf das Doppelte angestiegen; die Produktion jedoch hatte damit nicht Schritt gehalten, und so mußte der Wirtschaftsexperte Paolo Balsamo immer wieder feststellen, daß die sizilianische Weizenproduktion selbst in recht günstigen Gebieten nicht mehr als das Sechsfache des Saatguts ergab. Der Wandel, der sich in der Verteilung der Bevölkerung vollzog, machte dies alles noch problematischer: Die Leute zogen in die Städte und ließen das landwirtschaftlich nutzbare Gebiet verarmt zurück. Geht man von den Angaben für den Zensus aus, so stellt man fest, daß manche Dörfer im Laufe eines Jahrhunderts die Hälfte ihrer Bewohnerschaft einbüßten, andere sogar ganz verschwanden.

Obwohl die offizielle Politik diese Schwierigkeiten nur noch vermehrte, kam die Regierung nicht umhin einzugreifen. Sie benötigte ja Einnahmen, und die Getreidesteuer war diejenige Abgabe, die sich am einfachsten eintreiben ließ und der man am wenigsten entgehen konnte; vor allem aber traf sie insbesondere die Armen und war deshalb von seiten des Parlaments und der bürgerlichen Autoritäten leichter zu akzeptieren als etwa eine Besteuerung des Grundeigentums. Ein britischer Vizekonsul sah hierin das Grundübel, das die ganze Rückständigkeit der sizilianischen Wirtschaft verursache. Hinzu kam, daß die zahlreichen Zollschranken und die zu ihrer Wahrung notwendigen Amtsträger ein gewaltiges Hindernis für den Handel bildeten: Die Eintreibung der Zölle wurde an Privatleute verpachtet, die sich zu einem bestimmten Preis darum bewarben; wer den Zuschlag erhielt, suchte möglichst schnell die Kosten wieder hereinzubringen und durfte zu diesem Zweck private Gruppen von bewaffneter Polizei anheuern.

Die Regierung selbst übernahm auch die Verantwortung dafür, daß stets genügend Nahrungsmittel für einen Notfall in Sizilien verblieben. Jede Ausfuhr bedurfte einer Genehmigung durch die Regierung, wodurch – wie Balsamo beklagte – der sizilianische Bauer manchmal für seine Mühen eher bestraft als belohnt wurde. Das Kontrollverfahren war dabei gegenüber früher kaum verändert: Der „dritte Teil“ der Ernte mußte zu einem kontrollierten Preis den örtlichen Behörden übergeben werden, der Rest ging an die königlichen *caricatoi* zur Einlagerung. Im Dezember jeden Jahres berechnete der *Maestro Portulano*, wieviel Getreide eingelagert war und wieviel davon für die Aussaat im Winter und wieviel Mehl zur Ernährung der Bevölkerung bis zum kommenden Juni gebraucht werden würde; dann traf er eine Entscheidung über die Menge, die ausgeführt werden durfte.

Die Nutznießer dieses Systems waren vor allem die Getreidemakler in Palermo, die manchmal eine Ernte kauften, bevor sie überhaupt ausgesät war. Bisweilen vermochten sie die Preise an einem einzigen Tag zu heben und zu senken und somit Anbauer und Exporteure zugleich zu beeinflussen. Diese Leute also konnten sich die Ausfuhrgenehmigungen leisten, in ihren Händen wurden die *tratte* zur verkehrsfähigen Währung. 1726 hieß es, daß fast der ganze Handel von einem halben Dutzend Maklern kontrolliert werde; deren Interessen waren weder die der Bauern noch die der Verbraucher. Wenn es ihnen gelang, den *Maestro Portulano* zu der Meinung zu bringen, daß nicht genügend Getreide für den Export zur Verfügung stand, würde ein Embargo verkündet werden, was die Herstellerpreise sinken ließ und den Maklern einen billigen Ankauf ermöglichte; wenn sie dann aber übertriebene Berichte über eine ungewöhnlich reiche Ernte geben konnten, würde die Regierung vielleicht mehr als die zur Sicherung der Nahrungsmittelversorgung notwendige Menge zur Ausfuhr freigeben, was den folgenden Preisanstieg zum Reingewinn der Makler werden ließ.

Eine Auswirkung der künstlich festgelegten Preise und der Kontrollen war es, daß der Schmuggel hohe Gewinne versprach. Natürlich gibt es dafür weniger statistische Belege als vielmehr Indizien. 1790 etwa meinte der britische Konsul, daß ein Drittel der sizilianischen Getreideproduktion „von den Anbauern verborgen und nicht gemeldet" war; eine Schätzung vermutet, daß durchschnittlich in jedem Jahr weit über eine Viertelmillion Tonnen Weizen das Land als Schmuggelware verließen, also etwa gleich viel, wie legal ausgeführt wurde. Ebenso wurden Fleisch, Vieh, Gerste, Gemüse, Wein und Seide heimlich außer Landes geschafft, um Exportabgaben zu umgehen. Im übrigen stand die öffentliche Meinung aus Prinzip und aufgrund des wirtschaftlichen Eigeninteresses auf der Seite der Schmuggler. Als der Marquis von Rajata in einer Kirche von einem Schmuggler ermordet wurde, den er bestraft hatte, fand der Mörder in aller Öffentlichkeit Beifall.

Der gesamte Warenaustausch stand unter einer starken Belastung. Ein Grund dafür war, daß die Anbauer auf die zunehmenden Kontrollen damit reagierten, daß sie die Ablieferung ihrer Erzeugnisse an die *caricatoi* umgingen oder zumindest verzögerten. Dies aber unterminierte das ganze System, da es die Berechnungen der für den Export verfügbaren Mengen durcheinander brachte. Im Juli 1775 lagen im Hafen von Palermo 150 Lastschiffe, die auf Ausfuhrgenehmigungen hofften, doch mußten sie nach zwei Monaten vergeblichen Wartens mitsamt ihren so dringend benötigten Devisen leer in die Levante zurückkehren. Der britische Konsul gab erneut, wie in den beiden vorangegangenen Jahren, der Enttäuschung und dem Zorn der ausländischen Schiffseigner über die Unsicherheit dieses Systems von *tratte* Ausdruck. Nach seiner Meinung lag darin offensichtlich der Grund dafür, daß andere Märkte an Boden gewannen, während manche Getreideflächen in Sizilien nicht einmal regelmäßig bebaut wurden.

Er hätte hinzufügen können, daß der harte sizilianische Weizen schwierig zu mahlen war und deshalb auf den Märkten an Beliebtheit einbüßte, während weiche Weizensorten, wie man sie in den trockenen Gebieten Siziliens nicht annähernd so gut anbauen konnte, in milderen Regionen weit größere Erträge erbrachten und nunmehr weit billiger gehandelt wurden. Hinzu kam ein weiteres: Der Hauptvorteil des *grano duro* war seine Haltbarkeit gewesen, während die weichen Sorten der Krim und Nordeuropas auf den langen Seewegen leichter verrotten konnten. Inzwischen aber hatte durch die höheren Transportgeschwindigkeiten und die verbesserten Lagerungsmethoden dieser alte Vorteil an Bedeutung verloren, und zur selben Zeit trugen Siziliens höhere Produktions- und Transportkosten mitsamt den Ausfuhrabgaben, Zöllen, Schmiergeldern und Preistreibereien durch die Händler zum Anstieg der Gestehungskosten bei und ermöglichten es so anderen Ländern, Sizilien zu überrunden.

Landbesitz und Straßensystem

Arbeitsverträge und Landbesitz wurden immer mehr zu einem besonderen Problem für die bäuerliche Gemeinschaft. Im 17. Jahrhundert war ein Anstieg der Anzahl der *enfiteusi* zu verzeichnen gewesen, also der langfristigen Erbpachten oder dauernden Lehen, durch die die Grundeigentümer Arbeitskräfte auf ihre Güter anzogen; dieser Trend hielt im 18. Jahrhundert nicht an. Abwesende Grundeigentümer sahen sich nicht mehr im selben Maße wie zuvor dazu veranlaßt, neue Dörfer zu gründen, und waren nicht mehr so stark daran interessiert, durch langfristige Verpachtungen Arbeitskräfte an sich zu binden. Vielmehr reduzierte die Inflation den Wert der feststehenden Pachtzinsen für solche *enfiteusi*, und die in Erbpacht übergebenen Güter wurden unter mehreren Erben so weit aufgeteilt, daß schließlich die Erhebung der Pachtzinsen ebenso schwierig oder gar unmöglich wurde wie eine sinnvolle Bewirtschaftung.

Die bevorzugte Vertragsform war nun die *gabella*, mit der ein ganzes Gut gewöhnlich auf drei, manchmal auf sechs Jahre an einen einzelnen Pächter, den *gabelloto*, vermietet wurde. Dieses System war im Laufe des 17. Jahrhunderts zunehmend üblich geworden; da es sich jeweils auf ein großes Gebiet bezog, paßte es gut in eine Welt der Lehensgüter. Von besonderer Anziehungskraft war es nun, daß die Barone in Palermo lebten, denn ein *gabelloto* beaufsichtigte ein großes Gut, zahlte pünktlich im voraus und befreite so den Grundeigentümer vom mühevollen und würdelosen Umgang mit den einzelnen Bauern.

Der *gabelloto* war manchmal ein sehr reicher Mann, gelegentlich sogar ein Ausländer, doch in den meisten Fällen war er jemand, der aus dem Bauernstand aufgestiegen war, sei es durch kluge Bewirtschaftung seines Landes, sei es durch Kreditaufnahme, sei es durch gewaltsame Maßnahmen zur Durchsetzung seines Einflusses in einer Gemeinde. Er mag ursprünglich Anführer einer Schutztruppe gewesen sein, wie sie ein Baron zur Sicherung seiner Güter einsetzte; wer auf lokaler Ebene nach Macht und Einfluß strebte, wählte üblicherweise den Weg über ein solches Feldhüteramt. Spätestens in den 70er Jahren des 18. Jahrhunderts wurden diese *gabelloti* als die neuen Tyrannen der ländlichen Gebiete bezeichnet; manche waren bereits reich und strebten danach, selbst zu Aristokraten zu werden. Ihnen ging der Ruf voraus, rücksichtsloser als die Grundeigentümer zu sein und mehr darauf bedacht, die älteren *enfiteusi*-Verträge zu kündigen – was dazu beitrug, daß die Bauern in einen Zustand völliger Abhängigkeit mit täglich oder bestenfalls jährlich zu erneuernden Verträgen absanken.

Die *gabella* war gewöhnlich eine kurzfristige Pachtvereinbarung und hatte damit für den Grundeigentümer den Vorteil, mit der Inflation Schritt halten zu können. Die Folge freilich war, daß von den tatsächlich Landwirtschaft betreibenden Bauern nur wenige an einem kapitalintensiven Anbau wie dem von Wein, Zitronen oder Oliven interessiert waren. Mangels der Sicherheit ihres Besitztitels waren die Gutsverwalter ebenso wie die Landarbeiter darauf aus, rasche Gewinne zu erzielen. Da die Pacht im voraus zu entrichten war, sah sich ein neuer Pächter zumeist dazu veranlaßt, sogleich Vieh zu schlachten und Holz zu fällen – beides Praktiken, die eigentlich bereits viel zu weit um sich gegriffen hatten. Das Interesse der Pächters galt sodann der Erschließung neuen Ackerlands, an dem er Jahr um Jahr mit Weizenanbau Raubbau betreiben und das er beim Auslaufen des Vertrags sich selbst überlassen konnte. Das also war die einfachste Art von Landwirtschaft auf einem *latifondo*, sobald dem Grundeigentümer nicht mehr an der Entwicklung seiner Güter gelegen war. Der Ertrag war selten mehr als 7 dt/ha, und mangels geeigneten Fruchtwechsels blieb das Land jedes zweite Jahr unproduktive Brache.

Der Wirtschaftsexperte Paolo Balsamo beklagte den regressiven Charakter des *gabella*-Vertrags und die Tatsache, daß der *gabelloto* als Gentleman-Kapitalist fern von seinen Gütern zu leben trachtete. So konnte man zu einer Zeit, in der die englische Landwirtschaft durch *leasehold*-Pachtverträge umgewandelt wurde, stundenlang durch Sizilien reiten, ohne ein einziges Bauernhaus, eine Straße oder auch nur einen Baum zu sehen, da fast alle Gewinne aus der Landwirtschaft in den Städten ausgegeben wurden, wo die Grundeigentümer wohnten. Hierin lag eine grundlegende Ursache dafür, daß die sizilianische Landwirtschaft dem Wettbewerb immer weniger gewachsen war. Die Pachtzinsen, die die in den Städten lebenden Grundeigentümer einnahmen, hätten entweder produktiv investiert oder aber auf die Hälfte reduziert werden müssen, doch waren beide Alternativen aus gesellschaftlichen und politischen Gründen nicht akzeptabel.

Gegen Ende des Jahrhunderts begann eine kleine Gruppe von Intellektuellen, diese Sackgasse zu erkennen. Dennoch konnten die *latifondisti* – mit einigem Recht – darauf verweisen, daß wegen der Dürre und auch wegen des Fehlens von Straßen und Kapital die für Sizilien am ehesten geeignete Form von Landwirtschaft die extensive war; freilich versuchten sie teilweise damit nur den Lebensstil zu rechtfertigen, den sie bevorzugten. Dabei hätten eine längere Pachtdauer und eine größere Sicherheit der Besitztitel die Produktivität ohne große Einbußen für die Beteiligten erhöhen können, was auch mit dem System der *latifondi* nicht unvereinbar gewesen wäre. Auch hätte ein einfacher Wechsel der Fruchtfolge, nämlich der Anbau von Bohnen in jedem dritten Jahr, bedeutende Erfolge zeitigen können, doch wäre dafür eben eine radikale Wende der Ansichten notwendig gewesen. Die Österreicher waren in den 20er Jahren des 18. Jahrhunderts zu dem Schluß gekommen, daß Sizilien arm war, obwohl es dafür eigentlich keinen Grund gab; und nun bestätigten Männer wie Balsamo, daß die sizilianische Landwirtschaft im Vergleich zur gegenwärtigen Produktivität viermal so viel Ertrag hätte erbringen können.

Bessere Straßen und Brücken wären die erste Vorbedingung für eine prosperierende Landwirtschaft gewesen; wahrscheinlich waren diese Verkehrswege nicht einmal mehr so gut wie in der Römerzeit. Abgesehen von ein paar Meilen gepflasterter Straße außerhalb Palermos boten sich für Überlandreisen allein weitschweifige Maultierpfade oder die *trazzere* an, die breiten Schafstriften, die von Wanderhirten benutzt wurden. Infolgedessen waren die Transportkosten hoch – wiederum ein wichtiger Grund dafür, daß der sizilianische Weizen immer weniger wettbewerbsfähig wurde und daß die Masse der Bevölkerung arm blieb: Wenn der Transport so teuer war, hatten die Bauern wenig Veranlassung, einen Überschuß für den Markt zu produzieren; oft blieb ihnen nichts anderes übrig, als ihre Produkte an den lokalen Machthaber zu verkaufen. Überdies bedeuteten die schlechten Verkehrswege, daß die Bauern gewöhnlich sechs, sieben Stunden am Tag damit vertun mußten, auf Saumpfaden zu ihrer Arbeitsstätte auf den Feldern zu gelangen; dabei konnten sie überhaupt nur einen äußerst primitiven und wenig wirkungsvollen Pflugtyp mit sich tragen.

Ein Netz von wirklichen Überlandstraßen hätte mehr zum Wandel von Wirtschaft, Politik und sogar Sitten beigetragen als jede andere Reform; der Marquis Giarrizo vertrat sogar die allzu optimistische Meinung, daß sich dies mit gutem Willen innerhalb von fünf Jahren ernsthafter Anstrengung würde erreichen lassen. Doch aus gesellschaftlichen wie finanziellen Gründen mangelte es eben an diesem guten Willen. Angesichts der Landesnatur wären richtige Straßen teuer gewesen und hätten eine weit größere Effizienz und Ehrlichkeit seitens derjenigen Barone erfordert, die der parlamentarischen Deputation zur Kontrolle der Ausgaben von Steuergeldern für öffentliche Arbeiten angehörten. Realistisch betrachtet hätte ein richtiges Straßennetz wohl nur mit einer Einschränkung der parlamentarischen Privilegien und mit einer weit entschiedeneren Haltung des Vizekönigs entstehen können. Nötig gewesen wäre entweder mehr Privatinitiative der einzelnen Grundeigentümer oder zumindest deren Bereitschaft, Verantwortung für die Gemeinschaft zu übernehmen und höhere Steuern zu zahlen.

In den 70er Jahren des 18. Jahrhunderts wurde der Straßenbau schließlich doch zu einer Angelegenheit ernsthaften öffentlichen Interesses; der König befahl einem neapolitanischen Militäringenieur, General Persichelli, Pläne für eine Hauptstraße im Binnenland zwischen Palermo und Catania zu entwerfen. Persichellis Aufgabe freilich wurde durch Verhinderungspolitik unmöglich gemacht. Manchmal bekämpften sich Städte und Grundeigentümer wegen unterschiedlicher Routenwahl und machten jedem Projekt Schwierigkeiten, das nicht ihrem eigenen Vorteil diente. Ein Beobachter merkte an, daß man aus der Routenwahl die Namen der Grundeigentümer erschließen konnte, die der Deputation angehörten. Selbst die grundsätzliche Meinungsverschiedenheit zwischen Verfechtern einer Küstenstraße und denen, die Persichellis Planung bevorzugten, blieb ungelöst. Wieder einmal reichte die Autorität des Vizekönigs nicht dazu aus, die Regierungspolitik gegen die lokale Verweigerungshaltung durchzusetzen, und so ging das Jahrhundert zu Ende, ohne daß Sizilien Straßen hatte, die diese Bezeichnung verdienten.

Die Edelleute

Der Einfluß der Barone war in Sizilien im 18. Jahrhundert so groß wie überall sonst in Europa. Ihnen gehörte der Großteil des Landes, gleichwohl zahlten sie nur einen Bruchteil der Steuern. Sie besaßen die Lehenshoheit über etwa 280 der 360 Dörfer, so daß die meisten Sizilianer unter der direkten Rechtsprechung der Barone lebten; auf diese mußte sich auch die verschwindend kleine Mittelschicht verlassen, die selten größere Unabhängigkeit an den Tag legte. Am Ende des 18. Jahrhunderts bestand der Adel aus 142 Prinzen, 788 Marquis und etwa 1500 weiteren Herzögen und Baronen, ganz abgesehen von denen, die sich mit erfundenen Titeln schmückten – was immerhin so verbreitet war, daß dagegen gesetzliche Schritte unternommen wurden. Etwa zwanzig Familien aus dieser unüberschaubaren Wucherung hielten die erdrückende wirtschaftliche Macht in Händen.

Obwohl man aus praktischen Gründen von „der Aristokratie" sprechen kann, war dies natürlich keine homogene Gruppe. Die Inhaber neuer Titel unterschieden sich durch ein besonderes Maß von Snobismus von den älteren Titelträgern, und kein Vizekönig konnte es sich leisten, diesen Unterschied zu mißachten. Manche dieser Edelleute waren ausgesprochen reich, die meisten arm; sehr wenige waren kultivierte Grandseigneurs, der Großteil völlig ungebildet. So gab es einen geradezu schäbigen Landadel, der sich keinen Wohnsitz in Palermo leisten konnte, wie auch eine neue, handelsorientierte Aristokratie in der wachsenden Stadt Catania; am prominentesten freilich waren diejenigen, die als kleine Souveräne eines Lehensguts, das sie vielleicht nie besuchten, in großem Stil in der Hauptstadt residierten.

Der allgemeine Eindruck, den diese „Aristokratie" in ihrer Gesamtheit hervorruft, ist einer von Unfähigkeit und Unzulänglichkeit; und nur außerordentlich wenige Herren aus dieser führenden Gesellschaftsschicht hinterließen einen Namen, der bei der Nachwelt Bewunderung fand. Freilich gab es einige wenige Ausnahmen: Der Prinz von Niscemi im frühen 18. Jahrhundert war ein hart arbeitender Mann der Tat; der Baron von San Giaime e Pozzo verfaßte 1735 ein Handbuch des Ackerbaus, und der Prinz Biscari in Catania galt nicht nur als seinen Dienern und Pächtern gegenüber sehr wohltätig, sondern besaß auch eines der feinsten Privatmuseen, die die Welt kannte, brachte ausländische Fachleute ins Land, um die Leinen- und Rumherstellung zu fördern, und ließ während einer Notlage auf eigene Kosten einen Monat lang praktisch die ganze Bevölkerung von Catania ernähren (s. auch S. 211).

Die meisten Adligen waren schwer verschuldet, teils wegen mangelnder Voraussicht, gewiß aber teils auch wegen der sinkenden Rentabilität des Getreideanbaus. Daß immer häufiger ein *gabelloto* zur Gutsverwaltung eingesetzt wurde, mag durchaus zu einem Rückgang der Erträge geführt haben, da eben kurze Pachtlaufzeiten den Anreiz zu erhöhter Produktivität verringerten. Überdies erwiesen sich die *gabelloti* mit der Zeit für die Landeigentümer als etwas widerspenstige Untertanen: Die Schwierigkeit, sie zur Zahlung des Pachtzinses zu zwingen, wurde von der Deputation als ein Grund dafür angeführt, daß viele Gläubiger leer ausgingen. Jegliche Steigerung von Einkommen aus der Landwirtschaft mußte nun durch den Filter dieser neuen Schicht von Verwaltern dringen, die bisweilen gut die Hälfte der Gewinne für sich selbst behielten, ob dies nun legal war oder nicht. Auch wuchsen die Kosten entsprechend an, da immer mehr Randgebiete kultiviert wurden und weiter entfernt liegende Felder unter den Pflug kamen.

Die Klagen über die persönliche Verarmung waren jedoch sicher absichtlich übertrieben, damit die Steuern niedrig und die Gläubiger fern blieben. Die wirtschaftliche Rückständigkeit Siziliens läßt sich nicht einfach durch die Armut erklären, da die nach dem Erdbeben von 1693 erfolgte extravagante Neugestaltung von Catania, Noto und anderen Städten ein weit komplexeres Bild aufzeigt: In der Mitte des 18. Jahrhunderts hatte man die parlamentarischen Steuern auf unter 1 Prozent der deklarierten – und noch weniger der tatsächlichen – Eigentumswerte geschätzt. 1754 hielt das Parlament eine Beihilfe von 80000 *scudi* für sehr hoch. Doch hatte in den 20er Jahren jenes Jahrhunderts der Prinz von Valguarnera für seine Villa in Bagheria 180000 *scudi* gezahlt, und der Prinz von Palagonia, der kurz zuvor noch auf der Flucht vor seinen Gläubigern gewesen war, soll für seine Villa 200000 aufgewendet haben. Irgendwo also scheint Geld in Hülle und Fülle vorhanden gewesen zu sein, doch wurde es – und das ist wichtig – eher zur Steigerung des Prestiges seines Besitzers als für produktive Investitionen ausgegeben.

Den äußeren Schein zu wahren war eine kostspielige und zeitraubende Tätigkeit. Eine Kutsche, besser noch zwei, waren gleichsam obligatorisch, was spätestens in den 40er Jahren des

18. Jahrhunderts in Palermo zu ernsthaften Verkehrsproblemen führte. Vergebens wünschte sich Balsamo, daß gelegentlich die Edelleute selbst zu Pferd durch ihre eigenen Güter ritten, statt täglich in einer Equipage mit livrierten Dienern die Seepromenade entlangzufahren; doch solche Auftritte waren dem Adel von größter Bedeutung, die Nachmittagsausfahrt schlicht unverzichtbar. Als der Marquis Regalmici den Auftrag erhielt, dringend benötigte Hilfe für durch Erdbeben betroffene Gebiete zu bringen, bestand er darauf, erst dann aufzubrechen, wenn dies mit der angemessenen Würde – und einem großen, glanzvollen Gefolge – möglich sei; infolgedessen traf er am Unglücksort erst zwei Wochen nach der Katastrophe ein.

Die Tatsache, daß die sizilianische Aristokratie viel verbrauchte und nichts produzierte, war also eine grundlegende Ursache der Rückständigkeit dieser Insel. Dabei trugen jedoch ihr gesellschaftliches Übergewicht und ihr extravaganter Lebensstil in gewissem Maße dazu bei, ihre wirtschaftliche Schwäche zu verbergen; ja, selbst auf Kosten der fortwährenden Armut Siziliens unternahmen sie es, die gesellschaftlichen Verhältnisse des Feudalismus soweit möglich zu ihren eigenen Gunsten zu beeinflussen. Auf dem Festland, vielleicht mit Ausnahme Kalabriens, gelang es den Bourbonen zumeist, sich Lehensgüter dann anzueignen, wenn die Lehensabgaben nicht gezahlt wurden oder wenn eine Erblinie ausstarb; in Sizilien hingegen verfiel allmählich – jedenfalls nach der zeitweiligen Beschlagnahme mehrerer „Staaten" zu Beginn des 18. Jahrhunderts – dieses königliche Hoheitsrecht.

Hinzu kam, daß die Juristen eine sophistische Rechtfertigung dieses aufkommenden Bastard-Feudalismus entwickelten. Ein geschickter Advokat, Carlo di Napoli, siegte in den 40er Jahren des 18. Jahrhunderts in einem berühmten Rechtsstreit gegen das Dorf Sortino, das sich von seinem Prinzen loskaufen und ins Krongut zurückkehren wollte. Ausschlaggebend war dabei das Argument, daß die ursprünglichen normannischen Barone strenggenommen keine Lehensmänner von Graf Roger gewesen waren, sondern vielmehr seine *com-*

militones, die für ihren Beitrag zur Eroberung Siziliens einen Anteil an der Hoheit über die Länder für sich erhalten hatten; folglich seien die Lehen als ihr Privateigentum zu betrachten. Eine noch weitergehende Fortentwicklung dieser Ansicht besagte, daß die Pächter eher ihrem Pachtherrn als dem Monarchen Gefolgschaft schuldeten. Kein Wunder also, daß dem Carlo di Napoli in Palermo von dankbaren Edelleuten ein Denkmal errichtet wurde; kein Wunder auch, daß den persönlichen Verbindungen von Lehens- und Dienstmann allergrößte Bedeutung zugemessen wurde, und kein Wunder, daß allmählich die Freiheiten Siziliens mit adligen Privilegien verwechselt wurden.

Selbst Städte im Krongut wurden häufig wohl oder übel von den lokalen Aristokraten herumdirigiert. So hatte etwa in Catania Prinz Biscari als erster Bürger und Hauptarbeitgeber mehr Bedeutung als jeder königliche Richter; auch lag die lokale Verwaltung ausnahmslos in aristokratischen Händen. Anderswo griffen die Reichen von Zeit zu Zeit auf königliche Wälder, Dörfer, Burgen und Minen über, ja eigneten sie sich sogar an. Auf dem Land mußten sich viele Bauern praktisch an die Scholle gebunden fühlen, sie waren zu Fronarbeit und zur ausschließlichen Nutzung der Mühle und Ölpresse des Barons gezwungen. Noch im frühen 19. Jahrhundert erhob der Prinz von Palagonia eine Hochzeitssteuer von seinen Lehensmännern als Ausgleich für sein feudalherrschaftliches Recht, mit ihren Töchtern zu schlafen.

Die Bourbonen von Neapel begünstigten durchaus nicht immer den Adel, ja in Neapel beseitigten sie im Laufe jenes Jahrhunderts den Feudalismus sogar fast vollständig; doch sie wußten auch, daß es unendlich viel leichter sein würde, Sizilien ergeben zu halten, wenn man die Adligen zur Zusammenarbeit gewinnen konnte. Die Barone waren für die lokale Verwaltung überdies billiger als königliche Beamte; mit ihrer Hilfe konnte man jeglicher Bewegung für die Unabhängigkeit Siziliens begegnen, und man konnte sie dazu nutzen, daß dem Volk Achtung vor der etablierten Ordnung in Kirche und Staat eingeprägt wurde. Die bourbonische Regierung war als Gegenleistung für solche politische Dienstbarkeit gewöhnlich bereit, die üblen Praktiken der Edelleute zu entschuldigen. Wie sagte der Marquis von Villabianca doch: „Wenn nur andere Könige solchem guten Beispiel folgten!“

Die Banditen und das Recht

Obwohl sich die Österreicher zeitweilig einbildeten, sie würden das Verbrechen eliminieren, blieb die Durchsetzung von Recht und Ordnung im großen und ganzen das gleiche Problem wie in den vorangegangenen Jahrhunderten. So konnte man etwa die großen Banden von Vogelfreien, die das Land durchzogen, kaum aufhalten, denn obgleich diese Banditen manchmal von den Bauern ein Schutzgeld erpreßten, waren sie durch eine Umwelt geschützt, in der Gesetzesbruch als respektables Tun galt. Als Anzeichen dafür darf der volkstümliche Kult der *decollati* gelten, in dem man für exekutierte Kriminelle betete und für ihre zerstückelten Überreste Kapellen errichtete. Eine handfestere Folge dieser gesetzesfernen Einstellung war die Verweigerungshaltung gegenüber der Polizei. Die österreichischen Behörden waren darüber verblüfft, daß „Zeuge für irgendeine Art von kriminellen Handlungen zu sein unaussprechliche Schande über jedes noch so gemeine Mitglied der Gesellschaft“ brachte. Offenbar war eine solche Schweigepflicht, *omertà*, nicht allein auf Furcht gegründet.

Der Respekt vor dem öffentlichen Recht wurde freilich auch durch den Fortbestand von so vielen verschiedenen *fori* gemindert: Kirchenleute erhoben weiterhin den Anspruch, sich nicht vor einem gewöhnlichen Gericht verantworten zu müssen, desgleichen die Mitglieder der Inquisition, die nicht vor dem *foro* des Bischofs zu stehen wünschten, und andere mehr. Von noch größerer Bedeutung war aber vielleicht die traditionelle Gesetzesferne der Oberschichten. Überall, so heißt es bei Nicollò Palmeri, einem Historiker des frühen 19. Jahrhunderts, konnte man Edelleute finden, die Banditen aus Furcht oder aber Habsucht protegierten; daß sich die Barone oftmals auf ihrem eigenen Gebiet ganz nach ihrem Gutdünken verhalten konnten, trug zu dieser Problematik bei. Immer noch hatten sie das Recht über Leben und Tod, und Viktor Amadeus erfuhr, daß in ihren Gerichten das Unrecht die Regel war, denn aus reiner Willkür konnten auch Unschuldige bestraft werden.

In der Praxis freilich behandelten selbst die königlichen Gerichte Edelleute anders als gewöhnliche Bürger. Der Herzog von San Filippo beteiligte sich offen an einem Schmuggelgeschäft, ohne daß die Behörden eingriffen. Der Prinz von Villafranca, der Knaben mit glühenden Eisen hatte foltern lassen, weil sie über seinen Achtspänner gespottet hatten, verteidigte sich erfolgreich mit dem Hinweis darauf, daß dies das königliche Gericht nichts angehe. Sogar Mord wurde milde geahndet: Als 1771 ein Adliger wegen dieses Verbrechens hingerichtet wurde, war es das erste Mal seit fast einem ganzen Jahrhundert, und selbst in diesem Fall hatten seine Standesgenossen heftig auf eine Begnadigung gedrungen, unter anderem mit dem Argument, daß der Henker keine Erfahrung mit der Guillotine habe und zunächst einmal einiger Übung in ihrem Gebrauch bedürfe.

Die Regierungen, die im Vorgehen gegen das Verbrechen den meisten Erfolg hatten, waren diejenigen, die ihre Indigniertheit überwanden und sich mit der Unterwelt einigten. Den Bock zum Gärtner zu machen führte nicht selten zu einem gewissen Erfolg; hierin lag auch der Grund dafür, daß berüchtigte Kriminelle noch immer als Hauptleute beschäftigt wurden. Wie viele Banditen vor ihm, kam der berühmt-berüchtigte Testalonga erst in Gefangenschaft, als ihn ein Mitglied seiner eigenen Bande verriet. Das Problem also, dem sich die Regierung gegenüber sah, lag nicht so sehr darin, gegen einzelne Verbrecher vorgehen zu müssen, als vielmehr darin, gegen Leute einzuschreiten, deren Lebensform weit verbreitet war. In dieser Gesellschaft war das Gemeinwohl eine Phrase ohne jede Bedeutung; die Beziehungen zu Familie, Patron und Klient zählten mehr als jede Loyalität gegenüber dem Staat. Manchmal gab es anscheinend im Untergrund eine weitverbreitete Verschwörung gegen den Staat; einige Schriftsteller des 18. Jahrhunderts prahlten damit, daß die Sizilianer eine geheime Zeichensprache besaßen, die seit der Zeit der griechischen Tyrannen als Mittel des Widerstands gegen Fremdherrschaft in Gebrauch sei. Solche Fieberphantasien sollten später zu Ideen über die Mafia beitragen.

Besuchern aus Übersee erzählte man von kriminellen Organisationen, die unter einer Decke steckten und sich teilweise aristokratischer Protektion rühmen konnten. Freilich muß man hierbei mit Übertreibungen und Gerüchtemacherei rechnen, gab es doch oft genug das Bedürfnis der Einheimischen, die Fremden besonders zu beeindrucken, und auch umgekehrt das der leichtgläubigen Fremden, sich beeindrucken zu lassen. Die „*Beati Paoli*" und die „Rächer" können durchaus keine ernsthaften Organisationen gewesen sein, doch gab es zweifellos manche Verbrechergruppen, die von Bauern und Herren gleichermaßen ein Schutzgeld erpreßten. In gewisser Weise mögen sie ihr eigenes Rechtssystem gehabt haben; ihre Mitglieder sollen sich eidlich zur Ausführung der geheimen Urteilssprüche ohne Widerrede verpflichtet haben. Selten wurde ein fremder Reisender von diesen Kriminellen belästigt, was freilich daran lag, daß sie vorwiegend mit lokalen Machtkonflikten befaßt waren, in die Fremde nicht eintraten.

Straffällig zu werden war durch die bloße Vielfalt von Gesetzen und Verordnungen nicht schwierig. Die vielen Invasionen in Sizilien hatten ein wahres Labyrinth von nicht kodifizierter Gesetzgebung hinterlassen, die zu verstehen oder anzuwenden sehr kompliziert war. Hierin also liegt ein weiterer Grund dafür, daß das öffentliche Recht nicht beachtet, ja verlacht wurde. In einer Welt, in der widersprüchliche Rechtssätze galten, privilegierte Ausnahmen vom gewöhnlichen Gericht bestanden, Richterämter verkauft und Zeugen eingeschüchtert wurden, war oft der lokale Machthaber oder Grundeigentümer für die Aufrechterhaltung von Recht und Ordnung, ja auch für die Rechtsetzung von größerer Bedeutung als die Zentralregierung; diese Tatsache wurde von der Bevölkerung ebenso wie von den Behörden wenn schon nicht begrüßt, so doch akzeptiert.

Das Recht stand nicht nur wegen seiner Vielfalt und Komplexität in schlechtem Ruf, sondern auch wegen seiner langsamen und kostspieligen Durchsetzung vor Gericht. Privatleute neigten deshalb dazu, sich auf anderem Weg Genugtuung zu verschaffen. Viele recht arme Leute wurden, wie der Dichter Giovanni Meli angibt, durch verschleppte Gerichtsverfahren völlig ruiniert – und so wurde ein weiterer Vorzug des Bandenwesens deutlich: Jeder, gleich ob Bauer, Gutsherr, Priester, Händler oder Krimineller, sah sich mitunter veranlaßt, sich jemandem anzuempfehlen, der eben zeigen konnte, daß er wirksamer zugreifen konnte als der reguläre Arm des Gesetzes. Zwar gingen die Gerichte gegen diese Praxis mit harten, abschreckenden Strafen vor, verhängten Brandmarkung und öffentliche Folterung, ließen Verbrecher hängen und ihre Eingeweide ausreißen, doch diente all dies im Grunde nur dazu, die grundlegende Ineffizienz der Behörden bei der Aufrechterhaltung von Recht und Ordnung zu kaschieren.

Die Intellektuellen und das Problem der Reformen

Ein wichtiger Grund dafür, daß die Stimme der Revolution in Sizilien gedämpft war, lag in der Art der Bindungen, die die kleine Schicht der Intellektuellen an eine im wesentlichen konservative Welt fesselten. Wer auch immer wirklich originelle Ideen hatte, war versucht, aus dieser geschlossenen patriarchalischen Gesellschaft fortzuziehen und anderswo nach Arbeit zu suchen: Die berühmtesten Sizilianer jenes Jahrhunderts, der Architekt Filippo Juvara, der Komponist Alessandro Scarlatti und auch der talentierte Betrüger Giuseppe Balsamo Cagliostro lebten und starben im Ausland, ebenso viele weniger Berühmte. In der Heimat gab es nur wenige Arbeitsmöglichkeiten, und die gut bezahlten Posten gingen oft an Nicht-Sizilianer.

Die Haupthoffnung für eine Beförderung außerhalb der Kirche lag in der Patronage durch einen Baron – ein Grund mehr dafür, daß so wenig offene Kritik an der etablierten Ordnung laut wurde. Was es an kritischen Äußerungen gab, richtete sich gewöhnlich eher gegen eine Reform. So war es üblich, den Bourbonen von Neapel alle gesellschaftlichen Mißstände anzulasten, und das auch noch zu einer Zeit, in der die neapolitanische Herrschaft relativ aufgeklärt war. In Neapel selbst unterstützten viele Rechtsanwälte die Krone gegen feudale Usurpationen, während in Sizilien die Rechtsgelehrten ihre Einkünfte eher von seiten der Edelleute erwarten konnten: Wenn sie je reich werden konnten, dann am ehesten durch einen Rechtsstreit um die Erbfolge in Seitenlinien bei einem Lehensgut.

Als schließlich das *ancien régime* in Beschuß geriet, kam der Anstoß dazu nicht von diesen Leuten, sondern von einer neuen Generation reformerischer Verwaltungsbeamter in Neapel. Ihr erstes und einfachstes Angriffsziel waren die Jesuiten, deren reaktionäre Macht über das Erziehungswesen völlig unbeliebt war. 1767 wurde der Orden vertrieben und sein Besitz konfisziert; als Grund für dieses Vorgehen gab man Verweltlichung und Korruption an. Auf kulturellem Gebiet bedeutete dies einen Akt der Befreiung, wenn auch nicht in dem von manchen erhofften Umfang. Eine weitere ausdrücklich geäußerte Absicht, nämlich eine gesellschaftliche und wirtschaftliche Reform zu erproben, indem man manche jesuitische *latifondi* in Kleinlandbesitzungen aufteilte, hatte hingegen weniger Erfolg, entweder weil die Bauern nie etwas davon erfuhren oder weil ihre allzugroße Furcht sie daran hinderte, ihre vom Gesetzgeber vorgesehenen Ansprüche tatsächlich geltend zu machen. So gingen diese Güter schließlich nicht in viele kleine Landlose über, sondern wurden großen, in weltlicher Hand befindlichen *latifondi* zugeschlagen.

Der Elementarunterricht erlebte einen großen Auftrieb, als Ferdinand III. den Klöstern die Einrichtung von kostenfreien Schulen für die Armen befahl. Auch für die höhere Bildung wurde etwas getan; sie hatte sich bislang auf Jura und Theologie konzentriert und die freien Wissenschaften weniger beachtet, wie sich etwa an der Behandlung zeigte, die man dem Philosophen Marquis Tommaso Natale hatte angedeihen lassen, als er dem gängigen Traditionalismus zum Trotz ein Gedicht auf Leibniz geschrieben hatte: Die Inquisition zensierte das häretische Gedicht, der nichtadlige Drucker kam ins Gefängnis. Nunmehr gestattete König Ferdinand, einiges Geld aus den beschlagnahmten Jesuitenguthaben zur Einrichtung einer Akademie zu verwenden. Eine Kommission von Edelleuten wurde mit ihrer Leitung betraut, und etwa zwanzig Lehrstühle entstanden. Ferner wurden ein paar Jesuitenhäuser in technische Schulen umgewandelt, in denen Kinder der Armen Weberei, Glasmacherei oder Töpferei erlernen konnten.

Wenn die Jesuiten und die Kirche das einfachste Angriffsziel für eine Reform boten, so lag das daran, daß zu ihrer Verteidigung die privilegierten Schichten nicht an einem Strang zogen. Die Barone und Grundbesitzer hatten sich jeweils dagegen gewandt, daß die Kirchenleute ihrem Anteil am Steueraufkommen entgingen, und gewiß warf auch so mancher ein begehrliches Auge auf die Kirchengüter. In anderen Bereichen hatte die Reform nur vereinzelte Fürsprecher, und entweder waren die vorgeschlagenen Lösungen für die umstrittenen Probleme nicht durchsetzbar oder sie wurden nur halbherzig angegangen. So forderte etwa Francesco Paolo di Blasi ein neues Gesetzbuch und die Abschaffung der Primogenitur, er sprach sich für die Ausbildung der Frauen und kostenlosen Pflichtunterricht für die Armen aus. So lobenswert seine Absichten waren, auf so verlassenem Posten stand er; und außerdem sprach er nur als Theoretiker.

Von weit größerer Bedeutung als die einzelnen Reformvertreter war die Tatsache, daß Sizilien nunmehr den Hauptströmungen des europäischen Denkens direkter ausgesetzt war. Auf einmal nämlich begann es den Ruf zu erwerben, eine hochgradig romantische Insel zu sein, die von Fremden besucht werden müßte. Vor allen anderen war es das 1773 veröffentlichte und sogleich ins Deutsche und Französische übersetzte Reisebuch des Patrick Brydone, das die Reize Siziliens bekannt machte; auf dieses Buch folgten im nächsten halben Jahrhundert wohl an die fünfzig ähnlicher Werke. Sizilien bot etwas für jeden, der Geschmack am Abenteuer hatte: Erdbeben, Vulkane, Banditen, Beschwerlichkeiten aller Art, merkwürdige Sitten und Gebräuche, dazu großartige Denkmäler der klassischen Antike und eine bemerkenswerte Gastfreundschaft Fremden gegenüber.

Diese weitgereisten Besucher trugen ein wenig dazu bei, die lokale Kultur aus ihrer selbstgefälligen Insularität aufzuschrekken. Schon Brydone fand in Privatbibliotheken manches englische Buch, und allmählich erschienen Übersetzungen von Schriften des Agrarreformers Arthur Young, von Alexander Pope, David Hume und John Locke. Reisende aus dem Norden waren erstaunt, Punsch und Porterbier serviert zu bekommen und die Affektiertheit zu erleben, die man offenbar als Forderung der englischen Nonchalance empfand. Nach und nach erschienen französische Bücher, und die eingeschmuggelten Schriften von Voltaire, Diderot und Montesquieu brachten einer faszinierten, wenn auch kleinen Schar die europäische Aufklärung zur Kenntnis. Freilich blieben diese fremden Einflüsse von begrenzter Wirkung. Reisende kamen nach Sizilien, aber nur sehr wenige Sizilianer reisten jemals nach Europa; und Bücher besaß man mehr als daß man sie las. Die neuen Ideen wurden nicht wirklich aufgenommen.

Kapitel 15

Revolution und Reform 1770–1800

Der Aufstand von Palermo 1773

Nach dem teilweisen Niedergang von Messina wurde die Konzentration des öffentlichen Lebens auf Palermo deutlicher als je zuvor. Messina war nicht nur 1678 militärisch unterlegen (s. S. 181 f.), sondern hatte auch 1743 unter einer schrecklichen Seuche zu leiden, die die Bevölkerungszahl erneut auf fast die Hälfte reduzierte; man mußte zwei Schiffe mit verurteilten Verbrechern aus Palermo entsenden, um die Straßen von Messina von Leichen räumen und alles infizierte Vieh verbrennen zu können. Als die Stadt sich gerade wieder zu erholen begann, traf sie 1783 ein Erdbeben, in dessen Folge die Stadt mehr als eine Woche lang brannte. Zwar wurden weiterhin Pamphlete mit der tapferen Botschaft veröffentlicht, daß Messina die rechtmäßige Hauptstadt Siziliens sei, doch hatten die Naturkatastrophen der alten Kontroverse mit Palermo um die Vorrangstellung den Sinn genommen und interessierten allenfalls noch ein paar Historiker.

Palermo hingegen war die zweitgrößte Stadt Italiens nach Neapel und wuchs rascher an als Rom, Mailand oder Turin. Eine grobe Schätzung besagt, daß sich die Einwohnerzahl im Laufe des 18. Jahrhunderts ganz oder zumindest fast ganz verdoppelte und etwa 200000 erreichte. Neben der Aristokratie wies die Stadt eine wachsende Slumbevölkerung in den Hüttenvororten auf. Das Hauptziel des Vizekönigs war einerseits die Versorgung des städtischen Proletariats mit Almosen und billigem Brot, andererseits wollte er den Adel mit Ehrungen und glanzvollen Nichtigkeiten bei Laune halten: Die Ausrichtung von Festen war ein wichtiger Aspekt der Stadtregierung.

Das Fest der heiligen Rosalia im Juli war sogar eine der wenigen Gelegenheiten, zu denen ein wirklicher Gemeinschaftssinn den üblichen Individualismus überlagerte, der ja in so vielen anderen Bereichen des öffentlichen Lebens einen unguten Einfluß ausübte.

Bei den städtischen Zeremonien spielten die 72 *maestranze* eine große Rolle; auch zur Stadtpolitik trugen sie bei. Gewöhnlich wurden die inneren Angelegenheiten Palermos vom Bürgermeister und vom Rat genau überwacht, doch konnten die Gilden in Notsituationen durch ihren Zusammenhalt und die ihnen eigene Disziplin große Autonomie und Macht gewinnen. Von Bedeutung war auch die Tatsache, daß ihren Mitgliedern das Tragen von Waffen gestattet war. Sie durften als Hilfspolizei wirken und in Krisenzeiten die Stadtmauern bemannen, ein Dienst, der besonders deshalb beliebt war, weil er gut bezahlt wurde. Durch die Zulassung zum Kreis der Privilegierten in der Stadt erhielten sie nicht zuletzt einen Status zur Verteidigung der Ordnung gegen jegliche Erhebung des *basso populo*, des niederen Volkes.

Als in der Hauptstadt Palermo 1773 ein Aufstand ausbrach, fanden sich die Handwerkergilden auf einmal, wie schon 1647 und 1708, als die einzige wirksame Machtgruppierung auf der Insel vor. Der Hintergrund dieser Revolte lag in der zunehmenden Unzufriedenheit der Aristokratie mit dem Vizekönig Marquis Fogliani, der gewagt hatte, einige von Palermos Steuerbefreiungen und andere Privilegien bezüglich der parlamentarischen *donativi* anzugreifen. Als er 1770 noch neue Steuern auf Luxusgüter wie Fenster, Balkone, Wein und Schnee als Getränkekühlmittel einführte, kam es zum Aufruhr: Man riß seine Bekanntmachungen von den Anschlagtafeln, und die meisten weigerten sich schlicht, die Steuern zu zahlen. Die Allianz, die gewöhnlich die Aristokratie mit der Regierung verband, war sogleich aufgelöst.

Als 1773 erneut eine Mißernte eintrat, explodierte auch die Volksseele. Viele Adlige flüchteten sich eilends in ihre Landvillen, was freilich die Arbeitslosigkeit in der Stadt nur verschlimmerte und die Gegensätze zwischen den Bevölkerungsschichten verstärkte, und als die Schweizergarde der Bourbonen sich zur Eröffnung des Feuers provozieren ließ, reagierten einige Leute damit, daß sie in die Gefängnisse eindrangen, polizeiliche Akten verbrannten und Gefangene befreiten. Schließlich wurde der Palast angegriffen, und zwar mit dem bewährten Kampfruf: „Lang lebe der König! Fort mit dem Vizekönig!" Fogliani zog es vor zu kapitulieren, statt seinen Soldaten den Schießbefehl zu erteilen, und wurde von den Vorstehern der Gilden schmachvoll zum Hafen gebracht, von wo aus er sich nach Messina begab; er meinte wohl, daß diese Stadt hierin eine Gelegenheit sähe, sich wieder gegen Palermo durchzusetzen, und tatsächlich bereitete man ihm in Messina einen begeisterten Empfang und überschüttete ihn geradezu mit Geschenken.

Wie schon 1697 hatten auch diesmal die *maestranze* die Situation gerettet. Sie hatten allen Grund, die Wiederherstellung von Recht und Ordnung zu wünschen, folgerichtig wurden nun in den Straßen Kanonen aufgestellt und die Aufständischen entwaffnet. Die Gildenmitglieder agierten jetzt als Polizei und als selbsternannte Magistrate, weigerten sich, Hilfe vom Heer anzunehmen, und hinderten den Erzbischof unerbittlich daran, nach seinem Wunsch die gewöhnliche Polizei wieder einzuführen. Rasch wurde die Lebensmittelversorgung reorganisiert, was darauf hindeutet, daß die Knappheit weitgehend wider das Recht künstlich erzeugt worden war; die Stadtregierung sicherte sich auch allmählich wieder ihre Autorität über das Umland, so daß die Versorgung besser gesichert werden konnte. Als eine Maßnahme gesellschaftlicher Reformen wurden in die Dörfer Bekanntmachungen ausgesandt, die die Bauern dazu ermutigen sollten, sich um die Zuweisung von eigenem Land zu bewerben, das durch das Gesetz zur Verstaatlichung des Jesuitenbesitzes frei geworden war.

Der Notstand dauerte ein ganzes Jahr, doch in kleinen Schritten gewann die Aristokratie ihre verlorene Autorität zurück. Den *maestranze* wurde die Polizeigewalt genommen, woraufhin Diebstahl und Mord sofort wieder üblich geworden sein sollen; ob dies daran lag, daß die kriminellen Schichten sich jetzt wieder gegen die Regierung stehen sahen, oder daran, daß die gewöhnliche Polizei ihre traditionelle Politik des teilweisen Zusammenwirkens mit den Verbrechern fortsetzte, läßt sich nicht sagen. Die Befestigungen wurden mit 5000 Soldaten bemannt, die 100 Kanonen aus dem Besitz der Stadt konfisziert. Es gab kaum Widerstand gegen diese Maßnahmen, da die Großen der Stadt die neapolitanische Regierung unterstützten. Sie hatten den *maestranze* gegenüber ihr Gesicht verloren und wünschten nun nichts mehr, als daß die Gilden als politische Kraft ausgeschaltet würden.

Die Revolte endete also damit, daß die städtische Aristokratie wieder völlig an der Macht war. Allerdings stand sie nunmehr sehr in der Schuld der Regierung, nicht mehr umgekehrt. Die Erfahrung des Jahres 1773 bedeutete für Ferdinand III. und seine Minister einen Beweis dafür, daß Sizilien eben etwas unzivilisiert, ja gefährlich war, weshalb die Regierung künftig direkter werde eingreifen müssen, um eine Wiederholung von Aufständen zu verhindern. So schien eine Initiative von seiten Neapels angezeigt, die zum Abbau der gesellschaftlichen Spannungen beitragen und die Lebensmittelverteilung verbessern würde und so die noch gefährlichere Mischung von städtischen Unruhen und Bauernaufständen verhindern könnte. Vor allem aber, so erkannte man, müßten die Aristokraten ein besseres Beispiel geben und mehr Verantwortung zeigen.

Das Vizekönigtum des Caracciolo (1781–1786)

Der Marquis Domenico Caracciolo stammte aus Neapel, hatte aber in Paris und London gelebt; vor allem im Frankreich eines Turgot, Diderot und Helvetius hatte er all das abzulehnen gelernt, was er nun in Sizilien vorfand. Ja, die Übernahme des Vizekönigtums widerstrebte ihm so sehr, daß er sein Eintreffen auf der Insel um ein Jahr herauszögerte. Man hatte ihn als Mann der Aufklärung ausgewählt, auch als jemanden, der keine eigennützigen Zwecke verfolgte. Anders als einige seiner Vorgänger fürchtete er nicht ständig, entlassen zu werden, und wartete deshalb nicht vor jeder Initiative die Zustimmung des Königs ab. Auch war er Bestechungsversuchen gegenüber unzugänglich. Als ehrlicher, mutiger, hartnäckiger und ausgesprochen kluger Mensch vermochte er ein im Vergleich mit allen Versuchen seit dem 13. Jahrhundert weit grundlegenderes Reformprogramm zu initiieren.

Als erstes ging er gegen das verletzlichste Symbol der alten Herrschaft vor, gegen die Inquisition – eine recht einfache Aufgabe, da diese nurmehr ein Schatten ihrer einstigen Größe war. Ja, als sie 1782 abgeschafft wurde, fand man in ihren Gefängnissen nur noch drei alte Hexen. Weitere Maßnahmen richteten sich gegen die Kirche; sie waren freilich alles andere als drastisch: Die Apostolische Legation hatte Kirchenleute von der politischen Macht ferngehalten, weshalb Caracciolo hierin kaum ein größeres Hindernis für seine Reformen erblickte. Er ließ manche Klöster schließen und untersagte den Bischöfen und Äbten, vor der Zahlung ihrer Steuern beim Papst um Genehmigung dafür zu bitten. Die kirchliche Zensur behielt er bei, schränkte aber die kirchliche Rechtsprechung noch weiter ein und ermutigte die Polizei dazu, Kirchen nicht mehr als Zufluchtstätten für gesuchte Verbrecher anzuerkennen.

Eine gewichtigere Stellung in der Hierarchie der Privilegien hatte die Stadt Palermo inne. Der Vizekönig hatte für die Neigung ihrer Ratsherren zu Zeremonien nur Verachtung übrig und versuchte, sehr zu ihrem Verdruß, die Zahl der jährlichen Paraden von über hundert auf achtzehn zu beschränken. Außerdem machte er sich daran, gegen die Vervielfachung der Posten in der Stadtverwaltung vorzugehen. Auch die *maestranze* blieben nicht verschont: Ihre Statuten wurden reformiert, ihre Monopole abgeschafft und ihr Anspruch auf jedes besondere Recht eines eigenen *foro* verworfen – die folgenschwerste Niederlage für die Gilden von Palermo. So erklärt sich auch, weshalb die privilegierteren Ladenbesitzer und Fachkräfte mit der Aristokratie die Furcht vor diesem neapolitanischen Reformer teilten.

Caracciolos Hauptangriffsziel war der Adel. Er fand Sizilien „ausschließlich von Unterdrückern einerseits und Unterdrückten andererseits bevölkert“ und meinte, die Schwierigkeiten der Insel ließen sich fast immer auf „die Tyrannis der Großgrundbesitzer“ zurückführen. Seine erste Maßnahme war es, die extrem feudalen Doktrinen des Carlo di Napoli (s. S. 210f.) zu verwerfen und jedem strenge Strafen anzudrohen, der behauptete, die Lehen in Sizilien stammten nicht vom König und müßten ihm daher nicht zurückgegeben werden. Er erklärte private Heere und private Militäruniformen für illegal, und Diener durften künftig nicht einmal zu rein dekorativen Zwecken Schwerter tragen. Adlige konnten nun wegen der Inschutznahme von Delinquenten, wegen der Einschüchterung von lokalen Behörden oder wegen der Anstiftung von Zeugen zur Falschaussage verhaftet werden. Kein Vizekönig vor Caracciolo hatte den Adel so behandelt, der jetzt befürchtete, die niedereren Schichten könnten aus dieser Niederlage Vorteile ziehen. Die Aristokratie bediente sich daher bald jeden Mittels, Einfluß auf den König zu gewinnen, um die Entlassung dieses schrecklichen Vizekönigs zu erreichen, bevor alles zu spät war.

Ein Hauptgrund dafür, daß man Caracciolo auf diesen Posten gesetzt hatte, war die Erwartung, er werde als in Wirtschaftsfragen gelehrter Mann herausfinden, auf welche Weise man die Armut Siziliens beheben und die Insel damit für das Königtum einträglicher machen könnte. Als Versuch in Richtung auf eine fortschrittliche Steuerpolitik führte Caracciolo eine jährliche Abgabe auf alle Wagen ein, mit der die Pflasterung der Straßen von Palermo finanziert wurde; als einige Adlige die Zahlung verweigerten, schickte der Vizekönig Gerichtsvollzieher in ihre Paläste, die die besten Kutschen beschlagnahmten und verkauften. Sodann machte er sich an das ihm wichtigste Projekt, die Einführung einer Steuer auf Grundeigentum. Dafür war freilich eine zweckmäßige Einschätzung des Wertes von Land unabdingbare Voraussetzung, die aber von den Baronen und Kirchenleuten im Parlament von 1782 abgelehnt wurde.

Caracciolo ging sodann gegen eine der Hauptstützen der alten Herrschaft vor. Als jemand, der die aufgeklärten Regierungssysteme von Paris und Neapel kannte, betrachtete er das

Parlament als eine Institution, die Verschwendung, Ineffizienz und Ungerechtigkeiten verkörperte und sie bewahrte. Das sizilianische Parlament hatte ja nichts mit Freiheit zu tun, im Gegenteil: es handelte willkürlich und tyrannisch. Nur im dritten *brazo* fand er neben der aristokratischen Führungsschicht genug Juristen, die vielleicht auf eine Beförderung durch ihn hofften und daher für seine Ansichten gewonnen werden konnten. Gegen den Wunsch des ersten und zweiten Hauses ließen sich diese Vertreter der Städte nun dazu überreden, eine Petition einzubringen, daß die Angehörigen der privilegierten Schichten eine Erfassung und Besteuerung zuzulassen hätten.

Diese parlamentarische Petition schuf die folgenreichste Konfrontation in Caracciolos ganzer Kampagne. Bisher hatten die Vizekönige wenig Schwierigkeiten gehabt, das Parlament zur Annahme ihrer minimalen Steuerforderungen zu bewegen, und hatten dafür die Mängel dieser Institution nicht weiter verfolgt. Caracciolo hingegen verabscheute jeden faulen Kompromiß: Er wünschte höhere Effizienz bei der Mobilisierung der Ressourcen des Königreichs und wußte, daß das erste und zweite Haus des Parlaments ihm nie von sich aus zustimmen würden. Folglich mußte er eine Reform des Parlaments durchsetzen. Allerdings hatte die Opposition gegen seine Maßnahmen den Vorteil, daß der oberste Minister des Königs in Neapel noch immer der sizilianische Aristokrat Marquis della Sambuca war. Ihm schrieb der Prinz von Trabia, der dem dritten Haus vorstand, um „um Befreiung von einer Sklaverei, schlimmer als die babylonische Gefangenschaft Israels" zu bitten; der König sah sich unter Druck gesetzt und entschloß sich, keine sofortige Entscheidung in dieser Frage herbeizuführen.

Ein etwas einfacheres Angriffsziel Caracciolos war der wirtschaftliche Protektionismus; seinen Maßnahmen kam dabei entgegen, daß der Hunger nach dem Erdbeben von Messina Nothilfemaßnahmen leichter annehmbar machte. In Neapel und Paris hatte er beobachtet, daß ein freier Handel eine bessere Vorsorge gegen Hungersnot bot als protektionistische Maßnahmen; folglich schaffte er die gemeindlichen Bäckereien mit ihren Festpreisen für das Brot ab, da sie unter dem Vorwand der Wahrung der Verbraucherinteressen vielerlei Betrügereien und Wuchergeschäfte ermöglichten. Er bestand auch darauf, daß es gegen das öffentliche Interesse verstoße, wenn ein Grundbesitzer seine Pächter dazu zwang, ihr Korn in seiner eigenen Mühle mahlen oder ihre Oliven und Trauben bei ihm pressen zu lassen oder ihm ihre Produkte zu einem von ihm diktierten Preis zu verkaufen. Falsch war es auch, wenn Barone ihren Pächtern willkürlich und ohne Einspruchsmöglichkeit Abgaben auferlegten. Mit allen solchen Regeln schrieb Caracciolo fest, was in anderen Ländern längst allgemein anerkannt war, doch machte er sich damit in Sizilien bei den Landbesitzern alles andere als beliebt.

Dieselbe Wirkung hatte sein Wunsch, kleinere und damit gewinnbringendere Bauerngüter zu schaffen. Caracciolo war der Überzeugung, daß längerfristige und sicherere Pachtverträge die Bauern dazu bringen würden, die Landwirtschaft zu intensivieren und höhere Beträge zu investieren. Vielleicht ließen sich auf diese Weise auch Dörfer dazu bringen, ihr Gemeindeland an *enfiteusi* zu verpachten. Um mehr Geld zur Zahlung ihrer Steuerverpflichtungen und sonstiger Ausgaben für den Zehnten und die Polizei zu erhalten, hatten bereits manche Dörfer versucht, ihre Allmende gewinnbringend zu verpachten, doch standen die lokalen Verantwortlichen so sehr unter dem Einfluß der Barone, daß man solche Pachtverträge lediglich den bereits ansässigen Grundbesitzern anbot, was die *latifondi* noch mehr verfestigt hatte. Caracciolo hatte hierin ein grundlegendes Problem berührt, das aber weit komplexer war, als er ahnte; vorerst konnte er kaum mehr tun als die Dörfer darin zu bestärken, auf ihren Rechten auch wirklich zu bestehen.

Der Teilerfolg der Reform

Caracciolos Reformen waren weit weniger radikal als manche, die zu jener Zeit in anderen Teilen Europas durchgeführt wurden, doch fanden sie jedenfalls sehr viele Feinde. Dabei war Caracciolo in gewissem Maße durchaus erfolgreich, was vor allem angesichts der Tatsache bemerkenswert ist, daß ihm zur Durchsetzung seiner Reformen kaum Machtmittel zur Verfügung standen. Ja, in Sizilien sollte nichts mehr ganz so sein, wie es einst gewesen war, und selbst die Opposition, die sich gegen seine Maßnahmen gebildet hatte, sollte zu einem wichtigen Element in der politischen Fortentwicklung des Landes werden. Allerdings war er von zu ungestümem Temperament und zu wenig kompromißbereit. Er glaubte an die Vernunft und an den Fortschritt, ihm war mehr am Wünschenswerten als am Machbaren gelegen. Vielleicht war er allzu radikal und zugleich zu wenig liberal, als daß er ein wirklich erfolgreicher Reformator hätte werden können; auch nahm er sich nicht immer die Zeit, die historischen Wurzeln für die Verhältnisse zu untersuchen, gegen die er vorging.

Caracciolo wählte seinen Nachfolger selbst: den Prinzen von Caramanico, der ebenfalls von der Aufklärung in Neapel geprägt war und in Nordeuropa gelebt hatte. Um zu zeigen, daß sich mit dem Wechsel an der Spitze die Politik nicht geändert habe, beließ er Saverio Simonetti, einen ebenfalls vom Festland stammenden Mann, in der Verwaltung Siziliens; dieser hatte als *consultore* als zweiter Mann in Palermo gewirkt und für Caracciolos Reformen wichtige Anregungen gegeben. Caramanico war nicht so phantasievoll und energisch wie sein Vorgänger, doch in mancher Hinsicht als Vizekönig effizienter. Er war ein überzeugter Reformator, doch gewann ihm seine versöhnlichere Art Freunde auch unter den Baronen, die ihm durchaus etwas entgegenkamen, wohl auch, weil sie inzwischen erkannt hatten, wie angreifbar ihre Position war.

Eine der Leistungen Caramanicos bestand darin, daß er das Parlament dazu brachte, einer Neuverteilung der Steuern und eben der Erfassung der Besitzverhältnisse zuzustimmen, die zuvor auf so heftigen Widerstand gestoßen war. Dieser Zensus verzögerte sich allerdings durch den Ausbruch der Koalitionskriege, doch war schon die Entscheidung, ihn abzuhalten, eine nützliche Drohung. Das Parlament stimmte also zu, die Steuern den Einkommen proportional anzupassen und auch das ungerechte System zu ändern, demzufolge die Städte der Barone weniger als den eigentlich angemessenen Teil der *donativi* leisteten. Bürger von Palermo, die auch in anderen Landesteilen Besitz hatten, waren künftig nicht mehr so weitgehend steuerlich begünstigt. Mit der Annahme dieser Änderungen gestanden die Adligen öffentlich ein, daß ein neues System not tat und daß ihre alten Privilegien nicht unantastbar waren.

Der Feudalismus wurde weiter geschwächt, als 1788 der König durch eine pragmatische Sanktion Caracciolos Ansicht bestätigte, daß die aus dem 13. Jahrhundert stammenden Gesetze *volentes* und *si aliquem* (s. S. 128) keinen grundlegenden Wandel der feudalen Abhängigkeiten bewirkt hatten: Künftig also konnte man Lehen nicht mehr wie Allodialgüter, also praktisch als Volleigentum vererben oder veräußern; vor einem Erbgang bedurfte es vielmehr der Bestätigung durch den König und einer besonderen Zahlung, und wenn es keine richtige Erbfolge gab oder man den Erbtitel nicht nachweisen konnte, fielen sie an die Krone zurück. Überdies konnte man außer durch Entschädigungszahlungen den Bauern keinerlei Rechte an einer durch Gesetz oder Herkommen etablierten gemeindlichen Nutzung von Landgütern nehmen, auch dann nicht, wenn es sich um ein baronales Lehen handelte. Natürlich waren dies rein rechtliche Entscheidungen, deren Auswirkungen in der Praxis man mit großem Aufwand zu lindern suchte, doch wurden die einfachen Leute jetzt direkt dazu ermuntert, auf ihren Rechten zu bestehen – ein Bestandteil des allmählichen Wandels in der öffentlichen Meinung.

In der Landwirtschaft entsprachen die Lehen mehr oder weniger den halbkultivierten *latifondi*, die sich über den Großteil Siziliens erstreckten. Sie gehörten Adligen oder höheren Klerikern, manche auch Dorfgemeinden. Eine Schwierigkeit bestand darin, daß in vielen Fällen uralte Weiderechte einen intensiven Anbau verhinderten, selbst wo die Besitzer eine solche Nutzung zuzulassen bereit gewesen wären. Solche gemeindlichen Weiderechte kamen zwar vielen Einzelpersonen zugute, waren aber ein Grund dafür, daß die landwirtschaftlichen Erträge mit dem Anwachsen der Bevölkerung nicht Schritt hielten. Die *latifondisti* wünschten verständlicherweise weniger eingeschränkte Besitzrechte und machten sich bereits durch willkürliche Einfriedung von Land oder durch Auszahlung der anderen Parteien daran, die Verhältnisse in diese Richtung zu ändern. Die Regierung wußte freilich, daß jeder Widerruf der „Mischrechte" vielen Menschen den Lebensunterhalt nehmen würde, glaubte aber auch, daß für den Fall, daß die Ablösung kommunaler extensiver Bewirtschaftung durch intensive Nutzung kleiner Güter in individuellem Besitz gelänge, die landwirtschaftliche Produktion insgesamt anwachsen würde und auch die landlosen Arbeiter am gesamtgesellschaftlichen Gewinn beteiligt würden.

Ein Edikt aus dem Jahre 1789 zielte daher auch auf die Erweiterung des Kleinlandbesitzes, indem neues Land zur Kultivation freigegeben und alte Ländereien intensiver genutzt wurden. Einige Allmenden im Dorfbesitz sollten in Lehensgüter aufgeteilt und vorrangig an Arme vergeben werden, die dafür ihre Weide- und Wollsammelrechte aufgaben. In der Praxis nahmen diese Gesetze freilich manchmal einen unerwarteten Lauf: Manche Bauern konnten die Grundrente nicht bezahlen, die Landstücke waren zu klein und zu entlegen, oder die Gesetze wurden von den lokalen Machthabern in jedem Dorf zum eigenen Nutzen manipuliert, also von jener Schicht von „Halb-Adligen" (wie sie Vincenzo Emanuele Sergio in einem Buch von 1777 bezeichnet), die die lokale Macht von den nicht ansässigen Landbesitzern übernommen hatten und zur Durchsetzung ihres Willens bewaffnete Helfer einsetzten.

Zwar war es wirtschaftlich wünschenswert, die Besitzrechte zu definieren, und tatsächlich stieg auch die Zahl der landbesitzenden Bauern an, doch die soziale Folge dieser Gesetze war, daß diejenigen, die bereits reich genug waren und weitgehend als Parasiten der Gesellschaft lebten, noch reicher wurden, während zugleich ein ländliches Proletariat entstand, das die uralten, wertvollen Rechte am Gemeindebesitz ohne wirkliche Kompensation aufgab. Statt der von der Regierung erhofften Reduzierung der revolutionären Spannungen kam es zu einer Vervielfältigung der Zahl von Gelegenheitsarbeitern in einer unsicheren Lage, die in schwierigen Jahren auf wenig oder gar nichts zurückgreifen konnten. Schon bald sollte die Entwurzelung und verzweifelte Armut dieser weitgehend arbeitslosen Hilfskräfte sie zu einer revolutionären Macht von hoher Bedeutung machen.

Der schon mehrfach zitierte Paolo Balsamo verfolgte diesen Prozeß mit einiger Besorgnis. Er gehörte zu einer ausgewählten Gruppe von Intellektuellen, vorwiegend Klerikern, die unter den beiden reformatorischen Vizekönigen von der Patronage der Regierung profitiert hatten – ja, er erhielt sogar gleich zwei Abteien als Sinekure. Im Jahre 1787 wurde für ihn in Palermo ein Lehrstuhl für Landwirtschaft eingerichtet, eine Stellung, die Balsamo die Gelegenheit bot, sich drei Jahre lang in Norditalien, Frankreich und England zum Studium der neuesten landwirtschaftlichen Techniken aufzuhalten. Anders als so viele sizilianische Intellektuelle in der Vergangenheit, verließ er aber die Insel nicht für immer, denn die Politik der Regierung schuf nunmehr wirklichen Talenten ein hoffnungsvolleres Betätigungsfeld in Sizilien selbst. Er kehrte also mit modernen landwirtschaftlichen Methoden und Gerätschaften zurück, voll von Ideen, die er in England von dem Agrarreformer Arthur Young und dem Nationalökonomen Adam Smith gelernt hatte. Caramanico vertraute ihm sodann die Aufgabe an, die Schwachstellen der sizilianischen Landwirtschaft zu untersuchen.

Unter Balsamos Einfluß wurden nun Experimente mit Bewässerungssystemen, der Anlage von Dauergrünland, Stallfütterung und Fruchtwechsel durchgeführt. Er vertrat die Ansicht, daß Sizilien ohne Kapitalzufuhr nie werde prosperieren können, was nur durch die Landwirtschaft entstehen könne; Voraussetzung dafür sei aber eine völlig neue Einstellung gegenüber der Unveräußerlichkeit von Gütern, „Mischrechten“, Abgaben, *tratte* und all den weiteren restriktiven Praktiken, die einer vernünftigen Entwicklung entgegenstanden. Balsamo war ein bemerkenswerter Kopf nicht zuletzt deswegen, weil er nicht den Pessimismus teilte, demzufolge jegliche Verbesserung ohnehin unmöglich sei. Allerdings war er viel zu begeistert von all dem, was er in England gelernt hatte, als daß er die

Schwierigkeiten hätte wahrhaben wollen, diese Erkenntnisse auf die so verschiedene Landesnatur und Mentalität Siziliens zu übertragen. Dabei hätte zu einer Durchbrechung der alten psychologischen Barrieren nichts mehr beitragen können als seine Expertenmeinung, daß weder das Klima noch der Boden Siziliens an sich ungeeignet seien.

Einige Intellektuelle begannen also, von den beiden fähigsten Vizekönigen in der sizilianischen Geschichte dazu ermutigt, manche der fundamentalen Prinzipien des *ancien régime* in Frage zu stellen. Gelegentlich traten bereits die Idee des Fortschrittes und der Gedanke der sozialen Verpflichtung des Eigentums in Erscheinung. Aus den Schriften des Dichters Giovanni Meli können wir entnehmen, daß es bereits in den 80er Jahren des 18. Jahrhunderts in aristokratischen Salons von Palermo modisch war, die Namen von Rousseau und Voltaire zu erwähnen, und an landwirtschaftlichen Experimenten zeigten sich beispielsweise der Prinz von Aci und der Prinz Lanza di Trabia interessiert. Besonders in der weit offeneren Stadt Catania kam es sogar zu einem Einsickern der radikal demokratischen Ideen aus Frankreich.

Eine Ironie der Geschichte wollte, daß es gerade die Französische Revolution war, die diesen Prozeß abrupt beendete. Den König nämlich beredeten seine eher reaktionären Berater dahingehend, daß weitere Reformen eine Forderung nach politischer Freiheit hervorrufen und somit Staat und Kirche in Sizilien ebenso unterminieren würden wie in Frankreich. Die Gefahr bestand wirklich, denn der Einfluß des Jakobinismus war in Sizilien nicht zu übersehen, und die Bedrohung wurde durch eine französische Revolutionsarmee vergrößert, die durch Italien marschiert war und auf der Festlandsseite der Meerenge von Messina in Sichtweite der Stadt lagerte. Manch ein Sizilianer ging aufgrund seiner fortschrittlichen Ideen nach Frankreich ins Exil, manch anderer versuchte selbst die Revolution in Sizilien, freilich in winzigem Rahmen. Francesco Paolo di Blasi plante eine republikanische Rebellion für die Karfreitagsprozession des Jahres 1795, doch kam dies durch eine ganze Reihe von privaten, teils aus rein persönlichen Motiven gemachten Denunziationen der Polizei zur Kenntnis; di Blasi wurde öffentlich gefoltert und enthauptet.

Di Blasis Sympathisanten scheinen sich vor allem in der Schicht der Handwerker und eher in Ost- als in Westsizilien gefunden zu haben. Ihre Ideen waren nicht ganz klar, ihre Überzeugung ging nicht soweit, daß sie für sie ins Gefängnis gegangen wären oder gar ihr Leben aufs Spiel gesetzt hätten; auch fehlte ihnen jede Vorstellung davon, wie man eine Verschwörung organisieren müßte. Fast nichts verband sie mit den einfachen Arbeitern und Bauern, ohne die es aber keine Antriebskraft für eine eigentliche Erhebung geben konnte. Sie waren selbst zumeist gewalttätige Männer, die sich auf das erste Anzeichen eines wirklichen Volksaufstands rasch hinter ihren Patronen, den Adligen, versteckten. Solche Aufstände waren inzwischen recht häufig, gingen aber im allgemeinen weniger auf den Jakobinismus oder überhaupt politische Anlässe zurück als vielmehr auf die endemische Neigung der Sizilianer zu Aufständen.

Die Reformer der Aufklärung hatten bei dem Versuch, Sizilien aus seiner Geschichte loszureißen, keinen Erfolg gehabt, und der europäische Krieg, der nun ausbrach, verhinderte jeden weiteren Wandel, führte zu einer Konterrevolution und stellte für einige Zeit das alte gesellschaftliche Gleichgewicht wieder her. Außer Sardinien war Sizilien die einzige Region Italiens, die Napoleon nicht eroberte. Auf diese Weise entging der Insel die Botschaft der Französischen Revolution, was die weitestreichenden Folgen haben sollte. Auch wenn di Blasi die Mutlosigkeit seiner Landsleute für sein Scheitern mitverantwortlich machte, war es tatsächlich völlig unwahrscheinlich, daß eine spontane politische Revolte hätte Erfolg haben können. Die Mittelschicht, an die er sich hätte wenden können, war zu vernachlässigen, ja selbst das einfache Volk sang antijakobinische Lieder. Nur wenn Napoleon daran gedacht hätte, rechtzeitig in Reggio Transportvorbereitungen für das Übersetzen nach Sizilien zu treffen, hätte das Werk eines Caracciolo und eines Caramanico zu seinem folgerichtigen Schluß gebracht werden können.

Kapitel 16

Die Napoleonischen Kriege

Die britische Intervention

Wenn Sizilien nach 1789 für das *ancien régime* bewahrt blieb, so lag dies teils daran, daß der König Ferdinand III. voll Furcht die Reform aufgab, teils auch daran, daß die Siege Napoleons den Briten als Gegenmaßnahme die Besetzung der Insel als eine dringende strategische Notwendigkeit erscheinen ließen. Zugleich machte der Erfolg Frankreichs eine enge Allianz mit Britannien zur einzigen Überlebenshoffnung für die Bourbonen in Neapel. Als die Franzosen Malta einnahmen, das seit 1091 und nominell noch immer ein Schutzgebiet Siziliens war, unterstützten neapolitanische Truppen die Briten bei ihrer Rückeroberung, und obwohl letztere den Anspruch erhoben, in Ferdinands Namen zu regieren, fand sich Malta nunmehr für immer aus der sizilianischen Hoheit entlassen. Auch Sizilien verlor einige Unabhängigkeit, als es ein Glied in der Kette britischer Politik wurde, die nämlich danach trachtete, eine Blockade Europas durchzuführen und zugleich die Seewege im Mittelmeer offenzuhalten. Zwar versprachen die Briten zunächst, daß sie „unter gar keinen Umständen in die Zivilverwaltung Siziliens eingreifen“ würden, doch schon bald änderten sie in diesem Punkt ihre Haltung.

Als Napoleons Armee 1798 in Neapel einmarschierte, flüchtete sich Ferdinand auf dem Flaggschiff des britischen Admirals Lord Nelson nach Palermo. Der König war dort hochwillkommen, denn seine Ankunft schien wieder einmal die Unabhängigkeit der Insel von Neapel aufzuzeigen und ein gewinnbringendes Wiederaufblühen des höfischen Lebens in Palermo zu ermöglichen. Nach außen hin gewährte jedenfalls das Land Ferdinand uneingeschränkte Unterstützung gegen das revolutionäre Frankreich, ja das einfache Volk war zu dieser Hilfe so wild entschlossen, daß Hunderte von kranken französischen Soldaten, die in Augusta an Land gingen, sogleich ermordet wurden. Der König hingegen teilte die Begeisterung seiner Untertanen nicht und betrachtete Sizilien nur als Einkommensquelle für Neapel. Seine österreichische Gemahlin ging sogar noch weiter und behauptete, die Sizilianer zu hassen; Palermo erschien ihr in jeder Hinsicht mehrere Generationen hinter Neapel zurückgeblieben.

In manchen Bereichen hatte Sizilien von der Ankunft jener Fremden durchaus viel Gewinn. Der König mag grob und illiberal gewesen sein, doch zählten zu seinen Hofleuten Männer, die im Vergleich zu dem, was sie in Sizilien antrafen, weltoffen, ja progressiv waren. Die Sizilianer lernten jetzt neue Architekturstile, neue Lebensweisen, neue Ansichten über Politik und Verwaltung kennen. Allerdings war die schlechte Seite der neuen Herrschaft deutlicher, denn es war natürlich kostspielig, den König und die Hunderte von Neapolitanern in seiner Begleitung angemessen zu versorgen. Der Monarch überschüttete die Geliebte Lord Nelsons, Lady Emma Hamilton, und ihren Gemahl mit Geschenken; Lord Nelson selbst – der „anglosizilianische Held“, wie ihn der Dichter Giovanni Meli nannte – erhielt als Herzog von Bronte von Ferdinand ein riesiges Lehensgut, und zwar mitsamt der Berechtigung zur feudalen Rechtsprechung und mit einem großen Einkommen, welches einst als Stiftungsgeld für ein Hospital in Palermo weit nützlicher angelegt gewesen war.

Die einzige Quelle für regelmäßige Einkünfte des Herrschers, die sich rasch ausweiten ließ, waren die *donativi*; allerdings führte die frühere Weigerung des Königs, einige von Caracciolos Reformen zu unterstützen, nun dazu, daß die privilegierten Schichten einen guten Stand hatten, wenn sie sich gegen jede Erhöhung ihres Beitrags zur Wehr setzten. Jetzt gelangte auch Ferdinand zu der Überzeugung, daß man die geringe Besteuerung der Aristokratie ändern müsse – eine Drohung, die endlich auch zu einer wirklichen konstitutionellen Opposition gegen die Monarchie führte. 1790 und 1794 war die Solidarität der drei Häuser des sizilianischen Parlaments sichtlich geschwunden, da die Adligen über die Zunahme egalitärer Ansichten erschraken. Nun trafen Forderungen nach Millionen von *scudi* zur Finanzierung eines weiteren Krieges ein, von dem Sizilien nichts zu erwarten hatte. Man zahlte zwar, doch baten 1798, noch vor dem Einfall Napoleons in Neapel, das erste und zweite Haus des sizilianischen Parlaments um die vorherige Versicherung, daß Caracciolos Reformen aufgehoben würden, der König Sizilien besuche und jede weitere Steuer nicht nur den Interessen Neapels dienen dürfe.

Hierin zeigen sich die ersten Aufwallungen eines ernsthaften Widerstands. Vier Jahre danach präsidierte der König persönlich im Parlament bei einer als reine Formalität geplanten Sitzungsperiode, die sich aber ungewöhnlich lange hinzog. Schließlich hatte erst ein diskretes Angebot von Posten und Vergünstigungen den Erfolg, daß einige der adligen Wortführer der Opposition neutralisiert wurden, was den Freund des Königs, Prinz Belmonte, in die Lage versetzte, den vom König erwünschten Zuschuß erfolgreich über die verschiedenen Hürden des parlamentarischen Entscheidungsprozesses zu bringen. Allerdings mußte Ferdinand versprechen, daß er auch nach seiner Rückkehr nach Neapel einen ständigen Hof unter der Leitung eines königlichen Prinzen in Palermo belassen werde. Dieses Gelöbnis brach er freilich fast sofort; ein Vertrag mit Napoleon gestattete ihm die Heimkehr, bei der er seinen Hofstaat und eine Menge sizilianischen Geldes mit sich führte.

Als der Krieg 1806 die königliche Familie erneut dazu zwang, in Palermo Zuflucht zu nehmen, war der Empfang für sie weit kühler. Die letztvergangenen vier Parlamentsperioden, bei denen Caracciolos Maßnahmen weitgehend abgeschmettert worden waren, hatten einige Barone mit politischer Erfahrung und mit Ehrgeiz erfüllt; die nunmehr erhobenen hohen finanziellen Forderungen machten eine Opposition fast zur wirtschaftlichen Notwendigkeit. Der Adel neigte jetzt nicht mehr zu der Ansicht, daß das Reich schlicht ein von Gott verliehener Privatbesitz des Königs sei, und fand die Weigerung des

Königs, die Existenz einer sizilianischen Nation einzugestehen, schwer erträglich. Ja, diesem Philister war die einstige Größe Siziliens so gleichgültig, daß er, um einen bequemeren Zugang zur Palastkapelle zu gewinnen, viele Mosaiken aus dem 12. Jahrhundert einfach entfernen ließ. Bedeutsamer war freilich, daß es wieder Neapolitaner waren, die die wichtigen Posten erhielten; dieser erneute Mangel an Aufstiegschancen vor allem für die jüngeren Söhne der Adligen führte zu ernsthafter Unzufriedenheit.

Napoleon hatte durchaus vor, Sizilien zu erobern und damit auch die zentrale Mittelmeerwelt zu beherrschen. Da Ferdinand weder ein Heer noch eine Flotte besaß, die diese Namen verdient hätten, sah er sich 1806, freilich ungern, dazu gezwungen, britische Streitkräfte zur Übernahme der Hauptlast der Verteidigung Siziliens einzuladen. Was er wahrscheinlich nicht wußte, war, daß der britische Kommandant Befehl hatte, Sizilien gewaltsam zu besetzen, falls eine solche Einladung nicht ausgesprochen würde. Die Anwesenheit eines großen Fremdheeres brachte Sizilien die größte wirtschaftliche Blüte seit Jahrhunderten, denn direkte Hilfsgelder der Briten, viele Kredite, einige private Investitionen aus London und die hohen Ausgaben der Besatzungstruppen trugen dazu bei, daß es geradezu einen kleinen Boom in Gewerbe, Handel und Landwirtschaft gab. Die wirtschaftliche Intervention der Briten war so umfangreich, daß 1812 bereits dreißig britische Konsuln oder Vizekonsuln in Sizilien weilten, und in den Salons von Palermo entwickelte man eine snobistische Mode, Sizilianisch mit englischem Akzent zu sprechen.

Der andauernde Krieg und die Inflation machten die Fragen der Finanzierung und der Steuerfreiheiten für die Barone erneut dringlich; deswegen wurde auch 1810 das Parlament einberufen. Vertreter der Regierung legten allen drei Häusern dar, daß eine höhere Besteuerung der Armen kaum finanzielle Mehreinnahmen bedeuten und die Wirtschaftsentwicklung insgesamt bremsen würde. Die Thronrede appellierte schlicht an das „edle Prinzip der Gleichheit“ und instruierte die Deputation, im Einklang mit diesem Prinzip zu handeln. Der Fehdehandschuh war also geworfen, und überraschenderweise wurde er aufgenommen. Prinz Belmonte, einer der wenigen weitgereisten und begabten Aristokraten, wechselte in einem dramatischen Schritt die Seite, wandte sich vom König ab und hielt eine kämpferische Rede, nach der die Barone die Geldforderungen der Regierung auf die Hälfte reduzierten. Ja, erstaunlicherweise gelang es ihm auch, die Kleriker gegen den Erzbischof von Palermo auf die Seite der Barone im Widerstand gegen den König zu bringen.

Sobald die privilegierten Schichten erkannten, daß sie künftig der Besteuerung nicht mehr würden entgehen können, gab es für ihre übliche Unterwürfigkeit keinen Anlaß mehr. Die neue Gefahr königlichen Eingreifens bedrohte ihre Einkünfte und ihre gesellschaftliche Stellung. Um die neapolitanischen Minister abzusetzen und zugleich einen populären Schritt zu unternehmen, forderten sie deshalb die gesamte Struktur des monarchischen Absolutismus heraus, indem sie einem Gegenantrag zustimmten, der sogar einige der Reformen beinhaltete, die der Adel in den 80er Jahren des 18. Jahrhunderts noch so heftig bekämpft hatte. Man forderte die Abschaffung der 18 unterschiedlichen *donativi*, da ihr System zu kompliziert und ihre Eintreibung zu kostspielig seien, und ebenso die Aufgabe der feudalen Verpflichtungen. Statt dessen erklärte man sich bereit, eine Steuer von 5 Prozent auf alle Einkünfte aus Grundbesitz zu zahlen, ausgenommen allerdings Besitz in Palermo und Umgebung.

Dieses Angebot aus der Reihe der Barone kam völlig unerwartet. Vielleicht war es nur als taktisches Manöver gedacht, das gar nicht ernstgenommen werden sollte. Und doch war es eine bewußte Herausforderung der königlichen Hoheitsrechte. Wollte ihr der König widerstehen, konnte er auf britische Unterstützungsgelder zurückgreifen, mußte damit allerdings gewisse Einbußen seiner Unabhängigkeit, ja eine liberalere Politik hinnehmen, was er jedenfalls für einen zu hohen Preis hielt. So verlegte sich Ferdinand auf die außerparlamentarische Besteuerung. Dies stachelte die Opposition auf, und vierzig Barone, die die Hälfte der Stimmen im Parlament repräsentierten, erhoben in aller Demut Einspruch dagegen und bestanden darauf, daß alle zusätzlichen Steuern vom Parlament beschlossen werden sollten. Als Erwiderung beschloß die Deputation, die sich doch stets als Wahrer der sizilianischen Freiheiten brüstete, ohne Gegenstimme, daß der König durchaus völlig zu Recht handle.

Prinz Belmonte wandte sich nun heimlich an die Briten: Er war, wie er sagte, bereit, ein Gegenparlament in Messina zusammenzurufen und jeden von den Briten eingesetzten König anzuerkennen, nötigenfalls sogar einen Protestanten. Ferdinand war freilich von seinen Freunden unter den Baronen vor dieser etwas halbherzigen Rebellion hinreichend deutlich gewarnt worden, wartete zunächst einige Monate und ließ dann auf einmal die fünf wichtigsten Vertreter des parlamentarischen Protestes verhaften, darunter Prinz Belmonte und seinen Onkel, den Prinzen von Castelnuovo. Alle fünf wurden in Strafkolonien auf Inseln vor der sizilianischen Küste deportiert.

Dieser Coup des Königs hatte beinahe vollen Erfolg, denn die Opposition brach ohne ihre Führung zusammen. Die Lehensmänner waren also nicht mehr gewillt durchzuhalten – anders der britische Kommandant, General William Bentinck, der sich ebenso wie seine Offiziere um die Sicherheit seiner 17000 Mann starken britischen Besatzung in Sizilien zu sorgen begann und angesichts des Chaos in der Verwaltung seine Aufgabe, die Insel zu verteidigen, immer schwieriger zu erfüllen fand. Inzwischen wußte man, daß man die Verteilung der von den Briten direkt geleisteten Hilfsgelder kontrollieren müsse, wenn man ausreichend Mittel für Munition und Befestigungen haben wollte. Überdies befürchtete man, daß einer französischen Invasion lokale Unterstützung zuteil werden könne, wenn es nicht gelänge, einige der Spannungen auf der Insel abzubauen; man wollte sogar erfahren haben, daß der Hof zwar Bentincks Geld annahm, aber heimlich Kontakt mit den Franzosen unterhielt.

Was Caracciolo mit aufgeklärtem Absolutismus nicht hatte durchsetzen können, versuchte nun Bentinck mit einem für Sizilien recht exotisch anmutenden liberalen Parlamentarismus zu erreichen. Mit der Drohung, seine Streitkräfte abzuziehen und die Auszahlung der Hilfsgelder einzustellen, zwang er die Regierung zur Freilassung der fünf Barone und zur Abschaffung der außerparlamentarischen Besteuerung. Auf seine Anweisung hin wurden sodann die überwiegend aus Neapel stammenden Minister durch ein Kabinett ersetzt, das die sizilianischen Verhältnisse besser repräsentierte und dem drei der fünf ehemaligen Gefangenen angehörten. Schließlich mußte er noch weitergehen und die Königin ins Exil zwingen, nachdem er ihre riesigen Schulden aus den Mitteln des Geheimdienstes beglichen und ihre verpfändeten Juwelen ausgelöst hatte. Eigentlich hatte sich Bentinck gar nicht so sehr in die sizilianische Politik einbeziehen lassen wollen, doch war er nun praktisch Gouverneur von Sizilien geworden; unter seinem Einfluß wurde ein neues Parlament einberufen, das den Feudalismus abschaffte und eine neue, liberale Verfassung plante.

Die Verfassung von 1812

Als das Parlament im Juni 1812 zusammentrat, schien das *ancien régime* auf einmal zusammenzubrechen. Die Monarchie und die konservativen Lehensherren nahmen die radikalsten Änderungen fast ohne Widerspruch hin. Der König bat verzweifelt um Unterstützung und bot die Rücknahme aller Reformen Caracciolos an, doch kam dieses Angebot zu spät, als daß es ausreichend Anhänger gefunden hätte. Er übergab daher auf Zeit die Macht an seinen Sohn, der sehr unter dem Einfluß Bentincks stand. Belmonte und Castelnuovo waren nunmehr Minister und konnten auf die gesamten Stimmen des dritten *brazo* zur Unterstützung der Reform setzen, außerdem auf viele der durch Vollmacht übertragenen Stimmen, was ihnen die Mehrheit auch im zweiten Haus des Parlaments einbrachte. Allein das erste Haus, das der Barone, war ihnen weniger sicher, doch war Castelnuovo davon überzeugt, daß der Adel sich wenigstens aus Furcht dazu bringen lassen werde, einige Privilegien zu opfern.

Paolo Balsamo und seine Freunde hatten mittlerweile mehrere Monate darauf verwendet, die Umrisse einer neuen Verfassung zu entwerfen. In einer einzigen Nachtsitzung wurden deren Hauptprinzipien einstimmig angenommen – ein Tempo und eine Einmütigkeit, die wohl auf die Aufregung des Augenblicks, die allgemeine Bereitschaft, Autorität anzuerkennen, und zweifellos auch auf eine gewisse Panik zurückzuführen waren. Zu den wichtigsten Merkmalen zählten die Bindung eines nurmehr zwei Häuser, Ober- und Unterhaus, umfassenden Parlaments, das alljährlich zusammentrat und vorbehaltlich der Zustimmung des Königs über Gesetze und Steuern befinden konnte. Dem König hingegen blieb die Exekutivmacht, ein Vetorecht und das Recht zur Auflösung des Parlaments. In der Rechtsprechung übernahm man ein Geschworenensystem und schaffte die Folter ebenso wie alle privaten Gerichte und *fori* ab, die von Kirche und Armee ausgenommen. Sizilien sollte damit weitgehend unabhängig werden; dem König wurde – ganz wie schon einmal, im Jahre 1296 – verboten, die Insel ohne Zustimmung des Parlaments zu verlassen.

Ähnlich revolutionär war die Abschaffung des Feudalismus, der die Adligen halb großzügig, halb berechnend zustimmten. Einige Lehensmänner hatten wohl erkannt, wie notwendig ein Wandel war, wenn sie wirtschaftlich überleben wollten: Wenn nur die Unveräußerlichkeit des Erbguts abgemildert wäre, ließen sich manche Güter zur Abzahlung der Schulden verkaufen und damit die verbleibenden Ländereien wieder wirtschaftlich gesund führen; damit würden Kapital und Land besser genutzt, und alle jüngeren Söhne der Aristokratie hätten von einem freieren Erbrecht und dem Wegfall des Erstgeborenenrechts Vorteile. Andere Adlige suchten schlicht einen Vorwand, die „Mischrechte" in ihren Lehensgütern aufzuheben, die ja mit dem Feudalsystem einhergingen und eine Art Mitbesitz am Land für die Bauern bedeuteten. Wieder andere erkannten, daß die kriegsbedingten Steigerungen des Getreidepreises riesige Gewinne ermöglichten, wenn es nur gelänge, das komplizierte Gebäude von Restriktionen im Weizenhandel niederzureißen.

Zur gleichen Zeit bildete sich, teilweise als Folge des Krieges und der britischen Besatzung, eine Mittelschicht, die wohlhabend genug war, Land kaufen zu können, sofern die Modifizierung des Lehensrechts es ihnen ermöglichte, die Lehen aufzuteilen. Diese Mittelschicht war entstanden, weil sie entweder vom Weizenanbau zu gewinnbringenderer Landwirtschaft in *enfiteusi* übergegangen war oder Geld verliehen hatte oder aber *latifondi* durch *gabella*-Verträge verwaltete. Diese *gabelloti* wollten selbst Grundeigentümer werden, und zwar wegen des finanziellen Gewinns ebenso wie aus Prestige- und Machtgründen, was ihren Landhunger noch verstärkte. Unter der britischen Besatzung bot sich ihnen vielerlei Gelegenheit, Geld zu machen, und Geld bedeutete für sie eben Land. So hatten sie ebenso wie die landbesitzende Schicht ein Interesse an der Öffnung feudaler Güter und an der Aufhebung gemeindlicher Weiderechte auf Privatgrund.

Die Abschaffung des Feudalismus im Juli 1812 war also kein völlig selbstloser Akt von seiten der Aristokratie. Die Pflichten und die Rechte dieses Systems aufzugeben hatte massive Vorteile. Sicherlich war die Aufhebung der feudalen Rechtsprechung ein Verlust, den aber die Umwandlung der Lehen in Volleigentum mehr als aufwog. Die Schwefelminen, die zuvor als Allgemeingut gegolten hatten, wurden nunmehr als Privateigentum angesehen – und das gerade in einer Zeit, in der die industrielle Revolution Schwefel zu einem Produkt von höchster Bedeutung machte, für das Sizilien zumal fast das Monopol besaß. Nie wieder würde ein Lehen an die Krone zurückfallen, wenn kein Erbe vorhanden war, und durch die Abschaffung der „Mischrechte" auf den einstigen Lehensgütern machte der Adel riesige Gewinne, ohne daß den davon betroffenen Bauern eine Entschädigung angeboten werden mußte. Von gleicher Bedeutung war, daß, anders als in Neapel, die Wasserversorgung mehr denn je in privaten Händen lag – in einem so trockenen Land wie Sizilien ein Faktor von äußerster Wichtigkeit.

Eine Folge von all dem war, daß die 1812 verkündeten Freiheiten für die Bauern kaum praktische Bedeutung hatten. Was das Versprechen von sozialen (im Unterschied zu individuellen) Vorteilen anging, erwiesen sich diese Vorteile als eher theoretisch denn wirklich. Was genau abgeschafft werden sollte, wurde nie spezifiziert, ebensowenig die dafür vorgesehenen Methoden. Alle wirklich wichtigen Entscheidungen wurden den Gerichten zur Klärung überlassen, die selten unabhängig genug waren, gegen die Interessen der Landbesitzer zu entscheiden. Die *latifondi* wurden weiterhin als „Lehen" bezeichnet, die Landbesitzer als „Lehensmänner" und die Landbevölkerung als „Hintersassen", und das weit bis ins 20. Jahrhundert – und zu Recht.

Daß einiges eben nur Illusion war, ging zunächst in der allgemeinen Begeisterung unter. Balsamos Verfassung wurde als ein großer Sieg der sizilianischen Freiheiten gefeiert und der britischen Verfassung an die Seite gestellt. In der Folge warf man Bentinck allerdings vor, er habe Sizilien die Verfassung aufgezwungen, doch tatsächlich war er es gewesen, der seinerzeit Balsamo ausdrücklich gewarnt hatte, daß eine solche Übertragung kaum gut funktionieren könnte; andere Briten hatten sich noch deutlicher in diesem Sinne ausgesprochen. In Wirklichkeit hatten sowohl der Monarch als auch die Aristokratie ein gemeinsames Interesse daran, die Briten einzubeziehen; man hoffte, daß sich diese durch eine derartige Kopie der britischen Verfassung zu einer Garantie gezwungen sähen, keine im Vergleich zur jeweiligen britischen Praxis liberaleren oder demokratischeren Formen zuzulassen.

Das Parlament trat wieder 1813 zusammen, und gleich zu Beginn der Sitzungen sah sich die liberale Regierung einem reaktionären Oberhaus und einer radikalen Mehrheit im Unterhaus gegenüber. Die meisten Städte hatten seit Jahrhunderten zum ersten Mal ihre Vertreter gewählt, manche wünschten nicht an der „aristokratischen" Verfassungsentscheidung von 1812 teilzuhaben. Diese neuen „Demokraten" aus der Mittelschicht stammten eher aus Ost- denn aus Westsizilien und setzten sich u.a. aus Händlern, Landbesitzern, Intellektuellen und Juristen zusammen. Sie wünschten niedrigere Lebensmittelpreise, verfolgten ernsthaft Pläne einer Landreform, strebten eine völlige Abschaffung der Unteilbarkeit des Erbes und eine weitere Aufteilung des kirchlichen Besitzes an und wünschten eine erneute Erfassung der Landbesitzverhältnisse und eine noch gerechtere Aufteilung der Steuerpflichten. Ihnen erschien die Verfassung als adliger Schwindel; sie erklärten sich erst nach einer Reform zur Zahlung irgendwelcher Steuern bereit.

Doch belegte nicht allein das Unterhaus, daß eine freie Verfassung in einer halbfeudalen Welt nicht funktionieren konnte. Die Adligen waren laut Balsamo nicht weniger aufrührerisch als die Demokraten und lehnten jeden Antrag des anderen Hauses rundweg ab. Die Opposition war vielseitig, zu ihr zählte etwa auch ein Mann der Aufklärung, Marquis Tommaso Natale, der darüber erzürnt war, daß sein Titel für einen Sitz im Oberhaus nicht bedeutend genug war. Viele Barone hatten die Verfassung nur in der Hoffnung auf noch mehr persönliche Macht unterstützt und waren nun erschüttert, daß eine neue demokratische Mittelschicht mit eigenen Vorstellungen in Erscheinung trat. Nach einer Äußerung von Bentincks Sekretär vom Juli 1813 bereuten sie fast alle bereits zu jenem Zeitpunkt die Aufgabe ihrer feudalen Rechte. Die Erwähnung eines allgemeinen Wahlrechts und der Verstaatlichung des Landes erschreckte sie weit mehr als jegliche Demütigung durch die Krone in den schlimmsten Tagen des Caracciolo.

Bentinck war der energischste und zugleich moderateste Kopf hinter der liberalen Reform, und als er abzog, um zur Befreiung Norditaliens beizutragen, nahmen die persönlichen und parteilichen Eifersüchteleien in Sizilien schlimmer denn je überhand. Prinz Belmonte gab die Sache als hoffnungslos auf und zog sich nach Paris zurück, ähnlich geschlagen fühlte sich Castelnuovo, und Balsamo gestand ein, daß es einfach nicht genügend aufgeklärte und unabhängige Menschen gebe, um die 154 Abgeordnetenmandate im Unterhaus zu besetzen. Zu Bentinck sagte er: „Zu viel Freiheit für die Sizilianer ist dasselbe wie eine Pistole oder ein Stilett in der Hand eines Knaben oder eines Narren." Als der Krieg zu Ende ging, war für jedermann leicht zu erkennen, daß die Verfassung mehr denn je auf britisches Geld und britische Truppen angewiesen war;

doch jegliche Regierungsform, die die ständige Präsenz einer fremden Armee benötigte, war auf Dauer absurd – ohnehin würden weder die britische Öffentlichkeit noch die anderen europäischen Mächte das Fortbestehen einer solchen Besatzung in Friedenszeiten zulassen.

Kapitel 17

Restauration, Reform und Reaktion

Restauration und Revolution 1816–1823

Noch vor dem Ende des Jahres 1813 waren königliche Beauftragte vollauf damit beschäftigt, in den Reihen des Adels eine promonarchische Partei zu schaffen und ihr auch Unterstützung seitens des Mob und der Gilden zu sichern. Als schließlich König Ferdinand III. die Regierungsgeschäfte wieder übernahm, jubelte ihm die Masse zu und buhte die Vertreter einer liberalen Verfassung aus. Einem an günstiger Stelle weilenden britischen Beobachter zufolge hatten manche die neue Verfassung ursprünglich nur deshalb unterstützt, weil sie auf diese Weise die zentrale Überwachung ihrer lokalen Machtausübung einzuschränken hofften, hatten aber inzwischen in der Praxis gesehen, daß sie von ihresgleichen mehr zu befürchten hatten als von der Monarchie, und entsprechend die Seite gewechselt. Elemente der Linken, der Rechten und des Zentrums kamen also zusammen, um Ferdinand zurückzuholen. Noch bevor die Verfassung im Detail gebilligt war, einigte sich das Parlament darauf, sie abzuschaffen. Später warfen die Sizilianer Ferdinand vor, ihr liberales Experiment zerstört zu haben, doch in Wirklichkeit scheint er dabei in weiten Kreisen einige lokale Unterstützung gefunden zu haben.

Ferdinand handelte noch immer nicht übereilt. Erst 1815, als man bei einer ganzen Reihe von Parlamentssitzungen noch immer keine Besteuerungsordnung zuwege gebracht hatte, löste er die beiden Häuser zum letzten Mal auf. Er verließ Sizilien trotz des Verbots von 1812 und ging aufs italienische Festland. Im folgenden Jahr gewährte er seinen lieben Sizilianern mit Billigung Österreichs einen völlig neuen Status: Bislang war er Ferdinand IV. von Neapel und Ferdinand III. von Sizilien gewesen, künftig sollte er Ferdinand I. eines neuen Einheitsstaates sein, des „Königreichs beider Sizilien“. Die sizilianische Fahne wurde abgeschafft, ebenso die Pressefreiheit; Ferdinand hegte auch kein Interesse mehr daran, jemals wieder ein Parlament einzuberufen. Gesetze und Verordnungen wurden vom Festland eingeführt, was zumeist bedeutete, daß der Code Napoleon und das in Neapel von den Franzosen erzwungene Verwaltungssystem auch auf der Insel Gültigkeit erhielt. Die Regierung war im Vergleich zu früher deutlicher zentralisiert; auch richtete man sieben neue Provinzen ein, die jeweils von einem Intendanten und nicht gewählten, sondern eingesetzten Stadträten verwaltet werden sollten.

Bentinck war von diesem Ergebnis natürlich nicht begeistert, da aber die Österreicher die Hauptlast der Befreiung des Festlands von Napoleon getragen hatten, sahen er und die Briten sich nicht in der Lage, Widerstand zu leisten. Im Gegensatz dazu schienen viele Sizilianer recht zufrieden mit dem neuen Arrangement. Eine ganze Reihe sizilianischer Aristokraten folgte Ferdinand freiwillig nach Neapel, wo ihnen ein großer Anteil am höfischen Leben gewährt wurde. Messina übergab dem König eine besondere Schenkung, um der Freude über die Restauration des bourbonischen Absolutismus Ausdruck zu verleihen; und Catania, Syrakus und die anderen neuen Provinzhauptstädte betrachteten das neue System als einen Gewinn, der den Verlust der Unabhängigkeit der Insel mehr als aufwog. Nicht nur Prinzen, sondern auch Liberale und Demokraten bewarben sich in großer Zahl um Posten und waren froh, als Intendanten oder Unter-Intendanten der „nicht verfaßten“ Verwaltung des Königs anzugehören.

Palermo hingegen hatte viel verloren, an städtischem Stolz ebenso wie materiell, weil es nicht mehr Zentrum des höfischen Lebens war. In Palermo lebten die meisten Rechtsanwälte, die alles andere als begeistert davon waren, ein neues Rechtssystem lernen und mit einer neuen Hierarchie der Gerichte zurechtkommen zu müssen. Da keine Parlamente mehr zusammentraten, bemerkten bald auch die Barone, daß sie in der Praxis einen Teil ihrer Privilegien verloren hatten. Überdies wurde nunmehr von den französisch ausgebildeten Amtsträgern, die seit 1806 in Neapel völlig neue Prinzipien der Gleichheit und Zentralisation angewandt hatten, ein aufgeklärter Despotismus durchgesetzt. Die Grundsteuer schließlich, die von der Aristokratie 1806 gebilligt worden war, aber entweder überhaupt nicht geleistet oder zur Zahlung an die Pächter weitergegeben wurde, erschien unerwartet drückend, als nach 1815 der Wert von Grundbesitz zusammenbrach und Pachtzinsen unbezahlt blieben.

Dies waren einige der Gründe dafür, daß viele der ursprünglichen Anhänger einer Wiedereinführung des autoritären monarchischen Regierungssystems später zu einer anderen Haltung gelangten. Durch die Niederwerfung des Liberalismus hatten die Adligen, ohne es zu bemerken, die Monarchie im Sinne Caracciolos wiederhergestellt. So waren es also überraschenderweise sie, nicht die erschöpften Demokraten und Liberalen, die bald den Ausbruch aus der traditionellen politischen Unbeweglichkeit versuchten, die ihnen zuvor als Schutz gedient hatte. Der britische Minister schrieb 1820: „Die einzige Chance für die Barone, sich noch irgendwelche ihrer feudalen Privilegien zu bewahren, besteht in einer Trennung von Neapel. Und die einzige Chance für die Rechtsanwälte, zum alten System der Rechtsprechung zurückzukehren, das für sie so gewinnbringend, für alle anderen außer den Baronen so ruinös war, besteht in einer Trennung von Neapel."

Der Opposition kam die Tatsache zugute, daß man den unleugbaren wirtschaftlichen Niedergang – übrigens nicht ganz zu Recht – der Regierung in Neapel anlastete. Sizilien hatte vom Krieg profitiert, und als 1815 die britischen Ausgaben auf der Insel von vielleicht 12 Millionen Pfund jährlich eingestellt wurden, führte dies zu einer ernstzunehmenden Arbeitslosigkeit unter der Bevölkerung. Als überdies wieder ein freier internationaler Markt für Getreide entstand, fielen die lokalen Weizenpreise um drei Viertel. Ferner war man sowohl davon irritiert, wie die neue Regierung die legale Abschaffung des Feudalismus weiter voranzutreiben suchte, als die Barone selbst dies wünschten, als auch davon, daß häufig die neue Provinzorganisation die komplizierten Systeme von Patronage und Klientel durchbrach.

Neapel wurde bald in einer Weise verhaßt, wie es Spanien nie gewesen war, und als eine kleinere Erhebung in den neapolitanischen Provinzen Ferdinand zu Zugeständnissen an die Verfechter einer liberalen Verfassung zwang, nahm Palermo dies als Zeichen zum Aufstand. Diese Revolution von 1820 wiederholte in vielen ihrer Details eine Reihe von früheren Erhebungen. Wieder waren die Bauern und die Bauerntruppen die Hauptkräfte der Unordnung und Revolution, und wieder fehlte ihnen die Standkraft; wieder waren ihre politischen Ideen nicht durchdacht und unkritisch. Eine weitere eigenständige Kraft bildeten die Gilden, die aber nie so revolutionär waren, daß sie eine Säuberung des *ancien régime* forderten. Hier und da gab es Gruppen von *carbonari*, heimlichen Bruderschaften von Angehörigen der Mittelschicht, die sich zu verschiedenen politischen Reformen verschworen hatten; ihre Bedeutung darf allerdings nicht übertrieben werden. Über eine allgemeine Aversion gegen eine Tyrannis hinaus hatten die *carbonari* kein klares oder einheitliches politisches Programm; ihre Aktivisten hätten wohl eine neapolitanische Verfassung einer Allianz mit dem aristokratischen Separatismus oder einem Bauernaufstand vorgezogen.

Dem Königreich beider Sizilien war 1820 von Ferdinand ein gemeinsames Parlament zugestanden worden; folglich waren die neapolitanischen Liberalen äußerst verärgert, als die Erhebungen in Sizilien ihre Pläne für eine Verfassung durcheinanderbrachten. Sie waren fest entschlossen, der Insel kein Recht zur Trennung zuzugestehen, und als Vertreter von der Revolutionsregierung in Palermo nach Neapel gesandt wurden, um die Möglichkeit einer sizilianischen Autonomie zu diskutieren, wurden sie ohne weiteren Aufhebens vom Parlament verhaftet. Nach Ansicht der neapolitanischen Liberalen würde eine Autonomie Siziliens den Liberalismus zu weit führen und schlimmstenfalls einen reaktionären Feudalismus heraufbeschwören.

Palermos politische Führungsrolle fand in Sizilien allgemein kaum Anerkennung. Die Nachricht vom Aufstand wurde in manchen Landbezirken zum Anlaß für eine Sozialrevolution genommen, so etwa in der Region von Ragusa, wo es zu einer umfangreichen Neuverteilung des Landes kam. In Trapani wurden Stimmen laut, die eine liberale neapolitanische Verfassung anstelle der erneuten Unterwerfung unter die von Palermo ausgehende aristokratische Herrschaft forderten. Marsala hingegen nutzte die Gelegenheit, sich von der Provinzhauptstadt Trapani zu lösen, und zerstörte die Ernte und Waldgebiete jener Landstadt. Zwist unter den Bürgern war also weit deutlicher als irgendein sizilianisches Gemeinschaftsgefühl, und als sich Messina gegen Palermo wandte, ergab es sich für einige Dörfer in der Nähe Messinas fast von selbst, diese Gelegenheit zu einem Überwechseln auf die andere Seite zu nutzen.

Als das neapolitanische Parlament den Entschluß faßte, den sizilianischen Separatismus gewaltsam zu unterbinden, sah sich Palermo ohne viel Unterstützung anderer Seiten. Der Aristokratie der Stadt war es nicht gelungen, ihre konservative Verfassung im übrigen Sizilien durchzusetzen; nun erkannte sie, daß die gesellschaftliche Revolution, die sie ja teilweise gefördert hatte, außer Kontrolle geraten könnte. Der Prinz von Villafranca, der führende Kopf der Revolutionsregierung von Palermo, machte sich daher mit einigen Gildenvertretern auf, mit der neapolitanischen Armee bei Termini Imerese über die Kapitulation zu verhandeln, doch waren einige der anarchistischen Kräfte, die zum Beginn des Aufstands beigetragen hatten, nicht bereit, einen Frieden zu akzeptieren und damit monatelange Unabhängigkeit und Straflosigkeit von Verbrechen zu beenden. Bald war der Mob zur Verteidigung Palermos bewaffnet; erst nach Beschuß war die Stadt bereit, sich der neapolitanischen Armee zu ergeben.

Die neapolitanischen Liberalen waren lediglich an einer Beendigung der Rebellion interessiert und hatten für Reformen in Sizilien kaum konstruktive Ideen. Einige wenige Gesetze wurden verabschiedet, doch währte die Zeit der verfassungsgemäßen Regierung nicht lange genug, als daß eine solche Gesetzgebung praktische Auswirkungen hätte haben können. Im März 1821 marschierten die Österreicher in Neapel ein, um dort die absolutistische Herrschaft König Ferdinands wiedereinzuführen; die Sizilianer nahmen dies recht passiv hin. Bald kamen 10000 österreichische Soldaten auf die Insel; während die britische Besetzung sich nicht nur selbst finanziert, sondern sogar für die Insel einen Gewinn bedeutet hatte, mußte Sizilien in den folgenden fünf Jahren hohe Beträge aufbringen, um das nunmehr anwesende Fremdheer zu bezahlen.

Wieder einmal hatte sich die am weitesten verbreitete politische Haltung in Sizilien als die einer passiven Opposition erwiesen, einer Opposition gegen autokratische ebenso wie gegen liberale Regierungsformen, gegen die Regierung durch Fremde fast ebenso wie gegen die durch Sizilianer. Die anfängliche Begeisterung für jede neue Revolution war teilweise illusionär, denn sie spiegelte gewöhnlich die negative Sehnsucht nach einem Wandel, mit der der Wunsch gewisser Einzelpersonen nach Anarchie und der Durchsetzung privater, unpolitischer Ziele einherging. Die Versuche einer Reform durch Anhänger einer Verfassung oder aber der königlichen Autokratie in Neapel hatten in der Gesellschaft ebensowenig dauerhafte Wirkung wie die früheren Versuche Caracciolos und Bentincks oder auch die der Piemontesen und Österreicher ein Jahrhundert zuvor. Die allgemeine Reaktion in Sizilien zu jedem dieser Reformversuche war bemerkenswert ähnlich; zugrunde lag dem ein tief verwurzelter politischer Pessimismus, der vor jeder gesellschaftlichen Aktion ebenso zurückschreckte wie davor, daß möglicherweise politischer Einsatz dauerhaften Gewinn bringen könnte.

Reform und Reaktion

Von österreichischen Bajonetten unterstützt, hatte Ferdinand zum zweiten Mal eine Verfassung aufgehoben, die zu beachten er zuvor geschworen hatte. Britischen Protesten zum Trotz und sogar gegen den Rat Österreichs und Frankreichs brach er seine Selbstverpflichtung aus dem Jahre 1816, das sizilianische Parlament wieder einzuberufen, bevor irgendwelche Steuern erhöht würden. Ja, das Wort „Parlament“ wurde jetzt aus den offiziellen Dokumenten ganz getilgt. Der sizilianische Separatismus war zweimal unterlegen, den neapolitanischen Liberalen und den Österreichern; immerhin wurden aber den Autonomiegefühlen manche Zugeständnisse gemacht. Die Stempel- und die Tabaksteuer wurden nicht wieder eingeführt, Sizilien zählte somit zu den Ländern mit dem geringsten Steuerniveau in Europa. Auch sollten künftig Posten in Sizilien nur an Sizilianer vergeben werden; ferner wurde die Wehrpflicht abgeschafft, teilweise wohl auch deswegen, weil Deserteure als Briganten weiterkämpften.

Der König hatte aus der Revolution gelernt, daß die privilegierten Schichten noch immer eine Gefahr darstellten. Schließlich und endlich wurden auch die Gilden abgeschafft. Im Jahre 1824 wurde ein Gesetz eingeführt, das den Zugriff der ineffizienten Landbesitzer auf die sizilianische Landwirtschaft brechen sollte; es gestattete Gläubigern, Land als Tilgung von Schulden anzunehmen. Da auf den meisten Großgütern hohe Hypotheken lasteten, hoffte man auf diese Weise, daß sich eine neue Schicht effizienter Landbesitzer aus den Reihen der Gläubiger bilden würde. Bedauerlicherweise hatte aber Domenico Scinà, der Architekt dieses Gesetzes, die psychologische Auswirkung und die rein praktischen Schwierigkeiten bei der Umwandlung der *latifondi* unterschätzt. Es zeigte sich vielmehr, daß die tatsächlichen Nutznießer dieser Gesetzgebung die bereits vorhandenen Landbesitzer, kirchliche Korporationen oder aber *gabelloti* waren, die gegenüber ihren Vorgängern kaum eine oder gar keine Verbesserung bedeuteten.
Eine gewisse Neuverteilung von Eigentum fand allmählich statt, da der Bevölkerungsdruck stieg; zweifellos trugen auch zwei Runden bourbonischer Gesetzgebung in den Jahren 1789–1792 und 1818–1824 zu diesem Prozeß das ihre bei. Gesetze aber konnten nie unmittelbare Wirkung auf eine Tradition haben, nach der die jüngeren Söhne nicht zum Heiraten ermutigt wurden; auch geschah es noch immer, daß ihr Erb-

teil bei ihrem Tod an die Familie zurückfiel, damit deren Besitz zusammengehalten blieb. So begünstigten die gesellschaftlichen Gegebenheiten die Beibehaltung des großen Gutes als üblicher landwirtschaftlicher Einheit ebenso wie die natürlichen Bedingungen von Klima, Boden und Transportmöglichkeiten und auch die Tatsache, daß die Beendigung des Feudalismus die Aneignung von Ländereien erleichterte. So vergrößerte etwa der Erbe von Lord Nelson in Bronte die Ausdehnung seines riesigen Gebietes im Laufe des 19. Jahrhunderts auf mehr als das Doppelte – ein Vorgang, bei dem er vielen Bauern die Gemeinschaftsrechte nahm, die diesen zugestanden hatten, als das Land noch dem Hospital von Palermo gehört hatte.

Diese Gemeinschaftsrechte waren ein weiteres Feld, auf dem die Gesetzgebung stets von den Privatinteressen überlagert wurde. Jeder Distrikt hatte seine eigenen uralten Rechtsbräuche, die sowohl auf Dorfallmenden wie auf Lehensgütern Gültigkeit hatten. Sie waren von Ort zu Ort unterschiedlich, beinhalteten aber zumeist das Recht, Holz zur Pflugherstellung oder zur Köhlerei zu erhalten, vielleicht auch, auf den Stoppelfeldern Nachlese zu halten oder Eicheln und Kastanien für die Schweine zu sammeln. In einem Dorf durften die Bewohner Torf, in einem anderen Lakritzenwurzeln, in wieder einem anderen wilden Spargel stechen und Beeren sammeln; manchmal durften sie auch Weizen auf dem Gemeindeland ansäen. Ganz üblich war jedenfalls das Recht, Tiere auf die Weide zu führen; natürlich bedeutete es eine ernsthafte Beschränkung der Fortentwicklung des Ackerbaus, wenn Herden die Getreidehalme beschädigen konnten und überhaupt jeder Schritt im landwirtschaftlichen Kreislauf durch Tradition und Rücksicht auf die Gemeinde reguliert war.

Sowohl Reformer als auch Landbesitzer waren also daran interessiert, diese Überbleibsel aus der Vergangenheit abzuändern, und die bourbonische Regierung versuchte aufgrund der Erfahrungen der napoleonischen Praxis in Neapel, die „Mischrechte" wo immer möglich umzuwandeln: Im Jahr 1817 hatten die Beamten für jedes aufzugebende Recht einen Kompensationsbetrag festzusetzen; in den folgenden Jahrzehnten hatten dann die Rechtsanwälte alle Hände voll damit zu tun, Fragen wie die nach der genauen Beschreibung der aufgegebenen Rechte oder nach der Höhe der Entschädigung zu klären. Die Bauern verstanden, selbst wenn sie sich einmal zu fragen trauten, nur wenig von den komplizierten rechtlichen Vorgängen in diesem Zusammenhang, was den Landbesitzern wieder einmal die Möglichkeit bot, ihre *latifondi* abzurunden, ohne dabei viel oder überhaupt etwas als Gegenleistung erbringen zu müssen. 1825 versuchte man in einem weiteren Gesetz, einige der riesigen Gesetzeslücken zu schließen, doch hatten die Grundeigentümer den Vorteil, einen Großteil des fraglichen Landes ohnehin schon zu kontrollieren und überdies in der Kommission zur Durchsetzung des neuen Gesetzes das Sagen zu haben.

Hierin lag überhaupt ein Grundproblem jeder Reform. Die Verwaltung in Neapel war geographisch zu weit entfernt und bürokratisch zu ineffizient, als daß sie eine Gesetzgebung vor Ort hätte durchsetzen können. Wären von oben mehr Anregungen gekommen, wäre die Lage vielleicht anders gewesen. Doch auch wenn Ferdinand in mancher Hinsicht vielleicht weniger irregeleitet war, als seine Opponenten meinten, so war er doch weder ein fähiger Herrscher noch ein intelligenter Mensch. Sein Sohn, Franz I. (1825–1830), war freilich noch unzulänglicher, ein Schwächling an Geist und Körper, engstirnig und intolerant, mit inkompetenten Ministern und einer sich im wesentlichen auf Gewaltandrohung gründenden Regierung. Sizilien hatte stets unter Herrschern gelitten, denen es an Takt, Praxis und Intelligenz mangelte, und diese Bourbonen bildeten darin keine Ausnahme.

Der Sohn und Nachfolger von Franz I., Ferdinand II. (1830–1859), war zumindest anregender als seine Vorgänger. Seine vier Besuche auf der Insel in den 30er Jahren des 19. Jahrhunderts waren ohne Beispiel. Er richtete ein Institut zur Förderung von Industrie und Landwirtschaft ein, ebenso ein Zentralamt für Statistik. Ein neuer Zensus wurde 1833 beschlossen, mit dem man eine genauere Grundbesteuerung und damit eine Reduzierung des *macinato* auf Mehl zu ermöglichen hoffte. Doch vermochten solche bescheidenen Ansätze zu Reformen Sizilien nicht mit der Tatsache zu versöhnen, daß es eine Besitzung Neapels blieb, im Gegenteil: Die *notabili* wurden dadurch nur noch feindlicher gesinnt. Weder eine Erhöhung der Grundsteuer noch die Senkung des *macinato* noch gar die Begünstigung der Rechte von Dörfern auf den ehemaligen Lehen kam ja der Aristokratie entgegen. Was sie allenfalls geschätzt hätte, wäre eine völlig separate sizilianische Regierung gewesen, die zugleich ihr Ehrbedürfnis befriedigt, Posten für ihre Söhne gebracht und ihr insgesamt die Macht gegeben hätte, die Reform kleinzuhalten.

Der König wußte, daß große administrative Schwierigkeiten einer Durchsetzung seiner Politik entgegenstanden. Doch war er von Natur aus ein Müßiggänger und verlor 1835 jedes Interesse an einer die Lage verbessernden Gesetzgebung. Man schloß die Vereinshäuser und unterwarf ausländische Literatur einer strengeren Zensur. Ein Botschafter schrieb: „Obgleich der König und seine Minister die in Sizilien bestehenden Übel wohl erkennen, besitzen sie nicht in ausreichendem Maße Talent oder Energie, dagegen vorzugehen und überlassen die Dinge ihrem Lauf." Folglich wurde die Verarmung der Bauern immer akuter, und andere Beobachter gaben ihrer Befürchtung deutlich Ausdruck, daß eine soziale Revolution kurz bevorstand.

Ein Grund für die Armut war die Häufigkeit von Verbrechen. Viel Talent und Energie ging in Aktivitäten im Untergrund ein, was das Wirtschaftsleben behinderte; die Bourbonen waren dagegen so machtlos wie jedes andere Regime vor ihnen. Der Schmuggel war immer noch weitverbreitet; weniger häufig, aber weiterhin eine ernsthafte Gefahr war das unerlaubte Eingreifen in die Wasserversorgung; aus amtlichen Berichten wissen wir, daß die Austrocknung des Grundwasserpegels im Süden von Palermo solche Eingriffe in den 40er Jahren recht gewinnbringend machte. Das am weitesten verbreitete Verbrechen jedoch war der Viehraub, *abigeato*, der durch die halbnomadische Viehhaltung im straßenlosen Landesinneren begünstigt wurde. Von den Landbesitzern wurden Schutzgelder erpreßt, und die *latifondisti* wurden mit allen Mitteln dazu gezwungen, solche kriminellen Elemente als *guardiani* auf ihren Gütern zu beschäftigen.

Zu Beginn des Jahrhunderts hatten britische Truppen von den geheimen Bruderschaften erfahren, denen ein Ruf von Mut, Ehre, Grausamkeit und völliger Mißachtung der Gesetze vorausging. Man hörte immer wieder von Landbesitzern, die ganzen Banden von Briganten Unterschlupf gewährten oder sie manchmal sogar persönlich anführten. Auch gab es Gruppen, die sich, wie es scheint, aus Bauern zusammensetzten, die sich so gegen feudale Übergriffe zu schützen suchten, eine davon angeblich sogar unter der Führung des höchstgestellten Pfarrers am Ort. Zwar begingen diese Gruppen manchmal kriminelle Akte, doch scheint die gemeinschaftliche Ausübung von Verbrechen nicht immer ihr einziger Zweck gewesen zu sein; vielmehr waren sie oft nichts anderes als lokale politische Parteiungen oder Klientelgruppen, was sie eher zu recht losen „gesellschaftlichen Gebilden" machte als zu Organisationen im eigentlichen Wortsinn.

Das Problem der Widergesetzlichkeit in Sizilien wurde durch die Tatsache kompliziert, daß hier eine Gesellschaft lebte, in der auch bei Verbrechen Ehre, Macht und Mißtrauen bisweilen eine größere Rolle spielten als das reine Gewinnstreben. Darin also lag für die Behörden eine Schwierigkeit, denn die Kriminellen fanden oft in ihren Gemeinden Verständnis und Toleranz in ungewöhnlichem Ausmaß. Ja, oft respektierte man sie so sehr, daß sie als Vorkämpfer eines im Vergleich zur staatlichen Justiz gerechteren Systems verstanden wurden. Für Außenstehende, die eine weitergehende Übereinstimmung von öffentlicher und privater Moralauffassung gewöhnt waren, mußte ein solcher Zustand erstaunlich wirken. Für Regierungen war es ein Grund zur Verzweiflung; nach 1860 sollte sich dann die bequeme, wenn auch unwahrscheinliche Legende bilden, daß hier heimlich eine weitverzweigte kriminelle Organisation am Werk sei.

Kapitel 18

Die Wirtschaft 1750–1850

Der Handel

Daß die politische Entwicklung Siziliens so langsam voranging, läßt sich teilweise damit erklären, daß die Wirtschaft nur langsam expandierte oder auch nur irgendeinen Wandel zuließ. Bis 1800 wurde der sizilianische Überseehandel zumeist von Genua und Frankreich abgewickelt; da gegen diese fremdländischen Händler keinerlei lebhafte lokale Konkurrenz stand, schuf dies eine gewisse Statik im gesellschaftlichen und wirtschaftlichen Leben. Die Mittelschicht, soweit es sie überhaupt gab, blieb in freien Berufen und im Gewerbe tätig, während die führende Schicht von ihren Pachtzinsen lebte und ein massives Vorurteil gegen jedes Handeltreiben nährte.

Diese vornehme Zurückhaltung gegenüber dem Handel war ein grundlegendes Faktum der sizilianischen Geschichte. Manche machten die Spanier dafür verantwortlich, obwohl doch in Wirklichkeit viele Spanier im sizilianischen Handel ein Vermögen gemacht und sich damit die Verachtung der höheren Kreise von Palermo zugezogen hatten. Andere warfen den Bourbonen in diesem Zusammenhang vor, Eingriffe der Regierung seien zu häufig oder aber zu selten erfolgt. Wieder andere meinten (und das mit höherer Plausibilität), daß die Gerichte zu tadeln seien, da sie die Eintreibung von Schulden nicht vereinfachten; auch hieß es, daß die Besteuerung von Exportgütern ungerecht sei, und ebenso wurde das System der Einfuhrzölle verurteilt, da es eben lokale Unternehmungen nicht förderte, indem es gefärbtes Tuch mit höheren Abgaben belaste als ungefärbtes und raffinierten Zucker höher besteuere als Rohzucker.

Vielleicht die größte Barriere für den Handel war aber der ständige Mangel an Vertrauen. Das allgegenwärtige gegenseitige Mißtrauen bewirkte, daß reiche Leute sich, von Familienunternehmen abgesehen, so gut wie nie in Handelsgesellschaften zusammenschlossen, weshalb eine unabdingbare Voraussetzung für eine blühende Wirtschaft fehlte. Der nämliche Vertrauensmangel war laut Francesco Ferrara, einem zeitgenössischen Wirtschaftsfachmann, auch für das Fehlen sizilianischer Versicherungsunternehmen verantwortlich: Stets nämlich zogen es die Sizilianer vor, sich bei einem ausländischen Unternehmen zu versichern, dem der Ruf vorausging, ohne Verzögerungen zu zahlen und nicht vor Gericht zu gehen. Jede Versicherung verlangte übrigens von sizilianischen Händlern hohe Prämien, was wiederum auch nicht zur Wettbewerbsfähigkeit der lokalen Wirtschaftsunternehmen beitrug.

Eine weitere Hürde bestand darin, daß zu einer Zeit, zu der in Neapel bereits neue blühende Kreditinstitute entstanden, in Sizilien noch immer die Gewährung einer Rendite von 12 oder gar 20 Prozent notwendig war, um an Geld für Investitionen im Handel zu kommen. Gelegentlich trat man zwar an die Regierung mit der Bitte um ein Gesetz zur Senkung der Zinssätze und um Gründung von Banken heran, wie sie die Privatwirtschaft nicht schaffen konnte; auch forderte man sie auf, die Bildung von Handelsgesellschaften zu unterstützen und diesen durch Gesetz ein Monopol zu gewähren, und man erbat von ihr, die Kosten der Unternehmer durch die Stellung von Gefangenen als billigen Arbeitskräften, ja sogar durch die Bereitstellung kostenloser Fabrikationsräume in den ehemals jesuitischen Häusern zu senken. Doch die Regierung war zum einen für solcherlei Interventionen nicht genug gerüstet, zum anderen befürchtete sie, daß sich damit die Krankheit nur verschlimmern werde. So blieben in der Zwischenzeit Handel und Gewerbe den Ausländern überlassen, die im übrigen recht erfolgreich wirtschafteten.

Der notwendige Geist der Verbundenheit und des gegenseitigen Vertrauens hätte nur in den Städten geschaffen werden können. Das Problem lag teilweise darin begründet, daß die

Gemeindeverwaltung allzu lang ein bloßes Anhängsel des Feudalismus gewesen war. Noch lange nach dem Abzug der Spanier bestand das bestgehütete Privileg eines städtischen Ratsherrn darin, als „spanischer Grande erster Klasse" tituliert zu werden. In den großen Städten wurde das Amt eines Ratsherrn aus Prestige- wie aus finanziellen Gründen als absolutes Monopol des Adels betrachtet. Unter diesen Umständen ist es nicht völlig überraschend, daß die Häfen noch immer nicht gut für den Handel gerüstet und daher die meiste Zeit im Jahr ungenutzt waren; die Rivalität zwischen den Häfen führte überdies dazu, daß selbst um geringe Beträge, die die Regierung für Arbeiten in den Häfen bereitstellte, langwierig und unproduktiv gestritten wurde, während die Städte selbst aus eigenem Antrieb so gut wie nichts zur Förderung des Handels ausgaben.

Die Industrie

Der Rückstand im Handel war eng mit dem im Gewerbe verbunden. Zu Beginn des 19. Jahrhunderts bestand eine sizilianische Industrie allenfalls auf der Ebene des Familienbetriebs. Selbst Produkte wie Schuhe, Nägel, Nadeln, Knöpfe und Messer, ja sogar Ziegelsteine mußten importiert werden. Dennoch waren die meisten sizilianischen Wirtschaftsfachleute nicht für eine künstliche Förderung der Hersteller zu gewinnen, wenn dies weitgehenden Protektionismus und die Übertragung des ohnehin spärlichen Kapitals weg von der Landwirtschaft mit sich brachte, wo es ihrer Meinung nach sinnvoller eingesetzt werden konnte. Überhaupt fehlten Sizilien die wichtigsten Voraussetzungen für eine industrielle Revolution: Es gab kein Eisenerz, das sich wirtschaftlich gewinnen ließ, ebensowenig gab es Kohle, von ein wenig Braunkohle minderer Qualität abgesehen; es fehlten schiffbare Kanäle und Flüsse, und die Verkehrswege im Landesinneren waren sehr schlecht.

Die neapolitanische Regierung der Jahre von 1815 an versuchte, die bestehenden lokalen Industrien durch Schutz vor Importen aus Neapel zu fördern, doch erwies sich diese Maßnahme als entweder zu gering, um die erhoffte Wirkung zu zeitigen, oder aber zu weitreichend, so daß kein Anreiz zu erhöhter Effizienz geboten war. Überdies komplizierten britische, französische und spanische Kaufleute die Angelegenheit, indem sie frech behaupteten, daß ihnen ein altes Recht die Ausnahme von Zollkontrollen zubillige. 1824 wurden einige der noch bestehenden Ausfuhrabgaben abgeschafft und auf importierte Erzeugnisse höhere Einfuhrzölle erhoben; doch die günstige Wirkung, die dies auf die sizilianische Industrie hätte haben können, wurde durch die Einrichtung des Freihandels zwischen Neapel und Sizilien aufgehoben; Sizilien war nunmehr Importen aus einem Land ausgesetzt, das im Verlauf des vergangenen Jahrhunderts die Insel im Wirtschaftswachstum weit überflügelt hatte. Neapolitanische, britische und französische Hersteller hielten nach 1824 weiterhin den Löwenanteil des Markts, manche lokale Gewerbebetriebe mußten sogar schließen.

Obgleich also das wirtschaftliche Umfeld alles andere als günstig war, beweist die Karriere eines Mannes wie Vincenzo Florio, daß Leute, die die konventionelle Abneigung gegen den Handel nicht teilten und ihr Geld zu riskieren bereit waren, bemerkenswert hohen Gewinn machen konnten. Florio stammte aus Kalabrien, seine Familie war mit dem König ins sizilianische Exil gegangen. Er begann seine Laufbahn als Handelsreisender und machte sein erstes Geld, wie es allgemein hieß, als Schmuggler. Bald weitete er sein Interessengebiet aus und beteiligte sich an Thunfischfang, Schwefelförderung, Spinnereien und Banken; 1841 konnte er bei der Eröffnung seiner Maschinenfabrik und Gießerei „Oretea" in Palermo von Hilfsgeldern der Regierung profitieren. Eine vergleichbare Einrichtung gab es in ganz Sizilien nicht; 1860 beschäftigte er dort zweihundert Menschen. Daneben war er ein wichtiger Mann in der Weinindustrie von Marsala und der zweitgrößte Aktionär einer von einem englischen Unternehmer organisierten Schiffahrtsgesellschaft.

Solcher Unternehmergeist blieb freilich die Ausnahme, und nur wenige folgten Florio auf seinem gewinnbringenden, aber nicht modischen Weg. So stellten zwei junge Männer, die Gebrüder Orlando, nach 1840 zwar in Sizilien Maschinen her, mit denen man Weizen und Sumachblätter mahlen konnte, doch wanderten sie wie so viele unternehmerische Söhne der Insel schließlich in das wirtschaftlich günstigere Umfeld nach Norditalien aus. Die Familie des Florio heiratete in den Adel ein und wurde Teil der lokalen Aristokratie, sah sich aber noch lange der snobistischen Überheblichkeit des alten Adels von Palermo ausgesetzt.

Mangels lokaler Initiative blieb es oft den Ausländern überlassen, das industrielle Potential der Insel zu entwickeln. Dies gilt besonders für die Schwefelförderung, die in einigen hundert Quadratkilometern in Mittel-und Südsizilien möglich war. Das 1794 entdeckte Verfahren zur Sodaherstellung, der sogenannte Leblanc-Sodaprozeß, revolutionierte diese Industrie und führte dazu, daß britische Kapitalseigner sich aktiv für die Gebiete in der Nähe sizilianischer Häfen interessierten, wo ein offener Schwefelabbau möglich war. Grundeigentümer bei Girgenti und Caltanissetta entdeckten plötzlich, daß sie praktisch fast ein Weltmonopol für einen Stoff besaßen, den die industrielle Revolution in Europa und Amerika dringend benötigte. Als Ferdinand III. im Jahre 1808 seine königlichen Monopolrechte im Bergbau zugunsten der sizilianischen Aristokratie aufgab, eröffnete dies vielen *latifondisti* und kleinen Landbesitzern eine rosige Zukunft.

Nach der Wiederherstellung des Friedens 1815 gab es geradezu einen Schwefelabbau-Rausch, bald wurden Tausende neuer industrieller Anwendungen von Schwefelsäure entwikkelt. Nun traten neben den britischen auch französische Firmen in Erscheinung. Eine Zeitlang sah es so aus, als würde sich die Wirtschaft Siziliens in dramatischer Weise wandeln, und trotz einiger Unfälle wurde die Produktion enorm ausgeweitet. Bis zum Spitzenjahr 1834 waren die Schwefelexporte dreimal so viel wert wie das nächstwichtige Ausfuhrgut, der Wein. Doch war diese Industrie anfällig, da die billigen Arbeitskräfte und die Exportgarantie nicht viel Anreiz zu Verbesserungen der Produktionsmethoden boten; dies aber sollte fatale Folgen haben.

Was innerhalb und außerhalb der Abbaugebiete fehlte, waren Einrichtungen für den Transport auf Wagen. Aus den Minen mußte alles auf den Rücken von sogenannten *carusi* an die Erdoberfläche gebracht werden, zumeist kleinen Jungen, die von ihren Familien durch Vertrag zu einer Tätigkeit verpflichtet wurden, die man nur als Sklavenarbeit bezeichnen kann. Auch Frauen wurden als Träger eingesetzt, doch da die Stollen sehr niedrig waren, bevorzugte man Jungen oder Mädchen. Und obgleich hierfür nur Hungerlöhne gezahlt wurden, machten diese die Hälfte der Aufwendungen für das Betreiben eines solchen Bergwerks aus. Da es keine richtigen Straßen gab, wurde der Schwefel vom Bergwerk auf Maultieren an die Küste gebracht, und da Hafeneinrichtungen fehlten, mußten die Stauer weit ins Meer hineinwaten, um dort Leichterschiffe zu beladen, die dann zu den außerhalb der Gefahrenzone an der Küste ankernden großen Handelsschiffen ruderten – ein langsames und kostspieliges Verfahren.

Die neapolitanische Regierung hegte eine gewisse Hoffnung, daß die Landeigentümer zum Erfolg der Industrie beitragen würden. Der König ging sogar mit gutem Beispiel voran und verzichtete auf das ihm gesetzlich zustehende Recht auf 10 Prozent des produzierten Schwefels. Allerdings wurde sein großzügiges Geschenk für selbstverständlich gehalten und führte daher nicht zu entsprechenden Konzessionen seitens der Landeigentümer. So wirtschafteten die Bergwerke weiterhin außerordentlich unökonomisch. Wie bei den *latifondi* bedienten sich die meisten Landeigentümer des *gabella*-Systems, und durch die großen Gewinne der 30er Jahre des 19. Jahrhunderts sahen sie sich veranlaßt, die Pachtdauer für die Bergwerke kurzfristig anzulegen. Dies wiederum ließ den *gabelloto*, den Pächter, zu wenig investieren und zugleich überproduzieren. Dieses „unmoralische und gierige Verhalten der Produzenten“ war nach Angaben eines Inspekteurs der Regierung eines der Hauptprobleme, und wiederholt wird berichtet, daß Landbesitzer auf 20 bis 40 Prozent des produzierten Schwefels als Pachtzins bestanden – eine Abgabe, die wohl mehr als alles andere dazu führte, daß der sizilianische Schwefel zu teuer wurde.

Der ernsthafte Rückschlag, der die sizilianische Landwirtschaft nach 1815 traf, bedeutete ein dringliches Warnsignal und wies auf die Notwendigkeit eines radikalen Wandels. Ein Großteil des Gebiets, das im vorhergehenden Jahrzehnt kultiviert worden war, mußte aufgegeben werden, der Wert von Land schrumpfte um zwei Drittel, und die Pachteinnahmen fielen in ähnlicher Weise ab. Wieviel Weizen weiterhin produziert wurde, läßt sich nicht sagen, da laut einem zeitgenössischen Experten die offiziell aufgezeichneten Angaben über die Produktion noch immer wenig Bezug zur Realität hatten. Verläßlicher sind zweifellos die Exportstatistiken, zumal inzwischen Getreideschmuggel keinen Gewinn mehr versprach. Weiterhin wurde Weizen nach Neapel geschickt, und noch gegen Ende der 30er Jahre des 19. Jahrhunderts wurde in einem guten Jahr Getreide bis nach England, Portugal und Frankreich exportiert. Allerdings änderte sich nun das übliche Handelsmuster, und andere Feldfrüchte brachten in der Regel mehr Devisen ins Land als der Weizen.

Siziliens Weinindustrie nahm durch die Napoleonischen Kriege einen großen Aufschwung. Britannien hatte nunmehr keine anderen Bezugsmöglichkeiten, und so waren fast 2000 Hektoliter sizilianischen Weins an Bord von Lord Nelsons Flotte auf ihrem Weg an den Nil. Der Mann, der die neue Nachfrage in Britannien am besten befriedigen konnte, war der Händler John Woodhouse aus Liverpool. Ursprünglich war er auf die Insel gekommen, um mit Gemüsedünger zu handeln, schickte aber 1773 als Versuch eine Ladung sizilianischen Weins nach England. Zwanzig Jahre später profitierte er von der Mode, Sherry und Portwein zu trinken, und eröffnete in Marsala eine Fabrik für Südweine von vergleichbarer Art und ähnlichem Alkoholgehalt. Er brachte also nicht nur Kapital und Unternehmergeist mit nach Sizilien, sondern auch Vorstellungen von der Nachfrage und den Absatzmöglichkeiten im Ausland. Innerhalb weniger Jahre hatte er ein beträchtliches

Vermögen erwirtschaftet. Bald nach 1806 eröffnete ein anderer Brite, Benjamin Ingham, eine ähnliche Fabrik in der Nähe, und bis 1814 gab es allein vier britische Firmen in Marsala und mehrere andere in Mazara.

Die Konkurrenz zwischen diesen ausländischen Händlern hatte günstige Auswirkungen auf Qualität und Preis ihrer Produkte. Ingham reiste nach Spanien, um das *solera*-System der Herstellung von Jerez-Wein (Sherry) kennenzulernen und brachte Informationen über die Klärung von Wein und die Anreicherung mit Alkohol zurück. Gewöhnlich kaufte er Rohweine von überallher auf der Insel, ließ sie fünf Jahre lang reifen und vermischte sie dann, um eine gleichbleibende Qualität zu erreichen. Auch ließ er sich vom Rückschlag der sizilianischen Landwirtschaft nach 1815 nicht sonderlich beeindrukken, sondern begann sogleich mit dem allmählichen Aufbau eines Markts in Friedenszeiten. Zehn Jahre später konnten er und die anderen Weinhändler von sich sagen, daß sie eine völlig neue Kategorie von Weinen geschaffen hatten. Auf eigene Kosten ließen sie nun Zufahrtsstraßen bauen, und schließlich wurde auch der einst so berühmte Hafen von Marsala renoviert und für die Handelsschiffahrt wiedereröffnet. Es dauerte nicht sehr lange, da hatte sich die Größe der Stadt verdreifacht – passenderweise war der Schutzpatron der Stadt ein Engländer, nämlich der heilige Thomas Becket von Canterbury! Diese unternehmerische Gruppe von Ausländern begünstigte überdies das Anwachsen von Kleinbesitz und von intensivem, spezialisiertem Anbau in jener Gegend, die schließlich zu einer der wohlhabendsten auf der ganzen Insel wurde.

Die heißen Küstenebenen Siziliens waren für den Anbau von Obstbäumen gut geeignet. Die Exporte nahmen zu, als man industrielle Nutzungen von Zitronensäure entdeckte und als im letzten Jahrzehnt des 18. Jahrhunderts Limonen- und Zitronensaft als Heilmittel gegen Skorbut üblich wurde. Die zunehmende Nachfrage führte sogar dazu, daß Weinkulturen dem Zitrusfrüchteanbau Platz machen mußten, ja, in den 30er Jahren des 19. Jahrhunderts übertrafen die Zitrusexporte mitunter die von Wein. Allerdings war das Gewinnpotential dieser Art von Landwirtschaft begrenzt: Zum einen fehlte es an Unternehmen für eine eigenständige sizilianische Zitronensäureindustrie, zum anderen erforderte der Anbau dieser Bäume längerfristige Pachtverträge und billigere Kredite als die Landbesitzer zu gewähren bereit waren. Zum dritten verursachte der weiterhin nur auf Maultieren mögliche Transport Verspätungen, Verluste und Kosten, und zum vierten gab es genug Kriminelle, die Schutzgelder erpreßten und die Wasserversorgung monopolisierten. Rechnet man zu diesen Faktoren noch die beschränkten Kenntnisse der Bauern, die zur Ernte auf die Bäume einschlugen, statt das Obst einzeln zu pflücken, versteht man, weshalb Sizilien den Wohlstand für einen flüchtigen Gast hielt.

Andere landwirtschaftliche Exportgüter waren ähnlich behindert. So litt etwa die Ausfuhr von Rohseide unter deren schlechter Qualität und primitiver Herstellungstechnik: Noch immer sah man Frauen, die wie drei Jahrhunderte zuvor die Seidenraupen unter ihren Kleidern „ausbrüteten". Auch Baumwolle hätte das Ausland gerne in größerem Maße importiert, ja manche Anbauer fanden hier gute Gewinnmöglichkeiten, doch auch hier lag ihr Problem in der Beschaffung von genug Kapital, dem Kennenlernen neuer Anbaumethoden und der Auswahl der für Sizilien am besten geeigneten Sorten. Olivenöl stellte ein bedeutsames Ausfuhrgut dar, das die Bourbonen sogar durch Steuerbefreiungen förderten, doch erwiesen sich die allgemein üblichen groben Preßmethoden, die das Öl fermentieren und dadurch ranzig werden ließen, als unwandelbar.

Großvieh- und Schafzucht gab es in gewissem Umfang auf den kargen Weiden der Hügel im Binnenland, in der typischen *latifondo*-Landschaft, wo bei mangelhafter Wassernutzung ein Gebiet von 4 ha kaum eine ausgemergelte Kuh ernähren konnte. So mußte das Vieh täglich weiterbewegt werden; hinzu kam, daß man es im Laufe des Jahres zwischen Küsten- und Berggebieten hin- und hertreiben mußte, um den jahreszeitlich wechselnden extremen klimatischen Bedingungen zu entgehen. Die häufigen Bewegungen waren für die Fleischqualität ebenso schlecht wie für die Milchleistung und bedeuteten überdies, daß die Viehzucht weitgehend von der anderen Landwirtschaft getrennt war. Der gewöhnliche Landarbeiter, der üblicherweise in einem Dorf fern vom *latifondo* wohnte, war einfach nicht in der Lage, Schaf- und Großviehzucht in seinen Tageslauf einzubeziehen.

Paolo Balsamo sah hierin ein Hauptproblem Siziliens. Es gab greifbare – oder zumindest von ihm erhoffte – Belege dafür, daß in vielen Gebieten Dauergrünland angelegt werden konnte, auf dem in einem einzigen Jahr ein halbes Dutzend Luzerne- und Heuernten möglich waren, ganz abgesehen von Rüben und anderen Wurzelgemüsen; doch war diese Art von Viehfütterung völlig ungebräuchlich. Balsamo bereiste fast ganz Sizilien und fand trotz sorgfältiger Suche kaum einen Viehstall und nur selten speziell für die Stallfütterung angebaute Feldfrüchte. Vielmehr zogen überall die Viehherden halb wild über die Hänge und fraßen, was sie vorfanden – mit katastrophalen Folgen, wenn das Gras nicht gedieh, etwa im Winter oder wenn der Regen ausblieb, von den Schäden für die Bäume und Feldfrüchte ganz zu schweigen.

Bis zum Beginn des 19. Jahrhunderts hatte die Zerstörung der Wälder rasch um sich gegriffen. In den dreißig Jahren vor 1847 verschwand nach Aussagen des obersten Forstinspektors in Westsizilien etwa die Hälfte des verbliebenen Waldbestands. Bereits ein Jahrhundert zuvor hatte sich ein Mangel an Holzkohle bemerkbar gemacht, der sich natürlich mit Zunahme der Bevölkerungszahl noch verschlimmerte. Offenbar schlug man sogar Eichen, Ölbäume und Korkeichen als Brennholz, und bald gab es in der Nähe der Schwefelabbaugebiete überhaupt keine Wälder mehr. Der vielleicht wichtigste Grund für die Entwaldung war aber der Bedarf an Brennstoffen für die Haushalte, zumal der in den Küchen weitverbreitete offene Herd äußerst unwirtschaftlich war.

1819 und 1826 schufen die Bourbonen Gesetze, die den verbliebenen Waldbestand bewahren sollten, doch setzten solche Maßnahmen mehr Gemeinschaftssinn voraus, als von den *latifondisti* oder ihren Hirten erwartet werden konnte. Auch erhielten die Waldhüter viel zu wenig Lohn und besserten ihre Finanzen deshalb zumeist mit dem illegalen Schlagen von Holz oder der Unterstützung krimineller Banden beim Schwarzhandel mit Bau- und Brennholz auf. Wo weiterhin „Mischrechte" bestanden, durften die Dorfbewohner oft auch Brennholz schlagen, und selbst wo diese Rechte aufgehoben waren, sahen die neuen Landbesitzer oder die *gabelloti* oft eine Gewinnmöglichkeit darin, das verbleibende Holz selbst zu verkaufen. Die mögliche Wirkung war in beiden Fällen gleich schlimm.

Einige Begleiterscheinungen dieses Vorgangs wurden von einer Reihe von Leuten, darunter einem Mitglied der aristokratischen Familie der Paternò, untersucht. So mußte man feststellen, daß etwa in Catania der Jahresdurchschnitt für Niederschläge von 785 mm in den Jahren von 1808–1812 auf nur 453 mm für 1866–1879 zurückging. Auch zeigte sich später, daß der Fluß Simeto doppelt so viel Sedimente mit sich führte wie der weit größere Po in Norditalien mit seiner 16-fachen Wassermenge; nach 1824 stellte man überdies einen beträchtlichen Rückgang in der Wassermenge des Simeto fest. Immer wieder hörten Quellen auf zu schütten und führten erst wieder Wasser, wenn neue Bäume gepflanzt wurden. Aufgrund etwas weniger genau überprüfbarer Angaben hieß es außerdem, daß das Klima strenger wurde, heißer im Sommer und kälter im Winter und insgesamt trockener als einst.

Wahrscheinlich das schlimmste Anzeichen für die Entwaldung war die Erosion der Hügelgebiete; zwar hatten die Intendanten den Auftrag, jegliches Pflügen auf steileren Hängen zu untersagen, doch hatte diese Maßnahme wenig Wirkung. In Sizilien konnte man Getreide noch in über 1000 m Seehöhe anbauen, und da ein Drittel der gesamten Fläche mehr als 500 m über dem Meer lag (und noch dazu ein Gefälle von mehr als 20 Prozent hatte), zeitigte unkontrollierter Landhunger schlimme Folgen. Man wußte wenig davon, daß den Höhenlinien entlang zu pflügen günstiger war als schräg oder gar senkrecht zu ihnen; ja einem Forstinspektor zufolge wurden selbst noch Gelände mit einem Gefälle von bis zu 50 Prozent bepflügt, und sogar auf noch steileren Hängen konnte man am Fels angeseilte Bauern beim Umgraben des Landes sehen! „Alles Land, das an den Hängen bebaut wird“, schrieb er, „wird innerhalb weniger Jahre unfruchtbar.“

Kapitel 19

Die letzten Jahre der Bourbonenherrschaft

Die Ablehnung Neapels

Die letzten Jahre der Bourbonenherrschaft in Sizilien waren von mehr als nur von der langsamen Wirtschaftsentwicklung belastet. Ein kurzer Aufstand im Jahre 1837 deutete bereits an, daß die gewaltige gesellschaftliche Spannung auf ihren Ausbruch geradezu wartete. Dieser Aufstand wurde durch eine Choleraepidemie ausgelöst; die Krankheit war nie zuvor in Westeuropa ausgebrochen und verbreitete nun Angst und Schrecken. Selbst Universitätsprofessoren und der Erzbischof von Palermo glaubten, daß die Infektion auf ein absichtlich von der Regierung ausgestreutes Gift zurückzuführen sei. Viele Tausende starben, in der allgemeinen Panik leerten sich auch plötzlich die Städte. Dörfer verschlossen all ihre Zugänge, Versorgungswege für Nahrungsmittel wurden abgeschnitten, und die Bauern fielen zum Beutemachen in die Städte ein.

In Palermo blieb es diesmal recht ruhig, in Catania hingegen wurde die gelbe Fahne der Unabhängigkeit Siziliens gehißt und ein Revolutionskomitee eingerichtet; Reiche und Arme umarmten sich auf offener Straße. In die anderen Städte wurden Boten gesandt, die zu einer patriotischen Revolte aufrufen sollten, freilich mit enttäuschend geringem Erfolg. Drei Tage nach dem öffentlichen Treueschwur auf die Revolte erkannten die führenden Mitglieder der adligen Schicht ihre Isolation und entschieden sich, zur anderen Seite überzulaufen. Sie nahmen dann einige ihrer liberaleren einstigen Mitrevolutionäre fest und sammelten sogar Geld zur Errichtung einer neuen Statue des Königs. Die königliche Schweizergarde wurde zurückgeholt, und einige Hinrichtungen beendeten diese traurige Episode.

König Ferdinand II. bereiste Sizilien im Jahre 1838 und gelangte dabei zur Überzeugung, daß die Unruhen im Volk vor allem die Folge mangelnder Durchsetzung der bestehenden Gesetze seien. Er erfuhr, daß Feudalabgaben und Frondienste gegen alles Recht noch immer erhoben wurden und daß Prozesse absichtlich dazu eingesetzt wurden, seine Projekte der Agrarreform zu verzögern oder zu verhindern. Nötig waren, wie er feststellte, eine Vergrößerung der Zahl der Grundeigentümer und sicherere Pachtbedingungen. Folglich erging 1838 eine weitere Order, die Aufteilung der kirchlichen *latifondi* im Patronat des Königs weiterzutreiben. Wäre diese Maßnahme richtig durchgesetzt worden, hätte sie ein großes Gebiet betroffen, da der König Patron aller größeren und vieler der kleineren Pfründen war. Die Verwalter erhielten überdies den Auftrag, jegliche usurpierte Wegerechte aufzulösen und Eingriffe in die Zugangsrechte zu Wasser und Forstgebieten zu beenden. Zugleich sollten sie die Umwandlung der „Mischrechte" beschleunigen.

Ein bemerkenswertes Gesetz von 1841 schrieb dann vor, daß die Grundeigentümer die Dörfer dadurch zu entschädigen hatten, daß sie ihnen zuallermindest ein Fünftel der einstigen Feudalgebiete übergäben, auf denen solche Rechte bestanden hatten. Nach diesem Plan hätte das Land, das jedes Dorf somit erhielt, an die Armen verteilt werden sollen, und zwar durch das Los, nicht durch Verkauf. Überdies sollte jedes dieser erlosten Güter zwanzig Jahre lang vor jeglichem Zugriff von Gläubigern geschützt sein. Ursprunglich war sogar ein weit strengeres Gesetz als dieses vorbereitet worden, das die willkürliche Aneignung von Gemeinschaftsland durch Grundeigentümer strafbar gemacht hätte. Doch war es der sizilianischen Aristokratie gelungen, den König dafür zu gewinnen, daß der faktische Besitz von Land als Beleg für das Eigentum an diesem Land gelten solle. Eine Folge davon war, daß die Beweislast für die Unrechtmäßigkeit von Besitz bei der Lokalbevölkerung lag – eine unmögliche Aufgabe.

Die Regierung versuchte weiterhin, ihre Reformpolitik anzuwenden, bis die Revolution von 1848 diese Periode eines mehr oder weniger aufgeklärten Despotismus beendete. Wie sich freilich zeigen sollte, hatte diese vielgescholtene Phase bourbonischer Verwaltung für fast ein Jahrhundert die letzte Gelegenheit zu einem ernsthaften und ausgewogenen Programm einer Agrarreform geboten; sie war auch für Jahrzehnte die letzte umfassende Planung von Be- und Entwässerung in der fruchtbaren Ebene von Catania gewesen – daß dieses Projekt scheiterte, führte dazu, daß Hunderte von Quadratkilometern auf Sizilien unbewohnt blieben. Angesichts der gesellschaftlichen Verhältnisse und des bestehenden Systems der lokalen Verwaltung erwiesen sich nunmehr solche Projekte als undurchführbar. Vonnöten war vielmehr etwas weit Drastischeres.

Zwar war dieser Versuch einer bourbonischen Agrarreform ohnehin unzulänglich verwaltet und in mancher Hinsicht verfehlt gewesen, doch lag ihr Scheitern nicht primär darin begründet als vielmehr in der Tatsache, daß sie gerade den Leuten, auf die es ankam, ein Greuel war. Sie fand durchaus Unterstützung bei jungen Radikalen wie Filippo Cordova, doch waren diese ohne Macht und Einfluß. Auf lokaler Ebene war man sich einig, daß die neapolitanische Regierung eben nicht die traditionelle Kunst der spanischen Vizekönige verstand: die Aristokratie unbehelligt zu lassen, ja ihr zu Gefallen zu sein. Die *latifondisti* und die *gabelloti* unternahmen es daher, Ferdinands Vorschläge zu neutralisieren. Durch den Einsatz ihrer Gefolgsleute und bewaffneter Helfer versuchten sie, den Lokalpatriotismus, den Fremdenhaß und die allgemeine Abneigung gegen jegliche Gesetze und Verordnungen auszunutzen und so im Volk die Ansicht zu verbreiten, daß es nicht sie selbst waren, sondern vielmehr die verhaßten Bourbonen, die Verbesserungen verhinderten und somit Sizilien in Armut beließen.

In einer Hinsicht schufen sich die Landeigentümer damit Schwierigkeiten für die Zukunft, denn die Proletarisierung ließ die Bauern zu einer revolutionären Kraft von bislang unbekannter Stärke werden. Mit dem Anwachsen der Bevölkerungszahl waren die Bauern immer mehr dem drohenden

Hunger ausgesetzt; die Konfiszierung der „Mischrechte“ schränkte zum einen ihren Lebensunterhalt ein, zum anderen verletzte sie ihr Gerechtigkeitsgefühl und ließ jegliche Form von Vergeltung berechtigt erscheinen. In jedem Dorf wurde die Erinnerung daran wachgehalten, welches Land zu Unrecht usurpiert worden war – und in diese Gebiete marschierten die Bauern in Revolutionsjahren wie 1820, 1837 und 1848 ein. Überdies versetzten der *macinato* und die anderen auf Lebensmittel erhobenen Abgaben Sizilien in einen andauernden Zwist zwischen den Klassen, unter dem alle Seiten litten.

Die beiden wichtigsten revolutionären Triebfedern in Sizilien waren die Bauernaufstände und die Ablehnung der neapolitanischen Regierung. Daneben gab es eine dritte Kraft von ganz anderer Art, anfangs noch schwach, aber doch raffinierter und ausgeklügelter als die beiden anderen: die Idee, daß Sizilien seine politische Ausrichtung völlig ändern und sich der Föderation der italienischen Staaten anschließen könnte. Siziliens Verbindungen mit Norditalien waren bislang nicht sonderlich eng gewesen, ja in den 40er Jahren des 19. Jahrhunderts hatte der Handel mit England den zehnfachen Umfang von dem mit allen italienischen Staaten zusammen. Überdies zeigten sich die Norditaliener eines mit Sizilien gemeinsamen Erbes kaum bewußt, sondern sprachen von der Insel vielmehr wie von einem fernen, verlassenen Land, wohin zu reisen wegen der Briganten ohnehin unklug sei. Nur sehr wenige Italiener hatten je Sizilien bereist – und diejenigen, die es taten, hielt man eher für Engländer!

Die kulturellen Kontakte mit Italien waren in den Jahrhunderten der spanischen Herrschaft über Sizilien freilich nie völlig abgebrochen; aus politischen Gründen wurden sie nunmehr immer wichtiger. Die Verherrlichung Roms war den klassisch Gebildeten bereits ein vertrautes Thema. Werke von Dante und Ugo Foscolo wurden von einigen wenigen Intellektuellen mit Begeisterung gelesen, und in Palermo wurden Vittorio Alfieris Tragödien häufig aufgeführt, wie ein englischer Besucher 1809 feststellte. Die Beziehungen verliefen auch in umgekehrter Richtung: So wurden Werke des sizilianischen Dichters

Giovanni Meli ins Italienische ebenso übersetzt wie ins Deutsche und ins Englische, und der Komponist Vincenzo Bellini hatte, wie einst Alessandro Scarlatti, weit mehr Erfolg außerhalb Siziliens als auf seiner Heimatinsel. Einst hatte die Abwanderung begabter Männer wie Bellini einen gewaltigen Verlust bedeutet, jetzt aber bot sie auf lange Sicht sogar einen gewissen Vorteil für die historische Entwicklung, da sie in der Mittelschicht eine ganze Anzahl von Intellektuellen von internationaler Erfahrung und angestauter Frustration hervorbrachte, die nunmehr ihre Gedanken auf die Möglichkeit eines radikalen Wandels für ihre sizilianische Heimat richtete.

Eine Person, die zu einer solchen Überzeugung gelangte, war ein Gelehrter und niederer Regierungsbeamter namens Michele Amari. Anders als die meisten jungen Sizilianer, hatte er eine umfassende europäische Ausbildung genossen: Zu seinen frühen Werken zählt eine Übersetzung von Walter Scotts Dichtung *Marmion* – wobei übrigens erwähnt werden sollte, daß Scott ebenso wie Lord Byron einen starken politischen und literarischen Einfluß auf diese Generation ausübte. In den 40er Jahren des 19. Jahrhunderts veröffentlichte Amari eine Geschichte der Sizilianischen Vesper, ein Buch, das der Zensur nur deshalb entging, weil sie die Befreiung Siziliens von den Franzosen im 13. Jahrhundert nicht unmittelbar als allegorische Anspielung auf die nunmehr mögliche Befreiung von Neapel begriff. Dieses Werk erwies sich für die Meinungsbildung als Katalysator und als positiver Akt politischer Bildung.

Amari selbst mußte nach Paris fliehen; im Exil wurden ihm und anderen komplexere politische Ideen und weniger enge Loyalitäten bewußt. Schon die bloße Tatsache der Ankunft in Paris war, wie Filippo Cordova seinem Vater schrieb, „das Eintreten in eine neue Welt". Hier konnte man Männer wie den Juristen Francesco Crispi, den Journalisten Giuseppe La Farina und den Industriellen Luigi Orlando treffen; und diese Radikalen aus der Mittelschicht erwarben dort politische Führungsqualitäten, wie man sie in Sizilien noch nie gekannt hatte. Zwar vertraten sie, wie sich zeigen sollte, oft andere Ansichten als die öffentliche Meinung in ihrer Heimat, doch waren sie jedenfalls von dem Romantizismus und dem patriotischen Idealismus infiziert, der zu jener Zeit in Nordeuropa umging. Aus rein praktischer Sicht erkannten sie nun, daß Sizilien der Hilfe von außen bedurfte, während zugleich Wirtschaftsfachleute wie Raffaele Busacca und Francesco Ferrara feststellten, daß ein freierer Handel mit Italien sowohl natürlich als auch vorteilhaft sein würde.

Diese neuen Ideen fanden in Sizilien vor 1848 kaum Anklang, was freilich nicht weiter überrascht: Ganz abgesehen von der Ideologie verhinderte das gesellschaftliche System das Anwachsen einer gebildeten Mittelschicht, die die revolutionären Ideen von Freiheit und wirtschaftlichem Fortschritt hätte akzeptieren können. Die Juristen nämlich waren als Klasse noch immer völlig unterwürfig, und ein historischer Zufall hatte in Sizilien nur sehr wenige Berufssoldaten belassen, die ja in anderen Ländern die Revolution voranbrachten – und von jenen wenigen waren so gut wie alle den Bourbonen loyal ergeben. Angesichts dieser Umstände ist es kaum verwunderlich, daß nur wenige Menschen auf die Barrikaden zu gehen bereit waren. Zwar erlebten die frühen 40er Jahre des 19. Jahrhunderts ein Anwachsen des Oppositionsgeistes, doch ging dieser kaum je über den vagen anarchischen Protest hinaus, den alle Regierungen Siziliens gekannt hatten. Politisiert wurde dieser Protest erst, als die Forderung nach sizilianischer Autonomie die vielen verschiedenen Animositäten gegen Neapel bündelte.

Die Revolution von 1848/49

Die ersten Tage des Jahres 1848 waren eine Zeit außergewöhnlicher Unruhe in Palermo. Gerüchte von einer neuen Verfassung schwirrten umher, und ein nicht unterzeichnetes Manifest lief um, das für ein wahrscheinlich gar nicht bestehendes Revolutionskomitee zu sprechen vorgab. Es verkündete, daß eine Revolte zwecks Erreichung der Freiheit Siziliens unter dem Deckmantel der Geburtstagsfeierlichkeiten für den König am 12. Januar beginnen werde. Die List hatte Erfolg: Als der Tag kam, hielt ein beliebter Prediger im notorisch unruhigen Viertel Fieravecchia eine flammende Ansprache, die einen Aufruhr bewirkte. Die Straßen der reicheren Wohngebiete der Stadt leerten sich rasch, Türen wurden verrammelt und Läden geschlossen – was zur allgemeinen Aufgeregtheit auch noch die Furcht vor einer Lebensmittelknappheit hinzufügte. Noch vor dem Abend wurden Barrikaden errichtet. Am Morgen des 13. waren bereits Gruppen von Bauern und „Berglern" in Palermo eingetroffen; einem Regierungskurier, der aus dem Binnenland zurückkehrte, hatte man Geld abgenommen. Die Revolte begann mit einem fliegenden Start.

Die kleine Schicht Liberaler entdeckte plötzlich, daß politische Reformen nunmehr durchsetzbar sein könnten – sei es die sizilianische Autonomie, eine liberale Verfassung oder vielleicht ein Bundesstaat Italien; allerdings komplizierte eine parallele und weit stärkere soziale Revolution wider Erwarten die Lage. Viele der Aufständischen, selbst diejenigen, die die Tricolore schwangen, hatten wohl allenfalls eine sehr vage, wenn überhaupt eine Vorstellung davon, was Italien oder eine Verfasssung bedeutete, doch machte der unartikulierte Wunsch nach einer Verbesserung der sozialen Verhältnisse, nach mehr regelmäßiger Arbeit, nach Grund und Boden für den Anbau und nach dem Gemeinschaftsland, das den Vorfahren abgenommen worden war, die Bauern zu den bei weitem revolutionärsten Elementen in einer bedrückten, aber gewöhnlich unterwürfigen Gesellschaft. Insbesondere in einem schlechten Erntejahr gab ihnen die Notwendigkeit, billiger an Lebensmittel zu kommen und den *macinato* abzuschaffen, eine beängstigende Kraft, wie sie nur Menschen zeigen, die in einer Erhebung kaum etwas zu verlieren und wenigstens möglicherweise sehr viel zu gewinnen haben.

Revolutionäre dieser Art hatten über die gröbsten Vorstellungen hinaus keine erkennbaren politischen Ansichten, auch fehlte es ihnen an Durchhaltevermögen, denn ihr Leben hing ja daran, daß sie zur Ernte- und zur Saatzeit nach Hause zurückkehrten. Und doch war die Nachricht aus Palermo von den Ereignissen am 12. Januar ein Signal für alle, die Grund zur

Klage und Hoffnung auf Behebung ihres Mißstands hatten – was dem Aufstand eine riesige, unerwartete Kraft gab. In den Dörfern und Kleinstädten kam es zu Hungerrevolten und Angriffen auf die Vereinshäuser, in denen sich die *galantuomini* (s. S. 280f.) zu treffen pflegten. Schafe wurden getötet, Heuschober in Brand gesteckt und viele der noch vorhandenen Waldgebiete zerstört, da man das Land besetzte und unter den Pflug nahm. Viele Rathäuser wurden angegriffen und die Eigentumsurkunden verbrannt. Die Verwaltung kam zum Erliegen, da die Beamten um ihr Leben flohen. Die primitive Moral einer derart unterdrückten Bevölkerung brach im weitverbreiteten Totschlagen von Polizisten und angeblichen Spitzeln mit teilweise unglaublichen Grausamkeiten zutage.

Ein weiteres Element des Aufstands war das plötzliche Auftreten der bewaffneten Gruppen, oft Briganten mit einem lokalen Unterweltsboß als Anführer. Einige dieser Männer waren wahrscheinlich Angestellte der Bourbonen gewesen und blieben dies auch, andere hatten bei einstigen Baronen oder selbst bei Liberalen als Privatpolizisten in Dienst gestanden, wieder andere waren anarchische Charaktere, die den Aufstand schlicht dazu nutzten, im trüben zu fischen: Der Zusammenbruch der Regierung erwies sich für sie als ideal, insbesondere wenn sie von einer oder gar beiden Seiten Zahlungen erwarten konnten. Männer von krimineller Neigung wie Salvatore di Miceli in Monreale und Giuseppe Scordato in Bagheria ergriffen nun faktisch die Macht in ihren Dörfern und ließen ihre Leute nach Palermo marschieren, wo sie mehrere Monate lang nahe am Zentrum der Macht blieben.

Anfangs müssen viele Bürger den dramatischen Ereignissen jener wenigen Tage mit gemischten Gefühlen gegenübergestanden haben, selbst manche Liberale waren zunächst verwirrt. Sobald aber die Neapolitaner den Rückzug antraten, war es wichtig, zum einen den Zorn der *popolani* zu bändigen und ihn zum anderen in fruchtbare politische Bahnen zu lenken; so trat nunmehr die einzige Gruppe von Leuten, die ein politisches Programm hatte, in den Vordergrund. Eilends wurden improvisierte Komitees eingerichtet, die Munition zu verteilen,

Geld einzusammeln, die Ordnung aufrechtzuerhalten und die Lebensmittelversorgung zu organisieren hatten. Diese Komitees bestanden im wesentlichen aus eher liberal und neapelfeindlich eingestellten Angehörigen der adligen Schicht. Als schließlich die Gefahr einer Konterrevolution zurückging und die Revolte immer weniger sozial, dafür viel mehr politisch wurde, erklärten auch immer mehr andere Bürger ihre Bereitschaft zur Unterstützung.

Auf dem Festland hatte sich mittlerweile der König den Ereignissen gebeugt und eine liberale Verfassung gewährt. Den Sizilianern bot er lokale Selbstverwaltung unter der Bedingung an, daß sie die bourbonische Oberherrschaft anerkannten. Doch waren die neu hervorgetretenen Revolutionsführer zu erregt, als daß sie die Schwäche ihrer Position erkannt hätten; sie erwiderten, daß die sizilianische öffentliche Meinung eine völlige Loslösung von Neapel fordere. Aus diesem Grund drangen sie auf eine Wiederbelebung des Parlaments; bei seiner Eröffnung am 25.März vereinten sich Konservative und Radikale in einer Koalitionsregierung und erklärten Ferdinand für abgesetzt; alle Abgeordneten sprangen daraufhin auf und jubelten eine halbe Stunde lang. Die Revolution, so meinte man, war vorbei, und Sizilien war unabhängig – zum ersten Mal seit dem 14. Jahrhundert wirklich unabhängig. Die weiße Flagge der Bourbonen wurde durch die Tricolore ersetzt, die bourbonischen Lilien durch das uralte dreibeinige Emblem Trinacrias. Sizilien wurde zu einem Teil eines imaginären italienischen Bundes erklärt, und man entsandte eine nominelle Streitmacht von hundert Mann als Hilfstruppe zur Befreiung der Lombardei von den Österreichern.

Die Revolution sah sich allerdings bald ernsthaften Problemen gegenüber, ihre gesellschaftlichen und politischen Elemente wurden immer weniger koordiniert. Die bewaffneten Gruppen stellten nach dem Abzug der bourbonischen Truppen eine gewisse Gefahr dar: Sie schürten Unordnung und waren allzusehr mit sozialen Fragen befaßt. Die Konservativen beschlossen daher, eine Nationalgarde zum Schutz des Eigentums und nötigenfalls zum Vorgehen gegen die bewaffneten

Gruppen zu rekrutieren. Die Garde war unbezahlt und als Klassenmiliz gedacht: Handarbeiter waren ausdrücklich ausgeschlossen, schließlich zählten 18 Prinzen und 100 weitere Adlige verschiedener Stellung zu ihren Offizieren. Mehr als einmal griff die Garde auch in die Politik ein, als Gegner der Radikalen; dies trug zur Ausweitung der Risse und Spaltungen innerhalb der Koalitionsregierung bei.

Andere Anzeichen einer Malaise trugen bald dazu bei, die anfängliche Begeisterung zu verringern, die von dieser bemerkenswerten Revolution ausgelöst worden war: Der spürbare Niedergang des Handels betraf viele Menschen, die Zerrüttung des Rechtssystems schadete den Berufsjuristen, und die öffentliche Sicherheitslage war verheerend. In manchen Gegenden übernahmen die bewaffneten Gruppen, aus Palermo vertrieben, ganze Dörfer, plünderten, töteten alle *galantuomini* („cappelli", „Hüte" genannt, im Unterschied zu den „Kappen"), derer sie habhaft werden konnten oder zwangen sonst die Bauern zur Aufgabe ihrer Felder, sofern diese kein Schutzgeld zahlten. Für manchen bedeutete so das große patriotische Jahr 1848 im Rückblick nichts als den Zeitpunkt, zu dem das Brigantentum straflos geworden war. Viele Bürger müssen sich nach einer raschen Rückkehr einer wirksamen Regierungskontrolle, wenn nötig sogar der bourbonischen Verwaltung, gesehnt haben.

Ein weiteres Problem, dem sich die Revolution gegenübersah, lag darin, daß die Praxis parlamentarischer Herrschaft nach so vielen Jahren eines autoritären Regierungssystems nicht leicht fiel. Bis Anfang Mai waren manche Radikale aus der Regierungskoalition gedrängt worden; daraufhin überschatteten persönliche Querelen und Rivalitäten zunehmend die Beratungen dringlicher politischer Probleme. Während in den Dörfern Entführungen und Raub ungehindert weitergingen, leisteten sich die Abgeordneten rhetorische Schaugefechte darüber, ob man den Tag der heiligen Rosalia feiern, wie man die Straßen Palermos neu benennen oder welchen Typ von Erinnerungsmedaille man herausgeben sollte. Die Minister lösten einander in rascher Folge ab, und der Mangel an Führung wie auch die zunehmenden Differenzen machten es unmöglich, die vorhandenen Mittel auf die Durchsetzung der Regierungsposition zu verwenden.

So war etwa die Finanzfrage ebenso umstritten wie wichtig: Die Leute hatten schon im Januar aufgehört, Steuern zu zahlen, ja die Zerstörung von Steuerunterlagen und -einschätzungen war ein Hauptziel vieler Revolutionäre gewesen. Die Eintreibung von Abgaben in ausreichender Höhe war folglich unmöglich. Eine noch schlimmere Schwäche war die Tatsache, daß man kaum etwas unternahm, um Soldaten anzuwerben und sie mit Waffen auszurüsten. Als einige Abgeordnete eine Debatte über die nationale Verteidigung forderten, hieß es, dies sei inopportun und ohnehin unnötig. Ebensowenig wurde eine Diskussion von Francesco Crispis Vorschlag, eine allgemeine Wehrpflicht einzuführen, zugelassen, da schon die Idee eines Pflichtdienstes als unerträglich für ein freies Volk zurückgewiesen wurde.

Offenbar lag den meisten Sizilianern nicht viel daran, die Opfer zu leisten, die eine Folge davon waren, daß die revolutionären Anführer Ferdinands Angebot eines unabhängigen sizilianischen Parlaments abgelehnt hatten. Man hatte von diesen Anführern die Zusicherung erhalten, daß Ferdinand besiegt werde und nicht zurückschlagen könne; und als plötzlich im September 1848 eine große bourbonische Armee an Land ging und Messina angriff, war man konsterniert. Die Stadt hielt einige Tage stand, doch dann gaben sich die siegreichen Eroberer einer Orgie von Plünderung und Brandschatzung hin. Dies wiederum führte bei den in Messina stationierten britischen und französischen Admiralen zu einem solchen Erschrecken, daß sie Ferdinand bedrängten, einen sechsmonatigen Waffenstillstand zu gewähren. Der König ließ sich darauf ein, obgleich dies allein den Sizilianern einen Vorteil bot.

Als im Februar 1849 die Bourbonen der Insel erneut ein eigenes Parlament und einen Vizekönig anboten, wurde dies wiederum abgelehnt. Es scheint, daß einige der revolutionären Anführer bewußt eine Hysterie im Volk schürten, die jegliche rationale Diskussion der Alternativen unmöglich machte. Als schließlich einige Abgeordnete lautstark eine Kriegserklärung forderten, wagte niemand, auf die offenbaren Schwierigkeiten hinzuweisen. Inzwischen war die bourbonische Armee sogleich nach Ablauf des Waffenstillstands erneut vorgestoßen. Die in Sizilien ausgehobenen Soldaten waren schlecht organisiert und untrainiert, sie neigten außerdem zu Meutereien, und so trafen die Bourbonen auf der ganzen Insel außer in Messina und Catania auf keinen ernsthaften Widerstand – Syrakus ergab sich sogar ganz ohne Kampf.

Die bourbonischen Truppen marschierten fast ungehindert auf Palermo. Eilends hob man dort Gräben aus, woran sich Minister, Priester, adlige Damen und Bauern aus der Umgebung der Hauptstadt beteiligten. Doch zerfiel immer mehr die politische Struktur der Revolution. Ein Minister nach dem anderen trat zurück, niemand blieb, der die Verantwortung für die Entscheidungen zu übernehmen bereit war. Viele Bürger flohen aus der Stadt, andere nahmen Unterhandlungen mit dem Feind auf. Der wohlhabende Baron Giovanni Riso von der Nationalgarde wurde, von Vincenzo Florio und anderen Wirtschaftsführern unterstützt, auf einmal zu einem überzeugten Anhänger eines Friedensschlusses. Inflation, Zwangsanleihen, soziale Unruhen, die Zerstörung von Eigentum und der Ruin des Handels trugen dazu bei, daß sich diese Konservativen von den Revolutionären der harten Linie, von Giuseppe La Farina und Francesco Crispi lossagten. Crispi, der sich als der größte sizilianische Politiker des 19. Jahrhunderts erweisen sollte, schrieb damals: „Die Gemäßigten fürchteten den Sieg des Volkes mehr als den der bourbonischen Truppen." Er mag durchaus recht gehabt haben.

Das Ende der Bourbonen

1849 wurde der siegreiche General, Prinz Carlo Filangieri, Gouverneur Siziliens. Man gewährte eine Amnestie, von der allerdings 43 Sizilianer ausgeschlossen waren; zu den wenigen, die nunmehr ins Exil gingen, zählten alle potentiellen Oppositionsführer. Die meisten der ehemaligen Deputierten und Angehörigen des Revolutionsparlaments baten den König um Pardon und versicherten ihm, daß sie durch Drohungen gegen Leib und Leben zur Unterstützung einer Revolution gezwungen worden waren, die sie völlig verabscheuten. Filangieri mußte seine Regierung unter großen Schwierigkeiten ausüben, doch insgesamt gelang ihm dies mit Vernunft und Menschlichkeit. Das Parlament wurde abgeschafft, doch erneut wurde ein gewisses Maß an lokaler Autonomie in juristischen, finanziellen, kirchlichen und Polizei-Angelegenheiten gewährt. Das Steuersystem blieb in mancher Hinsicht überraschend günstig für die Sizilianer, und wiederum blieb ihnen ein Pflichtdienst im Heer erspart.

Ferdinand II. war über die Revolution verbittert und erschreckt, er verlor nun jegliche Begeisterung für Reformen – einer der folgenreichsten „Erfolge" der Revolutionäre. Wie sein Nachfolger Franz II., der 1859 den Thron bestieg, war er als Herrscher ungeeignet und hatte immer weniger Kontakt zu einem Zeitalter des Liberalismus und Nationalismus. Ihm lag nichts an der Herausforderung Piemonts um die politische und moralische Führung der Halbinsel, und es gelang ihm nicht, eine Regierungsform zu entwickeln, die die Absurditäten des erblichen Absolutismus hätte abmildern können. Sein Staat war despotisch, beruhte auf der Zensur und kannte Strafsiedlungen. Bürger konnten auf einen bloßen Verdacht hin ins Gefängnis geworfen werden, die Bewegungsfreiheit war stark eingeschränkt. Die Methoden der Polizei waren mitunter grausam, die mangelnde Bereitschaft, der öffentlichen Meinung ein „Sicherheitsventil" zuzugestehen, brachte ein besonderes Element der Instabilität in das öffentliche Leben.

Trotz alledem war Neapel nicht die einzige Ursache für die Leiden Siziliens. Von ähnlich schädlicher Wirkung wie die Bedrückung durch die Fremdherrschaft war die Tatsache, daß eine anwachsende Mittelschicht von *galantuomini* allmählich die alte Aristokratie vom Land verdrängte, während sie verantwortungslose und reaktionäre Haltungen einnahm; man sprach, wie schon erwähnt, von den *cappelli* („Hüten"); in jeder Landstadt von 10000 Einwohnern mögen sie hundert Familien umfaßt haben. Sie trafen sich täglich in ihrem eigenen exklusiven Kaffeehaus, und das ehrenvolle Präfix „Don“ vor ihren Namen zeigte für jedermann deutlich ihren gehobenen Status. Niemand, der diese gesellschaftliche Stellung erreicht hatte, konnte je wieder in die undifferenzierte Masse absinken, und die Hauptbeschäftigung aller *cappelli* bestand darin, ihren Status und damit ihren Anspruch auf Respektabilität zu bewahren oder gar auszubauen.

Im Vergleich zu diesen provinziellen *galantuomini* waren die bourbonischen Verwalter selbst in den 50er Jahren des 19. Jahrhunderts keineswegs so sehr schwarze Reaktionäre, wie sie die patriotische Propaganda darstellte. Die bourbonischen Gefängnisse mögen so schlimm gewesen sein, wie dies der britische Staatsmann William Gladstone mit seinem Wort von der „Negation Gottes“ angab, doch andere Fremde, die sie besichtigten, hielten die Angaben für aus politischen Gründen übertrieben; wir wissen überdies, daß die Gefängnisse im aufgeklärten Piemont nicht so viel besser waren. Wenn die bourbonische Rechtsprechung auch gegen politische Vergehen hart vorging, trauerte man ihr nach ihrem Ende 1860 manchmal nach. Im Bereich der öffentlichen Bautätigkeit mangelte es nicht am guten Willen: Der Straßenbau ging in den 50er Jahren im Vergleich zum bisherigen Standard bemerkenswert gut voran; allerdings erwies sich die Regierung noch immer nicht als autoritär genug, ihren Willen dabei gänzlich durchzusetzen, und kaum ein Sizilianer schätzte die Erhöhung lokaler Abgaben und Anleihen, die für diese wichtige öffentliche Aufgabe vonnöten war.

Die Jahre nach 1848 waren durch eine relativ gute wirtschaftliche Lage gekennzeichnet. Die Zunahme der Dampfschiffahrt begünstigte den Handel, ja die sizilianische Handelsflotte war 1859 doppelt so groß wie 1825. Die Schwefelexporte verdoppelten sich in den 50er Jahren, wozu der Krimkrieg und die Entdeckung beitrugen, daß Schwefel das einzige Mittel gegen einen schädlichen Pilzbefall von Weinstöcken war. Dennoch waren hohe Schutzzölle ein Symptom, manchmal auch eine Ursache für die Stagnation der industriellen Entwicklung. Es fehlte Sizilien an Rohmaterial und Unternehmertum, und überdies wurde, was an Kapital vorhanden war, unwirtschaftlich eingesetzt. Ein Versuch, Sparkassen einzurichten, scheiterte; als Grund gab man an, daß die Spielleidenschaft in der Bevölkerung zu verbreitet sei. Als die Regierung versuchte, die staatliche Lotterie abzuschaffen, erhob sich dagegen die öffentliche Meinung so lautstark, daß dieser Plan verworfen werden mußte.

Mehr als gegen den Mangel an Reformeifer richtete sich der Unmut der Zeitgenossen gegen die bourbonischen Steuererhebungen. Der *macinato* war weit mehr verhaßt als die vermutete unzureichend „italienische" Ausrichtung der Bourbonen. Italien begeisterte zwar einige wenige Leute nachhaltig, etwa Amari, doch war diese Einstelllung zu keinem Zeitpunkt wirklich weit verbreitet, nicht einmal in der Mittelschicht. Den *notabili* mißfiel lediglich, daß der Intendant in lokale Angelegenheiten eingreifen konnte, den *latifondisti*, daß sie laut Gesetz wenigstens ein Fünftel der einstigen Lehensgüter an eine neue Schicht von Kleinbesitzern abtreten mußten. Daß so viele fremde Soldaten im Land standen, sah man auch nicht als Vorteil an: Sie galten als moralisch anstößige Gesellen – und als kostspielig.

Will man die damalige „öffentliche Meinung" in Sizilien einschätzen, ist man notwendigerweise auf Rückschlüsse aus begrenzten Informationsquellen angewiesen. Leichter zu erraten sind die Ansichten der politisch verständigen Sizilianer, die in Norditalien, Marseille, Malta oder auch Nordafrika lebten. Zu ihnen zählte etwa ein Dutzend liberaler Aristokraten, doch wie einst Belmonte und Castelnuovo, von denen sie ihre Ideen in der Regel herleiteten, waren sie leicht zu entmutigen, ja sogar bereit, jeglicher aktiver Politikausübung abzuschwören. Die demokratischen Radikalen waren da dynamischer, auch wenn bei dem Versuch, ihr Scheitern 1848/49 zu erklären, Giuseppe La Farina und andere viel Verletzendes schrieben, was zu unnötigen Spaltungen in ihrer Gruppe führte. Sie wußten wohl, wie wenig sie zu einer Zusammenarbeit miteinander begabt waren, und erkannten daher auch als erste, daß die Sizilianer weder einig genug noch ausreichend politisch gebildet waren, als daß sie die Unabhängigkeit ohne fremde Hilfe gewinnen konnten.

So wie die gemäßigten Liberalen durch ihre Abneigung gegen jegliche Gewaltanwendung und gesellschaftliche Revolution behindert waren, so erwiesen sich die Radikalen als von einem doktrinären Republikanismus infiziert, der sie davon abhielt, sich an das monarchistische Piemont als Nothelfer zu wenden. Beide Gruppen waren überdies durch separatistische Vorstellungen für Sizilien geprägt, weshalb für sie die Idee einer vollgültigen Union mit anderen italienischen Staaten undenkbar schien; erst als sie diese Art von Barrieren zu überwinden begannen, wurde ihre Form von Revolution durchführbar. Den Exilierten war freilich in der ganzen Zwischenzeit eine politische Bewußtseinsbildung zu verdanken: Sie trugen dazu bei, daß man in London, Turin und Paris über Sizilien sprach, sie bewirkten aber auch durch ihre Streitigkeiten miteinander, durch den fortwährenden Kontakt mit ihren Freunden in Sizilien und durch das Einschmuggeln von Büchern auf die Insel, daß das Gefühl der Enttäuschung über die Entwicklung und das Wissen um größere Freiheiten anderer Länder in Sizilien wuchs.

Mittlerweile hatte in Norditalien ein Berufssoldat und Patriot namens Garibaldi die Idee Giuseppe Mazzinis, des ersten und größten Propheten eines italienischen Nationalismus, übernommen, eine Rebellion Siziliens als Ausgangspunkt für eine Vereinigung der ganzen Halbinsel zu nehmen. Selbst wenn im Süden kein starkes Interesse an Italien bestand, war die Situation in Sizilien durch die Bauernunruhen, die Tradition bewaffneter Gruppen und die Stärke des gegen Neapel gerichteten Gefühls eine besondere; letzteres konnte günstigerweise für einige Zeit alle Klassen- und Parteienunterschiede ausgleichen. Mit diesen Vorstellungen kehrten einige der aktiveren Exilierten 1859 für kurze Besuche heimlich auf die Insel zurück, um dort das Programm Garibaldis zu propagieren.

Zu ihnen gehörte Francesco Crispi, Garibaldis und Mazzinis ergebenster sizilianischer Anhänger. Crispi war Rechtsanwalt und gehörte damit zu einer demokratischen Bourgeoisie, die viel weniger als die liberale Aristokratie dem Gedanken an eine regionale Autonomie und der Erinnerung an 1812 nachhing. Kaum zurück in Sizilien, etablierte er Kontakte mit einigen der Anführer bewaffneter Gruppen und instruierte seine Freunde, wie man Bomben herstellen und eine Revolte koordiniert und synchron durchführen könne. Sizilien war für einen Guerillakrieg bestens geeignet, und eine intelligente Führung konnte die bewaffneten Gruppen zu einer Streitmacht machen, die nicht einmal von einer großen Armee in Schach gehalten werden konnte.

Den eher konservativen sizilianischen Exilierten waren diese törichten Pläne ein Graus, denn sie drohten die Tragödie von 1849 zu wiederholen. So wandte man sich direkt an die Regierung von Piemont, um die Möglichkeit einer diplomatischen und militärischen Intervention zu erkunden. Graf Camillo di Cavour, der liberale Ministerpräsident Piemonts, hatte gelegentlich an die Annexion Siziliens aus den Händen der Bourbonen als eine Möglichkeit zur Schaffung eines größeren italienischen Staates gedacht, doch hielt er die tatsächliche Durchführung eines solchen Vorhabens noch für verfrüht; er war nicht bereit, irgendeine Unterstützung Siziliens zu versprechen, solange dessen Bevölkerung noch nicht unter Beweis gestellt hatte, daß sie die Bourbonen aus eigener Kraft abschütteln konnte. Zur Ermutigung der Sizilianer ließ er aber wissen, daß die Insel eine weitgehende Selbstverwaltung erhalten werde, wenn sie je einer Annexion durch Piemont zustimmen würde. Allerdings bleibt festzuhalten, daß Cavour – anders als Garibaldi und seine Anhänger – es vorgezogen hätte, überhaupt nicht in Sizilien aktiv zu werden.

Als kleinere Unruhen von Studenten und anderen radikalen Elementen in Sizilien zu Beginn des Jahres 1860 häufiger wurden, breitete sich das Gerücht aus, daß eine neuerliche Revolution bevorstehe. Wie die Regierung von ihren Informanten wußte, begannen in Palermo geheime Gruppen sowohl die Möglichkeit einer Annexion durch Piemont als auch Garibaldis Plan einer Anlandung in Sizilien mit einer Freischärlertruppe zu erörtern. Von ähnlicher Bedeutung wie die Diskussionen dieser Art war die Tatsache, daß das einfache Volk erneut unruhig wurde. Offenbar war eine soziale Revolution von enormer Kraft so weit angelegt, daß sie von jedem, der nur den Mut und die notwendige Beliebtheit beim Volk hatte, ausgelöst werden konnte, und eine bodenständige Bewegung war nötig, wenn man die große Streitmacht der Bourbonen in Sizilien besiegen wollte. Darin nun war Garibaldi, nicht aber Cavour, ein Meister.

Kapitel 20

Die Vereinigung mit Italien

Garibaldi

Die Unruhe wurde zum Aufstand, als es am 4. April 1860 in einer Vorstadt von Palermo zu einem bewaffneten Zusammenstoß mit der Polizei kam. Wie 1848 gab es dabei eine Art konzertierter Aktion von einer Handvoll Aufständischer in der Stadt und der Bauernschaft aus den Dörfern des Umlands; allerdings waren die Handlungen nicht richtig synchronisiert und die Polizei ohnehin vorweg informiert worden. Der Aufstand war offensichtlich eine Bewegung, auf die die adlige Schicht und die gemäßigten Liberalen, wenn überhaupt, nur wenig Einfluß hatten; selbst diejenigen von ihnen, die eine Revolte in Betracht zu ziehen bereit waren, wünschten keinen Aufstand, bevor sie sich nicht auswärtiger Hilfe versichert hätten. Die Radikalen andererseits kannten keine solchen Vorbehalte.

Obgleich die Staatsgewalt den ersten Ausbruch von Unruhen erfolgreich niedergeworfen hatte, wurden binnen 24 Stunden die meisten Militärposten rund um Palermo von Aufständischen aus dem Volk angegriffen. Telegraphenleitungen wurden gekappt, und die plötzliche Unterbrechung der Informationswege versetzte die Regierungsbeamten in Angst und Schrecken, die sich an die schlimmen Begleiterscheinungen ähnlicher Ausbrüche des Volkszorns in der Vergangenheit erinnerten. Unter den gewöhnlichen Bürgern auf der Insel verbreitete sich die Nachricht jedoch rasch; und während die Kontrolle Palermos für die Regierungstruppen nicht allzu schwierig war, fehlte ihnen die Erfahrung im Kampf gegen einen „unsichtbaren“ Feind auf dem Land.

Jegliche politischen Motive der Revolutionäre wurden bald von einer erneuten Revolte der Bauern überschwemmt, die Lebensmittel, Landbesitz und soziale Gerechtigkeit forderten. In vielen Dörfern unterstützten die ärmeren Kleriker diese Bewegung, was zu ihrem Erfolg beträchtlich beitrug. Wichtiger noch war, daß der Zusammenbruch von Recht und Ordnung den unbotmäßigen bewaffneten Gruppen große Macht gab; sie waren ja stets dazu bereit, einen solchen Moment zur Ausweitung ihrer Autorität zu nutzen. Es ist zwar nicht ausgeschlossen, daß einige Bandenführer wirklich politische Ziele verfolgten, doch läßt sich mit einiger Sicherheit annehmen, daß die meisten weniger edle Motive hatten. Solche *mafiosi* waren jedoch nicht bloße Kriminelle. Verbrechen waren für sie nur eine Methode, Geld und Macht zu erlangen; ein anderer Weg war die politische Revolution. Diese merkwürdige Tatsache trug nun dazu bei, daß Sizilien eine entscheidende, teils ungewollte Hebelwirkung auf die Einigung Italiens ausübte.

Den ganzen April über war der Erfolg des Aufstands ständig zweifelhaft. Erst wenn ein Erfolg wahrscheinlicher schien, waren die oberen Schichten zu einer Parteinahme bereit. Doch als die Bourbonen sich Woche für Woche unfähig erwiesen, für den Schutz des Eigentums zu sorgen, verlor allmählich auch die nicht politisierte Mittelschicht ihr Vertrauen. Die Feindseligkeit gegen Neapel nahm zu, als die Truppen Lebensmittel beschlagnahmten und ihre Pferde auf den heranreifenden Getreidefeldern weideten, und stieg besonders in den Dörfern an, die sich schutzlos den bewaffneten Banden ausgeliefert sahen. In Palermo und Messina blieben die Läden häufig geschlossen, ja, Geschäfte wurden aufgegeben und ehrenwerte Bürger gerieten in völlige Armut.

Unter den radikaler gesinnten Exilierten waren einige für einen solchen Notstand vorbereitet. Ein paar gingen heimlich in Sizilien an Land und wandten sich an ihre früheren Kontaktleute bei den bewaffneten Banden und politischen Dissidenten in Palermo. Bald hatte sich ihre Geschichte, daß Garibaldis Invasion unmittelbar bevorstehe, allgemein verbreitet, was zu einer dramatischen Freisetzung von Spannung und Energie führte, und als die Regierung ein Photo Garibaldis an die Hafenämter verteilte, machte sich offenbar Defätismus breit. Die Tatsache, daß jener sich noch gar nicht entschieden hatte, ob er nach Sizilien ziehe, war dabei ohne Bedeutung; allein die Erwartung reichte aus, um die Revolution in Gang zu halten und ihm für seine Entscheidung Bedenkzeit und schließlich Anreiz zu bieten. Insofern wiederholten sich geradezu die Ereignisse um die Sizilianische Vesper und Peter von Aragon.

Am 11.Mai, fünf Wochen nach dem Beginn des Aufruhrs, traf Garibaldi im erst kürzlich wiedereröffneten Hafen von Marsala mit gerade tausend schlecht bewaffneten, aber motivierten Freiwilligen ein. Gegen ihn standen gut 25 Infanteriebataillone und mehrere Artillerie- und Kavallerieregimenter. Garibaldi ernannte sich dennoch trotzig und leichtsinnig zum Diktator, der im Auftrag von König Viktor Emanuel von Piemont herrsche. Die Bewohner Marsalas waren zunächst erschrocken und verwirrt, doch wurden sie bald von Garibaldis unwiderstehlichem persönlichen Charme und seiner ehrlichen Wirkung auf die einfachen Leute eingenommen; wenig später wurde er gar als ein Heiliger verehrt, ja als die Reinkarnation Christi, die gekommen sei, Sizilien von seiner jahrhundertelangen Mißhandlung zu erlösen.

Garibaldi sprach sich bewußt für einen Bauernkrieg aus, schaffte den *macinato* ab und versprach für die Zukunft, den Armen und denen, die zu den Waffen griffen, Land zuzuweisen. Viele, die zuvor noch nie die Wörter „Piemont“ oder „Italien“ gehört hatten, konnten dieses Programm immerhin gut verstehen und ergriffen gerne die Gelegenheit, ihrem angestauten privaten Groll Luft zu machen und so manche offene Rechnung mit den Mächtigen zu begleichen. Mit wilden Fanatismus fegten sie die letzten Reste bourbonischer Regierung fort. Landarbeiter waren eigentlich nicht als Kämpfer geeignet, und doch waren sie für Garibaldi von entscheidender Bedeutung, denn sie beschafften ihm die meisten von ihm gewünschten Informationen, und sie boten seinen Leuten auf dem Land Unterkunft und Verpflegung. Die bourbonischen Soldaten hingegen trafen überall auf brüske Ablehnung.

Garibaldis Politik ging darauf aus, wo immer möglich eine offene Schlacht zu vermeiden, insbesondere weil Cavours Freunde die meisten Feuerwaffen seiner Leute hatten konfiszieren können, bevor er Norditalien verlassen hatte. Straßenkämpfe und Guerillakrieg paßten viel eher zu seinen Mitteln und waren Künste, in denen ihm in ganz Europa niemand gleichkam. Seine Lieblings-Strategie war es, mit Eilmärschen und exakter Auflösung der Verbände die Illusion einer großen Armee zu schaffen; ihm kam alles darauf an, ein rasches Tempo zu bewahren und den Eindruck ständiger Erfolge zu vermitteln. Mit diesen Mitteln wurden die Feinde demoralisiert und die bewaffneten Gruppen ermutigt. Nach einem brillanten Täuschungsmarsch brachte er schließlich einige seiner Vortruppen nach Palermo hinein, wo man zu ihrer Unterstützung Barrikaden errichtete. Die bourbonischen Streitkräfte zogen ab, die Revolution hatte gesiegt – und das gegen alle militärische Wahrscheinlichkeit.

Garibaldi hatte nur wenig Zeit für die Neuorganisation der Insel, denn seine Hauptbeschäftigung blieb es, die Eroberung Neapels und Roms weiterzuverfolgen und so Italien zu vereinen. In Sizilien regierte er fünf Monate lang als Diktator; seine gewaltige moralische Autorität gestattete es ihm, ein Reformpaket durchzubringen, das ohne Vorbild war: Es enthielt die Verstaatlichung des Kircheneigentums, Landverteilung und freieren Handel. Was ihm jedoch ganz offenbar fehlte, waren die Erfahrung und politische Kenntnis, die Reformen durchzusetzen, insbesondere nachdem die lokalen *notabili* sich vom ersten Schrecken einer solchen Herausforderung erholt hatten. Seine politischen Ansichten waren insgesamt zu einfach, zu radikal und zu rasch zusammengefügt, als daß sie hätten obsiegen können.

Die Revolutionsregierung geriet schon bald in dieselben Schwierigkeiten wie die von 1848. Die bewaffneten Banden erwiesen sich, kaum daß ihr anfangs notwendiger Beitrag geleistet war, als trennende Kraft, die einen Bürgerkrieg zu entfachen drohte. Garibaldi versuchte, sie durch eine zwangsverpflichtete Miliz zu ersetzen, was aber kaum praktikabel war:

Die Banden widersetzten sich ihrer Ablösung, und erneut hörte man von der Möglichkeit eines Bürgerkriegs. Die sizilianischen Freischärler waren wahrscheinlich alle aus der traditionellen Basis des Klientelwesens angeworben worden und waren das persönliche Gefolge eines Landeigentümers oder sonst einer „Respektsperson", und selbst Garibaldi konnte keine andere Rekrutierungsmethode erzwingen.

Was noch schlimmer war: Die Landstädte und Dörfer standen miteinander in bitteren, manchmal bewaffneten Konflikten, während rivalisierende Familien und Klientelgruppen das vorherrschende Durcheinander als Gelegenheit zur Unterdrückung jeglicher gegen sie selbst gerichteten lokalen Opposition begriffen. Als die entlassenen Schwadronen heimkehrten, wurde die Situation auf dem Land unbeherrschbar. Die englischen Weinhändler in Marsala wie auch die anderen Landeigentümer erhielten keine Pacht mehr, ihre Ernten und ihr Vieh wurden gestohlen und ihre Beauftragten angegriffen; an die bewaffneten Banden mußten sie Schutzgelder zahlen. Landeigentümern blieb nichts anderes übrig, als sich eigene Banden zu halten, was wiederum den Schrecken des innergesellschaftlichen Kriegs verstärkte.

Dieses soziale Problem war in jenen Monaten vielleicht das schwerwiegendste von allen; mit irgendeiner politischen Frage hatte es kaum etwas zu tun. Tausende von Bauern waren von Großgrundbesitzern und mittleren Landeigentümern aller Rechte am Land beraubt worden, und als Garibaldi versprach, dieser Art von Ungerechtigkeit entgegenzutreten, kam es auf Teilen der alten *latifondi* spontan zu Landbesetzungen. „Wie vom Hunger getriebene Wölfe" kamen wilde Männer in Ziegenhäuten die Hügel herab, und wenn ein Vornehmer nicht rechtzeitig Reißaus nahm, lief er Gefahr, mit dem Ruf „*Viva l'Italia*" umgebracht zu werden. Zu einem besonders wüsten Aufruhr kam es in Bronte, den aber Garibaldi mit beispielhafter Strenge niederschlug: Er war zwar ein Sozialreformer, doch kein Anarchist, und für seine Art von politischer Revolution brauchte er die Unterstützung durch die Landeigentümer.

Der Diktator zögerte sehr zu Cavours Leidwesen die Übergabe der vollständigen Herrschaft an Piemont noch hinaus, bis er keine Basis für weitere Operationen auf dem Festland mehr benötigte. In der Zwischenzeit führte er in Sizilien Schritt für Schritt piemontesische Gesetze und Institutionen ein. Die *lira*, das piemontesische Dezimalsystem und die norditalienische Fahne wurden Sizilien durch Garibaldis eigenes Machtwort aufgezwungen. Anstatt das jahrhundertealte sizilianische Parlament wiederzubeleben, proklamierte er das ganz andersartige piemontesische Parlamentssystem. Einige Sizilianer waren überrascht und beleidigt, weil sie von jenem norditalienischen Diktator nicht befragt worden waren und weil keine Maßnahmen zugunsten einer lokalen Selbstverwaltung ergriffen wurden; auf einmal begann bei ihnen der Eindruck zu entstehen, daß es keine sizilianische Autonomie geben werde, sondern bloß die Annexion Siziliens durch Piemont.

Andere Sizilianer hingegen erkannten, daß sie einen Anschluß an Piemont sogar schneller wünschen sollten, als Garibaldi ihn zu veranlassen bereit war. Sie befürchteten, daß sonst wirkliche Sozial- und Agrarreformen durchgeführt werden würden, wenn Garibaldi noch länger die alleinige Macht innehabe; besonders nahm man Anstoß, als er eine „Diktatur der beiden Sizilien" errichtete, die gerade an jene Verbindung mit dem Festland erinnerte, gegen die man sich mit der Rebellion gewandt zu haben meinte. Graf Cavour erschien nunmehr als der weitaus sicherere Politiker, denn erstens war er ferner, und zweitens hatte man bereits Grund zu der Annahme, er werde die sizilianische Autonomie gewähren; auch durfte man wohl annehmen, daß er das bestehende Gleichgewicht der gesellschaftlichen Kräfte bestärken werde.

Eine der wenigen Verallgemeinerungen, die man über die politisch bewußte Meinung in Sizilien im Herbst 1860 wagen darf, besagt, daß fast jedermann eine Art von regionaler Selbstverwaltung wünschte und erwartete. Selbst unter den Bourbonen waren die Sizilianer ein gewisses Maß an Autonomie gewöhnt gewesen, kaum jemand nahm an, daß diese nun völlig enden könnte. Wenig Gedanken machte man sich darüber, was ein neues System von Geld, Maßen und Gewichten für Folgen haben werde, ganz zu schweigen von einem völlig anderen Verwaltungs- und Rechtssystem und von einer Sprache, die für die einfachen Leute völlig neu war – der sizilianische „Dialekt" wies nur eine sehr entfernte Verwandtschaft mit dem Italienischen auf. Selbst in dieser späten Phase hatten die meisten Sizilianer noch nie von Cavour gehört, und manche hielten noch jahrelang *l'Italia* oder vielmehr *la Talia* für den Namen der Gattin von König Viktor Emanuel! Die Annexion an Piemont sollte wie ein Schock wirken und sich als durchaus nicht allseits willkommen erweisen.

Die Union mit Italien

Im Oktober 1860 hielt Garibaldi in Sizilien ein Plebiszit ab, das mit einer Mehrheit von 99,5 Prozent die Bildung einer vereinigten italienischen Nation unter König Viktor Emanuel billigte. Dieses Plebiszit sollte nur öffentlich kundtun, was ohnehin schon geschehen war. Die Norditaliener hingegen faßten es eher als Meinungstest auf und mißverstanden daher die Vorgänge. Nur wenige Stimmberechtigte wußten wohl genau, was auf dem Spiel stand, denn zu ihrer Information reichte weder die Zeit noch die Organisation, und der Opposition schien es nicht ratsam, sich lautstark zu äußern. Zur Stimmabgabe war jedermann zugelassen, selbst Nichtsizilianer. Manche Bauern flohen ins Hügelland, da sie hinter der Abhaltung des Plebiszits einen Trick vermuteten, mit dem sie zum Militärdienst zwangsverpflichtet werden sollten, anderen hingegen sagte man nur, daß sie über ihre Zustimmung zu Garibaldi abstimmen sollten.

Bald schon wurden einige der Zweideutigkeiten des äußerlich fast einstimmigen Ergebnisses deutlich. Garibaldis Diktatur ging zu Ende, die Macht wurde dem Ministerpräsidenten in Turin, Graf Camillo di Cavour, übergeben. Dies stieß bei den Sizilianern, für die Garibaldi ein Held und Erlöser war, auf Unmut. Noch weitergehende Auswirkungen solcher Art hatte

Cavours Rückzieher in der entscheidenden Frage: der Unabhängigkeit Siziliens. Er hatte plötzlich erkannt, daß Garibaldis Eroberungen einen zentralisierten Staat möglich machten, der besser zu verwalten und für die öffentliche Meinung in Norditalien leichter zu akzeptieren sein würde. Er erklärte, daß die Zeit nicht ausreiche, eine neue Verfassung zu erörtern, und erlegte Sizilien die piemontesischen Institutionen *en bloc* auf, bevor irgend jemand etwas dagegen unternehmen konnte. Cavours eigenes Vorurteil war ja, daß Süditalien korrupt war und einen guten Schuß effizienter und moralischer Herrschaft aus dem Norden gut gebrauchen könne.

Angesichts des herrschenden Notstands mußte Cavour diese schicksalhafte Entscheidung ohne Klarheit über die tatsächlichen Verhältnisse treffen: Er kannte ja die sizilianischen Gesetze und Institutionen nicht, sondern nahm einfach als gegeben an, daß sie geändert werden müßten. Überdies verließ er sich zu seiner Information entweder auf die Mitglieder der lokalen Aristokratie, die ihn benutzen wollten, um gegen Garibaldi und die Demokraten vorzugehen, oder auf die Exilsizilianer, die ihn aus ihren eigenen, nicht immer anständigen Motiven täuschten. Die unerwartete Folge davon war, daß das Autonomiebestreben nicht geschwächt, sondern eher gestärkt wurde, ja es entwickelte sich die Legende, daß Sizilien nach seiner patriotischen Revolution zu einer gefälschten Abstimmung verleitet und dann als eine eroberte Kolonie annektiert worden sei. Binnen weniger Wochen war die Begeisterung des Plebiszits der Enttäuschung gewichen, und Beobachter stellten eine weitverbreitete Ablehnung von allem fest, was auch nur entfernt nach Piemont aussah.

Die Verwalter, die nun aus dem Norden eintrafen, waren nicht minder desillusioniert. Sie waren nicht darauf vorbereitet, eine Gesellschaft vorzufinden, die von ihrer eigenen so völlig verschieden war und eine so unverständliche Sprache sprach. In ihren dunkelsten Momenten meldeten einige von ihnen nach Hause, daß die südlichen Provinzen Italiens einen „bodenlosen Dreckbrunnen" darstellten, ihre Bewohner „Beduinen", aufsässig und freien Institutionen gegenüber gleichgültig seien und daß das ererbte Klientelwesen die piemontesischen Regierungstraditionen unanwendbar mache. Zur Verschlimmerung der Situation trug noch die arrogante Annahme bei, daß die Nordländer Sizilien mit der Annexion eine große Wohltat erwiesen; sie waren überrascht, daß das Wort „Annexion" zu Zornesausbrüchen führte und ebenso darüber, daß ihr überlegenes Wissen und ihre Erfahrung nicht voll Dankbarkeit entgegengenommen wurden.

Dieselbe gegen die Regierung gerichtete Haltung, die ursprünglich Garibaldis Erfolge über Neapel ermöglicht hatte, wandte sich bald gegen Italien selbst; den ersten Jahrestag der Rebellion feierte man mit einem Aufstand. Unmut rief der Aufschub von Garibaldis Landaufteilungsprogramm hervor. Steuereintreiber und Polizisten waren unter der parlamentarischen Regierung ebenso unbeliebt wie einst unter dem Despotismus, und zwar um so mehr, als sie sich als zudringlich und effizient erwiesen. Obgleich die Regierung einige Jahre zögerte, den *macinato* wiedereinzuführen, war die Steuerlast drükkender denn je; manches Dorf erklärte schlichtweg, daß man keine Abgaben mehr leisten werde, bis der legitime bourbonische Oberherr wieder zurückgekehrt sei.

Besonders verhaßt war die Wehrpflicht. Einige Dörfer begegneten ihr, indem sie die Werbeoffiziere lynchten, und oft verschwand einfach mehr als die Hälfte der Rekruten. Speziell wandte man sich gegen die den Reichen gebotene Möglichkeit, sich mit Geld von der Verpflichtung freizukaufen, während die Armen zum Kriegsdienst verpflichtet waren, obwohl sie kein Wahlrecht hatten. Die Wehrpflicht stellte eine besondere Härte für eine agrarische Gesellschaft dar, die Frauen nicht auf den Feldern arbeiten ließ – ja, die rigiden gesellschaftlichen Bräuche hinderten Frauen sogar daran, zum Einkaufen zu gehen oder auch nur sich frei auf den Straßen zu bewegen. Ebenso lehnte man den Wehrdienst ab, weil eine Identifikation mit dem Staat unbeliebt war, denn die alte Überlieferung besagte ja, daß Widerstand gegen den Staat eher eine Tugend sei.

Drückeberger und Deserteure trugen deshalb dazu bei, daß sich die Unterwelt bevölkerte. Das Brigantentum hätte sich, so meinten gewöhnlich die Nordländer, auflösen sollen, sobald eine ehrliche liberale norditalienische Regierung und Garibaldis Toleranz den bourbonischen Despotismus ersetzt habe. Statt dessen wuchsen das Banditentum und die Korruption ins Unermeßliche, teilweise wohl, weil eine liberale Regierung sich als leichter zu manipulieren erwies und weniger effizient arbeitete als eine repressive. Statt nur einer Polizeiorganisation, wie sie unter den Bourbonen bestanden hatte, sollte es nunmehr vier geben, die keinen gemeinsamen Nachrichtendienst hatten und sich gelegentlich stark befehdeten. Aus Angst, den insularen Patriotismus zu begünstigen, betonte die piemontesische Regierung die Aufteilung Siziliens in kleinere Provinzeinheiten und gestand dem Präfekten von Palermo gewöhnlich keine Autorität über die anderen sechs Provinzen zu, so daß es für Geächtete so einfach wie nie vorher war, von einer Gerichtsbarkeit in eine andere zu fliehen.

Binnen weniger Monate wurde das Bandenunwesen immer schlimmer, zehn weitere Jahre lang nahm es ungehindert seinen Lauf. Die Arbeiter im Schwefelabbau wurden erpreßt, von ihrem Lohn eine Abgabe zu leisten. Auch im reichen Ackerland in der Umgebung von Palermo wurden von Hirten und Bauern Gelder erhoben, wobei die daran Beteiligten offenbar eine nützliche Absprache mit der Polizei hatten. In Palermo selbst wurde etwa in einer einzigen Nacht ein Dutzend Menschen erstochen, und als der britische Konsul außerhalb der Mauern verschleppt wurde, wurde eine volkstümliche Ballade über das Heldentum des Kidnappers für billiges Geld auf den Straßen verkauft. Waffen fand man sogar in den Gefängnissen, an den Aktivitäten der Konterbanden waren weiterhin auch Zollbeamte beteiligt, und die einfachen Sizilianer weigerten sich wie eh und je, vor Gericht als Zeugen der Anklage aufzutreten.

1863 war ein Theaterstück, das das Leben im Hauptgefängnis von Palermo schilderte, sehr erfolgreich: Es hieß *I Mafiusi della Vicaria* und machte in der ganzen Nation ein lokales Dialektwort bekannt, das zuvor nicht den Beigeschmack des Kriminellen gehabt hatte. Zwar hatte es mafioses Verhalten schon lange gegeben, doch erst nach 1860 kam es zu einer noch nie dagewesenen Blütezeit. Bedrängte Grundeigentümer griffen immer häufiger zu dem Hilfsmittel, Schlägertypen zur Eintreibung der Pachtzinsen einzusetzen und die Arbeitskräfte einzuschüchtern, und die *gabelloti* nutzten solche Leute zum einen ebenfalls dazu, ihre Arbeiter in Schach zu halten, zum anderen aber auch dazu, die Eigentümer einzuschüchtern, damit diese ihnen die *latifondi* zu günstigen Bedingungen verpachteten oder gar zum Erwerb überließen. Die neuen Institutionen der Lokalregierung trugen dazu bei, daß die *mafiosi* die politischen Mittel erhielten, mit denen sie ihren Zugriff auf das gemeindliche Leben verstärken konnten. Die aufkommende ländliche Mittelschicht wurde auf diese Weise so mächtig wie nie zuvor.

Es gab also *mafiosi*, aller Wahrscheinlichkeit nach jedoch nicht die Mafia als solche. Die Sachlage ist kompliziert, doch weist kaum etwas darauf hin, daß es je eine kriminelle Organisation von der Art gab, wie sie von den Behörden beschrieben wurde. Freilich war im Durcheinander der 60er Jahre des 19. Jahrhunderts die Vorstellung von einer solchen Einheit für die Bürokraten aus dem Norden plausibel, die sich einer fremden Kultur und einer widerspenstigen Bevölkerung gegenübersahen. Als der Präfekt Filippo Antonio Gualterio, der aus Umbrien stammte, erstmals in seinem Bericht für 1865 auf die Mafia anspielte, waren dabei offensichtlich politische Erwägungen ebenso bedeutend wie die beobachtete Ungesetzlichkeit; er meinte sogar, daß die Gegner der neuen Herrschaft als gewöhnliche Kriminelle verhaftet werden sollten, um die Peinlichkeit politischer Prozesse zu vermeiden.

Im lokalen Sprachgebrauch schwangen in dem Wort *mafia* die Bedeutungen von Schönheit, Unabhängigkeit und Geltendmachung berechtigter Ansprüche mit. Nunmehr bürgerte es sich im öffentlichen Bewußtsein als Sammelbegriff für alles ein, was den Vertretern der Neuregelung in dieser seltsamen Gesellschaft am wenigsten annehmbar erschien: Die außergesetzliche Welt der Blutrache, die *omertà*, das Banditentum und der krasse Individualismus galten nunmehr als Auswirkung einer kriminellen Verschwörung. Siziliens Probleme wurden damit im wesentlichen auf die Frage von *law and order* reduziert. In der Folge mußte die Insel eine Reihe von brutalen Repressionsmaßnahmen über sich ergehen lassen, die ohnegleichen war und doch nicht bewirkte, das verbreitete Mißtrauen gegen den Staat abzubauen, das dem mafiosen Verhalten so sehr zugrunde lag.

Die Vorstellung von der Mafia als krimineller Organisation entwickelte sich freilich nicht unabhängig von den Veränderungen in der sizilianischen Gesellschaft. Die Revolution von 1860 bot für Ehrgeizige zahlreiche Gelegenheiten, sich durchzusetzen. Die Romanfigur Don Calogero Sedara in Tomasi di Lampedusas Buch *Der Leopard* kann durchaus als repräsentativ gelten. Ein langfristiger Prozeß, in dem die alten Landeigentümer zunehmend durch die sozialen Aufsteiger unter den Bauern unter Druck gerieten und der durch die formale Beendigung des Feudalismus beschleunigt worden war, wurde nun weiter intensiviert. Männer vom Schlage eines Sedara kannten zweifellos keine Rücksichten und schreckten auch vor Verbrechen nicht zurück. Doch trifft ebenso zu, daß es den *latifondisti* manchmal gelegen kam, ihre Mißgeschicke kriminellen Elementen anzulasten, statt ihre eigene Unfähigkeit einzugestehen. Mit der Festigung der Allianz zwischen Staat und Großgrundbesitzern wurde auch die Mafia zunehmend mit dem Typus des ehrgeizigen *gabelloto* samt seiner Gefolgschaft gleichgesetzt.

Obwohl der *gabelloto* und seine Gefährten aus der Mittelschicht in mancher Hinsicht Gegner der *latifondisti* waren, erschienen sie in wichtigen Bereichen auch als deren Verbündete: Immerhin pachtete ja der *gabelloto* die Güter des Landeigentümers und bot diesem so die von ihm dringend benötigten Geldmittel, und ebenso trug er dazu bei, die Ordnung auf dem Land aufrechtzuerhalten. Darüber hinaus wurden er und seine Freunde durch die Einführung von Wahlen bei den Abstimmungen unentbehrlich – was ihm im Verhältnis zum *latifondisto* umfangreiche Machtmittel in die Hand gab. Während die Bourbonen den Armen gegenüber gönnerhaft waren, dem

Adel hingegen mit Mißtrauen begegneten, sahen die neuen Parlamentarier es als vorteilhaft an, die lokalen Angelegenheiten den *notabili* vor Ort zu überlassen und dafür Unterstützung bei den Wahlen zu erwarten. Der Bestechung waren damit uneingeschränkt Tür und Tor geöffnet.

Bei einer Wählerschaft von kaum mehr als einem Prozent waren die Grundeigentümer, ihre Freunde und Angestellten oft die einzigen Wähler. Wenn es überhaupt irgendwelche Zweifel über den Ausgang von Wahlen gab, erwies sich die Einschüchterung der Gegner als wirksames Mittel. Bereits als im Januar 1861 die ersten Parlamentswahlen abgehalten wurden, setzte man das ganze Umfeld des Mafia-Einflusses ein, und von diesem Zeitpunkt an wurde dies in manchen Wahlkreisen zur Gewohnheit. Wenn ein Präfekt ehrlich darum bemüht war, freie Wahlen zu ermöglichen, wurde er bald gefügig gemacht oder aber nach dem Eingang von Beschwerden von der Regierung taktvoll aus dem Amt entfernt: In den sieben Jahren nach 1861 lösten in Palermo ein Dutzend Präfekten in rascher Folge einander ab! War jemand so tapfer, diese Art von Verschwörung herauszufordern, war es kein Problem, ihm das Leben schwer zu machen.

Wenn die liberale Regierung in vieler Hinsicht diese Bezeichnung nicht verdiente, so lag dies daran, daß eine aufregende und potentiell nutzbringende Revolution einer traditionalistischen Gesellschaft aufgepfropft wurde, die es ihrerseits rasch verstand, sich den liberalen Institutionen anzupassen und sie für eigene Zwecke auszunutzen. Überdies ging mit den Veränderungen keine gesellschaftliche Revolution einher, höchstens insofern, als nunmehr einer kleinen Schicht mehr Macht geboten war, deren Liberalismus freilich weit weniger echt war als der Cavours. So erwies sich das in ihrer Hand befindliche Gerichtswesen als verheerend: Es war nicht unüblich, daß Geschworene formell Einspruch erhoben, wenn sie kein Bestechungsgeld erhalten hatten, und ohnehin konnte ein Schuldspruch die Ausübung der Blutrache nach sich ziehen. Der lokalen Elite war nicht an der Bildung des Volkes gelegen, oft weigerte sie sich, Schulen zu errichten, obwohl eine allgemeine Schulpflicht vom Gesetz vorgeschrieben war. Daß eine solche Gesellschaft kaum eine positive Haltung zur Landreform einnahm, versteht sich; die Landeigentümer wurden nur selten wegen der Inbesitznahme gemeindlichen Eigentums verklagt, da dies ja bedeutet hätte, daß die herrschenden Klientelgruppen sich selbst hätten anklagen müssen.

Kapitel 21

Repression, Revolte und das Scheitern der Reform

Der Aufstand von 1866

Die Beamten aus dem Norden fanden Sizilien schwer verständlich; die Verbrechensrate war ihnen ebenso unerklärlich und furchterregend wie die radikale und autonomiebedachte Opposition. Verzweifelt suchte man die Schuld bei Garibaldi und den Bourbonen, denn die Minister in Turin vermochten als Ursache nur etwas anzunehmen, was in den Aufgabenbereich der Polizei falle. Als ein Abgeordneter die Meinung vertrat, daß Siziliens Hauptproblem nicht so sehr das der öffentlichen Sicherheit als vielmehr ein wirtschaftliches und soziales sei, hielt man ihn für einen schlechten Patrioten, ja einen Beleidiger: Zu viele Leute hatten eben allen Anlaß, eine Grundsatzdebatte über ein so vieldeutiges und gefährliches Thema zu fürchten. Das Parlament zog es 1863 vor, General Giuseppe Govone umfassende Machtbefugnisse zu erteilen, was die Abhaltung von Militärtribunalen und standrechtliche Erschießungen einschloß.

Govone stellte die Ordnung schrittweise wieder her, doch machten seine Methoden die italienische Herrschaft unbeliebter denn je zuvor. In einer Welt der *omertà* blieb ihm nichts anderes übrig, als Massenverhaftungen vornehmen zu lassen; manche Menschen blieben jahrelang ohne Prozeß im Gefängnis. In den widerspenstigeren Dörfern nahm er Geiseln, um Gehorsam zu erzwingen, manches Mal wurde gefoltert und gelegentlich mit der Sperrung der Wasserzufuhr in der Sommerhitze gedroht. Manche Sizilianer wandten sich hilfesuchend an das Ausland mit der Bitte um Intervention gegen eine Behandlung, die allzusehr derjenigen glich, von der sie Piemont 1860 angeblich befreit hatte. Govone verschlimmerte die Lage sogar noch, indem er dem Parlament angab, daß andere Methoden keinen Erfolg in einem Land versprächen, das „den Weg vom Barbarentum zur Zivilisation noch nicht ganz durchlaufen hat".

In Norditalien war merkwürdigerweise der Glaube weitverbreitet, daß Sizilien eines der fruchtbarsten Länder Europas sei; dies lag daran, daß Cavour und seine Anhänger die Insel nur aus irreführenden Berichten, antiken Angaben oder moderner Dichtung kannten. Eine – für die Nordländer nützliche – Folge davon war die Annahme, daß die Wirtschaft Siziliens stark genug sei und keiner besonderen Unterstützung bedürfe. Ganz offensichtlich traf dies aber nicht zu. Der von 1861 an freie Handel entfernte den Schutzschild, der die Insel bislang vor der grimmigen Konkurrenz in der Außenwelt bewahrt hatte. Sizilien war aber weit davon entfernt, nunmehr in eine Ära der Industrialisierung einzutreten; vielmehr sank der Lebensstandard vieler Bewohner, da immer mehr Handwerksbetriebe aufgeben mußten, und in den nächsten 40 Jahren setzte sich der Niedergang der traditionellen sizilianischen Gewerbe fort, während die in Norditalien einen Riesenschritt voran machten.

Ebenso unbedacht war die Steuerpolitik. Sizilien war mit mancherlei Aktiva zur Union gekommen: Anders als das übrige Italien wies die Insel eine positive Handelsbilanz auf, und im Vergleich zu anderen italienischen Staaten war die Staatsverschuldung geringer; als nach 1860 die Staatsschulden zusammengefaßt wurden, bedeutete das für Sizilien einen herben Verlust. Überdies führte diese Verschuldung, aber auch die Politik der Entwicklung eines großen militärischen und industriellen Potentials dazu, daß weit höhere Steuern erhoben wurden, als dies zumindest Sizilien gewohnt war. Mit anderen Worten: Man wählte für die wirtschaftliche Entwicklung ein Tempo, das dem Norden angemessen war; als Beitrag zu dessen Finanzierung mußte die Insel im Süden ihre Steuerleistung auf einmal um ein Drittel erhöhen. Der Gesamteffekt war, daß aus der sizilianischen Landwirtschaft Geld für Investitionen im

Norden abgezogen wurde – was die bereits gefährlich großen regionalen Unterschiede noch verstärkte.

Zur Verwirrung trug auch die plötzliche Einführung der piemontesischen antikirchlichen Gesetze bei. Zwar rieten Cavours Berater in Sizilien zur Vorsicht; sie zeigten auf, daß der Klerus dort beliebter war als in Piemont und daß die gemeinnützigen Aktivitäten der Klöster kaum ersetzbar waren. Doch kehrten sich mehrere Regierungen nacheinander nicht an solchen Rat und führten die im Norden angewandte Praxis der Auflösung von Klöstern und Beschlagnahme von Kircheneigentum auch in Sizilien ein. Die Radikalen hatten dabei gehofft, daß auf diese Weise eine Verteilung des Kirchenlandes an die Armen möglich werde; doch blieben sie eine isolierte Minderheit. Die Sieger in der politischen Revolution waren gemäßigt antiklerikal eingestellt und von einer Sozialreform nicht allzu begeistert; sie legten gegen die Verlosung solcher Kleingüter ihr Veto ein und ließen das Land versteigern.

Freilich versuchte man, einen potentiellen Mißbrauch dieser Maßnahme dadurch zu verhindern, daß man niemanden mehr als ein Stück Land ersteigern ließ. Tatsächlich jedoch kauften viele illegalerweise hundert oder mehr Landstücke. Den lokalen *notabili* gelang es, die Bauernschaft von den Auktionen fernzuhalten und die Versteigerer unter Druck zu setzen; einige wenige potente Aufkäufer sprachen sich heimlich miteinander ab, sich nicht zu überbieten, was die Versteigerungssummen gering hielt. Die Regierung verlor auf diese Weise in manchen Fällen neun Zehntel des eigentlichen Wertes des Grundes; die riesigen Fehlbeträge kamen dabei vor allem einer Schicht reicher Leute zu, die jedenfalls nicht für ihren Gemeinsinn, ihre Menschlichkeit oder ihren wirtschaftlichen Unternehmersinn bekannt waren. Nur ein kleiner Bruchteil der Ländereien ging an Leute, die zuvor kein Land ihr eigen genannt hatten.

Die Auflösung der Klöster führte nicht nur für den Klerus selbst zu großen Härten, sondern zog auch eine weitverbreitete Arbeitslosigkeit nach sich: Allein in Palermo waren schätzungsweise 15000 Laien betroffen. Auch hatte die Regierung keinen Ersatz für die gemeinnützigen Funktionen, die für die

Armen in der Stadt so große Bedeutung gehabt hatten. Politisch mußte man, wie die Präfekten eilends meldeten, die oberflächliche Dankbarkeit der Landeigentümer gegen die feindliche Reaktion all der anderen aufwiegen. So waren die Anhänger einer sizilianischen Autonomie irritert, da das Land nicht etwa der Region, sondern dem Nationalstaat zugeschlagen wurde, und die Bauern waren erbost, daß zu ihren Gunsten bestehende Gesetze von den lokalen *notabili* schlichtweg abgeschafft wurden. Vor allem aber zeigte sich der Groll der Kirche selbst.

Eine Opposition aus dieser Richtung hatten die Politiker nicht erwartet. Nun reagierten sie mit noch mehr autoritärem Gebaren, denn sie mußten Europa davon überzeugen, daß Italien stark und unauflöslich war. Natürlich ließ dies das neue Regime noch weniger erträglich erscheinen. Garibaldi und seine Freunde wurden weiterhin mit bemerkenswerter Kleinlichkeit behandelt, und es wurde Mazzini, der mehrfach ins Parlament von Messina gewählt worden war, schlichtweg verboten, seinen Sitz dort einzunehmen. Das andere Extrem, und zwar ein noch gefährlicheres, stellten die nostalgischen Konservativen dar: Schon 1862 standen einige sizilianische Parlamentsabgeordnete in geheimen Verhandlungen mit dem ehemaligen bourbonischen König. Auch gab es, vor allem in Palermo, verschiedene Gruppen, die eine Autonomie in gewissem Umfang wünschten, weil sie die Zentralisierung für illiberal hielten, eine wirtschaftliche Ausbeutung Siziliens vermuteten oder schlicht für sich selbst und ihre Freunde mehr Macht wünschten.

Da sich diese verschiedenen Minderheitsmeinungen im Parlament nicht angemessen repräsentieren durften, wurden sie in den Untergrund getrieben und überdies zu einem merkwürdigen Bündnis untereinander gezwungen, dessen Ergebnis ein größerer Aufstand in Palermo 1866 war. Im Grunde fand damit eine weitere soziale Erhebung der arbeitenden Bevölkerung statt, deren Lebensstandard bedroht war und die verzweifelt genug war, alle Vorsicht in den Wind zu schlagen. Wie ein ausländischer Beobachter feststellte, waren die Landwirte „höher besteuert, als ihre Mittel und ihr Patriotismus erlaubten". Wehrdienst, zunehmende Arbeitslosigkeit, höhere Pachtzinsen und Preise, eine neue Art von Stempelsteuer – all dies trug zu dem Elend bei, das von einem dürren Frühjahr und der Lebensmittelknappheit verursacht war und Unruhen fast unausweichlich machte.

Die bewaffneten Gruppen um Männer wie Salvatore di Miceli warteten auf ihre Stunde. Als nun die große Garnison aus Sizilien für den Krieg gegen Österreich abgezogen werden mußte und als vor allem die nationalen Streitkräfte mehrere klare Niederlagen erlitten hatten, war der Weg zur Revolte für diese Banden frei, ebenso für all jene, die eine Sozialreform oder eine bourbonistische Konterrevolution wünschten. Tausende von Deserteuren verstärkten diese *squadre*. Der britische Konsul beschrieb jetzt eine Situation, in der „die Geheimgesellschaften allmächtig sind. *Camorre* und *maffie*, selbsternannte Revolutionsregierungen, teilen die Einkünfte der Arbeiter, unterhalten Kontakte zu den Verstoßenen und nehmen Übeltäter unter ihre schützenden Fittiche". Einige der Bandenführer waren noch dieselben Männer, die die patriotischen Revolten von 1848 und 1860 initiiert hatten.

Zwar erschienen nur wenige Bürger von Palermo, um aktiv an der Revolte teilzunehmen, doch ebenso wenige widersetzten sich ihr. Der Marquis Antonio di Rudinì blieb mutig als Bürgermeister im Amt; tatsächlich sollte ihm (und den anderen, die mit ihm blieben) eine offenkundige Unterstützung der Regierung in den kommenden Jahren das Leben in der Stadt schwer machen. Eine Woche lang war Palermo der Anarchie verfallen. Nach mehreren Tagen erklärte sich ein Organisationskomitee für zuständig; zu ihm gehörten Baron Giovanni Riso und drei Prinzen des obersten Ranges. Doch traf, anders als 1860, kein Garibaldi zur Unterstützung ein; vielmehr gelang es der italienischen Armee, Palermo durch Beschuß zur Unterwerfung zu zwingen. Eine Truppe von 40000 Mann stellte die Ordnung wieder her, der Stadtrat wies einstimmig jede Verantwortung für die Revolte von sich und forderte exemplarische Strafen für jeden, der die gesellschaftliche Ordnung und das Eigentum bedrohte.

Die Revolte von 1866 wurde im wesentlichen als Polizeisache behandelt. Ihre tieferen gesellschaftlichen Ursachen blieben unberührt, ja weithin unbekannt. Eine klare Schlußfolgerung aber war, daß man Sizilien nicht leicht mit den gewöhnlichen Methoden einer liberalen parlamentarischen Regierung beherrschen könne, wie sie in anderen Gegenden erfolgreich waren. Ein weiteres Jahrzehnt lang mußte ein großer Teil der italienischen Armee in Sizilien stationiert bleiben, was vielen Sizilianern weiterhin das Gefühl gab, unter einer fremden Besatzung zu leben oder an einem unterschwelligen Bürgerkrieg beteiligt zu sein. Selbst General Giacomo Medici, der die militärische und die zivile Macht in seiner Person vereinte, mochte sich nicht ohne eine große bewaffnete Eskorte auf den Weg machen, wenn er sich zu einem Essen von Palermo aus in das wenige Kilometer entfernte Monreale begab.

Offizielle Berichte gaben an, daß die Mafia von Reich und Arm gleichermaßen weitgehende Unterstützung fand. Sicherlich trugen diese ersten Jahre der Vereinigung mit Italien nicht gerade dazu bei, die in Sizilien traditionelle Mißachtung offizieller Übermittlungswege zu beheben. Wenn ein Sizilianer Hilfe brauchte, wandte er sich zunächst an seine Verwandten; bei Geschäften mit der als bedrohlich empfundenen großen weiten Welt aber brauchte er unbedingt Freunde, deren Protektion und Beziehungen sein Wohlergehen fördern oder zumindest Verhängnisse verhindern konnten. Diese Freunde waren also Leute, deren Beistand entweder um den Preis künftiger Anhängerschaft oder dank früherer Dienste durch den Hilfesuchenden oder einen seiner Verwandten in Anspruch genommen werden konnte. Von ihnen konnte man durchaus als von *mafiosi* sprechen, denn dies bedeutete nur, daß sie mächtig waren und Respekt geboten. Solche Männer hatten wahrscheinlich auch Verbindungen zu den lokalen Banditen und Kleinkriminellen, da dies in Sizilien fast eine Voraussetzung für die Machtausübung war; in vielen Dörfern stellten sie die einzige wirksame Autorität dar.

Um die Situation wenigstens in gewissem Umfang unter Kontrolle zu halten, mußten die Beamten entweder mit diesen Leuten zusammenarbeiten oder aber sich, wie es Tradition war, an die Kriminellen selbst wenden. Giuseppe Albanese, der oberste Untersuchungsbeamte General Medicis, setzte notorische Delinquenten als Polizisten ein, die sogar dann im Dienst belassen wurden, wenn sie weitere Verbrechen begingen, und nicht einmal entlassen wurden, wenn sie angeklagt waren, ihr Amt für kriminelle Handlungen im großen Stil benutzt zu haben. Dies alles wurde bekannt, als der ranghöchste Richter Palermos, Diego Tajani, 1871 einen Steckbrief zwecks Verhaftung Albaneses ausschrieb. Offenbar war der Richter als Nichtsizilianer mit solchen Methoden nicht vertraut; zu Tajanis Überraschung gebot die Regierung, den Steckbrief unbeachtet zu lassen, und kaum weniger ominös war, daß eine Reihe von Zeugen der Anklage durch Mord verschwand.

Immer deutlicher wurde, daß in Sizilien Verbrechen und politische Korruption verbunden waren, offenbar war aber auch, daß Leute aus dem Norden diesen Zustand eher verschlimmert als gebessert hatten. Einen weiteren empfindlichen Punkt traf die Auslandspresse, die zunehmend die Norditaliener dafür kritisierte, daß sie so wenig Interesse an ihren südlichen Provinzen zeigten und so gut wie nichts über sie wüßten. Die Jahre von 1874 bis 1876 waren daher von einem immer deutlicheren Schuldgefühl seitens des Nordens und wachsendem Ressentiment unter den 48000 wahlberechtigten Sizilianern gekennzeichnet. Als bei einer Wahl plötzlich 44 von 48 sizilianischen Parlamentssitzen an Oppositionskandidaten gingen, war die Allianz zwischen den Regierungen der Rechten und den lokalen politischen Einheiten offenbar zusammengebrochen.

Mario Minghetti, der italienische Ministerpräsident, reagierte auf diesen Abfall der politischen Elite Siziliens mit dem Antrag auf weitere Notmaßnahmen. Ein Jahr lang unternahm seine Regierung ernsthafte Anstrengungen, gegen das Brigantentum und die inzwischen allgemein so genannte Mafia vorzugehen. Nach seiner Niederlage bei den Wahlen hatte Minghetti nichts zu verlieren; vielmehr war es zur Wiederherstellung der Mehrheit für seine Politik notwendig, die bestehenden Wahlcliquen aufzubrechen. Es überrascht wohl nicht, daß die sizilianischen Abgeordneten und einige Landeigentümer die Durchsetzung dieses Ziels so schwierig wie möglich machten. Minghetti war allerdings kein verblendeter Reaktionär, und bevor er sein Amt räumte, setzte er noch ein besonderes Parlamentskomitee ein, das die Ursachen für die Mißstände in Sizilien ergründen sollte.

Dieses nach seinem Leiter Romualdo Bonfadini benannte Komitee gab sich jedoch nur so viel Zeit, wie für eine bloß oberflächliche und rasche Untersuchung notwendig war, die sich auf offizielle Angaben stützte oder aber auf die Aussagen der lokalen *notabili,* denen natürlich an nichts mehr gelegen war als an einer Vertuschung der wirklichen Ursachen. Man war offenbar entschlossen, die Lage im rosigsten Licht zu sehen und damit das Wohlwollen der landbesitzenden Schicht wiederzuerlangen. Politische Motive verhinderten jede grundlegende Analyse, so daß die Schlußfolgerung lautete, daß Sizilien keiner besonderen Behandlung bedürfe: Man erachtete etwa den Lebensstandard der Sizilianer für nicht schlechter als in anderen Teilen Italiens und auch die Kriminalität als ebenso groß wie andernorts.

Viel gründlicher als der Bericht des Bonfadini-Komitees war eine private Untersuchung, die Sidney Sonnino und Leopoldo Franchetti anstellten, zwei der damals bedeutendsten Zeitgenossen in Italien. Beide stammten aus der Toskana, waren also Außenstehende und außerdem konservative Landeigentümer; so waren ihre Aussagen von besonderem Gewicht. Sonnino und Franchetti besuchten weit mehr Orte in Sizilien und holten weit vielfältigere Meinungen ein als das Parlamentskomitee. Ihre bedrückende Schlußfolgerung war, daß sich seit der bourbonischen Zeit bemerkenswert wenig geändert hatte: Die alten Eliten dominierten die lokalen Machtbereiche weiterhin, der liberalen Regierung zum Schaden; begabte, selbstbewußte Sizilianer zogen es noch immer vor, die Insel zu verlassen; die lokalen Verwaltungen waren völlig korrupt, und im bitteren

Kampf um die Macht riß in jedem Dorf die schließlich siegreiche Familie alles an sich. Was die Steuergelder betraf, stellten Sonnino und Franchetti fest, daß nur wenig für Straßenbau und medizinische Versorgung aufgewendet wurde, während viel zu viel in Theater und politische Korruption floß.

Diese Analyse ermöglichte es Franchetti, mehr als jeder andere in die Mythen im Umkreis der Mafia einzudringen. Die „Ehrenwerte Gesellschaft" war eben eine Legende, tatsächlich stellte die Mafia weniger eine Organisation als ein bloß zufälliges Phänomen dar, und wenn sie auch einige ritterliche Elemente enthalten haben mag, so war doch ihr sogenannter Ehrenkodex großenteils nur ein Mittel, Eigeninteressen zu verbergen. Die Theorie, daß die Mafia aus dem Widerstand gegen die Fremdherrschaft hervorgegangen war, ist nicht plausibel, denn im allgemeinen suchten *mafiosi* die Rückendeckung durch die jeweils an der Macht befindliche Regierung. Die *mafia* nutzte also die Lücken, die durch einen ineffizienten Staat offen blieben; ihre Hauptfunktion war es, der Anarchie des sizilianischen Lebens eine gewisse rudimentäre Organisation aufzuerlegen. Verbrechen waren für die *mafiosi* nur Mittel zum Zweck, und wie immer bestand das Hauptziel der Leute darin, Respekt, Macht und somit Geld zu gewinnen.

Sonnino und Franchetti stimmten darin überein, daß ein grundlegender Wandel für Sizilien dringend notwendig war; während aber Sonnino meinte, daß die Sizilianer selbst ihr Heilmittel fänden, wenn man sie den Kampf untereinander zu Ende fechten ließe, war Franchetti der Ansicht, daß sich die Lage nur noch verschlimmern werde, wenn die Macht in der Hand der sizilianischen Polizei und Verwaltung bliebe. Diese Meinungsverschiedenheit spiegelt ein grundlegendes Dilemma vieler aufeinanderfolgender Regierungen wider: Bestellte man Sizilianer als Amtsträger, sahen sich diese bald Einschüchterungsversuchen, Nepotismus und Klientelverpflichtungen ausgesetzt; setzte man hingegen Außenstehende ein, gelang es diesen nie, ganz in die Mysterien dieser geheimnisvollen Welt einzudringen oder gar Gehorsam zu erreichen. Laut Franchettis Analyse hatte die Regierung eine Mitschuld auf sich geladen, da sie die lokale Korruption stillschweigend hingenommen hatte, doch stellte er auch ausdrücklich fest, daß als Hauptübeltäter die in Sizilien herrschende Schicht auszumachen sei. Natürlich versuchte jene deshalb, diesen Bericht in der Versenkung verschwinden zu lassen.

Diese negative Reaktion fand Unterstützung dadurch, daß im Jahr 1876 die politische Macht an die Linke überging: Die große Mehrheit der sizilianischen Abgeordneten bildete nunmehr einen Teil des Regierungsblocks, und dessen Haltung zu den Problemen Siziliens, ja zur „südlichen Frage" insgesamt, blieb unverändert; die meisten sizilianischen Abgeordneten stimmten nun wie selbstverständlich für jede Regierungsmaßnahme und erhielten dafür die Gewißheit, daß Sizilien von Reformen verschont bleibe und daß die von Tajani und später Franchetti aufgedeckten Tatsachen vergessen oder zumindest vergeben würden. So gelang es also dem Norden durchaus nicht, den Süden zu reformieren und die Lage dort zu verbessern – vielmehr zeigte sich, daß bald die südlichen Methoden wie Klientelwesen und politische Gaunereien ein weiteres profitables Betätigungsfeld fanden: in der Nationalhauptstadt selbst.

Die Gesellschaft und die Wirtschaft

1886 wurde ein höchst detaillierter Bericht über die italienische Landwirtschaft durch eine Kommission unter Senator Stefano Jacini veröffentlicht. Die Sizilien betreffenden Bände zeigten auf, daß die Union mit Italien der Insel manche Verbesserungen gebracht hatte, aber den Landarbeitern und Naturalpächtern (also Bauern, die als Pachtzins einen Teil ihrer Ernteerträge ablieferten), mithin dem Großteil der Bevölkerung, nur wenig genützt hatte. Diese pessimistische Sicht der Lage wurde von Sonnino bekräftigt, der vor dem Parlament – vielleicht etwas übertrieben – aussagte, daß es den Landarbeitern in Sizilien schlechter gehe als sonst irgendwo in Europa. Er fügte hinzu, daß die Regierung in den letzten zwanzig Jahren nicht eine einzige wirksame Maßnahme eingeführt habe, die das Los der Armen gelindert und diesen die Regierung durch Italien als irgendwie materiell vorteilhaft erwiesen habe. Statt die gesellschaftlichen Mißstände zu beheben, wie sie die Revolte von 1866 deutlich gezeigt hatte, war 1868 der *macinato* wiedereingeführt worden, also gerade die Steuer, die jahrhundertelang einer der wichtigsten Gründe für die Aufstände in Sizilien gewesen war.

Das Hauptproblem der sizilianischen Wirtschaft lag darin, daß es nicht gelang, die Lebensmittelproduktion mit dem rapiden Bevölkerungswachstum Schritt halten zu lassen; damit stellte sich erneut die Frage der *latifondi*. Diese Großgüter scheinen sich kaum verkleinert zu haben, da mit jedem Land, das durch intensiven Anbau umgewandelt wurde, wegen des gewachsenen Bedarfs auch mehr Brachland für extensiven Getreidebau genutzt wurde. Trotz der Aufteilung von Kirchenland war die Gesamtzahl der Landeigentümer zurückgegangen, vor allem durch Einziehungen von Land wegen nicht geleisteter Abgaben in Zeiten von landwirtschaftlichen Flauten. Die Kluft zwischen Arm und Reich wurde größer als je zuvor, und die Gesetze über die Aufteilung und Vergabe von dörflichem Gemeindeland wurden nach Jahren der Nichtdurchsetzung sogar abgeschafft. Rückwirkend sanktionierte man damit eine riesige Zahl von Fällen illegaler Aneignung von Land durch die Dorfoligarchien.

Manche Experten meinten, daß es dank Krediten und sicheren Pachtverhältnissen den bäuerlichen Grundbesitzern, deren Güter nicht allzu klein waren, besser ging als den meisten *latifondisti*; Sonnino war sogar so optimistisch zu meinen, daß man drei Viertel der *latifondi* gewinnbringend aufteilen könne. Die Hauptschwierigkeit bestand darin, erfolgreich zu verhindern, daß das Land in allzu kleine Stücke geteilt wurde, die sich nicht mehr bis zu einer wirtschaftlichen Bearbeitung meliorieren ließen. In manchen Gebieten konnte selbst ein Landgut von 4 Hektar keine Familie ernähren, geschweige denn einen Überschuß für Investitionen in erhöhte Produktion erwirtschaften. Alle Ländereien, die für kleinere Güter vorgesehen waren, mußten also mit Rücksicht auf diese Tatsache ausgewählt werden; auch brauchte man technische Hilfe und nicht zuletzt Kredite.

Die Alternative bestand darin, die *latifondisti* dazu zu bewegen, nicht dauernd fern von ihren Gütern zu leben und nicht mehr eine Landwirtschaft mit geringen Investitionen, aber auch kleinen Erträgen zu betreiben; zumindest mußte man sie, wenn sie nicht zur Melioration ihrer Landwirtschaft bereit waren, dazu überreden, das Kapital dafür bereitzustellen und die Durchführung ihren Pächtern zu überlassen – eine attraktive Möglichkeit, insbesondere weil die Kleinbesitzungen in der Praxis oft zu verstreut lagen und zu wenig Kapital hatten, während ein gut geplanter landwirtschaftlicher Großbetrieb durchaus echte Gewinnchancen bot. Dagegen stand allerdings die schlichte und entscheidende Tatsache, daß der gesellschaftliche Druck die meisten Landeigentümer davon abhielt, ihre Haltung zu ändern, und daß politische Gründe es verhinderten, daß eine solche Änderung erzwungen werden konnte.

Freilich gab es Ausnahmen: Einige wenige aufgeklärte *latifondisti* ermutigten ihre Pächter tatsächlich dazu, neue Anbaumethoden und Feldfrüchte auszuprobieren. So gelang es etwa Antonio di Rudinì, als er die weniger mobile Gesellschaft Westsiziliens verließ, die ungesunden Feuchtgebiete nahe Syrakus in Kleingüter zu verwandeln, auf denen Weinstöcke sowie Nuß-, Öl- und Johannisbrotbäume kultiviert werden konnten. Die Weinproduktion Siziliens geriet in Aufwind, als gegen Ende der 60er Jahre des 19. Jahrhunderts in Frankreich die Reblausplage die Ernten zerstörte; auf der Insel wurden nunmehr große Gebiete mit Weinstöcken bepflanzt. Als jedoch etwa zehn Jahre später die Reblaus Sizilien erreichte und sich eine Notmaßnahme, nämlich die Vernichtung aller nichtresistenten Weinstöcke, nicht durchsetzen ließ, erwies sich die Plage für Sizilien als Katastrophe. Schlimm war zumal, daß es mehr die Bauern mit Unternehmergeist gewesen waren, die auf Weinproduktion umgestellt hatten; sie hatten nun die größten Verluste.

Auch mancher andere spezialisierte Anbau geriet in Schwierigkeiten: Die für die Seidenherstellung gepflanzten Maulbeerbäume etwa, die noch dazu sehr arbeitsintensiv waren, wurden weiterhin hoch besteuert, obgleich die aus dem Orient importierte Seide den Anbau in Sizilien unrentabel machte. Auch die Steuer auf Olivenanbau war noch ebenso hoch wie zu einer Zeit, in der noch kein Mineralöl und Gas das Olivenöl als Beleuchtungsmittel ersetzt hatten. Andererseits waren die Abgaben auf Orangen- und Zitronenhaine noch immer relativ gering, und obwohl nicht wenig Kapital für den Anbau notwendig war, konnte man hiermit große Gewinne machen, sobald die Dampfschiffahrt die Transportmöglichkeiten revolutioniert hatte. Eine Zeitlang entwickelte sich für sizilianische Zitrusfrüchte ein guter Markt sogar jenseits des Atlantik, bis schließlich in den Jahren nach 1884 die amerikanische Konkurrenz spürbar wurde.

Die nationale Steuerordnung erwies sich also weiterhin als nachteilig für den Süden, wenn auch in einer ganz anderen Form als zuvor. Die Reduzierung der Schutzzölle nach 1878 und insbesondere nach 1887 kam vor allem den bereits industrialisierten Teilen Italiens zugute. Wenn zu den Architekten einer so diskriminierenden Politik auch sizilianische Politiker gehörten, so zweifellos deshalb, weil den *latifondisti* und ihren Gefolgsleuten zugleich ein Zoll auf Importgetreide zugesagt wurde. Diese Protektion des Getreideanbaus war eine versteckte Subvention der Weizenproduktion im Gegensatz zur Viehzucht; sie unterstützte das feudale binnenländische Sizilien auf Kosten der intensiver bebauten Weinberge und Obstgärten an der Küste der Insel; damit verzögerte sie die Aufteilung der *latifondi* und begünstigte den ohnehin schon exzessiven Getreideanbau auf dafür gänzlich ungeeignetem Land.

Die Zentralregierung hätte diese Abgabenregelungen freilich kompensieren können, wenn sie mit dem eingenommenen Geld wichtige öffentliche Dienste eingerichtet hätte. Sizilien aber, wo 10 Prozent der Bevölkerung Italiens wohnte, erhielt weniger als 3 Prozent des von der Regierung für so grundlegende Dinge wie Be- und Entwässerung von Feldern ausgegebenen Geldes. Ebenso wurde trotz all der Finanzmittel der neuen Regierung der Straßenbau nicht sonderlich beschleunigt, ja die Hauptstraße mitten durch die Insel war noch weitere dreißig Jahre im Bau. So kam es, daß jedes zweite Dorf keinen Straßenanschluß hatte, ja manches kaum zu Pferd erreichbar war. Ausgetrocknete Flußbetten stellten oft die wichtigsten Verbindungswege dar. Transporte auf Wagen waren deshalb unmöglich: Noch 1910 sprach der von Giovanni Lorenzoni vorgelegte Bericht (s. S. 325f.) davon, daß viele Sizilianer noch nie einen Karren gesehen hatten. Das Fehlen von Straßen erwies sich als wichtige Ursache für Siziliens fortwährende Rückständigkeit und dafür, daß große Teile der Insel unbewohnt blieben.

Vor allem war es die Schwefelindustrie, die bessere Verbindungen brauchte, denn die meisten Minen lagen in den unterentwickelten Provinzen von Caltanisetta und Girgenti. Nach 1875 fielen die Schwefelpreise, doch nahm die Produktion bis zum Ende des Jahrhunderts weiterhin zu. Zu jenem Zeitpunkt waren dann etwa 500 Minen in Betrieb, und fast eine Viertelmillion Menschen hing, so hieß es, von ihnen ab. Die Ausscheidung des Elements aus dem Fördergut war noch immer kostspielig und primitiv, nicht zuletzt, da es die etwa 75 Familien, denen der Großteil der Schwefelindustrie gehörte, 1861 zu verhindern gewußt hatten, daß das piemontesische Berggesetz auf Sizilien ausgedehnt wurde. Folglich kassierten die Eigentümer noch immer zwischen 20 und 40 Prozent der Gewinne, ohne dafür zu arbeiten oder gar Investitionen zu tätigen. Als am Ende des Jahrhunderts eine neue Methode der Ausscheidung es möglich machte, die riesigen Vorkommen in Louisiana auszubeuten, wurde der sizilianische Schwefel bald als zu teuer vom europäischen Markt verdrängt.

In den Minen selbst wurde das Fördergut zumeist noch immer von Kindern auf dem Rücken ans Licht geschleppt; jeden Tag mögen sie dreißigmal zur Oberfläche und zurück gelaufen sein und zwischen sechs und zwölf Stunden gearbeitet haben. Eine Regierungskommission empfahl 1875 ein völliges Verbot des Einsatzes von Frauen und Kindern unter 14 Jahren als Träger, doch was 1879 erstmals tatsächlich gesetzlich verboten wurde, war die Beschäftigung von Mädchen überhaupt und von Knaben unter elf Jahren. Selbst dieses Gesetz ließ sich nicht durchsetzen, und jeder weitere Versuch, die Kinderarbeit zu reduzieren, sah sich Dutzenden von wohlorganisierten Abordnungen der Mineneigentümer, Gemeinden und Handelskammern gegenüber.

So zeigt sich, daß es nicht allein an der offiziellen Politik lag, wenn es nicht gelang, die Lage in Sizilien zu bessern. Zwar blieb die Investitionsbereitschaft der Regierung im Norden weit größer als im Süden, doch war die lautstarke Verärgerung darüber oft nur ein Vorwand, Selbstkritik zu vermeiden. Ganz naiv erwartete man, daß allein die Politiker in der Hauptstadt Italiens, also seit 1870 in Rom, eine Antwort auf Siziliens Probleme finden würden. Die zwei wichtigsten von der Regierung in Auftrag gegebenen Untersuchungen, die von Jacini und die von Lorenzoni, beklagten beide den Mangel an Unterstützung vor Ort: Drei von sieben Handelskammern weigerten sich, vor Lorenzoni irgendwelche Aussagen zu machen, und die meisten *latifondisti* antworteten auf seinen Fragebogen überhaupt nicht. Doch konnte man vom Norden kaum Zeit- und Geldaufwand in Sizilien erwarten, solange nicht die Sizilianer selbst mehr zu einem Wandel bereit waren und mehr Zuversicht in ihre eigene Zukunft zeigten.

Kapitel 22

Das Scheitern des Liberalismus

Crispi und die *fasci*-Rebellion

Die Regierung der Linken, die in Rom von 1876 an herrschte, tat für Sizilien kaum mehr als ihre Vorgänger, ja unter zwei Sizilianern, Francesco Crispi und Antonio di Rudinì, von denen zehn Jahre lang je einer das Amt des Ministerpräsidenten innehatte, verschlechterte sich sogar die Lage. Crispi war mehr an Kolonien interessiert als an Wohltaten für seine Heimatinsel. Um Italien militärisch zu stärken, bedurfte er hoher Steuereinnahmen und streng kontrollierter Ausgaben für öffentliche Arbeiten. Dies wirkte sich besonders hart auf den Süden aus. Solange nur unterwürfige Abgeordnete aus Sizilien ins Parlament entsandt wurden, gestattete er überdies ebenso wie seine Vorgänger den korrupten lokalen Klientelverbindungen die eigentliche Machtausübung auf der Insel und beließ ihnen die Möglichkeit, nach Gutdünken das Recht zu beugen und Sizilien unreformiert zu lassen.

Zwar war Crispi einst ein radikaler Reformer gewesen, war es faktisch noch immer, doch hatte er den Bezug zu den Realitäten des sizilianischen Lebens weitgehend verloren, auch wenn ihn in den 80er Jahren Freunde davor warnten, daß sich ein Bürgerkrieg anbahne. Die lokalen Machthaber bürdeten weiterhin die Hauptlast der Besteuerung Menschen auf, die ohnehin bereits nahe am Verhungern waren; außerdem fielen die Erlöse für landwirtschaftliche Produkte drastisch ab, da Dampfschiffe und Eisenbahnen den konkurrierenden amerikanischen Weizen auf den Markt brachten. Die Depression wurde noch ausgeprägter durch Crispis Handelskrieg mit Frankreich, durch das Auftreten der Weinschädlinge und durch die Reduzierung der Löhne im Bergbau. So konnte ein britischer Konsul 1891 schreiben: „Der Arbeitslohn ist in Sizilien während der letzten zwanzig Jahre nicht gestiegen, wohingegen sich die Lebenshaltungskosten verdoppelt haben."

Die einfachen Leute waren freilich nicht so rasch dabei, gegen diese sich verschlimmernden Umstände zu rebellieren. Man weiß zwar von einer Gruppe von Bauern, die einen der ihren zum König wählte, doch war eine solche utopistische Opposition ungefährlich. Erst nach einem wirklich sehr schlechten Erntejahr wurden die Bauern etwas gelehriger: Wie 1647 und 1773 schritten wieder Flagellanten durch die Straßen, und wieder riß man den Heiligenbildern ihren Schmuck herunter und legte sie unter allgemeinem Hohnlachen in Ketten. Wie 1860 und 1866 konnte dann der religiöse Enthusiasmus von Volkspredigern benutzt werden, die dazu aufriefen, daß das Volk seine Priester zugunsten einer neuen Christus-Religion verwerfe. Wo sich wirtschaftliche Not mit dieser Art von chiliastischer religiöser Begeisterung traf, führte dies leicht zu Gewalttätigkeiten.

Bis 1890 waren bestimmte Wandlungen in der Gesellschaft eingetreten, die das Gefühl der Unzufriedenheit artikulierter machten. Einige wenige Landarbeiter konnten nun lesen und schreiben und hatten bei ihrem Dienst als Wehrpflichtige in anderen Teilen Italiens völlig neue Bedürfnisse und Möglichkeiten kennengelernt. In einer Reihe von Dörfern hatten überdies adlige Minderheiten, die von Einfluß und für die Korruption günstigen Posten ausgeschlossen waren, ein gewisses Interesse daran, Unruhe zu schüren, und eine wachsende Schicht von Ärzten, Juristen und weiteren akademisch Gebildeten war bereit, das weitverbreitete Gefühl der Enttäuschung zu artikulieren und zu kanalisieren. Auch gab es ein paar wirkliche Revolutionäre, die eine Sozialisierung des Grundeigentums und der Minen forderten, und ein recht eigenwilliger Sozialist, Giuseppe de Felice Giuffrida, bildete in Catania nach einem Wahlsieg auf Kommunalebene eine populistische Stadtverwaltung.

Die sizilianischen Dörfer waren durchschnittlich dreimal so groß wie die in Piemont; deshalb – und weil viele Arbeiter in den Minen konzentriert waren – fand die Agitation rasche Verbreitung, insbesondere dann, als Gruppen von sogenannten *fasci* Ansätze zu einer Gewerkschaftsbewegung begründeten. Manche der frühen *fasci* waren den alten Gilden recht ähnlich, kümmerten sich um Unterstützung bei Krankheit, Bestattungen und die Einrichtung kooperativer Läden. Manche wurden von Sozialisten geführt, andere hingegen von *mafiosi* dominiert, wieder andere waren bloß Teil des Kampfes der Parteiungen, wie er in jedem Dorf um die Kontrolle der Munizipalregierung stattfand. Gewöhnlich jedoch verfochten die *fasci* jedenfalls mit Worten eine Erhebung der Unterschichten – ein neuartiges und bedrohliches Phänomen, das eine harte Antwort von seiten der Regierung erforderte.

Zum ersten Mal in der Geschichte entdeckten die Dörfler, wie sie sich gegen illegale Aneignung von Land organisiert zur Wehr setzen konnten, und gelegentlich führte ein Streik der Landarbeiter zu weit großzügigeren Verträgen. Der Ministerpräsident, Giovanni Giolitti, verurteilte zwar die Gewaltanwendung beider Seiten, vertrat aber die Ansicht, daß Streiks kein Verbrechen seien und daß die Bauern alles Recht dazu hatten, gegen offenbaren Rechtsbruch zu agitieren. Natürlich versetzte dies die *latifondisti* in Angst und Schrecken. Die traditionellen Methoden ihrer Kontrolle schienen zusammenzubrechen, ja im Mai 1893 gab es sogar einen regionalen sozialistischen Kongreß in Sizilien. Die Machthaber in den Dörfern reagierten also mit stärkerer Repression, was zu einer Eskalation der Gewalt führte. Bald wiederholten sich die früher in solchen Situationen geschehenen Ereignisse: Steuerämter wurden geplündert, Gefängnisse aufgebrochen und Grundeigentumsregister verbrannt. Manche Demonstranten riefen „Lang lebe der König" in der Hoffnung, daß die Zentralregierung auf ihrer Seite stehe, manche wurden vom Klerus angeführt, und manche hißten die rote Fahne.

Zu diesem Zeitpunkt machte man Crispi mit aller Dringlichkeit wieder zum Ministerpräsidenten; er verhängte den Belagerungszustand, denn er glaubte tatsächlich oder vorgeblich, daß die *fasci* Sizilien von Italien mit russischer und französischer Hilfe loslösen wollten; jedenfalls bot sich ihm so die Gelegenheit, die Flotte und 30000 Soldaten zur Niederwerfung des Aufstands zu entsenden. Die Grundeigentümer waren hocherfreut, denn diese Art von Reaktion verstanden sie gut – wie ein sizilianischer Senator privatim erklärte, war Sizilien ein orientalisches Land, das eben nur mit Gewalt regiert werden könne. Im Parlament wurde sogar geäußert, daß Sizilien keine besondere wirtschaftliche Härte erleide, auch keine speziellen Schwächen in der lokalen Verwaltung aufweise und keine diskriminierenden Steuern, die reformbedürftig seien, und bei einem wider die eigentliche Absicht publik gewordenen Treffen der sizilianischen Grundeigentümer erging der Aufruf an die Regierung, das Übel an der Wurzel zu packen und die Schulpflicht abzuschaffen.

Crispi war im Herzen kein Reaktionär. Auch hatte er bald schwerwiegende Gründe dafür, die soziale Frage anzugehen. Der Prozeß gegen zwei Parlamentarier, gegen den bereits genannten Giuseppe de Felice und gegen Rosario Garibaldi Bosco, machte den Vertretern einer gemäßigten Haltung deutlich, daß Crispis repressive Politik verfehlt war; außerdem hatten seine imperialistischen Unternehmungen in Afrika den Staatshaushalt völlig ins Wanken gebracht. So meinte er nun, den Reformern den Wind aus den Segeln zu nehmen, indem er das Problem des Grundbesitzes anging. Daher schlug er plötzlich eine völlige Reform der *latifondi* vor: Alle unbebauten Ländereien und Privatgrund von mehr als 100 Hektar Größe seien in Kleingüter umzuwandeln, ebenso alle *latifondi*, die noch in Dorfbesitz seien. Aus früheren Fehlern lernend schlug er vor, daß die neuen Einheiten zwischen 5 und 20 Hektar groß sein sollten, daß es keine Versteigerungen geben dürfe und daß billige Kredite zu gewähren seien. Besonders drastisch war der Vorschlag, daß Grundeigentümer, die sich weigerten, enteignet werden konnten.

Crispi machte diesen revolutionären Vorschlag offenbar, ohne zuvor sein Kabinett informiert zu haben; sein Schritt erwies sich als übereilt und unausgegoren, rief gewaltigen Widerstand der sizilianischen Abgeordneten hervor und mußte fallengelassen werden. Crispis Nachfolger Antonio di Rudinì vertrat eine eher durchführbare Politik in der Frage des Grundeigentums, die die *latifondi* intakt ließ, aber effizienter machte, indem sie den Pächtern längere Verträge und günstigere Kredite gewährte. Um Crispis Wählerpotential zu vernichten, versuchte er, seine eigenen Konservativen mit den Linksextremen zu verbünden, umwarb außerdem die Anhänger einer sizilianischen Autonomie und setzte einen eigenen Regionalkommissar auf der Insel ein, der in manchen Bereichen von Rom unabhängig war.

Die Idee, Sizilien wieder den Status einer halbautonomen Region einzuräumen, hätte viele Sizilianer für ihren Verfechter einnehmen müssen, doch erwies sich dieser Versuch als Fehlschlag. Der Regionalkommissar, Giovanni Codronchi, hatte alle guten Absichten, doch sah er sich, da er aus dem Norden kam, vor verschlossenen Türen; und als er seinen Verwaltungssitz in Palermo einnahm, führte dies seitens Messinas und anderer Orte zu starker Opposition. Codronchi plante eine Reform der lokalen Verwaltungen, die Einführung von Banken auf dem Land, eine gewisse Aufteilung des Grundbesitzes und Einschränkung der Wucherzinsen, durch die die Bauern in Abhängigkeit gehalten wurden. Doch fand er in Sizilien eine Welt vor, in der die gewöhnlichen Regeln der Politik keine Geltung hatten und in der lokale Cliquen sein Programm der Steuersenkung und Kreditvergabe an die Armen leicht zu Fall bringen konnten.

Mit Bedauern mußte der Regionalkommissar schließlich eingestehen, daß neun Zehntel der sizilianischen Abgeordneten sich seinem Versuch einer sizilianischen Autonomie widersetzten. Verzweifelt, ja in aller Offenheit, versuchte er nun, die Wahlen mit all den Mitteln zu manipulieren, die einst Crispi eingesetzt hatte, mit geringerem Erfolg. So wurde etwa der Sozialistenführer de Felice, obgleich Parlamentsmitglied, für noch nicht passiv wählbar, ja nicht einmal aktiv wahlberechtigt erklärt, was dieser mit der Klage quittierte, daß die Regierung die Mafia zu politischen Zwecken einsetze. Crispi saß in Palermo zu fest im Sattel, als daß er dort hätte verdrängt werden können, und viele Sizilianer fielen von Codronchi ab, als er ihre jeweiligen privaten politischen Enklaven angriff. Offenbar waren die lokalen Klientelverbände nicht bereit, eine Reform durch di Rudinì eher zu akzeptieren als eine durch Giolitti oder Crispi, und sie verstanden es gut, einen Politiker gegen den anderen auszuspielen, damit alles im wesentlichen beim alten bleibe.

Die Mafia und die politische Korruption

Ein Teil des unheilvollen Hintergrunds dieser politischen Rivalität wurde offenkundig, als im Jahre 1893 die Ermordung eines bedeutenden Staatsdieners, Marquis Emanuele Notarbartolo, unerwartete Publizität erhielt. Dieser Mann hatte die Korruption der Munizipalverwaltung aus erster Hand erlebt: Als Direktor der Bank von Sizilien hatte er bemerkt, daß eine ganze Anzahl privater Vermögen durch Kreditmanipulationen geschaffen worden und dank „politischer Zuwendungen" unaufgedeckt geblieben war. Viele Leute werden darauf erpicht gewesen sein, daß Notarbartolo ausfiel, bevor er diese dunklen Machenschaften im ganzen Umfang offenlegte; und tatsächlich wurde er auch entlassen.

Notarbartolo schwieg jahrelang, doch schließlich wagte er, der Regierung gewisse belastende Informationen zu übermitteln. Dafür bezahlte er mit seinem Leben: In einem Zug zwischen Palermo und Termini Imerese wurde er brutal erstochen. Eine Untersuchung, wer die Mörder gedungen hatte, zog sich über Jahre hin, doch wurde ein Hauptverdächtiger, der Abgeordnete Raffaele Palizzolo, ein Vorstand der Bank und Anhänger Crispis, nicht einmal befragt. Erst 1899 wurde er angeklagt, vor Gericht aber logen die Polizisten, um einen Freispruch sicherzustellen, und ihn betreffende Dokumente verschwanden einfach aus der Polizeiwache von Palermo. 1902 schließlich verurteilte ihn ein nicht-sizilianisches Gericht, jedoch wurde das Urteil aufgehoben, und zehn Jahre nach dem Mord endete ein erneutes Verfahren ohne Schuldspruch, da viele Zeugen mittlerweile unerklärlicherweise ihre Aussagen geändert hatten.

So mancher begrüßte wohl diesen Ausgang, denn die Hilfe der Mafia und „die sizilianischen Wahlstimmen“ waren für Politiker der verschiedensten Couleur so wichtig wie eh und je. Auch war ein gefährlich hysterischer Lokalpatriotismus von Rechts und Links geschürt worden, die beide zwar Palizzolo verübelten, daß er die dunkelste Seite von Palermos Politikwesen ans Licht gezerrt hatte, aber noch mehr die herablassende und teilweise verächtliche Reaktion auf diese Enthüllungen von seiten der Leute aus dem Norden ablehnten. Manche Italiener schrieben zu jenem Zeitpunkt über den Süden mit Begriffen wie „rassische Unterlegenheit“, die erklären könne, weshalb sizilianische Delinquenten nicht zu bessern seien; zornig über eine solche Einstellung machten die Sizilianer Palizzolo nach seinem Freispruch zum Helden des Tages. Auf einem eigens für ihn gecharterten Schiff wurde er im Triumph nach Hause eskortiert und sah sich dort als großer Sohn der Stadt gefeiert.

Das System, das einen Palizzolo hervorgebracht hatte, wurde von Giolitti übernommen und gelegentlich dazu benutzt, seine hervorgehobene Stellung in der italienischen Politik zwischen 1900 und dem Kriegsausbruch 1914 zu unterstützen. Giolitti hatte den Ruf, ein Liberaler links der Mitte zu sein, doch war sein Liberalismus eher anderswo sichtbar, während er angeblich Sizilien bloß als eine Gruppe zu beschwichtigender Abgeordneter ansah. In vier allgemeinen Wahlen perfektionierte er die Kunst, eine Mehrheit auf seine Person zu vereinen: Auf der niedrigsten Ebene wurde offen in der Zeitung die Bezahlung für eine Wahlstimme ausgelobt, auch wurde Privatarmeen gestattet, die Wähler mit allen Mitteln bis hin zum Mord einzuschüchtern. Entsprechend schlecht war es um die politische Qualität der sizilianischen Abgeordneten bestellt; als ihre Aufgabe in Rom galt es weniger, sizilianische oder Nationalinteressen zu vertreten, als vielmehr Protektion für ihre lokalen Wähler zu erreichen und als deren Mittelsmann bei den Verhandlungen mit den Regierungsabteilungen zu fungieren.

Eine Folge von alledem war, daß die politischen Parteien in Sizilien sich eher um eine Person als um ein Programm bildeten. Dies galt auch für den bekanntesten sizilianischen Politiker des frühen 20. Jahrhunderts, Nunzio Nasi. Aus Trapani stammend, hatte er nacheinander Crispi und Giolitti unterstützt und dabei eine äußerst mächtige Klientel aufgebaut, zu der sowohl Konservative als auch Linke gehörten. Vierzig Jahre lang ermöglichte es ihm seine sorgfältige Beachtung der Interessen der Kirchturmpolitiker, Parlamentsabgeordneter für Trapani zu bleiben. Schließlich machte er aber den Fehler, Minister zu werden – ein Fehler deshalb, weil in Rom ein anderer Standard politischen Verhaltens vorherrschte, Nasi aber instinktiv und ohne die Gefahr zu erkennen weiterhin die einzige ihm bekannte Form von Regierungstechnik anwandte, seine Repräsentations- und Reisespesen erhöhte und auch gelegentlich kleinere Beträge aus den öffentlichen Kassen zu seiner Belohnung und zum Ausbau seiner Macht als Patron abzweigte.

Die einzelnen Vorgänge waren alle nicht besonders bedeutsam, und so war Nasi vielleicht wirklich überrascht, als politische Rivalen, unter ihnen sogar Sizilianer, die Gelegenheit zu einer Anklage ergriffen. Trapani, dem die Wohltaten des Ministers besonders zugute gekommen waren, machte ihn zum Märtyrer des Systems: Man verbrannte Bilder des Königs und der Königin, benannte die Viktor-Emanuel-Straße in Nunzio-Nasi-Straße um und hißte sogar auf dem Rathaus eine kurze Zeit lang eine ausländische Fahne, nämlich die französische. Damit freilich war das Schicksal besiegelt: Nasi zog sich klugerweise für drei Jahre ins Ausland zurück, doch bei seiner Rückkehr wurde er sogleich vor dem Senat angeklagt und der Veruntreuung für schuldig befunden. Wegen dieses Urteils und der dabei vermuteten bewußten Kränkung der Insel durch die zimperlichen Heuchler im Norden kam es aber sogar an der Ostküste Siziliens zu einigem Aufruhr, den etwa auch der Schriftsteller Luigi Pirandello ganz und gar unterstützte. Man sammelte viel Geld und bereitete Nasi bei seiner Rückkehr einen triumphalen Empfang – einen ebenso großen, wie ihn einst

Palizzolo genossen hatte. Obwohl er vom Parlament ausgeschlossen wurde, wählte man Nasi dennoch immer wieder, und zwar mit überwältigenden Mehrheiten.

Catania an der Ostküste war anders als Trapani. Mit seiner rasch anwachsenden Bevölkerung und seinem reichen landwirtschaftlichen Hinterland sowie angeblich frei von jeglicher Mafia wurde Catania zur reichsten Industriestadt auf der Insel. Die Stadtregierung wurde mehrfach von einer Koalition unter dem Sozialisten de Felice gestellt, der versprach, energisch gegen Korruption und Ineffizienz vorzugehen. Sein Programm zog eine Vielzahl von Intellektuellen aus jener Generation an, doch scheint seine eigene Verwaltung nur geringfügig weniger korrupt und ineffizient gewesen zu sein als die anderen. Es hieß, daß er eine Absprache mit manchen der reaktionärsten Barone getroffen habe, und seine Anhänger rekrutierten vor den Wahlen die gefürchteten „Bergler“ und Ziegenhirten. Bis 1911 war von seinen Reformen nur wenig zu sehen, die Stadt aber stark verschuldet.

Als kulturelles Zentrum war das Catania von Schriftstellern wie Giovanni Verga, Luigi Capuana, Mario Rapisardi und Federico de Roberto keine unbedeutende Stadt, doch hatten diese Männer selbst im übrigen Sizilien nur geringe Wirkung; viele Künstler zogen es daher vor, wenn irgend möglich nach Rom oder Mailand zu ziehen. Immerhin schrieb Luigi Pirandello einige Stücke in sizilianischem Dialekt und hatte mit Verga ein unbändiges Heimweh nach Sizilien und ein Schuldgefühl gemeinsam, weil er die Insel verlassen hatte. Vergas Themen zeigen seine Obsession mit Sizilien, und es ist geradezu erschrekkend, daß er aus Mailand an seine Freunde mit der Bitte um eine Sammlung sizilianischer Redewendungen schreiben mußte, mit denen er den Klang seiner Stücke authentischer machen wollte. Ähnlich erging es Pirandello, der alle paar Jahre nach Hause zurückkehrte, um neues Material und Lokalkolorit für seine Werke zu sammeln; freilich blieb er nie lange.

Wenn es also den Intellektuellen nicht gelang, Sizilien zu verändern, lag dies nicht zuletzt an den Mängeln im sizilianischen Erziehungswesen. So konnten noch 1911 nur 42 Prozent der Bevölkerung richtig lesen und schreiben; und am anderen Ende des Spektrums waren selbst die Universitäten noch immer darauf ausgerichtet, Juristen und Bürokraten auszubilden, während ein Vorurteil gegen praktische Landwirtschaftskunde und Ingenieurwesen herrschte, also gegen Fächer, die weit dringender benötigt wurden. Daher schickten die sizilianischen Familien, die es sich irgend leisten konnten, ihre Kinder an auswärtige Universitäten. Dieser Drang, Sizilien zu verlassen, und die verbreitete Ablehnung wirklich praktischer Arbeit bedeutete, daß gebildete Sizilianer eine unverhältnismäßig große Zahl von Posten in der Verwaltung in Rom erhielten, wo sie freilich bei den Leuten aus dem Norden oft nur Verachtung fanden.

Wie der Fall Palizzolo und der Fall Nasi nahelegen, war der psychologische und auch der materielle Unterschied zwischen Sizilien und dem übrigen Italien groß. Natürlich unternahmen beide Seiten vielerlei Anstrengungen, gegen dieses Problem vorzugehen. Eine wichtige Integrationsmöglichkeit war der Militärdienst, eine weitere die Literatur: In seinen spektakulären Kurzgeschichten über seine heimische Welt versuchte Giovanni Verga seine Figuren ein so weit der Hochsprache gemäßes Italienisch sprechen zu lassen, daß es allgemein verständlich war. Obgleich der Prozeß der Akkulturation nur langsam vor sich ging, fand jedenfalls allmählich ein Wandel statt. Ja, 1917 konnte der berühmteste Philosoph der Insel, Giovanni Gentile, die Meinung wagen, daß es keine eigenständige sizilianische Kultur mehr gebe. Freilich war dies die Ansicht eines Einzelgängers.

Innerhalb von Sizilien selbst hatte man schon seit langem einen Unterschied zwischen dem Osten und dem Westen beobachten können, der nun deutlich größer wurde. So wurde etwa bald nach 1900 Palermo als Hafen für den Überseehandel von Catania überrundet; und obwohl die ehemaligen Lehensherren Westsiziliens oft noch Geschmack und Verhalten bestimmten, konnte sich der Osten der Insel einer offeneren Gesellschaft und einer fortschrittlicheren Kultur rühmen. Hier waren Handelsinvestitionen so wichtig wie Eigentum an Grund und Boden, hier wurde Unternehmertum eher einmal bewundert und belohnt. Sogar die Landwirtschaft war anders als im Westen: In weiten Bereichen Ostsiziliens hatten die Pachtverträge eine längere Laufzeit, wurden mehr verschiedene Feldfrüchte angebaut, intensiver produziert und das Land besser bewässert. Und der Sozialismus war hier, wie ein Jahrhundert zuvor der Jakobinismus, stärker und wirkte oft als idealistische reinigende Kraft.

Der Osten der Insel wies auch eine deutlich geringere Verbrechensrate auf als der Westen. In den 80er Jahren des 19. Jahrhunderts stellte Stefano Jacini (s. S. 309) fest, daß in der Provinz Catania nur fünf Dörfer unter dem Einfluß der Mafia standen, in der Provinz Syrakus gar nur vier. Weshalb dies so war, ist alles andere als deutlich. Palermo mag zur Infizierung von Westsizilien beigetragen haben, da es lange als Regierungszentrum fungierte und somit die Patronage anzog, die jeder Bandenchef und jeder Politiker brauchte; auf einer eher materiellen Ebene bot der Westen der Insel wohl auch bessere Möglichkeiten für ehrlich erworbenes Fortkommen. Da im Osten die gesellschaftliche Struktur rigider war und die Repression hier offener stattfand, blieb einem, wie ein zeitgenössischer Beobachter feststellte, wohl kaum ein anderer Weg zum Erfolg im Leben als der über die Mafia.

Giolitti und die Wirtschaft

Die Zeit Giovanni Giolittis brachte zwar dem übrigen Italien viel Wohlstand, mit Sizilien aber ging es nur langsam voran. In den Jahren von 1907 bis 1910 untersuchte Professor Giovanni Lorenzoni im Auftrag des Parlaments Gesellschaft und Wirtschaft auf der Insel. Sein detaillierter Bericht beschrieb eine noch immer vom Feudalismus geprägte Welt: Die alte Aristokratie besaß nach wie vor die meisten Großgüter, und allzuoft erachtete sie es als für sich vorteilhaft, die wirtschaftliche Entwicklung zu verzögern. Die Boden- und Klimaverhältnisse waren ungünstig, doch bezeugte ein Dutzend *latifondisti*, daß einige Großgüter deutlich melioriert werden könnten. Die anderen Hunderte von *latifondisti* hingegen, die zwar weniger als ein Zehntel Prozent der sizilianischen Bevölkerung ausmachten, aber die Hälfte der Insel besaßen, hatten kaum die Absicht, Bauernhöfe zu bauen oder neues Land zu gewinnen.

Nur etwa 2,5 Prozent des Geldes, das von der Regierung in Italien zwischen 1861 und 1920 zwecks „Verbesserung" ausgegeben wurde, wurde tatsächlich in Sizilien eingesetzt. In den 60er Jahren des 19. Jahrhunderts waren aus Australien über Algerien Eukalyptusbäume in Sizilien eingeführt worden, die binnen zwanzig Jahren gute Erfolge bei der Verringerung von Erosion und bei der Entwässerung von Sumpfgebieten zeitigten; allerdings hatten nur wenige Privatleute die Geduld und den Gemeinsinn, neue Bäume zu pflanzen und die bestehenden Waldgesetze zu beachten. Als die Regierung versuchte, Sumpfgebiete trockenzulegen und Bewässerungseinrichtungen zu schaffen, führte dies manchmal zu Widerstand seitens der Landeigentümer, denen die Wasserversorgung zu wertvoll erschien, als daß man sie der öffentlichen Hand überlassen dürfte. Doch wurde dieser traditionelle Widerstand gegen den Wandel immer anachronistischer, und ein *latifondismo* mit nur geringen Erträgen erwies sich als ein viel zu teures Hindernis für eine rasch anwachsende Bevölkerung von dreieinhalb Millionen Sizilianern.

Bis 1910 war ein gewisser Wandel zum Besseren erkennbar, vor allem änderte sich allmählich die Haltung des Nordens. Noch gab es gelegentlich die Tendenz, ein Versagen der Regierungsbemühungen damit zu begründen, daß Sizilien in mancher Hinsicht unverbesserlich minderwertig sei, doch konnten es sich, da nunmehr die Industrialisierung im Norden weit fortgeschritten war, andere Italiener leisten einzugestehen, daß eine Hebung des Lebensstandards im Süden möglich wäre und allen Seiten zugute käme. Ob viele Abgeordnete den Bericht Lorenzonis gelesen haben, ist zweifelhaft, dennoch fand die „südliche Frage" etwas mehr Aufmerksamkeit im Parlament: Die Debatten darüber fanden nicht mehr vor fast leerem Hause statt. 1911 ging die Regierung so weit, im Prinzip anzuerkennen, daß die Hauptursache für die Armut Siziliens die *latifondi* seien; allerdings trug die Steuerpolitik weiterhin nicht dazu bei, daß diese Großgüter zu noch spezialisierterer Produktion übergingen. Im folgenden Jahr brachte eine Ausweitung des Wahlrechts den lokalen oligarchischen Machtmonopolen einige Einbußen.

Ein weiterer Wandel lag darin, daß die *fasci Siciliani* den Bauern ihre Stärke bewußt gemacht hatten. Streiks in der Landwirtschaft erreichten manchmal die Durchsetzung günstigerer Verträge, und wenn die Eigentümer auch einen Militäreinsatz gegen die Streikenden forderten, zog es Giolitti gewöhnlich vor, nicht einzugreifen. Günstigerweise traten auch landwirtschaftliche Kooperativen in Erscheinung; allerdings hatten sie zunächst nur mäßige Erfolge, da zum einen Leute mit massiven Eigeninteressen gegen sie vorgingen und dabei nicht einmal vor Einschüchterung und Mord zurückschreckten, zum anderen die sizilianischen Bauern sich jedenfalls als zu individualistisch erwiesen, als daß sie sich gerne an Kooperativen beteiligt hätten. Immerhin aber zeigte sich, daß völlig neue Formen des Landbesitzes möglich waren. Gelegentlich übernahmen solche Kooperativen ein ganzes *latifondo* und bewirtschafteten es mit Erfolg, wobei sie die Zwischenstufe eines *gabelloto* völlig ausschlossen. Für die landwirtschaftliche Bildung taten sie mehr als irgend jemand vor ihnen, und insbesondere durch sie lernten die Bauern die Vorteile der Phosphat-Düngung und des Fruchtwechsels kennen.

Die Kooperativ-Bewegung im allgemeinen und die Pionierorganisation von Don Luigi Sturzo, dem Bürgermeister von Caltagirone, im besonderen erkannten die Notwendigkeit, angemessene Kredite für die Landwirtschaft zu erreichen. Die Bank von Sizilien hatte sich in diesem wichtigen Bereich als notorisch ineffizient erwiesen; sie zog es vor, Geld außerhalb von Sizilien und in ganz anderen Bereichen als der Landwirtschaft zu verleihen. Überdies hatte die Bank auch noch eine Durststrecke zu überwinden, als ihr Vorstand erneut wegen schwerwiegender Unregelmäßigkeiten entlassen werden mußte. So blieben den Kleinbauern als Kreditgeber entweder die

Landeigentümer selbst oder die *gabelloti* – und in diesem Bereich stellte Lorenzoni Zinsraten von bis zu 400 Prozent, in einem Dorf gar 1000 Prozent fest. Andererseits konnten Kooperativen, wo es sie eben gab, an ihre Mitglieder Geld für 7 Prozent Zins verleihen; darin lag eine Art von Dienstleistung, wie sie unbedingt nötig war, sollten nicht auch die Kleinbesitze unter der zu geringen Kapitalausstattung leiden, die ja die *latifondi* gekennzeichnet hatte.

Entscheidend für den Wandel aber war die rasch anwachsende Zahl von Auswanderern. Schon immer hatten viele Landeigentümer gerne außerhalb der Insel gewohnt, nun aber zog es auch die Bauern auf der verzweifelten Suche nach Arbeit und Lebensunterhalt nach auswärts – in einem Volk, das so enge Familienbindungen pflegte, ein bemerkenswerter Vorgang. Schon bis 1900 hatten Tausende von Sizilianern in Tunesien unter französischer Herrschaft das Eigentum an Grund und Boden erhalten, das ihnen zu Hause unerreichbar schien. Da es ihnen gelang, in einer Umgebung, die nicht so unterschiedlich von der der *latifondi* war, blühende landwirtschaftliche Güter zu betreiben, brach das Vorurteil von den „unfähigen" Sizilianern wie ein Kartenhaus in sich zusammen. In den Jahren vor dem Ersten Weltkrieg verließen insgesamt eineinhalb Millionen Sizilianer die Insel; die meisten zog es in die Vereinigten Staaten, andere nach Argentinien und Brasilien. Hierin lag eine der folgenreichsten Tatsachen sizilianischer Geschichte: Manche Dörfer verloren den Großteil ihrer männlichen Einwohnerschaft, manche wurden gar in einem einzigen Jahr um bis zu ein Fünftel verkleinert.

Dieser riesige Exodus stellte die sizilianische Armut in schrecklicher Weise zu Schau, ebenso die zunehmende Unausgewogenheit, die die Regierung zwischen Nord- und Süditalien begünstigt hatte. Freilich hatte er auch gewisse Nutzeffekte: Die Nachrichten von riesigen in Übersee gewonnenen Vermögen, daneben der Wunsch nach Korrespondenz mit den Verwandten dort, boten einen großen Anreiz, dem Analphabetismus und dem Bildungsmangel überhaupt entgegenzutreten. Eine unmittelbare Folge war der Mangel an Arbeitskräften, was wiederum in den Jahren von 1905 bis 1911 für die in Sizilien Verbliebenen eine Erhöhung der Löhne um ein Drittel mit sich brachte. Bereits 1906 beklagten sich einige Landeigentümer darüber, daß sie unter Hintanstellung all ihrer Würde Arbeiter geradezu demütig um Hilfe auf den Feldern bitten mußten.

Unter solchen Bedingungen lohnte es kaum mehr, Weizen auch auf Randgebieten anzubauen; vielmehr ließ man manch solches Gelände wieder zu Weide- und Waldland werden. Die noch landwirtschaftlich genutzten Gebiete trugen nun zu weniger als 70 Prozent Getreide. Viele Landeigentümer stellten fest, daß sie sich eine Art von Landwirtschaft nicht mehr leisten konnten, die nur bei hoher Arbeitslosigkeit blühen konnte und unausweichlich zu Erschöpfung des Bodens und zu Erosion führen mußte. Einige Eigentümer, die ihren Lebensstandard nicht zu senken bereit waren, entschlossen sich, auf ihren Gütern zu wohnen und die Verwaltung von den *gabelloti* zu übernehmen, manche sogar, Land an praktisch versiertere Bauern zu verkaufen oder doch günstigere Pachtbedingungen anzubieten. Landwirtschaftliche Praktiken, die von vielen für unveränderlich gehalten worden waren, verschwanden also allmählich auf diese Weise, ohne daß es so drastischer Gesetze bedurft hätte, wie sie Crispi für nötig erachtet hatte.

Die Emigration verursachte großes Leid, und in mancher Hinsicht war der Verlust für Sizilien nicht wieder gutzumachen. Andererseits profitierte die Wirtschaft der Insel durch den riesigen Betrag von jährlich 100 Millionen *lire*, den die Ausgewanderten an ihre Familien in der Heimat schickten – dabei war dies nur der offizielle Betrag, der wirkliche wird weit höher gelegen haben. Überdies nahmen bis 1907 viele der *americani* ihren Altersruhesitz wieder in Sizilien und nutzten ihre Ersparnisse dazu, ihre gesellschaftliche Stellung durch Investitionen zu sichern, wie sie nur Landeigentum vermitteln konnte. Mit sich brachten sie aber auch die Erwartung eines höheren Lebensstandards, vor allem aber ein Selbstbewußtsein, das sie daran hinderte, die *notabili* mit dem herkömmlichen Respekt zu behandeln. All diese Faktoren trugen dazu bei, die

Tradition träger Resignation und die Weigerung, nach vorne zu schauen, zu schwächen, welche noch immer die agrarische Gesellschaft kennzeichnete, in die die Emigranten zurückkehrten.

Der Liberalismus in der Krise

Wo die Politiker versagt hatten, begannen also die Sizilianer selbst, das gesellschaftliche Gleichgewicht neu auszubalancieren; doch gerade zu jenem kritischen Zeitpunkt intervenierte die Politik und brachte den Fortschritt zum Stillstand. Giolittis Eroberung von Libyen 1911–1912 verschlang die ohnehin geringen Mittel, die sonst zur Lösung der Probleme hätten aufgewendet werden können, die Lorenzoni und andere aufzuzeigen begonnen hatten. Der Kolonialkrieg fand begeisterte Unterstützung bei vielen Sizilianern – unter ihnen der Sozialist de Felice ebenso wie der konservative Landeigentümer Marquis di San Giuliano, Giolittis Außenminister. Eine enge Verbindung mit Nordafrika hatte viele der gedeihlichsten Phasen der sizilianischen Geschichte begleitet, und so wurden nun durch die Aussicht auf ein neues italienisches Großreich viele Hoffnungen geweckt. Wie sich zeigen sollte, boten die libyschen Wüsten freilich nicht mehr als eine kostspielige Fata Morgana.

Dem libyschen Abenteuer folgte der Erste Weltkrieg auf dem Fuß. Siziliens Märkte waren dadurch bis 1919 weitgehend abgeschnitten, was für die von Exporten abhängige Wirtschaft einen schweren Rückschlag bedeutete. Überdies wurden nur wenige kriegswichtige Industrien in einer Region angesiedelt, in der ja Facharbeiter und gute Transportmöglichkeiten fehlten, während Unabkömmlichkeitsstellungen eher die Industriearbeiter im Norden als die Bauern im Süden vom Kriegsdienst befreiten. Die Regierung benötigte billige Lebensmittel und setzte deshalb den Preis für Weizen auf ein künstlich niedrig gehaltenes Niveau, was dazu führte, daß die offiziell angemeldete Weizenproduktion zwischen 1914 und 1917 etwa um ein Drittel zurückging. Und als wäre dies nicht schon genug gewesen, trug die Inflation dazu bei, daß viel Kapital von der Landwirtschaft abgezogen und in die Industrie gesteckt wurde, wobei natürlich viele Ersparnisse nach Norden wanderten, wo sie in Unternehmen und Aktien investiert wurden. Beide Kriege, der libysche und der Erste Weltkrieg, beschleunigten viele Prozesse des sozialen Wandels. Wer als Kämpfer fortgezogen war, kehrte mit neuen Kenntnissen, neuen Wünschen für sich selbst und neuer Unzufriedenheit mit den herrschenden Umständen zurück, und wer geblieben war, hatte teilweise eine dramatische Änderung seiner wirtschaftlichen Verhältnisse erreicht; dies galt insbesondere für diejenigen, die ihre Verpächter auszahlen konnten: Da die Pachtzinsen eingefroren waren, die Preise aber anstiegen, vermochten einige Teile der bäuerlichen Mittelschicht, insbesondere die *gabelloti*, riesige Gewinne zu machen und ihren neuerworbenen Wohlstand zum Aufkauf von Ländereien zu nutzen, was wiederum auf die *latifondisti* Druck ausübte, die ohnehin in angespannten Verhältnissen lebten. Bis Kriegsende hatte sich der Prozeß der Aufteilung der Großgüter stark beschleunigt – eine Tendenz, die 1919 und 1920 durch bäuerliche Landbesetzungen besonders im Westen der Insel verstärkt wurde. Unter diesen Umständen und angesichts mancher Gewalttätigkeiten wurde viel von der Mafia gesprochen.

Parallel zu diesem Prozeß verlor der Liberalismus immer mehr an Glaubwürdigkeit. Bis zu den Wahlen des Jahres 1913 hatte Sizilien im allgemeinen eine solide Mehrheit von *ministeriali* nach Rom entsandt, doch nun ging die Zahl der sizilianischen Liberalen im Parlament plötzlich von 43 auf 21 zurück. Sechs Jahre später mußte im Gefolge des Kriegs die allgemeine Direktwahl eingeführt werden; die Wahlen fanden statt, bevor sich die politische Maschinerie auf diese Unterminierung ihrer traditionellen Autorität hatte einrichten können. Die Folge war, daß von 52 sizilianischen Abgeordneten nur ein halbes Dutzend Liberaler ins Parlament zurückkehrte. Die neuen Wähler behaupteten sich auf Kosten des traditionellen agrarischen Blocks. Die Situation war gänzlich im Fluß, und der neu ausgebrochene Machtkampf äußerte sich, wie stets in Sizilien, in extremer Gesetzesuntreue.

War dieser Moment auch gefährlich, so war das politische Klima in Sizilien deutlich verschieden von dem in anderen Teilen Italiens: Auf der Insel wurden bis in die Zeit nach Benito Mussolinis Machtergreifung 1922 keine Faschisten gewählt, auch die Sozialisten waren weit schwächer als auf dem Festland, und es kam seltener zu militanten Arbeitskämpfen. Dies lag vor allem daran, daß es noch kein Industrieproletariat gab, teilweise aber auch an der Tatsache, daß im Unterschied zu Norditalien, wo die Landeigentümer Mussolinis Hilfe gegen die Gewerkschaftsbewegung benötigten, Sizilien traditionellere Methoden der Einschüchterung kannte. Eine Reihe von Gewerkschaftsführern und Bauernfunktionären wurde ermordet, wobei die Täter natürlich kaum Gefahr liefen, verurteilt zu werden.

Ein erneuter Ruf nach Agrarreformen stellte die größte Bedrohung der bestehenden Ordnung dar. Den Soldaten war im Krieg zur Anfeuerung ihres Kampfeswillens Land versprochen worden, doch fanden sie bei ihrer Heimkehr nur Arbeitslosigkeit, Inflation und massiven Widerstand gegen ihre Ansprüche vor. Zur gespannten Situation trug auch bei, daß die Auswanderung nun von den Zielländern erschwert wurde. Die Spannung entlud sich in einer Welle von Landbesetzungen, die entweder von patriotischen ehemaligen Kämpfern organisiert wurden, oder von Leuten, die die Rote Fahne schwangen und die Internationale sangen. Einige Bauern wurden von ihren Priestern angeführt, da sich die katholische Volkspartei des Don Sturzo nachhaltig für eine Landreform einsetzte. Viele zehntausend Hektar wurden auf diese Weise in Kleingüter verwandelt, und mehrere Dutzend neuer Kooperativen bildeten sich, um den Prozeß der Kultivierung dieses Landes zu unterstützen.

Eine so riesige Bewegung der Landverteilung reduzierte zwar die *latifondi*, konnte aber nicht von sich aus die alten Methoden extensiver Landwirtschaft zu Fall bringen. Inzwischen gab es in Italien andere Regionen, in denen es mehr

Großgüter gab als in Sizilien, während die Insel andererseits im Vergleich zum Festland einen höheren Prozentsatz von Kleingütern unter 1 Hektar Größe aufwies; allerdings bedeuteten solche winzigen Felder nicht unbedingt einen Wandel zum Besseren. Einige der neuen Inhaber waren nur darauf aus, rasch Gewinn zu machen, und besaßen oft nicht genug Land für einen ausgeglichenen Anbau und für die regelmäßige Beschäftigung ihrer Familien. Manche mußten aufgeben, andere setzten aus Unkenntnis oder unkluger Raffgier mit ununterbrochenem Weizenanbau den Raubbau an ihren Feldern in einer Art von „Bauern-*latifondismo*" fort, der die frühere Praxis wiederholte, wenn nicht verschlimmerte.

Bei diesen Vorgängen hatten Regierungsaktivitäten recht wenig Einfluß; sie vermochten allenfalls zu sanktionieren, was ohnehin nicht aufzuhalten war: So mußten in den Jahren 1919 und 1920 drei Landwirtschaftsminister nacheinander die spontanen Landbesetzungen rückwirkend legitimieren, wobei der Gesetzgeber die Kooperativen bevorzugte. Doch ließen auch die Regierungsbeschlüsse in dieser Sache viel zu wünschen übrig, denn zum einen wurden sie nicht einheitlich angewendet, zum anderen waren die lokalen Komitees für die Landzuweisung vielfältigem politischen und sonstigem Druck ausgesetzt. Überdies mangelte es den Kooperativen häufig an der notwendigen technischen Fähigkeit oder gar dem Willen zur Zusammenarbeit. Doch war immerhin eine Folge der Regierungstätigkeit, daß das Ausmaß willkürlicher Landaneignungen 1921 zurückging – und dies deutlich vor Mussolinis sogenanntem „Marsch auf Rom", von dem man später einfältig behauptete, nur er habe Italien vor dem agrarischen Kommunismus bewahrt.

Man hat Sizilien als die am wenigsten faschistische Region Italiens bezeichnet, und tatsächlich geschah hier nichts, was mit der gewaltsamen Eroberung der Macht in Norditalien 1921 und 1922 vergleichbar wäre. Nach 1922 hingegen beeilten sich viele der etablierten sizilianischen Interessengruppen, sich Mussolinis Regime anzupassen, denn man hatte ja stets ein enges Verhältnis zu den jeweils in Rom Herrschenden bevorzugt.

Die *latifondisti* brauchten Mussolinis Hilfe, um die Agrarreform zum Stillstand zu bringen, die Minenbesitzer mußten die Verstaatlichung abwenden und den Widerstand der Gewerkschaften gegen Lohnsenkungen brechen. Auch ansässige Geschäftsleute wie Vincenzo Florio, ein Nachfahre des großen Industriellen, hatten am neuen Regime nicht viel auszusetzen, und unter den Intellektuellen gab es, wie man an den deutlich geäußerten Ansichten von Verga ebenso wie denen von Pirandello sehen kann, vielfach nur Verachtung für ein Parlamentssystem, das bei seinem Tun so offenbar korrupt war und innerhalb von sechzig Jahren eindeutig keine Hilfe für Sizilien gebracht hatte.

Bei den Wahlen von 1921 hatten die Faschisten in Sizilien noch überhaupt keinen Erfolg gehabt, doch drei Jahre später erhielten sie, von dem früheren Ministerpräsidenten Vittorio Emanuele Orlando und seinen Liberalen unterstützt, 38 von 57 Mandaten. Dies bedeutete eine Wahlrevolution im selben Ausmaß wie einst 1874 (s. S. 306). Gewiß hatten die Liberalen gehofft, den Faschismus nur zur Perpetuierung ihrer eigenen Macht benutzen zu können. Doch hatte der Weltkrieg in Sizilien ebenso wie sonst in Italien eine neue Kategorie von Radikalen aus der Mittelschicht geschaffen; diesen jungen „Kompromißlosen“ ging es darum, die alte Elite beiseite zu stoßen. Schließlich sollte sich die Bedrohung der etablierten Ordnung als nur temporär erweisen, doch brachten die Jahre von 1924 bis 1926 den *latifondisti* einige angsterfüllte Momente.

Kapitel 23

Das faschistische Sizilien

Das Regime in Sizilien

Die Geschichte Siziliens unter dem Faschismus ist überraschend mager. Einer der wenigen Sizilianer, die in der Partei überhaupt zu den hohen Rängen gelangten, wo politische Entscheidungen gefällt wurden, war der Philosoph Giovanni Gentile, und auch er wurde bald abgesetzt. Mussolini verschwendete auf die Insel, soweit man aus seinen Schriften und Reden schließen kann, noch weniger Gedanken als die meisten Ministerpräsidenten vor ihm. Viel mehr Geld als zuvor wurde nun für öffentliche Baumaßnahmen ausgegeben, wenn auch ein Gutteil davon ineffizient und korrupt eingesetzt wurde; und die Oligarchien in den Ortschaften mußten sich mehr zentrale Überwachung ihrer Einnahmen und Ausgaben von lokalen Steuergeldern gefallen lassen. Doch war die faschistische Partei in keinem Sinne je wirklich effizient, und bis zu den 30er Jahren hatten sich Lethargie und Korruption breitgemacht. Der frühe Konflikt zwischen den radikalen Faschisten und der alten Elite wurde 1927 zugunsten der letzteren entschieden, so daß die Interessen der großen Landeigentümer wieder vorherrschten. Folglich ging in Sizilien der Wandel langsamer vor sich als sonst in Italien.

Mussolinis Erfolg als Politiker beruhte vor allem auf seinen propagandistischen Fähigkeiten. Wohlgesetzte Phrasen waren billiger und nicht selten sogar wirksamer als praktische Erfolge. So wurde der zweifelhafte Anspruch erhoben, Mussolini habe die „südliche Frage“ gelöst, ein Magazin namens „Probleme Siziliens“ mußte seinen Titel ändern. Solche leeren Posen verdammten die Insel dazu, vernachlässigt zu bleiben.

Überraschend wenig wurde für den Tourismus getan. Von der Hauptlinie an der Küste abgesehen, gab es nur wenige Eisenbahnverbindungen, Hunderttausende von Menschen hatten deshalb noch immer kaum Kontakt mit dem Rest der Nation. Und während einige sizilianische Dörfer auch weiterhin nur über ein ausgetrocknetes Flußbett erreichbar blieben, wurden jetzt in Afrika großartige Straßenanlagen gebaut.

Diese Vernachlässigung Siziliens überrascht kaum. Erstens nämlich war es Mussolinis Hauptinteresse, Italien zu einer starken Militärnation auszubauen, was Industrialisierung und folglich Investitionen in Norditalien erforderte; Aufgabe des Südens war die Bereitstellung von billigen Nahrungsmitteln und Rohmaterialien. Zweitens war Sizilien erneut zur Rückständigkeit verurteilt wegen der Allianz zwischen dem Regime und der alten landbesitzenden Schicht, wie sie durch die „Getreideschlacht" und die politische Liquidierung der kompromißlosen Faschisten zementiert worden war. Angesichts der Garantie ihrer Einkünfte und ihres Status hatten die *latifondisti* kein Interesse an einem Wandel; und der Regierung fehlte, wie üblich, die Neigung ebenso wie die tatsächliche Macht, sie im Zaume zu halten. Das faschistische Sizilien wies keinen grundlegenden Bruch mit seiner Vergangenheit auf.

Der Zusammenstoß zwischen den radikalen Faschisten und den *latifondisti* war in Westsizilien besonders hart. Alfredo Cucco, ein Bandenchef in Palermo, repräsentierte die jungen Angehörigen der Mittelschicht, die die Insel aus den alten Klientelverhältnissen befreien und selbst die Macht ergreifen wollten. Zwischen 1922 und 1924 leitete Cucco einen kraftvollen Angriff auf seine politischen Gegner, der als Kampf gegen die Mafia beschrieben wurde; mit diesem Vorwand gelang es ihm, viele liberale Verwaltungen aufzulösen. Die Wahlen in Palermo im Jahre 1925 belegten jedoch die Dauerhaftigkeit und Stärke der alten Bindungen, was ein Grund mehr für die Regierung war, sich jetzt für eine umfassende Offensive gegen die Mafia zu entscheiden. Angesichts der Mystik, die das Wort „Mafia" erzeugt hatte, mußte dies einfach zu einer publikumswirksamen Aktion werden, während rein praktisch das

Ziel der Operation vor allem die Konsolidierung des sizilianischen Faschismus war.

Zum Leidwesen Cuccos ging die ganze Aktion schlimm daneben. Als Ende 1925 die Kampagne eröffnet wurde, suchte die Regierung bereits nach einem gütlichen Übereinkommen mit den großen Landeigentümern; als Leiter der Operation wurde Cesare Mori eingesetzt, ein Mann mittleren Alters aus dem Norden, der für junge Aufsteiger wie Cucco wenig übrig hatte und der im Laufe einer langen Karriere in Sizilien enge Verbindungen mit den *latifondisti* geknüpft und 1923 kategorisch festgestellt hatte, daß jene stets Opfer und nie Komplizen der Mafia waren. So waren alle Hoffnungen, die sich Cucco hinsichtlich der Schwächung der alten Klientelverbindungen und der Stärkung seiner eigenen Position gemacht hatte, rasch verflogen, ja Anfang 1927 wurde er selbst der aktiven Verwicklung in die Mafia angeklagt und politisch ausgeschaltet. Der sizilianische Faschismus wurde nunmehr großenteils auf einer aristokratischen Basis neu errichtet.

Die Kampagne gegen die Mafia wurde als Angriff gegen das organisierte Verbrechen dargestellt. Mori vertrat die Ansicht, daß die Mafia mittlerweile zu einer rein kriminellen Organisation verkommen sei und deshalb ihre einstige Popularität völlig eingebüßt habe; er meinte auch, daß die *omertà* vom Krieg untergraben sei. Zugleich war ihm bewußt, daß „Mafia" ein nebulöser Begriff war und daß die Bezeichnung *mafioso* oft wahllos gegeben wurde, ja auch nur als Schimpfwort gegen einen politischen Gegner gebraucht werden konnte. Nichtsdestotrotz mußte sich Mori mangels wirklicher Zeugen zu sehr auf die „öffentliche Meinung" verlassen, welche Männer er verhaften solle. Dieses Vorgehen brachte unweigerlich vielerlei Willkür mit sich, denn die Polizei handelte wohl nach ihren eigenen Vorurteilen oder wurde, wahrscheinlicher noch, im komplizierten Gewebe lokaler Parteiungen nur als Werkzeug benutzt.

Viele der von Mori Verhafteten gehörten zu jener Schicht der ländlichen Gesellschaft, die vom Krieg sehr viel profitiert hatte. Diese Leute – ihr typischster Vertreter war der *gabello-*

to – stellten für die gesellschaftliche und wirtschaftliche Überlegenheit der großen Landeigentümer eine ernstzunehmende Gefahr dar. Es fällt auf, daß im Laufe der Kampagne viele der Denunziationen bei der Polizei aus den Reihen der *latifondisti* kamen, während die Bauernschaft im allgemeinen weit weniger zur Kooperation bereit war. Dies lag teilweise daran, daß *mafiosi* wie Don Calogero Vizzini in ihren Gemeinden einiges Ansehen genossen und von den einfachen Leuten nicht allgemein für Kriminelle gehalten wurden. Die Festnahme solcher Männer wird kaum dazu beigetragen haben, das faschistische Regime bei der Bauernschaft beliebt zu machen; und überdies kamen ja alle materiellen Vorteile samt und sonders den *latifondisti* zugute, die ihren Pachtzins nunmehr auf Höhen bis zu 1500 Prozent anhoben.

Moris Kampagne mit ihren durchgreifenden Aushebungen, ihren Brutalitäten seitens der Polizei und ihren übereilten Prozessen vermochte also kaum zu bewirken, daß die Unzufriedenheit des Volkes mit dem Staat überwunden wurde, und da die großen Landeigentümer nun wieder eine gefestigtere Position innehatten, müssen wohl mehr denn je viele Menschen das Gefühl gehabt haben, daß in dieser Art von Gesellschaft die einzige Chance in einer rücksichtslosen Durchsetzung des eigenen Willens und in mächtigen Beschützern lag. Dazu kam, daß das Regime entgegen seinen anfänglichen Versprechungen fast nichts zur Hebung des materiellen Wohlstands der Bauern tat; vielmehr wurden die Löhne beschnitten, und die Neubewertung der *lira* zwang, noch dazu gefolgt von der 1929 im Schwarzen Freitag gipfelnden Weltwirtschaftskrise, viele kleine Landbesitzer zur Bankrotterklärung. Noch vor dem Ende der 30er Jahre sprachen Berichte davon, daß in manchen ländlichen Gebieten die Menschen fast am Verhungern waren.

Die Faschisten verfolgten in der Frage der *latifondi* keine konsequente Politik. In ihrer frühen, sozialistischen Phase vertraten sie die Einführung legaler Enteignungsbefugnisse, doch arbeitete die darauffolgende Allianz mit den großen Landeigentümern gegen jede Reform der privaten Eigentumsverhältnisse. Mussolini hatte immer mehr erkannt, wie wichtig eine

Steigerung der Weizenproduktion war, vor allem da ihn seine Außenpolitik in die Isolation und zu einem Programm der nationalen Selbstversorgung zwang; 1925 eröffnete er die bereits erwähnte „Getreideschlacht". Von hohen Schutzzöllen gesichert, wurden in Sizilien Randgebiete wieder dem Anbau zugeführt, und wenn die Erträge auch bei weitem nicht so sehr anstiegen wie in Norditalien, brachten der Einsatz von Düngemitteln und die Mechanisierung der Landwirtschaft bisweilen einen spürbaren Erfolg.

Als Propagandaaktion war die „Getreideschlacht" gute Politik, als Wirtschaftsmaßnahme hingegen weniger befriedigend. Die Subventionen der Regierung und die Stützung der Preise wirkten im allgemeinen jedem Anreiz entgegen, die traditionellen Methoden in Pacht, Gutsverwaltung und Produktion zu verändern, die ja dem Problem Siziliens zugrunde lagen. Von der Regierung wurden allerdings nur wenige Agrarexperten befragt, dabei hätten diese sehr wohl angeben können, daß Sizilien nicht mehr, sondern weniger Land unter dem Pflug brauchte, daß es einer Vielfalt statt einer Monokultur bedurfte und daß eher eine intensive als eine extensive Bewirtschaftung angezeigt war. So aber zeitigten die Subventionen nur das Ergebnis, daß auf denselben Feldern immer wieder Weizen ausgesät wurde und daß die Dürregebiete sich in dem Maße ausweiteten, in dem die Fruchtbarkeit der Felder sank; dabei griff die Erosion immer mehr um sich. Da die Weiden unter den Pflug genommen wurden, ging die Viehhaltung rapide zurück, was sich wiederum sogar für die Getreideproduktion als ungünstig erwies, da Naturdünger fehlte (Kunstdünger konnte sich kaum jemand leisten).

Auch der noch höher spezialisierte Anbau litt unter den ungelenken Eingriffsversuchen des Staats. So ging etwa die Produktion von Olivenöl zurück, da auch dieser Boden der Weizenproduktion zugeführt wurde. Der Anbau von Zitrusfrüchten, die die Hälfte der Wertschöpfung sizilianischer Exporte einbrachten und zu einer Zeit, in der das übrige Italien verschuldet war, nützliche Devisen ins Land führten, erholte sich nicht mehr auf das Vorkriegsniveau, ja ging vielmehr in den schwierigen Jahren von 1930 bis 1934 sogar auf die Hälfte zurück. Die faschistische Politik der Autarkie, also der Selbstversorgung Italiens, mußte solchen Exportgütern schaden, da sie Vergeltungsmaßnahmen herausfordern konnte. Doch ließen es die künstlich gestützten Preise auf den heimischen Märkten für die Anbauer weniger dringend erscheinen, ihre Kosten zu reduzieren oder neue Märkte zu suchen, was den Anbau von Zitrusfrüchten in Spanien und Palästina sehr förderte.

Die Zunahme an Regierungsmacht unter dem Faschismus ermöglichte weit strengere Gesetze über die Landgewinnung. Tatsächlich wurden so manche Erfolge erzielt, doch trotz vieler Pläne und Versprechungen wurden nur wenige dieser Vorhaben auch wirklich ausgeführt. Großenteils lag dies daran, daß die *latifondisti* die Konsortien für die Vergabe öffentlicher Aufträge beherrschten und, wie üblich, keinen zwingenden Grund für eine Melioration ihrer Güter sahen, obgleich eigentlich sehr großzügige Regierungssubventionen zur Verfügung standen. Daß Kredite leichter zu erhalten waren, wurde offenbar eher für Spekulationen mit rascher Gewinnmöglichkeit und nicht für langfristige Investitionen ausgenutzt – ein Vorgeschmack dessen, was nach dem Zweiten Weltkrieg in weit größerem Umfang geschehen sollte.

Ein weiterer Grund für das Scheitern der Reform lag darin, daß die Regierung nach der Kampagne gegen die Mafia das Interesse an der Insel verlor. Nach offiziellen Angaben wurde für Apulien dreimal und für die Emilia, an der Mussolini weit mehr gelegen war, sogar fünfzehnmal so viel Geld ausgegeben wie für Sizilien; spätere Aufstellungen weisen darauf hin, daß die Insel nur noch 1,59 Prozent der gesamten Aufwendungen für Be- und Entwässerung erhielt – also einen weit geringeren Anteil als in der Zeit vor 1922. In Sizilien gab es auch nicht ein spektakuläres Projekt, das die Aufmerksamkeit der Öffentlichkeit im selben Maße wie die Trockenlegung der Pontinischen Sümpfe und des Volturno-Tales auf sich hätte lenken können. Ferner bedeutete für die Regierung die Arbeitslosigkeit in Sizilien eine geringere Gefahr als die im Norden des

Landes, in dem die Militanz der Arbeiterklasse offensichtlich eine weit stärkere Tradition hatte.

Daß den Alliierten bei ihrer Landung in Sizilien 1943 kein Widerstand aus dem Volk entgegentrat, belegte die Kurzsichtigkeit der faschistischen Politik auf der Insel. Im wirtschaftlichen Bereich hatte die Verfolgung der Autarkie Italiens Sizilien zur Rückständigkeit verurteilt. Dies führte unter anderem zu einer Austrocknung der Quellen ausländischen Kapitals, was großen Schaden in einer Region anrichten mußte, in der so viele ausländische Unternehmen tätig waren. Die sizilianischen Produktionsstätten blieben zumeist auf der Stufe handwerklicher Familienbetriebe stehen. Die Gesamtzahl der Industriearbeiter war kaum größer als fünfzig Jahre zuvor, der geringe Zuwachs überdies vorwiegend dem Bausektor zuzuschreiben. Eine positive Entwicklung war freilich, daß Augusta als Flottenhafen groß wurde, doch fiel der Umschlag von Handelsware in den sizilianischen Häfen auf die Hälfte der Tonnage, die fünfzig Jahre zuvor erreicht worden war, und selbst in den 30er Jahren war ein Ende des Rückgangs nicht abzusehen.

Die Schwefelindustrie hatte zunächst einigen Nutzen daraus gezogen, daß die Regierung bereit war, manche der wirklich kostspieligen Minen zu schließen und die Gewinnbeteiligung der Mineneigentümer um die Hälfte zu reduzieren. Doch wie so viele andere gute Absichten scheiterte auch diese in Sizilien am Fels der politischen Notlage. Zwar verkündete ein Gesetz vom Jahre 1927, daß öffentliches Eigentum sei, was unter dem Boden liege, doch wurde paradoxerweise gerade diese Regelung jeden praktischen Nutzens beraubt, als man die Minen auf alle Zeiten ihren früheren Besitzern überantwortete. Wie bei der Kampagne gegen die Mafia war alles, was geschah, daß reiche *gabelloti* wie Don Calogero Vizzini jetzt entfernt wurden und der Eigentümer selbst die Leitung der Mine übernahm oder – der häufigere Fall – einen neuen, fügsameren *gabelloto* fand. In beiden Fällen blieb die Schwefelproduktion so rückständig wie je zuvor.

Als Mussolini Sizilien 1937 besuchte, wollte ein Gerücht wissen, daß er eine besondere Art von Teilregierung für diese schlechtgestellte Region einzurichten plante. Tatsächlich aber kam er nur deshalb auf die Insel, weil diese plötzlich im Zusammenhang mit dem Spanischen Bürgerkrieg und der Entwicklung eines Kolonialreichs in Afrika, auf der anderen Seite des *mare nostrum*, eine neue Bedeutung erlangt hatte. „Sizilien ist die geographische Mitte des Reiches", erklärte er, und aus diesem Grund wolle er es zu einer uneinnehmbaren Festung ausbauen. Von seiner sizilianischen Zuhörerschaft hingerissen, versprach er unvorsichtigerweise, ihr Land zu „einem der fruchtbarsten Gebiete der Welt" zu machen und „eine der glücklichsten Epochen in Eurer 4000-jährigen Geschichte" einzuleiten; das *latifondo* würde schlichtweg „liquidiert" werden, ebenso die ganze extensive Landwirtschaft, die das Leben in Sizilien auf einem so primitiven Niveau verharren ließ.

Selbst wenn all dies vorwiegend als Propaganda gemeint war, so spiegelte die Drohung, das *latifondo* abzuschaffen, doch einen gewissen Meinungsumschwung wider. Mussolini war plötzlich fasziniert von der Massenwirkung eines so einfachen, durchgreifenden Programms. Auch machte die zunehmende Aggressivität der italienischen Außenpolitik eine effizientere Nutzung der Ressourcen im Lande notwendig. Und überdies gingen Mussolinis eigene politische Vorstellungen gerade in eine weitere bourgeois-feindliche Phase über, da ihn die starre Haltung der Landeigentümer und ihr Mangel an Unterstützung erboste, ohne die der Faschismus nicht den erhofften überwältigenden Erfolg hatte. Allerdings kam diese Kehrtwendung zu spät. Erst 1940 erging ein größeres Gesetz, das die *latifondi* aufbrechen sollte, und es wurde sogar eine Gruppe hoher faschistischer Funktionäre nach Sizilien entsandt, die das – wie es hieß – bedeutendste Ereignis seiner Geschichte einleiten sollten. Doch verhinderte der Kriegsausbruch jegliche praktische Durchführung des Programms.

Der Faschismus war mit dem Versuch gescheitert, Sizilien von seiner Vergangenheit loszureißen. Professor Lorenzoni stellte 1940, mehr als eine Generation nach seinem ursprünglichen Bericht, nur wenig Wandel in den meisten Gebieten fest, in denen weiterhin Großgüter bestanden. Die Landwirtschaft fand immer noch großenteils nomadisierend statt, kurze Pachtfristen waren die Regel. Die meisten Wege auf dem Land konnten nicht einmal mit einem groben Karren benutzt werden. Die *latifondi* wurden noch immer als „Lehen" bezeichnet und erschienen als eine Welt des Feudalismus, die vom 20. Jahrhundert weit entfernt war; ganz offenbar war der Faschismus nicht sehr weit ins Landesinnere Siziliens vorgedrungen. Vielleicht fast die Hälfte der Bauern wohnte, wie schon ihre Vorfahren, in Hütten mit nur einem Raum gemeinsam mit ihrem Vieh und lebte zumeist von der Hand in den Mund.

Aus anderen offiziellen Berichten läßt sich das von der faschistischen Propaganda gemalte Bild ungebrochenen Fortschrittes noch weiter korrigieren. Die Arbeitslosigkeit war schlimm und wurde durch Mussolinis starke Voreingenommenheit gegen jede Binnenwanderung noch verstärkt. Das jährliche Wirtschaftswachstum kann kaum mehr als ein Prozent betragen haben. In dreißig Jahren war es offenbar kaum zu einer Hebung des Lebensstandards gekommen. Ein Naturalienpächter mußte üblicherweise mindestens die Hälfte seines Ernteertrags als Pachtersatz abliefern und war seinem Herrn überdies wie im Feudalismus zu persönlichen Diensten verpflichtet. Zwar mögen die meisten Sizilianer nun Brot gegessen haben, doch noch immer nur selten Fleisch. Die öffentliche Unterstützung war deutlich schlechter organisiert als die Amtsträger glaubten, und die Verschuldung sizilianischer Städte und Dörfer machte es unmöglich, daß sie selbst für Versäumnisse des Staates einspringen konnten.

Ein ebenso trauriges Bild boten andere wirtschaftliche Bereiche. So zeigte sich etwa bei der Energieversorgung eine gewisse Ironie darin, daß Mussolini mit all seinem Ehrgeiz und Durchsetzungsvermögen nicht gelang, was nach seinem Tod geradezu eine kleine industrielle Revolution hervorrief: die Nutzung der natürlichen Energiequellen. Zu Recht erhob er den Anspruch, die Stromversorgung ausgebaut zu haben, doch tatsächlich geschah dies in einem überraschend geringen Ausmaß; 1939 hatte sie nur ein Zehntel des durchschnittlichen italienischen Niveaus erricht. Nur die Hälfte der sizilianischen

Dörfer war telephonisch erreichbar. Selbst offizielle Stellen gaben zu, daß es ein beachtliches ungenutztes Potential von Wasserkraft gab, während man eher in Wärmekraftwerke investierte, die zwar billiger, aber auf importierte Kohle angewiesen waren und damit das Programm nationaler Selbstversorgung Lügen straften.

Der Zweite Weltkrieg und seine Nachwirkungen

Das schlimmste Erbe des Faschismus für Italien war der Zweite Weltkrieg. Aufgrund seiner Insellage war Sizilien von jeder Auseinandersetzung mit unvermeidlicher Härte betroffen, erst recht natürlich bei einem Konflikt, dessen eine Hauptfront am Mittelmeer lag. Die Märkte für sizilianische Exportgüter waren zumeist geschlossen, und die Schwierigkeit, Nahrungsmittelimporte zu erlangen, führte dazu, daß die Sizilianer zeitweilig fast nichts anderes als Orangen zu essen hatten. Das Ausmaß der Enttäuschung zeigte sich etwa darin, daß die faschistische Regierung die Unloyalität ihrer eigenen Beamten auf der Insel so sehr fürchtete, daß sie im August 1941 von ihren Amtsträgern alle gebürtigen Sizilianer auf das Festland zurückbeorderte. Zwar hatten sicher schon früher manche Beherrscher Siziliens einen ähnlichen Verdacht gehegt, doch war keiner so weit gegangen. Wie andere Gesetze der Faschisten, wurde freilich auch diese Anordnung nicht befolgt, doch wirft sie ein Schlaglicht sowohl auf die ungebrochene Neigung der Sizilianer zu Aufständen als auch darauf, wie inkompetent und grundsätzlich oberflächlich das Regime war.

Im Krieg war die Insel von entscheidender strategischer Bedeutung; so wählten die Alliierten Sizilien als Ziel ihrer ersten Landung gegen die Hitlertruppen in Europa. Mussolini versprach den faschistischen Anführern, daß eine alliierte Invasion Siziliens unmöglich erfolgreich verlaufen könne und hielt an dieser Ansicht auch noch einige Tage später fest, als ihm seine Generäle schriftlich erdrückende Beweise für das Gegenteil vorgelegt hatten. Mussolini wagte nicht, die sizilianische Bevölkerung für die Verteidigung der Insel mobil zu machen, da er in ihrer Bewaffnung eine zu große Gefahr sah; auch hätte dies das Eingeständnis eines Fehlers und das Risiko der Aufdeckung des Bluffs bedeutet, auf dem seine Herrschaft beruhte. So gab es an der Küste Siziliens keine richtigen Verteidigungsanlagen, geschweige denn ausreichende Luftsicherung gegen die Invasoren, und die Artillerie war, wie die Generäle beklagten, vielfach auf Pferdekraft angewiesen und teilweise völlig unbrauchbar.

Im Juli 1943 landeten die Amerikaner nahe Gela und fegten von dort aus durch den Westen der Insel. Im Osten trafen britische und kanadische Einheiten auf den geballten deutschen Widerstand. In einem Augenblick der Panik fiel der stark befestigte Hafen von Augusta kampflos an die Invasoren, es folgte allerdings eine langwierige Schlacht auf der Ebene von Catania. Den Sizilianern blieb nicht viel mehr übrig, als auf eine rasche Entscheidung zu hoffen; tatsächlich aber zogen sich die Kämpfe fünf Wochen lang hin. Trotz ihrer völligen Überlegenheit zu Luft und zu Wasser ließen es die Alliierten zu, daß die Deutschen mit dem Großteil ihrer Ausrüstung über die Meerenge aufs Festland flohen. Auch die Italiener konnten, obwohl sie von den höheren Kommandos der Deutschen weitgehend im Stich gelassen wurden und nur wenige Fahrzeuge und Fährboote zur Verfügung hatten, viele Soldaten evakuieren. Schließlich war Sizilien wieder einmal vom übrigen Italien getrennt und von einem fremden Eroberer beherrscht.

Der Krieg war schlicht eine Katastrophe. In seinen letzten Phasen kam es zu vielfältigen Zerstörungen, insbesondere in Palermo und in Messina; manche Dörfer wurden fast völlig vernichtet, und die Schäden an der Energieversorgung sollten sich für die Wirtschaft der ersten Nachkriegszeit als äußerst nachteilig erweisen. Zu keinem Zeitpunkt gab es auch nur irgendein Anzeichen für einen Aufstand gegen Mussolini, und doch verließ fast jeder faschistische Amtsträger nach der Niederlage eilends die Insel. Die Alliierten brachten nicht nur Lebensmittel, sondern auch neue Medikamente mit sich, durch die endlich wirksam gegen die Malaria vorgegangen werden konnte. Ihr Sieg bedeutete auch die Wiederherstellung einer freien Regierung und neue Möglichkeiten für die Selbstbestimmung der Insel. So trat der Separatismus als starke politische Kraft in Erscheinung; sein Anliegen sollte die sizilianische Politik drei Jahre lang beherrschen. Man erwog die Abhaltung eines Plebiszits über die Frage, ob Sizilien eine unabhängige Republik werden solle, und manche sprachen gar von einem Anschluß an die Vereinigten Staaten von Amerika!

Dieser neue Zustand politischer Unruhe führte, wie nach dem Ersten Weltkrieg, zu einem Ausbruch von Gesetzlosigkeit, und so hörte man zum ersten Mal nach über einem Jahrzehnt erzwungenen Schweigens in dieser Sache wieder etwas von der Mafia. Man hat häufig den Vorwurf erhoben, daß es die Alliierten waren, die die Mafia wiedereingesetzt hätten, um die Eroberung Siziliens leichter durchführen zu können, und sicherlich profitierten die *mafiosi* Don Calogero Vizzini und Genco Russo bei ihrem Aufstieg zu wichtigen Positionen in der neuen Verwaltung der Insel von der Unterstützung durch die Alliierten. Auch trifft zu, daß plötzlich der sizilianisch-amerikanische *mafioso* Vito Genovese, der in den Vereinigten Staaten noch wegen zahlreicher Verbrechen, darunter Mord, steckbrieflich gesucht wurde, merkwürdigerweise als Verbindungsoffizier in einer amerikanischen Einheit auftauchte. Doch sollte man dies nicht überbewerten. Die Mafia bestand stets mehr in der Phantasie der Beobachter als in der faktischen Welt: So ist bezeichnend, daß ein an günstiger Stelle postierter amerikanischer Nachrichtenoffizier nach dem Krieg berichtete, der Erfolg der Alliierten nicht nur in Sizilien, sondern auch in Salerno und in Sardinien sei der jeweils lokalen Mafia zu verdanken.

Ein wichtiger Faktor für das Wiederauftauchen von Männern wie Vizzini und Genco Russo bestand darin, daß nach dem Zusammenbruch der faschistischen Herrschaft ein Machtvakuum entstanden war, das zu füllen sie gut geeignet waren, denn sie waren nicht nur wohlgeachtete Lokalheroen, sondern auch als Opfer von Moris Vorgehen gegen die Mafia in einer guten Position, sich als Antifaschisten zu bezeichnen; in Sizilien hielt man ja oft Beschuldigungen wegen krimineller Vergehen für bloß politisch veranlaßt. Berufspolitiker der üblichen Art waren überdies nicht greifbar, da sie samt und sonders Faschisten gewesen waren; und da sich anders als in anderen Teilen Italiens in Sizilien keine organisierte Partisanenbewegung gebildet hatte, konnte auch aus dieser keine neue Politikerschicht hervorgehen und die bestehende Gesellschaftsstruktur aufbrechen.

Ein weiterer Grund für die Rehabilitierung der alten *mafiosi* war, daß angesichts des Nachkriegschaos und der Hungersnot die Bauern wieder Teile von Großgütern zu besetzen begannen; um Hilfe dagegen wandten sich die *latifondisti* instinktiv an Vizzini und Genco Russo. Die landlosen Arbeiter, die den Großteil der Bevölkerung ausmachten, hatten im Krieg weit mehr zu leiden gehabt als die Grundeigentümer oder die landbesitzenden Bauern, so daß die Besetzungen als ein verzweifelter, oft allerdings ergebnisloser Versuch des Ausgleichs erscheinen. Wie nach 1918 versuchten wieder mehrere Regierungen nacheinander die Landeigentümer zur Gewährung von gerechteren Pachtverträgen zu drängen; manchmal mußten sie auch illegale Aktionen nachträglich sanktionieren. Gegen einen solchen Trend stemmten sich freilich viele Landeigentümer mit aller Macht – und mit den zu ihrer Verfügung stehenden bewaffneten Banden. Im September 1944 wagten führende kommunistische und sozialistische Politiker, Vizzinis Prestige in seiner Heimatstadt Villalba in Frage zu stellen. Dieser sah sich gezwungen, sich ihnen gegenüber zu behaupten: Seine Leibgarde eröffnete das Feuer, und so gab es einige Verletzte, darunter den künftigen kommunistischen Abgeordneten Gerolamo Li Causi.

In dem Durcheinander, das dem Verschwinden des Faschismus folgte, hing der persönliche Erfolg davon ab, rechtzeitig auf die richtige Seite gesetzt zu haben. Vizzini unterstützte anfangs die Separatisten, eine Gruppe, die unter der landbesitzenden Schicht viele Anhänger hatte, aber auch einige utopistische linke Intellektuelle zu sich rechnete, die naiverweise meinten, daß die Gewinnung der Unabhängigkeit von

Italien endlich das Ende der Ausbeutung und Armut bedeuten müsse. Als die Alliierten im Februar 1944 Sizilien der italienischen Verwaltung übergaben, bildeten einige der extremistischeren Elemente eine Geheimarmee und hißten die gelb-rote Fahne mit dem dreibeinigen Symbol Trinacrias in einem Bürgerkrieg gegen das übrige Italien. Für ihr Unternehmen warben sie *mafiosi* und Banditengruppen zuhauf an, was ein Bürgermeister von Palermo mit dem Hinweis auf Garibaldis Vorbild rechtfertigte, der sich 1860 auch nicht gescheut habe, den Abschaum der Gesellschaft für ein hehres Ziel einzusetzen.

Um solch einen gefährlichen Ausbruch von separatistischen Gefühlen zu unterbinden, gewährte die italienische Regierung im Mai 1946 Sizilien ein großes Maß an Autonomie, das zwar mancher für übertrieben hielt, das aber jedenfalls dazu beitrug, daß sich viele Sizilianer mit der italienischen Oberherrschaft abfanden. Ebenso wurden einige glühende, freilich manchmal irregeleitete Hoffnungen genährt. Eine Reihe von Leuten behauptete, daß der wirtschaftliche Niedergang Siziliens 1861 begonnen habe und nun die Autonomie zur Industrialisierung der Insel führen werde. Andere hatten die realistischere Erwartung, daß die Existenz einer ausgeprägten Regionalverwaltung viel mehr Menschen ein neues politisches Bewußtsein verleihen werde. In Palermo wurde eine gesetzgebende Versammlung von 90 Abgeordneten mit einem eigenen Ministerkabinett eingerichtet; diese Institution erhielt die fast vollständige Kontrolle in den so wichtigen Bereichen Landwirtschaft, Bergbau und Industrie und recht weitgehende in Verkehr, öffentlicher Ordnung und vielen weiteren Bereichen des öffentlichen Lebens.

Besonders angetan von dieser Art der Autonomiegewährung waren die Einwohner von Palermo, da so in gewisser Hinsicht die alte Hauptstadt Siziliens wieder zu Ehren kam. Zwar verlor der Hafen der Stadt unablässig an Bedeutung, doch kam es zu einer Blüte Palermos als Metropole der Bürokratie, was viele neue Arbeitsmöglichkeiten mit sich brachte. Die Bevölkerungszahl war zwischen 1861 und 1921 aufs Doppelte angewachsen, bis 1961 hatte sie sich verdreifacht. Daß auch allgemein einige Zufriedenheit herrschte, lag an der Zahlung einer besonderen Zuweisung an die Region durch die italienische Regierung, die die Ungleichbehandlung Siziliens in der Vergangenheit wettmachen und der Tatsache Rechnung tragen sollte, daß das besteuerbare Einkommen Siziliens weit unter dem italienischen Durchschnitt lag. So kam es, daß bei der ersten Wahl des Regionalparlaments 1947 weniger als 10 Prozent der Abgeordneten von den Separatisten gestellt wurden und diese Partei bis 1951 fast ganz verschwunden war.

Vor der ersten Wahl herrschte allerdings einige Unruhe in einer anderen Hinsicht, denn die Kommunisten und Sozialisten hatten zusammen weit mehr Anhänger als die Christdemokraten; andere Parteien waren nur am Rande von Bedeutung. Wenn die Linke also zu einer Übereinstimmung gelangte, schien eine Übernahme des Regionalparlaments und die Durchführung drastischer Sozialreformen unabweisbar. Deshalb sammelten sich viele Vertreter der politischen Mitte und der Rechten bei den Christdemokraten; auch Vizzini und seine Freunde etwa gingen rasch zu dieser neuen Bindung über – und der Erfolg der Christdemokraten sowohl 1948, als sie die Zahl ihrer Abgeordneten verdoppeln konnten, als auch in den Folgejahren, in denen sie stets die Mehrheitspartei waren, mag durchaus auf eine derartige Unterstützung zurückgehen. Es folgte eine Terrorkampagne, bei der Dutzende von Gewerkschaftsfunktionären ermordet wurden und deutlich gezeigt wurde, daß eine organisierte Arbeiterschaft in Sizilien nicht willkommen war.

Als der berüchtigtste Sizilianer der Nachkriegsjahre, der auch an der gewaltsamen Kampagne gegen die Linken stark beteiligt war, galt der Bandit Salvatore Giuliano. Dieser Volksheld, Gegenstand vieler weitverbreiteter Balladen, war zunächst nur einer von vielen Brigantenführern gewesen, die das Land unsicher machten. Durch seine Rücksichtslosigkeit, seine ostentative Großzügigkeit gegenüber einigen Armen, sein gutes Aussehen und seinen ausgeprägten Spürsinn für publikumswirksames Auftreten wurde er jedoch bald zu einer Legende und selbst außerhalb Italiens zu einem Begriff. Auch trugen seine beachtliche Führungskraft und einige glückliche politische Engagements dazu bei, daß er als jemand galt, dessen Unterstützung für diejenigen Leute billig war, die sie sich eben leisten konnten; und obgleich er nachweislich einige Polizisten ermordet hatte, wurden ihm außerordentliche Gunstbeweise der Behörden zuteil.

Wie Vizzini hatte sich Giuliano politisch zunächst den Separatisten angeschlossen; 1945 war er Oberst der sizilianischen Unabhängigkeitsarmee. Als aber der Separatismus ihm keine Unterstützung und Zuwendungen höchster Stellen mehr zu garantieren vermochte, tendierten bemerkenswerterweise in seinem Einflußbereich die Wahlergebnisse deutlich zu den Monarchisten, später zu den Christdemokraten. Bereits vor 1947 wurden seine beachtlichen Machtmittel zum Kampf gegen den Kommunismus eingesetzt, wenige Tage nach dem Triumph der Linken bei der Wahl vom April 1947 richteten er und sein Gefolge die Maschinengewehre auf die Teilnehmer an einer Kundgebung zum 1.Mai in Portella della Ginestre bei Palermo, und in den nächsten Wochen wurden viele Parteibüros der Kommunisten systematisch demoliert.

Die Zentralregierung war bis 1947 endlich stark genug geworden, ernsthaft gegen das Problem des Brigantentums vorzugehen, doch blieb aus irgendeinem Grunde Giuliano davon verschont. Vielleicht war er zu mächtig, als daß man ihn anrühren wollte, oder aber man befürchtete seine möglichen politischen Enthüllungen. Jedenfalls wurden ganze Polizeibataillone gegen ihn ohne jedes Ergebnis aufgeboten, während es merkwürdigerweise auswärtigen Journalisten nicht schwerfiel, ihn in seinem Versteck aufzusuchen. Noch verwunderlicher ist aber, daß einige hohe Polizeibeamte in Verbindung zu ihm standen und die repressiven Maßnahmen – vielleicht auch aus Rivalität innerhalb der Exekutive – behinderten. Erst 1950 kam Giuliano schließlich um – und das unter Umständen, die bis heute mysteriös geblieben sind.

Kapitel 24

Die Autonomie

Die Hoffnungen, die mit der Gewährung einer regionalen Autonomie einhergingen, verbargen freilich eine weniger günstige Wirklichkeit. So hatte sich die Regierung zu einem übereilten Zugeständnis hinreißen lassen, um die separatistische Bewegung unschädlich zu machen, doch gab es auch innerhalb des sizilianischen Staatskörpers tiefe Risse. Die Hauptspaltungen verliefen die Klassengrenzen entlang. Die *latifondisti* waren von den letzten Jahren des Faschismus in Angst und Schrecken versetzt; viele von ihnen hofften, die Autonomie für die Sache der Reaktion nutzen zu können und so die demokratische Tendenz zu beenden, die ihnen mehr als ein Jahrhundert der Angst beschert hatte. Am anderen Ende des politischen Spektrums gab es eine Reihe junger Radikaler, die in der Autonomie einen Weg zum Losbrechen von der „Unbeweglichkeit" und zur Kanalisierung der bäuerlichen Bestrebungen auf konstruktive Ziele hin sahen. Doch wie so oft in der Geschichte gelang es der Linken nicht, eine gemeinsame Front zu bilden, so daß schon 1948 die Konservativen die politische Macht gewonnen hatten, was alle Hoffnungen auf einen grundlegenden Wandel zunichte machte. So erreichte die neue Regelung, wie die von 1860, nicht einmal die Illusion von gutem Willen.

Das neue Regionalstatut Siziliens war zwar bemerkenswert liberal und zeigte ein echtes Interesse an der Gewaltenteilung, doch war es insgesamt zu übereilt entworfen worden, als daß es hätte völlig befriedigen können; überdies war es in einer Zeit entstanden, in der die Verfassungslage des italienischen Festlands unklar war. So kam es in der Folge zu vielfältiger Kritik in Rom, daß ohne Not allzu weitgehende Zugeständnisse gemacht worden seien. Man versuchte also, einiges vom ursprünglich Gewährten zurückzunehmen, was zu Reibereien zwischen Region und Staat führte; diese kosteten natürlich viel Zeit, die man besser auf konstruktive Planung und Wiederaufbau verwendet hätte. Es kam auch zu einem erneuten Ausbruch von *sicilianismo*, dem nüchternen Lokalpatriotismus, der schon so oft von der jeweils herrschenden Schicht der Insel dazu benutzt worden war, jeder Reformbestrebung den Wind aus den Segeln zu nehmen.

Die bitteren Anschuldigungen gegen Rom in den ersten Jahren der Autonomie bewirkten eine Sterilität der sizilianischen Politik, die bis heute andauert. Allerdings kam der Zusammenstoß zwischen Zentralisten und Autonomisten nicht ganz unerwartet. Unsicherer Nationalismus war ein Leitmotiv italienischer Geschichte seit 1860 gewesen und blieb dies auch, freilich in abgeschwächter Form, als Italien 1946 zur Republik wurde. So gab es etwa heftigen Widerstand gegen die Einrichtung der sizilianischen *Alta Corte*, obwohl das Statut diese Institution zum Schutz der Verfassung vorgesehen hatte, und 1956 wurden die Befugnisse dieses Gerichts sogar wieder dem Verfassungsgericht in Rom überantwortet. Ebenso wirkungslos blieb die Klausel, nach der der Regionalpräsident Chef der Polizei auf der Insel sein sollte, und auch das immer wieder einmal deutliche Zögern der Regierung, die zugesagten Zahlungen an Sizilien tatsächlich zu leisten, trug nicht zur Förderung des guten Willens bei.

Manches wäre wohl einfacher gewesen, wenn die sizilianische Bürokratie entweder unparteiisch oder gar autonomistisch eingestellt gewesen wäre. So aber kamen viele der neuen Beamten aus dem früheren italienischen Afrika-Ministerium und führten die dort erfahrene zentralisierende und formalistische Praxis in das öffentliche Leben Siziliens ein, was als Hemmschuh für die volle Anwendung der Autonomie wirken mußte und zu einem unangebrachten Konservativismus führte, der zusammen mit dem Anwachsen bürokratischer Klientelverbindungen ein wichtiger Faktor dafür wurde, daß die Region nicht mehr Reformen erlebte. Erst 1971 wurde ein Gesetz erlassen, das den Charakter der Bürokratie verbessern sollte; der Hauptschaden war dann allerdings schon geschehen.

Wenn auch an der Quelle verunreinigt, war der Idealismus, der mit dem Eintreten der Autonomie einherging, nicht ohne Wirkung. Im Bereich der Landwirtschaft etwa gab es intensive Diskussionen über die Zukunft der *latifondi*, und 1948 wurde ein Gesetz verabschiedet, das den Besitz von mehr als 200 Hektar zusammenhängenden Landes verbot. Zur Aufsicht über die neuen Besitzverhältnisse wurden staatliche Stellen geschaffen, und wichtige Versorgungseinrichtungen wie Bewässerung und Straßen sollten aus öffentlichen Mitteln bereitgestellt werden. Ferner wurde bestimmt, daß jeder Großgrundbesitzer, der sein verbliebenes Land nicht melioriere, enteignet werden sollte. Die Gesetze von 1948 und 1950 waren zwar konservativ, was sich insbesondere darin zeigt, daß sie Kooperativen nicht förderten; sie bewirkten aber immerhin einigen Wandel: Es wurden in ihrer direkten Folge neue Gehöfte mit insgesamt vielleicht 300000 Hektar geschaffen. Wichtiger noch war, daß der politische Zugriff der *latifondisti* nunmehr wirksam gebrochen war – das erste Mal seit über 2000 Jahren.

Allerdings war die Landreform kein uneingeschränkter Erfolg. Zum einen waren viele große Güter bereits auf mehrere Pachtbauern verteilt worden, so daß die neuen Gesetze auf sie in der Regel keine Anwendung fanden, zum anderen kamen die raffinierteren Eigentümer der neuen Gesetzgebung dadurch zuvor, daß sie ihre Ländereien formal auf die Verwandtschaft verteilten und damit ebenfalls die Teilungsgrenze unterliefen. Schließlich bestanden viele der neuen Kleingüter aus weniger gutem Land, und außerdem fehlte den neuen Besitzern die Erfahrung, das Glück oder das Kapital, ihre Betriebe in Gang zu bringen; auch war die spätere Konkurrenz von landwirtschaftlichen Produkten aus dem Norden, in der Folge dann aus der Europäischen Wirtschaftsgemeinschaft keine Hilfe. So war die Landreform insgesamt zu partiell und kam zu spät, so daß Hunderttausende sizilianischer Bauern mit den Füßen darüber abstimmten: Sie verließen das Land und suchten sich andernorts Arbeit.

Die Mängel der Landreform kann man nicht allein dem Konservativismus anlasten. Von gleicher Bedeutung war die Unterordnung der Landwirtschaft unter die Industrie mit der Folge mangelnder Planung und Investition in diesem Bereich. Was auf dem Land an Fortschritt erzielt wurde, war eher Stückwerk als System, und alle Modernisierungen – wohlgemerkt nicht ganz wenige – blieben auf „Inseln“ wie die Ebene von Catania, den Ragusano oder San Giuseppe Jato beschränkt. Die Initiative für einen Wandel ging überdies in der Regel eher von unten als von der Regierung aus, und diesem lokalen Bestreben ist wohl zuzurechnen, daß Siziliens Anteil an der nationalen landwirtschaftlichen Produktion Italiens zwischen 1949 und 1974 nicht noch weiter absank, sondern zumindest um 1 Prozent anstieg. Die von der internationalen Ölkrise bedingte Krise der Industrie im Jahre 1973 bewirkte offiziell eine gewisse Neubewertung der Rolle der Landwirtschaft, doch trotz neuerer Anzeichen von Dynamik ist dieser Bereich noch immer nicht soweit entwickelt, daß er eine wichtige Triebkraft für die Wirtschaft Siziliens insgesamt sein könnte.

Auch Italiens Beitritt zur Europäischen Wirtschaftsgemeinschaft 1958 behinderte die Fortentwicklung der sizilianischen Landwirtschaft. Die Verquickung von Politik und Reform, die nach dem Krieg die Regelung der Landbesitzverhältnisse beeinträchtigt hatte, wiederholte sich nun auf internationaler Ebene, wobei starke Gegenden in der Gemeinschaft auf Kosten von Randgebieten bevorzugt wurden. Die Hauptprodukte der Insel waren weitgehend ungeschützt, und auch wenn der Anbau von Zitrusfrüchten deutlich zunahm, trugen geringe Investitionen, hohe Transportkosten und die nur beschränkte Zunahme von Kooperativen dazu bei, daß Sizilien anderen Anbauländern im Mittelmeer gegenüber sogar an Boden verlor. Entsprechend zurückhaltend beurteilte man in Sizilien den Beitritt Spaniens und Portugals zur Europäischen Gemeinschaft 1986.

Der landwirtschaftliche Fortschritt war also eine Enttäuschung, der industrielle hingegen sogar eine wirkliche Katastrophe. Das Scheitern in diesem Bereich war besonders bitter, da auf ihn nach dem Krieg so hohe Hoffnungen gesetzt worden waren. Man hatte gemeint, daß die Autonomie Sizilien aus dem Würgegriff der nationalen Monopole befreien würde und daß so eine neue einheimische Bourgeoisie entstehen könnte, die den Mythos mangelnder unternehmerischer Fähigkeiten der Sizilianer Lügen strafen würde. Die jahrhundertelange – wirkliche oder vermeintliche – Opferrolle manifestierte sich nun in der verstärkten Überzeugung, daß die wirtschaftlichen Probleme der Insel von anderen verschuldet waren. Die Entdeckung, daß dies nur die halbe Wahrheit war, kam als brutaler Schock, der in den 70er Jahren zu viel schmerzhafter Nabelschau führte.

Inzwischen war jedoch eine ganze Reihe regionaler Agenturen geschaffen worden, die die Geburtswehen der industriellen Entwicklung lindern sollten. Eine besonders vielversprechende von ihnen war der *Istituto Regionale per il Finanziamento alle Industrie in Sicilia* (IRFIS), eine 1954 errichtete Finanzinstitution, die kleinen und mittleren Betrieben billige Kredite gewähren sollte. Allerdings entwickelte sie bald eine Vorliebe für große, nichtsizilianische Firmen und wurde Opfer bürokratischer Verknöcherung. Auch andere Agenturen wie der *Ente per la Rinascità Industriale della Sicilia* (ERIS) und später die *Società Finanziaria Siciliana* (SOFIS) und der *Ente Siciliano per la Promozione Industriale* (ESPI) begingen im Laufe der Zeit Verrat an ihren ursprünglichen Versprechungen, indem sie der Korruption erlagen. Im Falle des 1947 zur Bereitstellung billiger Elektrizität gegründeten *Ente Siciliano di Elettricità* (ESE) lag das Problem schlicht in der Verweigerung der Kooperation begründet, und eine ähnliche Enttäuschung war die Bergbauorganisation *Ente Minerario Siciliano* (EMS), der es nicht gelang, den chronischen Niedergang des Schwefelabbaus aufzuhalten: 1984 wurden nur noch 21000 Tonnen gefördert.

Die anfängliche Begeisterung für die Industrialisierung erhielt einigen Auftrieb, als 1953 bei Ragusa Ölvorkommen entdeckt wurden. Dies war zu großen Teilen einem Gesetz zu verdanken, das Sizilien für ausländische Ölsuchtrupps attraktiv gemacht hatte. Als wenig später die italienische Gesellschaft *Ente Nazionale Idrocarburi* (ENI) ein weiteres Ölfeld vor Gela fand, schien dem Wohlstand der Insel nichts mehr im Wege zu stehen. In Augusta wurde eine große Raffinerie errichtet und später mittels einer Pipeline mit Ragusa verbunden. Bis 1966 konnte man in Augusta bereits 8000000 Tonnen Rohöl jährlich verarbeiten. Eine weitere petrochemische Anlage entstand in Gela, und erstmals wurde nun an der Südküste der Insel ein richtiger Hafen gebaut, dessen fast 5 km lange Mole zu einem Insel-Terminal führte. Ferner entdeckte man wichtige Methangasvorkommen und Pottaschelager.

Alle Hoffnungen auf eine Industrialisierung Siziliens wurden aber von der Wirklichkeit verdorben. Das chronische Mißtrauen, das Handel und Gewerbe schon in der Vergangenheit gelähmt hatte, erwies sich als noch immer lebendig. 1947 wurde ein Gesetz verabschiedet, das die Registrierung von Aktien zur Pflicht machte, doch strafte die daraufhin einsetzende Zunahme von Gesellschaften mit beschränkter Haftung anstelle von Aktiengesellschaften die Hoffnung einer Belebung dieses Bereiches Lügen. Bis zur Mitte der 50er Jahre stieg der Wert des Kapitals in Sizilien von dreieinviertel auf fast sechzig Milliarden Lire, doch gehörte die Hälfte dieses Betrags einer einzigen Holding. Überdies kamen viele Investitionen aus dem Ausland, und so wurde immer noch der alte Vorwurf laut, daß die Sizilianer selbst eben nicht bereit waren, Risiken zu übernehmen. Manchen schien die Idee einer Handelsgesellschaft einen kriminellen Beigeschmack zu haben, was ein Anzeichen dafür ist, wie gerade die juristische Schwerfälligkeit zu dem Individualismus beitrug, der so viel Mafia-Verhalten zugrunde lag.

Viele Mängel der sizilianischen Industrie gehen auf das Konto schlechter Planung. Eigentlich wurde eine ganze Reihe von ehrgeizigen Programmen verkündet, etwa das von La Loggia und Alessi sowie der „Piano Battelle“ von 1961; alle aber scheiterten. Man hat dafür verschiedene Ursachen vermutet: Manche hielten solche Pläne für Arbeiten von Experten, die mit den praktischen Gegebenheiten zu wenig vertraut waren, andere wiesen darauf hin, daß große Industriekomplexe für Sizilien ungeeignet waren, denn petrochemische Anlagen wie die von Gela im Süden und die nahe Milazzo im Norden waren eher kapital- als arbeitsintensiv und hatten kaum eine positive Wirkung auf den lokalen Arbeitsmarkt; überdies zogen sie keine Zulieferbetriebe an. Zu oft nutzten große nationale Konzerne die großzügigen staatlichen Subventionen nur dazu, solche Anlagen zu errichten, die dann keine Verbindung mit der sizilianischen Wirtschaft erreichten; und wenn diese „Kathedralen in der Wüste" Gewinn abwarfen, wanderten diese in den Norden.

Im allgemeinen wurde der verarbeitende Sektor der Wirtschaft weiterhin von Kleinbetrieben beherrscht. 1961 waren zwei Drittel der industriellen Arbeitskräfte in kleinen Gesellschaften mit bis zu zehn Beschäftigten eingesetzt, zwanzig Jahre später lag das Verhältnis noch immer nahe bei zwei Fünfteln. Daß so viele Betriebe bloß knapp über der Rentabilitätsgrenze arbeiteten und entsprechend verwundbar waren, bietet eine Erklärung dafür, daß in den 70er Jahren Sizilien die geringste Zuwachsrate an Arbeitsplätzen in der Industrie im ganzen Süden hatte. In anderen Teilen Italiens, besonders in Zentral- und Nordostitalien, trat im Sog der Ölkrise eine Vielzahl von Kleinbetrieben in Erscheinung. In Sizilien hingegen gab es das einzige spürbare Wachstum in der Bauwirtschaft; und dieser unproduktive Sektor absorbierte in den Jahren bis 1981 mehr als ein Viertel der Industriearbeiter, also weit mehr als im italienischen Durchschnitt.

So vielen Schwächen Siziliens, wirtschaftlichen wie ethischen, lag stets die Inkohärenz des politischen Lebens zugrunde, die – allen Beteuerungen der sizilianischen Nationalität zum Trotz – neben anderem auf das Fehlen eines übergreifenden Gemeinschaftsideals zurückging. Vielleicht noch wichtiger war aber das völlige Mißtrauen gegen jeglichen Altruismus. In dieser kargen Welt fielen Appelle an den Gemeinsinn eben wirklich auf unfruchtbares Land. Durchtriebenheit, *scaltrezzea*, wurde gemeinhin höher gehalten als christliche Tugenden, und in der Politik untermauerte diese Haltung das Klientelwesen. Da die Möglichkeiten von den Erwartungen überflügelt wurden, hielt sich die Meinung, daß man nur mit einem Patron (den man als „Heiligen im Paradiese" bezeichnete) überhaupt auf ein persönliches Fortkommen hoffen durfte, und auch zur Zeit der sizilianischen Autonomie gingen solche vertikalen Beziehungen in der Gesellschaft nicht etwa zurück, sondern blühten weiterhin auf Kosten einer kollektiven Ethik.

Zu den Opfern des Klientelwesens gehörten die öffentlichen Agenturen. Bis 1974 gab es über 200 solcher Institutionen, die zusammen etwa 1500 Milliarden Lire aufbrauchten, ohne viel sichtbare Erfolge vorweisen zu können. Das berüchtigtste Beispiel für solche Ineffizienz war die bereits genannte Agentur SOFIS, 1958 gegründet, um eine neue Schicht von Unternehmern zu bilden und ein Netzwerk kleinerer Gesellschaften zu veranlassen, das so lange unterstützt werden sollte, bis es ohne Hilfe von außen selbst Bestand habe. Zwar lag die Ursache für das Versagen dieser Agentur teilweise auch im Widerstand der großen nationalen Konzerne begründet, doch wurde eine wirtschaftliche Planung vor allem durch die Kämpfe der Klientelgruppen untereinander unmöglich gemacht. Überdies galten die mit Hilfe von SOFIS errichteten Betriebe nur als Warteplatz für eine politische Karriere, so daß wirtschaftliche Effizienz kein wichtiges Kriterium für die Förderung war.

Als SOFIS 1967 bankrott ging, wurde sie durch die auch bereits genannte Agentur ESPI ersetzt, die ebenfalls lokale Initiative fördern sollte, aber schon bald von derselben Krankheit wie ihre Vorgängerin befallen wurde: Bis 1976 waren ihre 45 Gesellschaften mit 100 Milliarden Lire verschuldet. Wieder muß man als Hauptursache das Klientelwesen annehmen. In den frühen 70er Jahren gab es 369 Verwalter des ESPI, von denen so gut wie alle aufgrund politischer Überlegungen – die meisten waren Christdemokraten – eingesetzt worden waren. Diese Amtsträger nutzten ihrerseits ihre Stellung für eigene Protektion aus, was die Personalkosten in groteske Höhen trieb. 1976 sollen die ESPI-Gesellschaften den sizilianischen Steuerzahlern mehr als 50 Milliarden Lire gekostet haben, und doch hätte, wie eine Regionalkommission feststellte, ihre Produktivität um 360 Prozent gesteigert werden müssen, damit sie überhaupt annähernd wettbewerbsfähig würden.

Eine solche Situation konnte kaum eine neue Schicht von Unternehmern hervorbringen. Da Stellungen in der Industrie an politische Karrieristen vergeben wurden, mußte ihnen jeder Gedanke an rationelles Wirtschaften als Greuel erscheinen, und da ihre Posten sicher waren, sahen sie sich nicht veranlaßt, auch einmal ein wirtschaftliches Risiko einzugehen, womit ein wichtiger Aspekt jedes Unternehmertums unterdrückt wurde. Viele Sizilianer, darunter auch Politiker, waren sich der Nach teile dieses Systems durchaus bewußt, doch fand man allen Analysen und Erörterungen zum Trotz keinen gangbaren Ausweg. Die übliche Günstlingswirtschaft sitzt zu tief, und selbst die Oppositionsparteien senden angeblich ihre Agenten nach Palermo in die Korridore der Beratungsinstitutionen, um alle erreichbaren Gefälligkeiten zu ergattern.

Seit dem Krieg hat sich die Protektion mit erstaunlicher Wirkung in fast jeden Winkel des Lebens in Sizilien ausgebreitet. Ihren entscheidenden Auftrieb erhielt diese Entwicklung in den frühen 50er Jahren. Bis dahin waren die Christdemokraten in Sizilien von den alten *notabili* beherrscht, die Politik als Mußebeschäftigung ansahen und deshalb davor zurückschreckten, sich den Forderungen zu stellen, die eine Massenorganisation inzwischen eigentlich erforderte. 1954 kam es dann zum triumphalen Erfolg Amintore Fanfanis beim nationalen Parteikongreß in Neapel und zur „Wende nach links". Die Christdemokraten wandelten sich zu einer modernen Partei, die mit ihrer autonomen Struktur nicht mehr von der Kirche und den Großkonzernen abhängig war, sondern „von unten" organisiert war. In Palermo wurden die *„fanfaniani"* von einem jungen Provinzsekretär geführt, Giovanni Gioia, und unter dessen Leitung konnte die Partei in den Jahren zwischen 1952 und 1959 ihre Mitgliederzahl mehr als verdoppeln. Die neue politische Konfiguration verkündete ihre Machtübernahme als Triumph der Moralität über die Kräfte der Mafia.

Sizilien war für Fanfani von größter Bedeutung, da etwa ein Drittel seiner Parteigänger von der Insel stammte. So waren

Gioia, Salvatore Lima und die anderen „Jungtürken“ unentbehrlich, denn ohne sie gab es für ihn beim Nationalkongreß keine Mehrheit. Unter einem solchen Schutzmantel machten sich die *fanfaniani* in Sizilien daran, eine riesige Klientel aufzubauen, die auf ihrer Kontrolle der Organisationen (*enti*) auf Gemeinde-, Provinz- und Regionalebene beruhte. So wurde jede Art von öffentlich bedeutsamer Organisation zu politischen Zwecken ausgenutzt, darunter selbst die Müllabfuhrgesellschaften und die Stadtpolizei. Letztere konnte ja immerhin einem widerspenstigen Ladenbesitzer, Straßenhändler oder unterstützungsuchenden Familienvater das Leben schwermachen.

Die *fanfaniani* verstanden es auch, und zwar sehr effektvoll, die Vergabe öffentlicher Aufträge, Baugenehmigungen und ähnliches zu manipulieren. Die Mängel der Agrarreform, das Anwachsen der Verwaltung und die allgemein gestiegenen Erwartungen verursachten in den 50er Jahren eine Landflucht von gewaltigem Ausmaß, die ihrerseits den Markt für den Häuserbau und für Versorgungseinrichtungen belebte. Die Bevölkerungszahl von Palermo stieg zwischen 1951 und 1961 um fast 100000, was die durch die Bomben der Alliierten verursachte Wohnungsnot noch mehr verschlimmerte. Von dieser Nachfrage profitierte eine neue Schicht, die der rücksichtslosen Spekulanten, die sich mit den *fanfaniani* auf Gedeih und Verderb verbunden wußte.

Unter der Anleitung von Männern wie Vito Ciancimino, dem Werkreferenten in Palermo in den Jahren von 1959 bis 1964, wurde das Antlitz des städtischen Sizilien radikal verändert. Allenthalben entstanden riesige Mietshäuserblocks, oft gegen jede städtische Bauplanung, und die Spekulanten schlugen nicht nur alle ästhetischen Überlegungen in den Wind, sondern auch in manchen Fällen die Rücksicht auf die Sicherheit für die Menschen. In Agrigento (wie Girgenti seit 1927 wieder hieß) wurden Baugenehmigungen für Hochhäuser auf bekanntermaßen unsicherem Grund vergeben, und als es im Juli 1966 zu einem massiven Erdrutsch kam, hätte dies tatsächlich zu einer Katastrophe geführt, hätte nicht ein Straßenkehrer gerade noch rechtzeitig Alarm geschlagen. Die danach durchgeführte Untersuchung ergab, daß viele der Baugenehmigungen an Verwandte der Verwaltungsbeamten von Agrigento gegangen waren, ja auch an den lokalen Parteisekretär der Christdemokraten.

Die Regionalangelegenheiten wurden von den *fanfaniani* bis in die Mitte der 70er Jahre dominiert. Mit solchen Leuten gab es im Grunde keine Politik mehr, da jeder Teilbereich des öffentlichen Lebens in eine riesige Maschinerie zur Förderung des privaten Fortkommens der Parteifunktionäre und der Partei insgesamt eingesogen wurde. Das Gemeinwohl wurde von der Ineffizienz der Verwaltung erstickt, doch spielte dabei auch die kühle Kalkulation eine Rolle, daß jeder, so lange der Individualismus in der öffentlichen Sphäre die Oberhand hatte, sich eben selbst darum kümmern müsse, politische Protektion zu erlangen. Der andauernde Erfolg der Christdemokraten – in der Region erzielten sie seit 1955 stets um die 40 Prozent der Stimmen – weist darauf hin, daß dieses System in gewisser Hinsicht perfekt war. Es hing ja auch nicht von einer gleichbleibenden oder gar zunehmenden Wirtschaftsentwicklung ab, was sich daran zeigt, daß die Christdemokraten trotz der ernsten Rezession in den Gemeindewahlen von 1975 und 1980 nochmals zulegen konnten. Die neue Knappheit, so scheint es, machte politische Protektion notwendiger denn je, und schon das bloße Versprechen von Hilfe reichte dazu, Hoffnungen zu wecken und so eine politische Bindung zu knüpfen.

Die Kontrolle der Bürokratie war dabei eine der Hauptquellen von Macht. Auf diese Weise ließen sich weite Lebensbereiche manipulieren, von der Postenvergabe und Handelslizenzen bis hin zu regionalen Subventionen, Krediten, Pensionsberechtigungen, Steuereinschätzungen und Marktregulierungen. Zu diesem Zweck wurden die Beamten durch „direkte Berufung“ eingesetzt; es konnte also jeder Referent jeden ihm genehmen Mann als Beamten berufen, ohne daß es zu einem öffentlichen Wettbewerb um den Posten kam. Die Folge dieses Systems war ein großer Zuwachs der Zahl von Freunden und Verwandten der Referenten; ja, man sagte oft, daß das Datum der Einstellung eines Bürokraten an seinem Akzent erkennbar sei: Sprach er wie die Leute von Agrigento, stammte er aus dem „periodo La Loggia“, sprach er wie die von Catania, gehörte er in den „periodo Milazzo“. Offiziell endete diese Art der Einstellung bereits 1962, doch war sie als politisches Instrument viel zu wertvoll, als daß man tatsächlich auf sie verzichtet hätte. Es kam vielmehr zu einer großen Zunahme der Zahl von Teilzeitbeamten und Bürokräften, da deren Posten weiterhin nicht ausgeschrieben werden mußten; waren die Leute aber erst einmal im öffentlichen Dienst, konnte man sie leicht befördern.

Angesichts dieser Umstände war Ineffizienz ein verbreitetes Übel; es wurden ja nicht wenige Leute beschäftigt, die völlig unfähig waren, und von denen manche – eine in den frühen 70er Jahren durchgeführte Erhebung der regionalen Beschäftigten nennt hierfür die Zahl von 600 – überhaupt nur am 27. jeden Monats in Erscheinung traten, um ihren Gehaltsscheck entgegenzunehmen. Die Folge war ein Überhandnehmen völliger Untätigkeit: So brauchte der 1951 begonnene Verwaltungsvorgang für einen kleinen öffentlichen Auftrag fünfzehn Jahre bis zu seinem Endstadium; inzwischen freilich sah sich die betreffende Gesellschaft weit höheren Kosten gegenüber als im ursprünglichen Angebot angegeben, was zu einer weiteren Verzögerung von zwei Jahren führte, so daß der Auftrag schließlich erst 1971 fertig ausgeführt war – und einen Aktenstapel von 20000 Seiten Umfang geschaffen hatte!

Selbst die trivialsten Aspekte des öffentlichen Lebens unterstanden einem solchen grotesken Formalismus. Wegen der Behebung eines Wasserrohrbruchs in einer Schule mußte der Direktor an die Gemeinde schreiben, die Gemeinde ihrerseits einen Antrag bei der Regionalverwaltung stellen, die wiederum eine Untersuchung durchführen ließ, deren Ergebnis durch ein Dekret bestätigt werden mußte; schließlich kam es zu einer öffentlichen Ausschreibung des Auftrags und dem Eingang der Voranschläge, die geprüft und gegengeprüft wurden. Endlich wurde das Geld für die Arbeiten freigegeben. Nach einem Bericht aus dem Jahre 1971 dauerte es im Durchschnitt 3 Jahre,

9 Monate und 23 Tage, bis solche Reparaturen durchgeführt waren; ähnliches galt für den Straßenbau und andere öffentliche Baumaßnahmen.

Die Kombination dieser bürokratischen Lethargie mit Kämpfen innerhalb der politischen Gruppen und mit der Korruption hat viele Opfer gefordert. Das „historische Zentrum" von Palermo blieb trotz der Zuweisung riesiger Summen für *risanimento* und nicht weniger Todesfälle wegen herabstürzender Bauteile so gut wie unberührt. Im Bildungsbereich stand Sizilien 1980 in Italien an vorletzter Stelle im Verhältnis von Schulen pro Einwohner, in der Säuglingssterblichkeit sogar an letzter; daran zeigt sich zum Teil auch, wie unbefriedigend die Krankenhausversorgung auf der Insel war: 1980 lag die Zahl von Betten pro 1000 Einwohner in Sizilien fast ein Drittel unter dem Durchschnitt von Zentral- und Norditalien.

In dieser Welt zu leben war mißlich, und so machten sich die unternehmungslustigeren und bessergestellten Leute wie schon früher auch weiterhin daran, ihr Schicksal selbst in die Hand zu nehmen und auszuwandern. Schriftsteller wie Vitaliano Brancati und Elio Vittorini, der Dichter Salvatore Quasimodo, der Künstler Renato Guttuso und die Politiker Ugo La Malfa und Riccardo Lombardi zogen alle ein Leben in der Metropole dem verkrampften Provinzialismus Siziliens vor. Zwei Schriftsteller, die ihre Basis in Sizilien hielten, nämlich Leonardo Sciascia und Tomasi di Lampedusa, galten wohl auch deshalb als etwas exzentrische Figuren. Dabei wurde die Abwanderung von Talenten nicht durch irgendeinen Zugang kompensiert; viele Gelehrte vom Festland halten Posten an den Universitäten von Palermo oder Messina noch heute für ein notwendiges Übel auf dem Weg zu einer weiteren Karriere und ziehen es teilweise sogar vor, nur zu ihren Lehrveranstaltungen von Rom aus nach Sizilien zu pendeln. Solcherlei Verhalten ist natürlich schädlich, nicht zuletzt, weil es der ohnehin schon schlechten Meinung, die viele Sizilianer über sich selbst haben, neuen Auftrieb gibt.

Man kann die Meinung vertreten, daß eine andere Form von Auswanderung weniger schädlich war: Zwischen 1951 und

1975 haben mehr als eine Million Sizilianer ihre Heimat verlassen, die meisten von ihnen Landarbeiter auf der Suche nach Beschäftigung im Norden Italiens oder, weiter noch, in der Schweiz und in Deutschland. Zwar spricht diese Abwanderung in mancher Hinsicht sehr gegen die Region, doch löste sich auf diese Weise das Problem der Übervölkerung auf dem Land; auch stiegen die Löhne der Zurückgebliebenen entsprechend an. Zahlungen der Abwanderer nach Hause trugen zu einer Hebung des Lebensstandards in Sizilien bei, ja, zwischen 1951 und 1983 verdreifachte sich das jährliche Pro-Kopf-Einkommen auf der Insel, was den Abstand zu den Verhältnissen in Zentral- und Norditalien etwas verringerte. Ein weiterer Vorteil der Abwanderung war es, daß man in den Gastländern Erfahrungen mit einem demokratischeren und weniger individualistischen Gemeinwesen sammeln konnte.

Doch hatte die Landflucht auch ihre Schattenseiten: Da so viele Männer abwanderten, blieben in Sizilien immer mehr die Alten und die Frauen gesellschaftsbestimmend; manche sizilianischen Dörfer hatten überhaupt kaum noch männliche Einwohner. Ein weiteres Problem lag darin, daß die Auswanderer oft von dem engstirnigen Wunsch nach rascher Bereicherung beseelt waren, was ihnen kaum Zeit ließ, neue Fertigkeiten zu erlernen oder ihre neue Umgebung in sich aufzunehmen. Die Hauptschuld an dieser Tatsache trägt die Regierung, denn das italienische „Wirtschaftswunder" hatte seine deutlich ausbeuterischen Seiten; viele Männer aus dem Süden wurden im Norden in schmutzigen Ghettos zusammengepfercht, erhielten relativ wenig Lohn und kaum gewerkschaftlichen Schutz. Als die Rezession nach 1973 zuschlug, waren diese Männer gewöhnlich die ersten, die ihre Arbeit verloren, und von den Heimkehrern fanden 60 Prozent keine Arbeit mehr.

1984 waren in Sizilien 244000 Menschen – also 15 Prozent der arbeitsfähigen Bevölkerung – offiziell als arbeitslos registriert, fast die Hälfte davon Jugendliche, die erstmals Arbeit suchten. Diese beängstigende Statistik bedeutete eine kaum tragbare Bedrohung für die ohnehin alles andere als robuste soziale Lage in Sizilien. Ebenso alarmierend waren die allgemeinen Aussichten für die Menschen im Süden, denn in den frühen 80er Jahren weitete sich nach einer Periode der Annäherung die Spaltung zwischen Norden und Süden wieder aus: So machte 1983 die Arbeitslosigkeit im Süden 44 Prozent der gesamtitalienischen Quote aus; dabei wuchs hier im Gegensatz zum Norden die Zahl der potentiellen Arbeitskräfte relativ rasch an. Ein weiteres ungutes Zeichen war, daß nach 25 Jahren ihres Bestehens die *Cassa per il Mezzogiorno*, die nationale Institution für die wirtschaftliche Entwicklung des Südens, geschlossen wurde.

Die Degeneration des Südens hätte zu einem Wiederaufleben der „südlichen Frage" führen können, doch war dieses Problem noch immer durch die intellektuelle Verwirrung verdunkelt, die es schon so lange befallen hatte. Mangels einer gesellschafts- und wirtschaftspolitischen Diskussion war das Feld frei für die kriminelle Lobby. So mußten bis zu den frühen 80er Jahren wieder größere Maßnahmen gegen die Mafia und die neapolitanische Camorra unternommen werden; man hörte auch von einer großen Verbindung namens NCO (*Nuova Camorra Organizzata*), und die Polizei deckte Folterkammern der Mafia auf mitsamt Hubschrauberlandeplätzen und unterirdischen Gefängnissen. Phantasie und Diensteifer wurden durch eine zunehmende Welle der Gewalt angefacht, die in Sizilien 1981 und 1982 epidemische Ausmaße annahm.

Die Autonomie hatte wenig dazu beigetragen, den Hang der Insel zur Gewalt abzumildern. Relative Armut und öffentliche Gelder fungierten als Katalysatoren für skrupellose Aufkäufe, während der Niedergang der *latifondisti* und das Anwachsen politischer Klientelverbindungen dem Ehrgeizigen neue Wege eröffnete. Da mehr denn je auf dem Spiel stand, kannte der Wettbewerb keine Rücksichten. Neuerdings geschah er freilich nicht mehr auf dem Lande, sondern in der Stadt, denn jeder Verständige wußte, daß die Zukunft nicht in der Landwirtschaft, sondern auf dem Gebiet der Manipulation öffentlicher Gelder lag – ein bedeutsamer Bruch mit der Vergangenheit: Jahrhundertelang hatten die Bauern von eigenem Land geträumt, doch brachten die 50er Jahre neue Aussichten mit sich, so daß sich die Werte einer städtischen Verbrauchergesellschaft durchsetzten. Macht erkannte man nicht mehr am Landeigentum, sondern am Luxusappartement, an der Rolex-Uhr und am Mercedes.

Wie die Abwanderungsbewegung der 50er Jahre deutlich gemacht hatte, entsprachen die natürlichen Angebote der Insel nicht mehr der Nachfrage. Für den, der zurückgeblieben war, war der Wettbewerb massiv, und ein Erfolg hing weitgehend von der Protektion durch einen Politiker in entscheidender Stellung ab. Die Schaffung neuer Klientelsysteme nach 1953 machte die Situation besonders fließend. Es kam zu einer Verschärfung der Rivalitäten, und noch vor dem Ende der 50er Jahre war der Bandenkrieg auf den Straßen von Palermo offen ausgebrochen. Es ging nunmehr um Großhandelsmärkte, Bauaufträge, Bodenspekulation und den zunehmenden Drogenhandel; die Hauptparteiungen waren die der Grecos und der Gebrüder La Barbera. Je höher die Gewinnmöglichkeiten, desto moderner die Waffen: Die traditionelle Flinte, *lupara* genannt, wurde vom Maschinengewehr abgelöst, und 1958 wurde die in Palermo erscheinende Zeitung *L'Ora* nach der Veröffentlichung einiger gegen die Mafia gerichteter Artikel Opfer eines Sprengstoffanschlags.

Die Protektion, die Rom Gioia und seinen Kollegen gewährte, setzte sich bald auch weiter unten fort. Die Aufsteiger der 50er Jahre waren von den früheren politischen Bindungen unbeeinflußt und fanden bald ihren Platz im Schoße der Christdemokraten. Wie die *fanfaniani* selbst stammten sie oft aus einfachen Verhältnissen, was Patron und Klient ein Gefühl gemeinsamer Wertbegriffe vermittelte: Vito Ciancimino, Werkreferent und später Bürgermeister von Palermo, stammte aus einem Barbiershaushalt, und einer seiner erfolgreichsten Schützlinge, Francesco Vassallo, begann seine Karriere als Sand- und Steinträger, wurde aber später zu einem der reichsten Männer von Sizilien. Sein Schlüssel zum Wohlstand waren Bauaufträge, die er und seine Freunde sich durch unverhohlene Günstlingswirtschaft und wohl auch manche Einschüchterungsversuche verschafften: Ein Bericht aus dem Jahre 1964 stellte fest, daß zwischen 1957 und 1963 von 4 025 Baugenehmigungen in Palermo 80 Prozent an nur fünf Männer vergeben worden waren!

Eine solche Selektivität hatte für die politische Elite deutliche Vorteile, da die Patronage leichter durchführbar war. Vassallo gab seine politische Abhängigkeit an seine Arbeitnehmer weiter, wodurch eine große Pyramide gegenseitiger Angewiesenheit entstand. Derartige Verquickungen führten zu Komplizentum, und sobald an irgendeiner Stelle der Pyramide der Wettbewerb oder das Mißtrauen zu intensiv wurden und Vermittlungsversuche fehlschlugen, kam es zum Ausbruch von Gewalttätigkeiten. Daß soviel davon ungestraft blieb, war für die staatlichen Stellen eine Enttäuschung, für die Öffentlichkeit völlig unverständlich. So wurden die Forderungen nach Maßnahmen gegen die Mafia immer lauter, und wie üblich waren es die Oppositionsparteien, die den Angriff führten. Wenn ihr Hauptanliegen auch ein moralisches war, so boten Anklagen wegen Kriminalität auch ein sehr wirkungsvolles Mittel, gegen den politischen Gegner vorzugehen.

Nach viel Widerstand seitens der Christdemokraten einigten sich die Regional- und die Nationalregierung 1962 schließlich auf die Einrichtung einer Untersuchungskommission in Sachen Mafia. Doch selbst jetzt ging nichts rasch voran, und erst nach dem Mord an sieben Polizisten im sogenannten „Massaker von Ciaculli" und nach dem erfolgreichen Abschluß der Wahlen auf regionaler und nationaler Ebene begann man mit den Sitzungen. Von Juli 1963 bis Januar 1976 untersuchte die Kommission mit wechselnder Intensität die Mafia; die Ergebnisse wurden in einer Reihe dicker Bände von 1971 an veröffentlicht. Die Schlußfolgerung aus alledem war im wesentlichen, daß die Mafia aufgrund ihres Wesens jede Lösung unmöglich mache – eine enttäuschende Feststellung, die freilich angesichts der subjektiven und nebulösen Art der Fragestellung nicht ganz überraschend kam.

Die Kommission sammelte eine umfängliche Dokumentation, doch trotz dieser Zeugnisse von Mafia-Vorgängen auf hoher Ebene richteten sich die Polizeiaktionen gegen die leichter angreifbaren Mitglieder der Gesellschaft. Dies wurde auch nicht besser, als 1965 Sondermaßnahmen eingeführt wurden, die der Polizei ein weitergehendes Verhaftungsrecht gaben; bald sprach man, wie einst in den 20er Jahren, von der Willkür und Brutalität der Polizei. Diese und überhaupt jede Operation gegen die Mafia sah sich einer großen Schwierigkeit gegenüber, nämlich dem Klima politisierter Hysterie. Politiker rührten die Trommel und forderten Erfolge, die Presse bot eine gelungene Mischung aus moralischem Kreuzzug und Sensationsmeldungen. In den 80er Jahren wurde die Lage besonders schlecht; ein Problem, das man hätte nüchtern analysieren und mit Sorgfalt angehen müssen, wurde einer grellen Vereinfachung unterworfen, und die Aussichten für die Gerechtigkeit waren nicht gut.

Hätte man *mafiosi* leicht erkennen können, wären vielleicht Repressionsmaßnahmen die Antwort auf das Problem gewesen. Doch gingen die Aktivitäten des Francesco Vassallo, ja selbst des Luciano Liggio, Michele Greco und Tommaso Buscetta von Wertvorstellungen aus, die weder ungewöhnlich noch gänzlich verabscheuenswert waren. In den 60er Jahren offenbarte ein soziologischer Bericht, daß die Mafia den Menschen, die in ihrer Mitte lebten, anscheinend nicht erkennbar sei, und allen offiziellen Verlautbarungen zum Trotz erfreuten sich *mafiosi* einiger Unterstützung im Volk. In einer grausamen Welt konnten sie als Realisten gelten und dem Staat gegenüber mit erhobenem Zeigefinger auftreten – und damit auf das grundlegende Mißtrauen aufbauen, das viele Sizilianer noch immer den staatlichen Autoritäten gegenüber hegten.

Für die Regierung lag hierin ein ernstes Problem. Hätte sich die wirtschaftliche Expansion der 60er Jahre fortgesetzt, hätte es zu einem Nachlassen der Spannungen kommen können, doch als in den Jahren nach 1973 die öffentlichen Gelder spärlicher flossen und die Abwanderungsbewegung versiegte, wich die Suche nach Kapital immer mehr in illegale Kanäle aus, insbesondere in den Drogenhandel. Zwar wurde dessen Ausmaß zeitweise mit viel Phantasie und sogar aus politischer Not übertrieben, doch ließ sich seine Bedeutung nicht leugnen.

Zwischen der Mitte der 70er Jahre und 1980 sollen in der Gegend von Palermo ein paar Labors vier bis fünf Tonnen reines Heroin hergestellt haben, was Jahreseinnahmen von vielleicht 700 Milliarden Lire entsprach; diese Gelder wurden gewaschen und in legalen Unternehmen auf regionaler, nationaler und internationaler Ebene investiert. Diese durch Narkotika gewonnenen *narcolire* können vielleicht erklären, weshalb Palermo einen kleinen Bauboom erlebte, während im übrigen Sizilien die Bauindustrie eine Rezession durchmachte.

Mit der Zunahme des Drogenhandels gingen die Möglichkeiten einer legalen Vermittlung zurück. Immer mehr griff man zur Gewalt, deren Ziel nun erstmals wichtige Staatsbeamte waren. Mit der Ermordung von Pietro Caglione im Jahre 1971 begann eine lange Reihe von „illustren Leichen", die 1982 in der Ermordung von General Carlo Alberto Dalla Chiesa gipfelte, des Mannes, den die Regierung zur Beseitigung der Mafia eingesetzt hatte. Sicher überwogen kriminelle Motive bei weitem, doch konnte man kaum übersehen, daß diese Morde auch Merkmale terroristischer Aktivitäten hatten, ja ihre Ausgeklügeltheit ließ auf ein Netzwerk von Komplizen schließen, das über eine bloß kriminelle Organisation hinausging. Die Gleichgültigkeit und die Furcht im Volk spielten bestimmt eine Rolle, doch muß man wohl auch mit der ererbten staatsfeindlichen Haltung als Ursache rechnen.

Die Ermordung von Dalla Chiesa rief eine umfassende Offensive gegen die Mafia hervor. Eilig durchlief ein Gesetzentwurf das Parlament, der dem Staat das Recht der Untersuchung privater Bankkonten einräumte, auch führte man einen neuen, weithin anwendbaren Straftatbestand ein, den der „kriminellen Vereinigung vom Mafia-Typ". Es kam zu Tausenden von Festnahmen, doch trotz zahlreicher Hinweise auf eine „dritte" und gar „vierte" Ebene der Mafia wurden an hochgestellten Personen nur Vito Ciancimino und die Steuereinnehmer Nino und Ignazio Salvo aufgrund des neuen Gesetzes verhaftet. Wie in den 20er Jahren hörte man viel von einem Umschwung des Meinungsklimas, doch trotz gelegentlicher Abkündigungen in den Kirchen, ein paar Demonstrationszügen von Studenten und einem Strom von Optimismus in der Presse blieb die Stimmung weiterhin resigniert und gleichgültig; gelegentlich brach Unmut darüber hervor, daß der gute Name Siziliens wieder einmal in den Schmutz gezogen werde.

Im Sommer 1983 verkündeten die Magistratsbeamten von Palermo einen erfolgreichen Schlag gegen die Mafia: Tommaso Buscetta, in den 50er und 60er Jahren ein recht berüchtigter Mann der Unterwelt, wurde in Brasilien gefangengenommen und zum „Singen" gebracht; seine Aussagen führten zu weiteren Verhaftungen. Wichtiger noch war, daß er in noch nie gehörten Einzelheiten die Struktur und neueren Aktivitäten der Mafia darlegte. Deren wahrer Name, so erklärte er, war *Cosa Nostra*, sie bestand aus Familien, die in Zehnergruppen eingeteilt und von „Kommissionen" auf Provinzialebene sowie einer „Oberkommission" geleitet wurden. Diese Art von Informationen hatte man sich erhofft. Zwar wiesen manche Beobachter darauf hin, daß diese Aussagen fast zu gut zu den Details paßten, die die Polizei bereits eruiert hatte, andere betonten, daß Buscetta nur seine Widersacher anschwärzte. Was immer davon richtig war, man konnte das Gefühl nicht unterdrücken, daß das Problem der Mafia noch weit von einer Lösung entfernt war und daß Sizilien noch viele Jahre schmerzlichen Dialogs mit seiner Vergangenheit bevorstanden.

Zeittafel

Griechen

Archaische Zeit		
v. Chr.		
um 750 –um 580 Griechische (und phoinikische) Kolonisation		
um 570–555 Phalaris Tyrann in Akragas		
Klassische Zeit		
505–466 Ältere Tyrannis:		
	505–491 Kleander und Hippokrates in Gela	
		490–479 Perserkriege
	485–476 Gelon in Syrakus	
	476–467 Hieron I.	
466–405 Demokratisches Zwischenspiel		
	415–413 Athenische Intervention	
405–367 Dionysios I.		
367–344 Dionysios II.		
344–um 388 Timoleon		
Hellenistische Zeit		
		336–323 Alexander d. Gr.
317–289 Agathokles		
269–215 Hieron II.		
	264–241 Erster Punischer Krieg	

Römer

Republikanische Zeit		
	218–201 Zweiter Punischer Krieg	
	um 139–132 Erster Sklavenkrieg	
	um 104–100 Zweiter Sklavenkrieg	
	73–7 Verres Statthalter	
	44–36 Sextus Pompeius in Sizilien	
		31 Schlacht bei Actium
Kaiserzeit n. Chr.		
		14 Tod des Augustus
		306–337 Konstantin d. Gr.
	468–476 Wandalenherrschaft in Sizilien	
	476–535 Ostgoten	

Byzantiner

		527–565 Justinian
	535 Belisarios erobert Sizilien	
		590–604 Papst Gregor d. Gr.
	827 Beginn der moslemischen Invasion	

Araber

831 Palermo in moslemischer Hand
878 Syrakus in moslemischer Hand
1060–1061 Erster Normanneneinfall in Sizilien

Normannen

(*1031)–1101 Graf Roger I.

1071 Palermo eingenommen

1101–1154 König Roger II.

1154–1166 König Wilhelm I. („der Böse“)

1166–1189 König Wilhelm II. („der Gute“)

1189–1193 Dritter Kreuzzug

Staufer

1194–1197 Kaiser Heinrich VI.

1198–1250 Kaiser Friedrich II.

1250–1254 Konrad

1258–1266 Manfred

1266 Schlacht von Benevento

Anjou

(1266)–1282 Karl von Anjou

1282 Sizilianische Vesper

Aragon

1282–1285 Peter III.

1296–1337 Friedrich III.

1337–1453 Hundertjähriger Krieg

1392–1409 Martin I.
1416–1458 Alfons
1479–1516 Ferdinand II.

Habsburg (Spanien)

1516–1556 Kaiser Karl V.
1556–1598 Philipp II.

1571 Türken bei Lepanto unterlegen
1618–1648 Dreißigjähriger Krieg

1621–1665 Philipp IV.

1647 Aufstand von Palermo

1665–1700 Karl II.

1674–1678 Aufstand von Messina

1701–1714 Spanischer Erbfolgekrieg

Piemont

1713–1720 Viktor Amadeus II.

1713 Friede von Utrecht

Habsburg (Österreich)

1720–1734 Kaiser Karl VI.

Bourbonen (Spanien)

1734–1759 Karl III.		
1759–1825 Ferdinand III.		
	1773 Aufstand von Palermo	
	1781–1886 Caracciolo Vizekönig	
	1806–1815 Britische Besatzung in Sizilien	
		1806 Bonaparte König von Neapel
		1814–1815 Wiener Kongreß
	1816 Ferdinand III. wird als Ferdinand I. König Beider Sizilien	
	1820 Aufstand von Palermo	
1825–1830 Franz I.		
1830–1859 Ferdinand II.		
	1848–1849 Sizilische Revolution	1848–1849 Revolutionen in Paris, Wien, Berlin: Rom wird Republik
1859–1860 Franz II.		
	1860 Garibaldi erobert Sizilien	

Italien

Monarchie		
1861–1878 Viktor Emanuel II.		
	1866 Aufstand von Palermo	

1878–1900 Humbert I.		
	1892–1894 *fasci*	
1900–1946 Viktor Emanuel III.		
	1903 Giolitti wird Ministerpräsident	
		1914–1918 Erster Weltkrieg
	1922–1943 Mussolini Ministerpräsident	1939–1945 Zweiter Weltkrieg
Republik		
	1946 Sizilien erhält Teilautonomie	

Literaturhinweise

Allgemeines

Übersichtswerke

Das ehrgeizigste Werk ist die von R. Romeo herausgegebene *Storia di Sicilia* (10 Bde., Neapel 1977–1982), das sich für die mittelalterliche und moderne Zeit durch die einschlägigen Kapitel der von G. Galasso herausgegebenen 23bändigen *Storia d'Italia* (Turin: UTET, seit 1979) ergänzen läßt. Die 15bändige *Storia d'Italia* (Turin: Einaudi 1972–1981) nimmt einen weiter gefaßten Standpunkt ein, weshalb hier das Material zu Sizilien weniger gut zugänglich ist. Zwei ältere Werke lassen sich noch immer mit Gewinn lesen: G. E. di Blasi e Gambacorta, *Storia civile del Regno di Sicilia* (17 Bde., Palermo 1811–1821) und R. Gregorio, *Considerazioni sopra la storia di Sicilia, dai tempi normanni sino ai presenti* (Neuausgabe mit einer Einführung von A. Saitta, 3 Bde., Palermo 1972–1973)

Zur Sozial- und Wirtschaftsgeschichte gibt es nichts Besseres als L. Bianchini, *Storia economico-civile di Sicilia* (Neuausgabe von F. Brancato, Neapel 1972). F. Maggiore Perni, *La popolazione di Sicilia e di Palermo dal X al XVIII secolo* (Palermo 1892) ist unzuverlässig, bleibt aber der Ausgangspunkt für die Beschäftigung mit sizilianischer Demographie. Einen hervorragenden Band zu wirtschaftlichen Problemen hat P. Sylos-Labini herausgegeben: *Problemi dell'economia siciliana* (Mailand 1966). Eine interessante Stadtgeschichte stammt von C. De Seta und L. Di Mauro: *Le città nella storia d'Italia: Palermo* (Rom 1980), die sich in leichterer Form durch den ebenso üppigen wie kühnen zweibändigen Führer *Sicilia* ergänzen läßt (Mailand: Gruppo Editoriale Fabbri 1985).

Antike

In den erhaltenen Quellen kommt einer fortlaufenden historischen Darstellung des antiken Siziliens bis zur Zeit der späten römischen Republik das – freilich unvollständig erhaltene – Geschichtswerk des Diodor von Agyrion am nächsten. Einzelne Epochen und Episoden sind bei anderen antiken Autoren ausführlicher dargestellt: die athenische Invasion von 415–413 v. Chr. bei Thukydides (Buch VI–VII), die Punischen Kriege, in die Sizilien besonders verwickelt war, bei Polybios (Buch I) bzw. Livius (Buch XXI-XXX, nach heute verlorenen Partien des Polybios), die Verwaltung der Provinz Sizilien in republikanischer Zeit bei Cicero (Reden gegen Verres), die Biographien des Nikias, Alkibiades, Dion und Timoleon bei Plutarch, die Taten des Sextus Pompeius bei Appian (Emphylia IV–V), schließlich viele Details in den zahlreichen Briefen des Papstes von 590–604, Gregor d. Gr. – Kontroverse Interpretationen hat eine Reihe griechischer Inschriften aus Entella in Westsizilien hervorgerufen; sie sind abgedruckt im *Supplementum Epigraphicum Graecum 30* (1980) 304–309 unter Nr. 1117–1123, umfassende faktische und bibliographische Informationen findet man bequem ebd. 32 (1982) 250–260 unter Nr. 914 und 35 (1985) 999. – Antike Berichte für die Reisenden von heute hat K. Meister unter dem Titel *Das griechische Sizilien* (Lebendige Antike, Zürich und Stuttgart 1969) herausgegeben.

Das grundlegende Werk der *Sekundärliteratur* zur antiken Geschichte Siziliens haben E. Gabba und G. Vallet herausgegeben: *La Sicilia antica* (2 Bde. in 5 Teilen, Neapel 1980). Die Vor- und Frühgeschichte der Insel behandelt am besten S. Tusa, *La Sicilia nella preistoria* (Rom 1983), die archaische Zeit bis 480 v. Chr. immer noch T. J. Dunbabin, *The Western Greeks* (Oxford 1948), wenngleich seine Ansichten zur wirtschaftlichen Lage und zu den griechisch-karthagischen Beziehungen im vorliegenden Buch nicht übernommen werden. Eine Sammlung von Aufsätzen bietet Band II 11, 1 der Reihe *Aufstieg und Niedergang der römischen Welt* (Berlin und New York 1988).

Archäologische Publikationen sind zahlreich und weit verstreut; besondere Hervorhebung verdienen die Zeitschrift *Kokalos* (Palermo, seit 1955), die von R. Stillwell herausgegebene *Princeton Encyclopedia of Classical Sites* (Princeton N. J. 1976) und R.R. Holloway, *The Archaeology of Ancient Sicily* (London 1991). Eine hervorragende Aufarbeitung des römischen Fundmaterials bietet R. J. A. Wilson, *Sicily under the Roman Empire* (Warminster 1990).

Mittelalter und Neuzeit

Die byzantinische Herrschaft in Sizilien ist noch immer nicht ausreichend erforscht. Wohl die beste moderne Behandlung stammt von Vera von Falkenhausen: *Untersuchungen über die byzantinische Herrschaft in Süditalien vom 9.–11. Jh.* (Wiesbaden 1967). Über die Araber ist das klassische, freilich recht phantastische Werk von M. Amari noch nicht ersetzt worden: *Storia dei Musulmani di Sicilia* (Neuausgabe von C. A. Nallino, 6 Bde., Catania 1933–1939), über die Normannen bleibt das Standardwerk F. Chalandon, *Histoire de la domination normande en Italie et en Sicilie* (Paris 1907), wenngleich sich die an der Universität Bari edierten *Giornate normanno-sveve* (Rom 1975, 1977; Bari, seit 1979) zu einem eindrucksvollen modernen Kompendium entwickeln. Eine reich bebilderte Darstellung bietet B. Rill, *Sizilien im Mittelalter* (Stuttgart 1995).

Zur Epoche der spanischen Herrschaft bleibt die beste Darstellung die von G. E. di Blasi e Gambacorta, *Storia cronologica de' vicerè, luogotenenti e presidenti del Regno di Sicilia* (Neuausgabe mit einer Einführung von I. Peri, 5 Bde., Palermo 1974–1975). Eine gute, wenn auch etwas trockene

Geschichte Siziliens als Teil des italienischen Staates stammt von F. Renda, *Storia della Sicilia dal 1860 al 1970* (3 Bde., Palermo 1984–1986).

Jede Beschäftigung mit sizilianischer Kultur muß von den Werken des großen Ethnographen Giuseppe Pitrè ausgehen: *Biblioteca delle tradizioni popolari siciliane* (25 Bde., Palermo 1870–1913). Die u. g. Bücher von D. Dolci bieten ein faszinierendes Bild der Einstellungen und Werte der jüngeren Vergangenheit. – Zur Mafia gibt es eine Unzahl von oft unbrauchbaren Arbeiten. Die im vorliegenden Buch vertretene Deutung ist in mancher Hinsicht neu, deckt sich aber zum Teil mit H. Heß, *Mafia: Zentrale Herrschaft und lokale Gegenmacht* (Tübingen 3. Aufl. 1988), und mit A. Blok, *Die Mafia in einem sizilianischen Dorf 1860–1960* (Frankfurt/M. 1981). Ein nützliches Bild der wechselnden Einschätzungen des Phänomens bietet die von N. Russo edierte *Antologia della mafia* (Palermo 1964). Viel Quellenmaterial findet sich in den Bänden der *Commissione parlamentare d'inchiesta sul fenomeno della mafia in Sicilia* (Rom, seit 1971).

Literatur

Eine Reihe sizilianischer Autoren hat internationalen Ruhm erworben. Der bedeutendste unter ihnen bleibt Giovanni Verga, dessen wohl wichtigstes Werk 1899 erschien: *Mastro-Don Gesualdo* (SP 665, München 1986). Einen guten Einstieg in das Werk des Luigi Pirandello bietet die zweisprachige Sammlung *Una Giornata/Wie ein Tag: Funf Erzählungen* (dtv 9010, München 1973). Auch *Der Leopard* von Giuseppe Tomasi di Lampedusa (SP 320, München 1984) ist inzwischen ein etablierter Klassiker. Der beste zeitgenössische Schriftsteller Siziliens ist Leonardo Sciascia, unter dessen Werken *Der Tag der Eule* (dtv 10731, München 1987), *Tote auf Bestellung* (dtv 10800, München 1987) und das Buch *Mein Sizilien* (Berlin 1995) hervorzuheben sind.

Reisebeschreibungen und -führer

Unter den klassischen Reisebeschreibungen ist natürlich besonders die *Italienische Reise* von J. W. Goethe zu nennen (z. B. in der Hamburger Ausgabe von H. von Einem, C. H. Beck, München 5. A. der Sonderausgabe 1993), ferner etwa J. G. Seume, *Spaziergang nach Syrakus im Jahre 1802* (z. B. in der Ausgabe von A. Maier, dtv 2149, München 1985); *Sizilien: Reisebilder aus drei Jahrhunderten* hat E. Osterkamp gesammelt und kommentiert (München 1986). Die herausragenden modernen Reiseführer sind alle in italienischer Sprache, der beste konventionelle ist der des Touring Club Italiano, *Sicilia* (5. Aufl. Mailand 1968); weniger orthodox und ausgezeichnet sind die bereits genannten beiden Bände *Sicilia* (Mailand: Gruppo Editoriale Fabbri 1985). Während *Sicilia Occidentale* von V. Tusa und E. De Miro (Rom 1983) weniger überzeugt, stammt ein wirklich erstklassiger archäologischer Führer von F. Coarelli und M. Torelli: *Sicilia* (Neuausgabe Rom und Bari 1992).

Spezielles

Antike

Moses I. Finley bezieht sich in seiner hier vorliegenden, kurz vor seinem Tod fertiggestellten Fassung der Kapitel zur Antike auf die im folgenden genannten Werke; weiterführende Angaben finden sich in der Einzelausgabe *Das antike Sizilien* (München 1979 u. ö.).

H. Berve, *Die Tyrannis bei den Griechen* (2 Bde., München 1967)
– *Dion* (AAWM 1956: 10, Wiesbaden 1956)
– *König Hieron II.* (ABAW N. F. 47, München 1959)
–/G. Gruben/ M. Hirmer, *Griechische Tempel und Heiligtümer* (München 1961; Neuausgabe 1978)
J. Boardman, *Kolonien und Handel der Griechen* (München 1981)
A. Carandini u. a., *Filosofiana: The Villa at Piazza Armerina* (2 Bde., Palermo 1982); dazu R. J. A. Wilson, *Piazza Armerina* (St. Albans 1983)
C. M. Kraay, *Archaic and Classical Greek Coins* (London 1976), Kap. 10
B. Pace, *Arte e civiltà della Sicilia antica* (4 Bde., Rom und Neapel 1936–1949, Bd. I in 2. Aufl. 1958)
D. Roussel, Les Siciliens entre les Romains et les Cartaginois 276 à 241 (Paris 1970)
V. M. Scramuzza, *Roman Sicily* (in: T. Frank [Hg.], *An Economic Survey of Ancient Rome*, Bd. III [Baltimore L. A. 1937], S. 225 ff)
K. F. Stroheker, *Dionysios I.* (Wiesbaden 1958)
R. J. A. Talbert, *Timoleon and the Revival of Greek Sicily, 344–317 B. C.* (Cambridge 1974)
J. Vogt, *Zur Struktur der antiken Sklavenkriege* (AAWM 1957:1, Wiesbaden 1957; wieder in: ders., *Sklaverei und Humanität* [Historia Einzelschriften 8, Wiesbaden 1965, 2. Aufl. 1972], S. 20 ff); wichtige Einschränkungen dazu von F. Bömer, *Untersuchungen über die Religion der Sklaven in Griechenland und in Rom*, 3. Teil (AAWM 1961: 4, Wiesbaden 1961), S. 96 ff
B. H. Warmington, *Karthago*, Wiesbaden 2. Aufl. 1964
C. R. Whittaker, *Carthaginian Imperialism* (in: P. Garnsey/C.R. Whittaker [Hgg.], *Imperialism in the Ancient World* [Cambridge 1978], S. 59 ff)

Mittelalter und frühe Neuzeit

D. Abulafia, *The Two Italies: Economic Relations between the Norman Kingdom of Sicily and the Northern Communes* (Cambridge 1977)
V. d'Alessandro, *Politica e società nella Sicilia aragonese* (Palermo 1963)
M. Amari, *Der sicilianische Vesperkrieg*, 4 Bde. (Grimma und Leipzig 1851)
H. Brese, *Livre et Societé en Sicile, 1299–1499* (Palermo 1971)
C. Bruhl, *Diplomi e cancelleria di Ruggero II.* (Palermo 1983)

O. Cancila, *Impresa, redditi, mercato nella Sicilia moderna* (Bari 1980)
– *Barone e popolo nella Sicilia del grano* (Palermo 1983)
E. Curtis, *Roger of Sicily and the Normans in Lower Italy, 1016–1154* (London 1912)
O. Demus, *The Mosaics of Norman Sicily* (London 1949)
F. Giunta, *Uomini e cose del medioevo mediterraneo* (Palermo 1964)
E. M. Jamison, *Admiral Eugenius of Sicily* (Oxford 1957)
E. H. Kantorowicz, *Kaiser Friedrich II.* (Berlin 1927; Neuausgabe: 2 Bde. Stuttgart 1986–87)
E. Kitzinger, *The Mosaics of Monreale* (Palermo 1960)
H. G. Koenigsberger, *The Government of Sicily under Philip II. of Spain* (London 1951)
E. G. Leonard, *Les Angevins de Naples* (Paris 1954)
J. J. C. Norwich, *Die Wikinger im Mittelmeer: Das Südreich der Normannen*, 1016–1130 (Wiesbaden 2. Aufl. 1974)
– *The Kingdom in the Sun, 1130–1194* (London 1976)
I. Peri, *Uomini, città e campagne in Sicilia dall' xi al xii secolo* (Rom 1978)
– *La Sicilia dopo il Vespro. Uomini, città e campagna, 1282–1376* (Bari 1982)
S. Runciman, *Die Sizilianische Vesper* (München 1959)
W. Stürner, *Friedrich II.* 2 Bde. (Darmstadt, seit 1992)
A. F. C. Ryder, *The Kingdom of Naples under Alfonso the Magnanimous: The Making of a Modern State* (Oxford 1976)
C. Trasselli, *Mediterraneo e Sicilia all'inizio dell'epoca moderna: ricerche quattrocentesche* (Cosenza 1977)
T. C. Van Cleve, *The Emperor Frederick II. of Hohenstaufen, Immutator Mundi* (Oxford 1972)

Moderne

P. Balsamo, *Memorie economiche e agrarie riguardanti il regno di Sicilia* (Palermo 1803; erweiterte Übersetzung unter dem Titel *A View of the Present State of Sicily*, London 1811)
G. Barone/S. Lupo/R. Palidda/M. Saija, *Potere e società in Sicilia nella crisi dello stato liberale* (Catania 1977)
F. Brancato, *La Sicilia nel promo ventennio del Regno d'Italia* (Bologna 1956)
Louise Caico, *Sicilian Ways and Days* (London 1910)
R. Campbell, *The Luciano Project: The Secret Wartime Collaboration of the Mafia and the U.S. Navy* (New York 1977)
J. Chubb, *Patronage, Power and Poverty in Southern Italy: A Tale of Two Cities* (Cambridge 1982)
F. Gower Chapman, *Milocca: A Sicilian Village* (London 1973)
F. Crispi, *Memoiren: Erinnerungen und Dokumente* (Berlin 1912)
D. Dolci, *Umfrage in Palermo* (Olten und Freiburg 1959)
– *Vergeudung* (Zürich 1965)

– *Sizilianische Geschichten* (KiWi 139, Köln 1987)
C. Duggan, *Fascism and the Mafia* (New Haven und London 1989)
– *A Concise History of Italy* (Cambridge 1994)
L. Franchetti/S. Sonnino, *Sizilien im Jahr 1876* (Dresden 1906)
Fulco, *The Happy Summer Days: A Sicilian Childhood* (London 1976)
M. Ganci, *Storia antologica della autonomia siciliana*, 3 Bde. (Palermo 1981)
G. Gentile, *Il tramonto della cultura siciliana* (Florenz 1963)
G. Giarrizzo/G. Torcellan/F. Venturi (Hgg.), *Riformatori delle antiche repubbliche, dei ducati, dello stato pontificio e delle isole* (Mailand 1965)
E. J. Hobsbawm, *Sozialrebellen* (Neuwied und Berlin 1962; wieder Gießen 1979)
– *Die Banditen* (Frankfurt/M. 1972)
M. Kehr, *Der sizilianische Separatismus* (Berlin 1984)
G. Lorenzoni, *Inchiesta parlamentare sulle condizioni dei contadini nelle provincie meridionale e nella Sicilia* (= Bd. VI des sog. Faina-Berichts, Rom 1910)
D. Mack Smith, *Mussolini: Eine Biographie* (München 1983)
– *Cavour and Garibaldi: A Study in Political Conflict* (Cambridge 1985)
– *Mazzini* (New Haven und London 1994)
– *Modern Italy* (Neuausgabe New Haven und London 1997)
G. C. Marino, *L'ideologia sicilianista: Dall'età dei ‚lumi' al Risorgimento* (Palermo 1971)
G. Maxwell, *Die zehn Todesqualen* (Reinbek 1961)
– *Wer erschoß Salvatort Giuliano?* (Reinbek 1963)
C. Mori, *The Last Struggle with the Mafia* (London 1933)
M. Pantaleone, *The Mafia and Politics* (London 1966)
P. Renda, *Il movimento contadino nella società siciliana* (Palermo 1956)
– *I Fasci Siciliani, 1892–94* (Turin 1977)
R. Romeo, *Il Risorgimento in Sicilia* (Neuausgabe Bari 1982)
J. Rosselli, *Lord William Bentinck and the British Occupation of Sicily, 1811–1814* (Cambridge 1956)
E. Sereni, *La questione agraria nella rinascita nazionale italiana* (Rom 1946)
G. Servadio, *Mafioso: A History of the Mafia from its origins to the Present Day* (London 1976)
V. Titone, *Storia, mafia e costume in Sicilia* (Mailand 1964)
G. M. Trevelyan, *Garibaldi and the Thousand* (London 1909)
– *Garibaldi and the Making of Italy* (London 1911)
R. Trevelyan, *Princes under the Volcano* (London 1972) [Porträt einer bedeutenden anglo-sizilianischen Familie]
E. Marchese di Villabianca, *Diario palermitano*, hg. v. G. Di Marzo (Biblioteca storica e litteraria di Sicilia, Palermo 1875)
R. Villari (Hg.), *Il Sud nella storia d'Italia: Antologia della questione meridionale* (Bari 1961)

Register

Buchanzeigen